Rosa de Stalingrado

Valérie Bénaïm &
Jean-Claude Hallé

Rosa de Stalingrado

Tradução de
CLÓVIS MARQUES

2009

CIP-Brasil. Catalogação-na-fonte
Sindicato Nacional dos Editores de Livros, RJ.

Bénaïm, Valérie
B393r   Rosa de Stalingrado / Valérie Benaïm, Jean-Claude Hallé; [tradução Clóvis Marques]. – Rio de Janeiro: Record, 2009.

Tradução de: La rose de Stalingrad
ISBN 978-85-01-07761-5

1. Stalingrado, Batalha de, 1942-1943 – Ficção. 2. Ficção francesa. I. Hallé, Jean-Claude. II. Marques, Clóvis. III. Título.

CDD – 843
CDU – 821.111.1-3

08-4344

Título original em francês:
LA ROSE DE STALINGRAD

Copyright © Éditions Flammarion, 2005

A Editora Record agradece à colaboração de Milton Luiz Marques neste livro.

Todos os direitos reservados. Proibida a reprodução, armazenamento ou transmissão de partes deste livro, através de quaisquer meios, sem prévia autorização por escrito. Proibida a venda desta edição em Portugal e resto da Europa.

Direitos exclusivos de publicação em língua portuguesa para o Brasil adquiridos pela
EDITORA RECORD LTDA.
Rua Argentina 171 – Rio de Janeiro, RJ – 20921-380 – Tel.: 2585-2000
que se reserva a propriedade literária desta tradução

Impresso no Brasil

ISBN 978-85-01-07761-5

PEDIDOS PELO REEMBOLSO POSTAL
Caixa Postal 23.052
Rio de Janeiro, RJ – 20922-970

"A idéia de que algo pudesse acontecer com eles
e separá-los para sempre era insuportável."

Ina Pasportkina,
mecânica de Lily Litvak durante a batalha de Stalingrado.[1]

Sumário

Prólogo   *11*

PRIMEIRA PARTE
A MOÇA-FLOR

Capítulo 1 "Trigo para a Alemanha a essa altura dos acontecimentos?"   17

Capítulo 2 A fronteira violada   19

Capítulo 3 "Que faremos?"   20

Capítulo 4 Moscou é acusada de ignorar o bê-á-bá de um alerta militar   22

Capítulo 5 Um pai orgulhoso da filha   27

Capítulo 6 Jukov gostava cada vez menos daquele silêncio   31

Capítulo 7 Comitê de crise no Kremlin   34

Capítulo 8 O olhar gelou Molotov   35

Capítulo 9 Silêncio rádio   40

Capítulo 10 O cão que prevê a guerra   43

Capítulo 11 "Pode sacudir esse esqueleto, os Fritz atacaram."   53

Capítulo 12 "Deus do céu, uma divisão não desaparece assim!"   63

Capítulo 13 A garota tinha mudado muito   71

Capítulo 14 O homem da censura   91

Capítulo 15 Águias negras sobre Moscou   97

Capítulo 16 A bela Marina	103
Capítulo 17 A habilidade da piloto fascinava Lily	112
Capítulo 18 A sombra da Lubianka	115
Capítulo 19 O processo do medo	121
Capítulo 20 Cabeças queimadas	128
Capítulo 21 As moças do ar	132
Capítulo 22 Primeira batalha: enfrentar a mãe	134
Capítulo 23 Vocação e primeiros amores	137
Capítulo 24 Para o Politburo, "Deus saberá reconhecer os seus"	147
Capítulo 25 Dava para ver a incredulidade em seus olhares	149
Capítulo 26 De Tóquio, o espião telegrafa uma informação estratégica	154
Capítulo 27 Do assombro ao horror	156
Capítulo 28 Valentina	164
Capítulo 29 Nada é mais estranho a uma mulher que a morte	169
Capítulo 30 Moscou atacada	173
Capítulo 31 Impossível voar com mulheres	174
Capítulo 32 Um caso de corte	180
Capítulo 33 Formação política	188
Capítulo 34 Às portas de Moscou	190
Capítulo 35 Inspeção	193
Capítulo 36 As deusas do ar	197
Capítulo 37 O conferencista que dá arrepios	200
Capítulo 38 O reencontro com Vassili	203
Capítulo 39 Sorriso na primeira página	212
Capítulo 40 Pronta para o combate	214
Capítulo 41 Na categoria das amorosas	220
Capítulo 42 Lily já sabe tudo	223
Capítulo 43 Missão de especialização	225
Capítulo 44 "Ele é todo seu, piloto!"	228
Capítulo 45 O general inverno	235
Capítulo 46 "Por que os chefes chutam seus cães?"	239
Capítulo 47 Marina Raskova tinha uma expressão grave	242
Capítulo 48 Bem-vindas, meninas	243
Capítulo 49 Uma instituição sem precedente	249

ROSA DE STALINGRADO

Capítulo 50	Os craques da propaganda	250
Capítulo 51	Partida para o combate	253
Capítulo 52	O rato de Olga Yemchekova	256
Capítulo 53	Meu Deus, como é linda a guerra...	258
Capítulo 54	Ordem 227	262
Capítulo 55	"Está descartada a tomada de Voronej pelos nazistas!"	265
Capítulo 56	Defender Voronej	267
Capítulo 57	O preço do perigo	269

SEGUNDA PARTE
A MULHER-CORAÇÃO

Capítulo 58	Furiosas e de mãos abanando	273
Capítulo 59	Missão na madrugada	278
Capítulo 60	Stálin fulmina	283
Capítulo 61	"Qualquer atraso será considerado um crime"	287
Capítulo 62	"Existem muitos pilotos tão cretinos assim?"	291
Capítulo 63	"Se começarmos a querer esconder o que temos de feminino..."	294
Capítulo 64	Voar num Messerschmitt	307
Capítulo 65	O relatório de Vassili exalava um certo odor de enxofre	311
Capítulo 66	Ela se sentia rejeitada. Pior ainda: humilhada	315
Capítulo 67	"Não adianta discutir, tentar me fazer mudar de opinião"	318
Capítulo 68	Uma sentinela diante do isbá	325
Capítulo 69	Um vôo a dois	329
Capítulo 70	Os dois caças colidiram em cheio	333
Capítulo 71	"Cuidado, atrás de você! Afaste-se rápido!"	338
Capítulo 72	Katia lançava olhares compridos para o georgiano	342
Capítulo 73	"Esta noite, não jantaremos com Plutão"	346
Capítulo 74	Um "boche" em condicional	349
Capítulo 75	"Você vai comigo para o inferno!"	351
Capítulo 76	Levar seu homem para casa vivo	355

10　　　VALÉRIE BÉNAÏM E JEAN-CLAUDE HALLÉ

Capítulo 77 Litvak e Budanova, dois excelentes temas de artigos　359
Capítulo 78 "Achtung... Litvak!"　362
Capítulo 79 O siberiano　364
Capítulo 80 O Inferno　367
Capítulo 81 "Um herói não pode morrer por erro de navegação."　372
Capítulo 82 Desaparecidos　375

TERCEIRA PARTE
A MULHER MATADORA

Capítulo 83 "Stalingrado vai limpar Stálin de todos os crimes
do regime"　381
Capítulo 84 Uma segunda fechadura na porta　383
Capítulo 85 O boche com a rosa　386
Capítulo 86 Planar até as linhas　389
Capítulo 87 A volta da filha pródiga　396
Capítulo 88 Estar sozinho　403
Capítulo 89 Um rosto branco como a neve　409
Capítulo 90 A Rosa alvo　413
Capítulo 91 Deixe Moscou espernear!　416
Capítulo 92 "Pilotado por sua querida Ducie, o pequeno
bombardeiro mergulhara no inferno da Flak..."　421
Capítulo 93 O anjo da morte　424
Capítulo 94 Um funeral em pleno céu　429
Capítulo 95 Operação Cidadela　432
Capítulo 96 A palhaçada de Stálin　434
Capítulo 97 O sobressalto　437
Capítulo 98 O desaparecimento　439
Capítulo 99 O reino da desconfiança　441

Epílogo　443
Lembranças　447
Notas　451
Agradecimentos　461

Prólogo

**"Vendo a expressão no rosto do capitão,
os homens devem ter pensado que Stálin
em pessoa acabara de entrar..."**

Frente de Stalingrado, 12 de setembro de 1942.

Aquele fim de tarde devia, em princípio, ser magnífico, mas há duas semanas quando o tempo está bom, o pôr-do-sol adquire uma coloração estranha, encoberto pela fumaça dos incêndios da batalha de Stalingrado. Há momentos em que essa cor de fim de mundo me dá nos nervos.

Um caça Yak 9 está em aproximação e eu o acompanho com o rabo do olho. Estranhamente, ele dá duas voltas antes de pousar. A aterrissagem é impecável. A mão de um bom piloto.

Na área de estacionamento, a uns cem metros, ele salta da asa do avião. Com o pára-quedas na mão, começa a conversar longamente com o mecânico que foi ao seu encontro. Fico pensando que nunca vi esse piloto, não o reconheço...

A ponta do cigarro já quase queima meus lábios. Uma última tragada, e eu entro.

Sou Jan Brückner, e, apesar de meu nome, sou polonês.

Também sou prisioneiro de guerra. Em Stalingrado... quer dizer, não exatamente em Stalingrado... perto de Stalingrado. No Aeródromo Militar de Campanha nº 34, o AMC 34, como consta nos documentos oficiais... Para ser franco, é melhor para mim.

Um dia, uma velha camponesa meio feiticeira me disse, na minha cidade natal, perto de Gdansk — que ela continuava a chamar de Dantzig, como os alemães mais velhos da região —, que eu nascera sob uma boa estrela e um mau planeta. Eu devia ter oito anos e não entendi nada. Perguntei a meu pai e levei uma bofetada. Ele não gostava de revelar sua ignorância. Os vizinhos? Não estavam nem aí. Para dizer a verdade, acho que seus cérebros nem captavam o que eu dizia.

Hoje, vivendo em Stalingrado, trinta anos e algum chão depois, entendo o sentido da frase. E entendo muito bem.

Entrei naquela que os pilotos russos do regimento chamavam de "sala de operações". Estou encarregado de sua manutenção e limpeza. Sala não seria exatamente a palavra. É um *bunker* praticamente todo enterrado, com o teto reforçado por enormes vigas das quais pendem quatro tristes lâmpadas, que eu limpo diariamente para introduzir alguma coisa parecida com a luz nesse buraco do cu do mundo.

Estou tentando ativar a estufa que acendi há dez minutos. São cinco horas da tarde, e começa a esfriar. E no entanto ainda estamos em setembro, no dia 12. E sei disso porque sou eu que mantenho em dia o calendário pendurado numa das paredes cimentadas da sala... É uma das muitas tarefas do prisioneiro de guerra que eu sou. Mas também sou muitas outras coisas: mestre-cuca, ordenança, faz-tudo, intérprete.

No interior do *bunker*, o capitão Solomaten dirige-se a uma dezena de pilotos, e eu consigo ouvir pedaços de frases sobre as missões levadas a cabo ao longo do dia. A coisa deve ter sido feia, pois os caras parecem cansados e o próprio Solomaten está com os olhos lá no fundo, o que lhe dá um aspecto desalentado — o que ele não é.

Eu gosto do capitão Solomaten. Com ele, não há surpresas: quando está satisfeito, me chama de Jan. Quando faço alguma besteira ou ele está num mau dia, sou Brückner. E quando está meio mamado, é "prisioneiro da porra"! Não podia ser mais prático: um barômetro perfeito do seu humor. Ele é um excelente piloto. Derrubou muitos alemães. Está aqui no regimento há apenas dois meses.

Solomaten participou da batalha de Moscou, no inverno passado, e, pelo que todos dizem aqui, não foi propriamente um passeio na pista!

O que não o impede de dar boas risadas quando é o caso. Mas quando algum piloto não volta, ele não acha graça nenhuma. E, de uns tempos para cá, muitos não voltam. Os alemães estão batendo duro em Stalingrado, mas isto provavelmente todo mundo já sabe.

É precisamente nesse momento que a história começa.

No momento em que o outro piloto entra no *bunker*, o desconhecido, aquele que eu vi pousar há pouco.

É um novato, logo se vê.

Para começar, teve de brigar um pouco com a porta, que anda meio emperrada. Os veteranos, quando entram, dão com todo o peso do ombro, e o batente deixa de frescuras.

Além disso, parou um momento e percorreu tranqüilamente a sala com o olhar. Posso adivinhar sua patente: tenente. A estufa atrai sua atenção, instalada perto da parede da direita. O estrado de comando, o painel de mapas e o grupo dos pilotos encontram-se à esquerda, em frente à estufa.

É desta que o novato decide aproximar-se. Solomaten pareceu vagamente espantado, mas logo retomou a conversa com seus homens, que, quase todos de costas para a porta, nem se mexeram. O piloto tirou as luvas e estendeu as mãos sobre a chapa de ferro em brasa... Em seguida, puxou uma cadeira, depositou nela seus óculos de vôo e tirou o boldrié e a parca.

Eu o observo. Ele parece enregelado e se aquece com toda calma.

Só então é que começa a tirar o capacete.

E foi um espanto geral!

Os cabelos louros se desprendem do capacete e caem praticamente até os ombros!

O tenente sacode a cabeça para arranjá-los um pouco e se volta lentamente para o estrado.

De repente, Solomaten ficou mudo. Vendo a expressão no rosto do capitão, os homens devem ter pensado que Stálin em pessoa acabara de entrar no *bunker*. E também se viraram. O silêncio foi instantâneo. Silêncio para ninguém botar defeito: nem uma palavra, nem tosse ou pigarro, nem sequer um mapa roçado pelo vento. Nada. Eu mesmo simplesmente parei de respirar...

E a moça... perdão, o tenente... perfeitamente à vontade, olhou para eles. Em seguida, lançou-lhes um sorriso cuja luz deve ter chegado até a Polônia. E disse simplesmente:[2]

— Bom dia... Sou a tenente Litvak, seu novo piloto...

Para facilitar a identificação dos diferentes personagens femininos do livro, o leitor pode recorrer ao "álbum de recordações" à página 447.

PRIMEIRA PARTE

A MOÇA-FLOR

Capítulo 1

"Trigo para a Alemanha a essa altura dos acontecimentos?"

Um ano antes, 2 de junho de 1941, ponte de Bug, 1h50 da manhã.

O subtenente Alexei Solomaten estava com um humor do cão. Tinha vinte e um anos e acabara de passar uma semana de licença no sul da Lituânia, país de seus antepassados, como indicava seu nome... embora tivesse nascido em Kaluga. Horas antes, tivera de deixar o leito de uma distante prima loura, muito feia mas ardente, para pegar um trem para o sul e tentar alcançar o expresso Berlim-Varsóvia-Moscou à sua passagem pela ponte de Bug, na estação da fronteira da Polônia com a Rússia.

Por questão de minutos, quase perdera a baldeação. Como era sábado e as massas proletárias tinham mergulhado na tradição cristã de não fazer nada aos sábados e domingos, ele não via muito jeito de estar no posto de guarda do seu regimento, num território satélite de Domodedovo, a grande base aérea militar de Moscou, até as 7 horas da manhã de segunda-feira.

Se não quisesse ir parar "no xilindró", teria de sacudir o traseiro e dar um jeito qualquer de chegar a Moscou, a mais de 1.000 quilômetros.

Na plataforma da estação, a expressão tensa, ele observava as manobras da locomotiva de que seria efêmero passageiro até Minsk. Pudera negociar seu transporte com o chefe da estação, em troca de um batismo aéreo para seu filho de quinze anos dentro de algumas semanas, em Moscou.

— Um aviador numa locomotiva não se vê a toda hora — comentava a seu lado o chefe da estação, sem sarcasmo.

"Continue assim", pensava Solomaten, com ódio do mundo inteiro, "e o garoto vai ter um batismo aéreo bem sacudido, para não esquecer por muito tempo."

Um comprido trem de carga entrava na estação.

— Que diabo é isto? — rosnou o piloto, vendo na chegada do comboio um obstáculo para as manobras de sua locomotiva e um novo adiamento da partida.

— Trinta e dois vagões de trigo chegando de Kiev, na rota para Berlim. Nem vai parar.

— Trigo para a Alemanha a essa altura dos acontecimentos? — engasgou-se Solomaten. — Que babaquice é esta?! Há três dias só ouço dizer, em toda a fronteira, que a guerra era uma questão de horas.

— Propaganda e provocação. Quem afirma são os países capitalistas. Tentam nos fazer entrar na guerra. Li no *Pravda* na semana passada. Eles precisam de nós para sobreviver ao combate contra Hitler. Mas eles que se virem com o Führer, não é problema nosso.

Depois de tudo que ouvira nas últimas 48 horas dos guardas de fronteira e dos militares que encontrara, a visão curta e a beatitude imbecil do chefe da estação reforçavam sua convicção profunda: alguma coisa não ia bem! Os militares enxergavam uma guerra para o dia seguinte e o Partido passava mensagens tranqüilizadoras. Alguém só podia estar querendo tapar o sol com a peneira! Passado um momento, duas idéias lhe vieram à mente, e o deixaram algo abalado. Uma dúvida: será que este país sabia para onde estava indo? Uma certeza: ficava ainda mais urgente escafeder-se rapidamente dali, de locomotiva ou charrete, se fosse o caso, para estar em Domodedovo às primeiras luzes do dia de segunda-feira. O que descartava a hipótese da charrete.

Capítulo 2

A fronteira violada

21 de junho de 1941, Região Militar Especial do Oeste, 2h40 da manhã.

General-de-brigada V. E. Klimovskikh, chefe do Estado-Maior da Região Militar Especial do Oeste, ao Estado-Maior Geral, Moscou.

"Mensagem urgente.

1. No dia de ontem — 20 de junho — aviões alemães violaram a fronteira na direção de Avgustov: seis aviões às 17h41, dez aviões às 17h45. De acordo com as informações do destacamento de guardas de fronteira, os aparelhos transportavam bombas.

2. Segundo o relatório do comandante do III Exército, as barreiras de arame farpado instaladas ao longo da fronteira perto da estrada, que ainda podiam ser encontradas durante o dia, desapareceram à noite. Nessa região, teriam sido ouvidos na floresta ruídos de motores de máquinas terrestres. Os guardas de fronteira reforçaram a guarda.

V. Klimovskikh."

Capítulo 3

"Que faremos?"

21 de junho de 1941, Região Militar Especial de Kiev, 10 horas da manhã.

General-de-divisão M. P. Kirponos, comandante da Região Militar Especial de Kiev, ao Estado-Maior Geral:

"Segundo relatórios dos interrogatórios de desertores alemães, o ataque das tropas nazistas à URSS começará na próxima noite..."

No mesmo dia, ainda na Ucrânia, outros desertores confirmaram o teor dessas informações. Kirponos voltou a informar Moscou, enviando relatórios complementares. O mais alarmante deles chegou à capital às 21 horas.

Logo ao recebê-lo, o comissário do povo para a Defesa,[3] marechal Timochenko, comunicou a Stálin por telefone. Após um momento de silêncio, o senhor do Kremlin pediu a Timochenko que fosse a seu encontro acompanhado do chefe do Estado-Maior Geral, o general Jukov, e do general-de-exército Vatutin, seu adjunto imediato.

Ao serem introduzidos no gabinete de Stálin, os três constataram que todos os membros do Politburo, a mais alta instância dirigente da URSS, já estavam presentes, em torno da *troika* formada por Molotov, Malenkov e Béria.[4]

— Que faremos? — começou por perguntar Stálin, quando os três se acomodaram ao redor da grande mesa de carvalho, na qual repousavam vários mapas das regiões ocidentais da União Soviética.

ROSA DE STALINGRADO

Os três militares mantiveram-se calados.

O silêncio, pesado, obrigou Timochenko a tomar a palavra:

— Temos de pôr todas as tropas das regiões de fronteira em estado de alerta. O Estado-Maior Geral já preparou um documento com esta finalidade.

— Leia-o — disse Stálin.

O general Jukov tirou da pasta uma folha datilografada e começou a leitura. O documento previa a necessidade de ações ofensivas imediatas, em conformidade com o plano operacional aperfeiçoado nos meses anteriores.

Stálin cortou a palavra de seu chefe de Estado-Maior:

— É prematuro baixar ordens tão estritas. A coisa ainda pode ser resolvida pacificamente. Vamos apenas emitir uma breve diretiva afirmando que provocações de unidades alemãs poderão dar início a um ataque. Nossas tropas no terreno não devem ceder a qualquer dessas provocações. Vamos evitar complicações![5]

Após a partida dos militares, que foram dar curso à execução das ordens, relatam as testemunhas que Stálin, dando a impressão de falar mais consigo mesmo do que aos presentes, afirmou: "Acho que Hitler quer nos provocar... Será que ele está mesmo decidido à guerra?"

Eram 2 horas da manhã, nesse 22 de junho de 1941, quando os membros do Politburo se retiraram. Stálin decidiu ir dormir em sua *dacha* de Kuncevo, a poucos quilômetros do Kremlin, a oeste de Moscou. Mandou chamar seu motorista. Minutos depois, sua limusine blindada atravessava as ruas vazias.

Capítulo 4

Moscou é acusada de ignorar o bê-á-bá de um alerta militar

22 de junho de 1941, Kremlin, Estado-Maior Geral do Exército Soviético. Regiões militares, 0h20.

A *Diretiva nº 1* foi enviada às unidades destinatárias por rádio, *Baudot*[6] ou ligações telefônicas a partir de 0h20. As últimas regiões a serem informadas receberam as ordens a 1h20. Os comandantes e seus estados-maiores levaram mais ou menos meia hora para tomar conhecimento do documento, debatê-lo e mobilizar os meios de execução das instruções.

Em quase toda parte a diretiva foi recebida com agitação. Moscou foi acusada, não raro com a mais crua indignação, de ignorar o bê-á-bá de qualquer alerta militar. Uma divisão precisava de 4 a 24 horas para reunir as tropas, pô-las em marcha e fazê-las ocupar as posições de defesa previstas. Para os Estados-Maiores em campo, informados da iminência do ataque alemão, a diretiva inicial, portanto, estava atrasada pelo menos 24 horas.

Entre muitos outros exemplos, esta conversa telefônica entre o general Piotr Petrovich Sobennikov, comandante do 8º Exército da região militar do Báltico, e um colega do Estado-Maior Geral:

— Vamos parar com essas histórias da carochinha, merda! Você sabe tanto quanto eu que não existe nenhum plano preciso de defesa da fronteira. As tropas têm sido usadas sobretudo para construir fortificações e aeródromos, em detrimento da instrução e do tempo de manobra. No meu Exército, ainda tenho unidades incompletas. As instalações ainda não estão concluídas. Na noite passada,[7] recebi pessoalmente a ordem absolutamente categórica do chefe do Estado-Maior regional, Klionov, de retirar nossas tropas da fronteira antes do amanhecer de 22 de junho... Hoje! Por quê? Para "não ceder a provocações". Ora merda, há meses vemos aviões alemães de reconhecimento passando sobre nossas cabeças e somos proibidos de reagir "para não ceder às provocações"...

A indignação do general Sobennikov não dava mostra de querer ceder.

Das margens do Niemen à cidadela de Byalistok, de Brest-Litovsk à embocadura do Danúbio, uma formidável máquina de guerra entrou em ação no domingo, 22 de junho de 1941, antes mesmo das primeiras luzes da alvorada.

Entre 2 e 3 horas da manhã, as esquadrilhas da Luftwaffe alemã e dos países aliados da Alemanha decolaram de seus aeródromos, ganharam altitude e se agruparam dando voltas no céu da Polônia ocupada, a curta distância da linha de demarcação russo-polonesa. Os motores dos tanques foram postos para funcionar. As culatras dos canhões rugiram.

Às 3 horas, milhares de aviões voltaram-se para o leste.

Às 3h05, as tropas nazistas e aliadas mobilizadas no plano *Barbarossa* atravessaram as fronteiras da URSS.

A frente tinha uma extensão de 1.500 quilômetros.

Para uma considerável quantidade de divisões do Exército Vermelho, o verdadeiro alerta não veio de Moscou, mas dos bombardeios maciços da Luftwaffe e dos tiros de artilharia alemães.

As unidades e formações que haviam começado a se movimentar na direção das regiões previstas não conseguiram, de maneira geral, chegar a seus destinos. Rapidamente depararam no caminho com as colunas de blindados inimigos, sendo obrigadas a entrar em combate apesar de estarem em movimento. Além disso, os nazistas haviam dado prioridade à interrupção das ligações e transmissões e à paralisação do comando inimigo.

Horas depois, o general Sobennikov voltou a se comunicar com seu colega em Moscou.

— Você achou que antes eu estava exagerando? Falei pelo rádio com o chefe de operações da divisão aérea mista que teria de dar apoio ao meu

8º Exército, e ele estava praticamente imobilizado. Disse-me que só lhe restavam cinco ou seis aviões, que não param de levar bombas dos boches pela cara desde as 5 horas da manhã. A manhã toda, por telefone, por telégrafo, por estafeta, meu posto de comando não parou de receber ordens ameaçadoras: instalar cavalos de frisa, plantar minas etc. Para serem executadas imediatamente, claro. Depois, vinham outras ordens anular as primeiras. E mais algum tempo depois, nova contra-ordem: as primeiras ordens são confirmadas... Assim como as tropas — um fuzil para cada três homens —, meu Estado-Maior estava incompleto. Os meios de ligação e locomoção eram insuficientes, como já sabemos há meses... Você não faz idéia da bagunça! Uma hora atrás, falei rapidamente por rádio com um companheiro do 10º Exército, na frente ocidental. Os boches praticamente conseguiram paralisar o comando e as ligações, de tal maneira que Pavlov[8] não tem mais como comandar suas tropas. Ele me disse que acabavam de liquidar, minutos antes, um comando alemão de sabotagem lançado de pára-quedas, que estava cortando nossos cabos de ligação... 50 quilômetros adentro de nossas fronteiras! Você me ouviu bem: 50 quilômetros fronteira adentro! E ele se perguntava, com razão: "Para cada comando eliminado, quantos não terão operado em total impunidade?" E acrescentou: "Se a esculhambação for igual em outras partes da frente" — e eu concordo com sua análise —, "amanhã ou depois só nos restará bater em retirada para salvar o que for possível de nossas tropas." Ele vai inclusive mais longe, considerando que, mesmo que queiram ou recebam ordens de recuar, nem o 10º nem o 3º Exército terão mais combustível nem meios de transporte para bater em retirada. Em compensação, a Luftwaffe, pode estar certo, vai marcar presença. Ele me disse — estou citando — que esperava que Moscou tivesse reservas mobilizadas para intervir em terra e por ar, pois, caso contrário, poderemos ver alemães em Minsk[9] antes do que imaginávamos. Sua situação parece ainda mais trágica que a nossa...

Quanto a nós aqui, meu velho, praticamente toda a aviação da região militar do Báltico foi destruída no solo esta manhã... Imagine só: não temos mais um único avião no ar! Mas suponho que vocês devem estar a par de tudo isto em Moscou. Saiba simplesmente que a coisa aqui é só nervosismo, falta de coordenação e confusão. Por causa desse temor generalizado de "provocar uma guerra", muito bem, não provocamos, mas ela está aí. Esplêndida demonstração de lucidez nas altas esferas! É mesmo para dar um tiro na cabeça!

O general Sobennikov se enganava: Moscou nada sabia da situação.

Foi para todos — a começar por Stálin — uma surpresa total descobrir que, ao cabo do primeiro dia, os grupamentos móveis alemães haviam penetrado de 50 a 60 quilômetros no território defendido pelo Exército Vermelho.

Stálin e seu círculo político não conheciam bem as modalidades concretas de uma declaração de guerra e nada sabiam dos encargos que elas significavam para unidades importantes, para os regimentos, divisões e, *a fortiori*, o Exército como um todo. Enviar uma diretiva — ainda que de número 1 — apenas três horas depois da mobilização da máquina de guerra nazista era ao mesmo tempo risível, ridículo e inoperante. O marechal Timochenko, ministro da Defesa e número 1 na hierarquia militar soviética, conhecido entre os colegas por seu medo físico do "Chefe", jamais ousara entrar nesse tipo de "detalhes" em sua presença. A URSS pagaria muito caro pela pusilanimidade de algumas de suas cabeças militares.

A decorrente desordem no primeiro dia foi muitas vezes uma surpresa para os próprios alemães. Um capitão de artilharia prussiano em posição de observação a 1.200 metros de altitude, num balão cativo, por pouco não teve de enfrentar corte marcial por ter manifestado com excessiva veemência sua exasperação ante os reiterados pedidos de informação de seu superior:

— Nada de movimentos de tropas russas provenientes do leste?

— Nada ainda.

— Olhe bem e informe!

O mesmo diálogo se repetia de dez em dez minutos:

— Nada... nada... nada. Simplesmente não é possível! — exasperou-se o oficial superior.

— Não é possível? — berrou o observador, irritado. — Se é impossível, diga às suas zebras de alta patente que podem subir aqui para ver. Só posso anunciar o que estou vendo!

A "zebra de alta patente" que não conseguia acreditar nessas informações caídas do céu era ninguém menos que o marechal Von Kluge, comandante do IV Exército alemão, que chegara sem avisar à linha de frente para uma inspeção rápida.

Capítulo 5

Um pai orgulhoso da filha

22 de junho de 1941, Novoslobodskaia,[10] 4 horas da manhã.

Viktor Alexandrovitch Litvak, empregado das ferrovias soviéticas, técnico competente, exercia a profissão de condutor de locomotivas. O amor que dedicava a seu emprego era, em suas próprias palavras, "sua alegria, sua sorte e seu orgulho". O gene da mecânica lhe havia sido transmitido por seu pai, Alexandre, que, por volta de 1900, jogara sua carroça de camponês báltico no lixo do progresso para se interessar pelas bicicletas. Mais tarde, viera a traí-las, entusiasmando-se pelos primeiros automóveis. Seus motores logo não guardariam nenhum segredo para ele. Alexandre tornou-se um especialista reputado, numa época em que a maioria dos mujiques ainda fugia ante a visão desses monstros barulhentos, surgidos segundo eles — e seu babuchka[11] — das forjas de Satã.

Viktor Alexandrovitch viu mais, e mais longe, que o pai. Aos oito anos, 48 horas apenas depois da instalação da família em Korovino, um subúrbio de Moscou, seu primeiro passeio dominical o levou à estação Bielo-Rússia, no centro de Moscou. A primeira locomotiva que viu — preparando-se para tracionar um comboio de vagões antediluvianos em direção a Samara[12] e depois Samarkand, conforme lhe explicou o pai —, essa primeira locomotiva entrou em sua vida na velocidade lenta de suas bielas, e não saiu mais.

Ela tinha o belo nome de *Aurora*.

Eram 4 horas da manhã, naquele 22 de junho, e Viktor Alexandrovitch já andava para cima e para baixo no pequeno apartamento há mais de meia hora, com seus ombros largos e musculosos de lenhador. Ao contrário do rosto, profundamente sulcado pelo vento das locomotivas, o resto do corpo, seco, espadaúdo, sólido, sem um grama de gordura, não denunciava seus cinqüenta anos. E, por sinal, ele gostava de fazê-lo notar diante do espelho à esposa, Anna Vasilneva.

A noite de verão começava a empalidecer. Ele engoliu com prazer — mas também com uma careta, pois se queimara — a xícara de chá fervente, extraído do samovar depositado ao lado do telefone recém-instalado, o único verdadeiro luxo do apartamento. Um telefonema de um amigo de sua filha no Comissariado de Defesa, o capitão Karev, para a direção da Companhia Ferroviária permitira desentravar um processo que se arrastava há meses. Mas ele não aceitava que se falasse em "privilégio": o telefone era útil em seu trabalho.

Viktor Litvak cheirou com vontade a marmita contendo o consistente omelete de batata e toucinho que não permitira a mais ninguém preparar. Era o seu almoço, e não o café-da-manhã: ele saberia esperar.

Consultou uma última vez seu plano de viagem. Ele indicava Viasma, Smolensk, Orsa, Minsk e Brest-Litovsk, ida e volta. Era a programação de seus quatro próximos dias. Partida esta manhã às 6h18. Um grande comboio de mercadorias, transportando também materiais militares.

— Vamos — disse ele —, não posso me atrasar!

Sua mulher sorriu: ele era a própria pontualidade.

— Não vai nem beijar as crianças? Mas sem acordá-las...

Diante daquele rosto lindo, ele preferiu beijá-la:

— Para acordar as crianças às 4 horas da manhã, Moscou teria de ser bombardeada. E ainda assim...

— Cale a boca, não gosto que brinque com isto.

Ele se arrependeu do comentário descabido. Decididamente, estavam todos obcecados com a guerra. Ainda ontem falavam a respeito, numa reunião da célula. Felizmente, o camarada secretário os havia tranqüilizado: "Hitler não vai levantar um dedo, não quer repetir o erro do Kaiser em 1917: nada de guerra em duas frentes. Está ocupado demais a oeste, onde continua com a intenção de desembarcar na Inglaterra..." A pequena assembléia não perdera uma sequer de suas palavras, e a Viktor parecia que essa atenção não desagradava ao orador. Ele não tinha especial simpatia por esse "camarada-ferroviário-apparatchik", mas tampouco nada de especial nele o desagradava. Ele não estava entre os mais imbecis ou perigosos. "Que os Estados capitalistas continuem a se matar uns aos outros" — prosseguia o outro —, "e o mundo será comunista mais rapidamente... Quando eles não tiverem mais sangue a derramar, bastará um peteleco, e, pronto, a Europa inteira será socialista..." Ele fizera uma pausa e, em tom quase confidencial, acrescentara: "É a estratégia do camarada Stálin." Aplausos imediatos, entre os quais Litvak teve dificuldade, como sempre, para distinguir as homenagens ao teor do discurso do simples reflexo condicionado ligado à menção do nome de Stálin. Mas Viktor Alexandrovitch guardou para si a impressão marota ligada à suspeita que lhe passava pela mente: tinha sempre a sensação de que o secretário da célula ensaiava sozinho diante do espelho, ostentando aquela expressão "Creiam-me, sei mais do que revelo" de que tanto gostava. E é verdade que ele era considerado um ambicioso.

As ambições dos outros sempre divertiam Viktor. Sua própria paixão pelas locomotivas o havia levado a renunciar pelo resto da vida a qualquer pretensão profissional que ultrapassasse a plataforma de condução das suas queridas máquinas. Ele recusara cargos de contramestre, chefe de oficina e responsável pelo depósito, que lhe eram insistentemente oferecidos pelos superiores, em vista de sua reconhecida competência. Um *niet* sem chance de voltar atrás. Nada parecia deixar esse "operário técnico" mais feliz do que se levantar às 5 horas da manhã, mesmo no auge do frio de inverno, vestir o macacão azul, jaqueta, capote e boné para comparecer ao depósito de Ramenki e tomar posse dos manetes da *Viatka 232* que o conduziria através de todas as rússias.

Nos dois próximos dias, ele estaria novamente percorrendo regiões e paisagens. E teria belas coisas a contar. Se abrisse mão de tudo isto, onde encontraria matéria-prima para os relatos, não raro inventados, que fazia aos filhos, aquelas impressões de viagem que tanta alegria traziam ao olhar de Liliana, sua filha, de Yuri, seu menino de dez anos, pintando um halo de indulgência no sorriso de sua mulher? Era o seu jeito de pedir perdão pelo marido meio rude que podia ser às vezes.

Percorrendo Mendeleevskaia a passadas largas, ele pensava que suas histórias há muito faziam a felicidade dos seus, mas Lily, a mais velha, já se mostrava menos atenta — havia crescido, estava com dezenove anos e já assumia ares de importância porque tirava boas notas e tocava piano. Mas estava convencido de que ela certamente extraíra daqueles relatos o gosto pelos grandes espaços abertos e pela liberdade, que era um traço de sua personalidade e haveria de acompanhá-la por toda a vida. Pois não aprendera às escondidas a pilotar um avião?

Enquanto caminhava, ele se lembrava da cara que ele próprio e sua mulher haviam feito ao descobrir que a filha não passava as horas vagas no Teatro Gorki, como pensavam, para se transformar na grande atriz que prometia ser, mas no aeroclube do CSKA, atrás do hipódromo, a três quilômetros do apartamento. Estava aprendendo a pilotar.

Que mentirosa!

Que atriz!

Avançando, ele inconscientemente apertava os olhos de contentamento e orgulho: "Ela pode bancar a orgulhosa, mas logo se vê que é minha filha!" Quanto a Anna Vasilneva, a mãe, estava sempre reclamando: "Carroça, bicicleta, automóvel, locomotiva, avião: um dia meu neto vai acabar me dizendo: 'Mamuchka, estou indo para a Lua'."

Capítulo 6

Jukov gostava cada vez menos daquele silêncio

22 de junho de 1941, Kuncevo, *dacha* de Stálin, 4 horas da manhã.

Havia uma regra absolutamente incontornável que, para dizer a verdade, ninguém se sentia realmente tentado a desrespeitar: Stálin nunca devia ser acordado.

O senhor da URSS tinha a sensação de mal ter conseguido adormecer no canapé de seu gabinete quando bateram à porta com força para tirá-lo desse primeiro sono.

Metido em seu pijama, ele foi abrir. O chefe da segurança, em posição de sentido, anunciou:

— O general-de-exército Jukov ao telefone, é assunto urgente.

Stálin caminhou até a mesa de trabalho e pegou o telefone.

— Estou ouvindo.

Foi-lhe passada então a ligação.

— Aqui Jukov, camarada Stálin. A Alemanha atacou às 3 horas da manhã. A aviação bombardeou Minsk, Kiev, Sebastopol e outras cidades. Contingentes blindados e motorizados atravessaram nossas fronteiras e invadiram nosso país...

Silêncio na linha.

— ...Esses ataques ocorreram ao longo de toda a fronteira...

Nada, ainda. Surpreso, o chefe do Estado-Maior Geral do Exército Vermelho deteve-se um momento e logo perguntou:

— Camarada Stálin, o senhor me entendeu?

O silêncio persistia. Só um leve ruído de respiração meio rouca permitia ao chefe dos Exércitos soviéticos perceber que a linha não havia caído.

Jukov gostava cada vez menos daquele silêncio. As reações do primeiro-secretário eram muitas vezes imprevisíveis, e as notícias que estava dando poderiam desencadear todas as tempestades quando conseguissem abrir caminho na mente do "Chefe". A única certeza era que cabeças rolariam: toda a política seguida por Stálin há anos acabava de ser aniquilada pela decisão de Hitler. Alguém teria de assumir a responsabilidade por aquele fracasso. E ninguém precisava lhe explicar que, em tais circunstâncias, o chefe do Estado-Maior do Exército apresenta o perfil bastante aceitável de um bom bode expiatório. Depois apenas, talvez, do ministro da Defesa. E com seus botões ele pensou, como bom militar: "Quando se está na merda até o pescoço, o jeito é mijar nas botas!"

De modo que resolveu insistir:

— Camarada Stálin, o senhor me entendeu? Camarada Stálin, está me entendendo? O senhor me entendeu? Alô, camarada Stálin...

O silêncio prosseguia. Parecia a Jukov "uma eternidade".[13]

Finalmente, uma voz surda foi ouvida do outro lado do fio:

— Venha com Timochenko ao Kremlin. Diga a Proskrebychev que convoque todos os membros do Politburo...

Stálin desligou e permaneceu um momento junto à escrivaninha. Em silêncio, parecendo embotado. Sua inteligência sempre lhe dissera que a agressão hitlerista jamais poderia ser descartada. E mesmo que era provável, com o tempo. Mas não agora! Desde 1938, toda a sua política, toda a sua ação rejeitavam a opção de um conflito a curto prazo. O que Jukov lhe dizia agora ao telefone era que sua intuição, sua presciência, seu desejo, sua proclamada convicção — pior ainda: sua alegada infalibilidade — acabavam de ser varridos do mapa pelas bombas alemãs, esmagados pelos tanques com a suástica. Nada ficava de pé: contra toda lógica, Hitler entrara em guerra a leste, abrindo uma segunda frente.

Um imbecil e — Molotov[14] tinha razão — um aventureiro!

Seu olhar dirigiu-se para o mostrador do velho relógio postado num canto da peça. O ponteiro menor mal havia passado do número 4. Ele se lembrou da reunião do Politburo da qual parecia ter saído apenas minutos antes. Lembrou-se também da mensagem enviada aos conselhos militares das regiões de Leningrado, do Báltico, do Oeste, de Kiev e Odessa: "A missão de nossas tropas é não ceder a qualquer ação provocadora."[15]

Capítulo 7

Comitê de crise no Kremlin

Kremlin, 5h30 da manhã.

De volta a Moscou, Stálin entrou no Kremlin pela entrada especial da antiga fortaleza dos czares que lhe era reservada.

Subiu a seu gabinete e, atravessando a sala de recepção, onde era esperado por Proskrebychev, o chefe de sua secretaria, ordenou-lhe que mandasse entrar os colaboradores.

Os membros do Politburo e os suplentes entraram na sala onde tradicionalmente se realizavam as grandes reuniões de trabalho. Lá estavam Molotov, Malenkov, Béria, o marechal Vorochilov, Mikoyan, Kaganovitch, Kalinin, Andreiev, Chvetnik e Chtcherbakov. O marechal Timochenko e os generais Jukov e Voznessenski também se faziam presentes.

Todos, à exceção talvez dos militares, pareciam arrasados. Ninguém disse uma palavra.

Stálin não os saudou e foi dizendo, sem se dirigir particularmente a nenhum deles:

— Chamem o embaixador da Alemanha.

Molotov saiu imediatamente

Capítulo 8

O olhar gelou Molotov

Kremlin, 6 horas da manhã, gabinete de Molotov.

Às 6 horas da manhã, convocado por Molotov, o embaixador alemão, o conde Von Schulenburg, apresentou-se no Kremlin. Pálido, de uma lividez que sem dúvida traía sua emoção, ele foi conduzido à presença do ministro. Num silêncio glacial, entregou ao ministro russo uma nota diplomática enviada pela chancelaria do Reich em Berlim. Molotov tomou-a e leu: a Alemanha declarava guerra à URSS... "para prevenir o ataque que estava sendo preparado pela União Soviética".

Sem dizer palavra, Molotov cuspiu na nota e a rasgou.

Sempre em silêncio, tocou uma campainha. Entrou Proskrebychev, seu antigo secretário no Comitê Central do Partido, antes de ser transferido para o serviço de Stálin. Ele acompanhara o antigo chefe à saída da sala de reunião.

— Acompanhe este senhor — disse Molotov. — Pela escada de serviço.

"Como um doméstico", pensou, *in petto*, Proskrebychev, que conhecia o seu ministro.

Von Schulenburg empertigou-se. Também havia entendido.

De volta à sala onde Stálin estava reunido com o Politburo, Molotov transmitiu as informações.

Todos os participantes o olhavam fixamente.

— A Alemanha nos declarou guerra... — começou ele.

Os olhos de Stálin detinham-se nele pesadamente.

Esse olhar gelou Molotov. Seis meses antes, retornando de uma missão em Berlim, ele assegurara ao senhor do Kremlin: "Hitler quer o nosso apoio em seu combate contra a Inglaterra e seus aliados. Temos de esperar que essa luta se amplie. Hitler está se debatendo. Uma coisa é clara: ele não terá coragem de abrir duas frentes de guerra. Considero que temos tempo para reforçar nossas fronteiras ocidentais..."

E acrescentara: "Mas é preciso abrir o olho: estamos lidando com um aventureiro."

Agora, pensava que foi o que lhe valeu: aquela frase talvez lhe salvasse a vida.

E Stálin por sinal havia aprovado: "Temos tempo", declarara, com seu ar finório dos grandes dias.

Hitler não lhes dera tempo.

O relato de Molotov foi breve. Fez-se um silêncio pesado. Stálin nada dizia, aparentemente pensando em outra coisa.[16]

O silêncio tornara-se insuportável. O marechal Timochenko decidiu quebrá-lo:

— Camarada Stálin, permite-me resumir a situação?

— Resuma.

A um sinal de cabeça do ministro da Defesa, foi introduzido o general Vatutin, adjunto de Jukov no Estado-Maior Geral. Ele se instalou à mesa, abriu sua pasta, retirou duas folhas e começou a apresentar seu relatório, que era breve, trazendo poucas informações novas:

— Depois das barragens de artilharia e dos ataques aéreos, atingindo sobretudo as regiões de fronteira dos distritos militares do Báltico e do Oeste, e, em menor grau, o de Kiev, a maior parte das forças nazistas irrompeu em nosso território. Muitos postos de fronteira foram destruídos pela gigantesca máquina de guerra alemã. Nossos aeródromos são metodicamente bombardeados. São muitos os aparelhos perdidos, não raro destruídos no solo. O inimigo atinge sistematicamente nossos meios de comunicação — ferrovias, estações, centros de transmissão...

No momento, o Estado-Maior não dispõe de mais dados concretos.

Para completar e sobretudo dar consistência ao relatório do adjunto, Jukov interveio. Ninguém estava mais consciente do que Timochenko e ele próprio de que a insuficiência, a desordem e as contradições das informações provenientes da frente constituíam a primeira manifestação da gravidade da situação. Com toda evidência, a bagunça era tal que nada se aproveitava. Em seu foro íntimo, Jukov temia que as informações que logo chegariam a Moscou fossem piores do que estavam preparados para ouvir os que se encontravam ali reunidos.

— Quero lembrar aos camaradas do Politburo como está estruturada nossa organização militar que atualmente sofre a agressão nazista. O distrito militar do Oeste é comandado pelo marechal-de-campo Pavlov, seu chefe de Estado-Maior é o general-de-divisão Klimovskikh, seu comissário político, Forminyi. O PC[17] fica em Minsk...

O marechal Timochenko tomou a palavra e transmitiu informações equivalentes a respeito dos distritos militares do Báltico, ao norte, e de Kiev, centro de distribuição do dispositivo militar soviético no sul do país.

— E o que enfrentamos? — perguntou Stálin.

— De acordo com uma súmula de nossos serviços de informações datada do fim de maio — respondeu Vatutin, consultando um novo documento —, as tropas alemãs que atacaram a fronteira do distrito do Báltico são comandadas pelo *Feld-marechal* Von Leeb. O grupamento de Exércitos do Centro, que parece ter como objetivo Byalistock, está sob as ordens do *Feld-marechal* Von Bock. Sua ala direita é comandada pelo general Guderian, conhecido pelos avanços de tanques e pelas vitórias alemãs na França em junho de 1940. À frente da Ucrânia estava o grupamento de Exércitos do *Feld-marechal* Von Rundtstedt, com os *panzers* do general Von Kleist.

— *Von... von... von...* o cabo Hitler entregou suas tropas a aristocratas prussianos — grunhiu Stálin. — Como seu mestre, o imperador Guilherme, em 1914. Aí está uma bela decisão socialista, já que ele se diz socialista!

Ele se voltou para o marechal Vorochilov:

— Kliment Iefremovitch, que era mesmo que fazia o seu pai?...

— Camponês pobre.

— E o seu, Semion Konstantinovitch?

— Camponês ainda mais pobre, camarada Stálin — respondeu o ministro da Defesa, Timochenko.

— E você, Chapochnikov?[18]

— Sapateiro. E não era um artesão abastado! Para ajudar na sobrevivência, minha mãe costumava levar sacos pesando até vinte quilos da aldeia à cidade, fosse no verão ou no inverno, em troca de alguns copeques. Eram seis a sete quilômetros. Mas ela era uma camponesa robusta...

— ...mas morreu de esgotamento aos quarenta anos — acrescentou Stálin, que conhecia de cor a biografia de cada um dos presentes ao redor daquela mesa.

Ele permitiu que se instaurasse um momento de silêncio, para conferir ainda maior peso ao que ia dizer. Endereçou a cada um deles um olhar frio, filtrando-se pelas pesadas pálpebras meio abaixadas, que os deixava tão constrangidos... Molotov olhava em outra direção, evitando o olhar do primeiro-secretário: era filho de uma família da burguesia abastada.

— Pois bem, camaradas — começou finalmente Stálin. — É por isto que vamos derrotá-los: todos esses *von* alguma coisa" não representam mais nada, só o passado. Eles são uma classe morta, nós somos o futuro. Os filhos de operários e camponeses pobres vão enfiar no cu desses aristocratas fascistas, agarrá-los pelos colhões, arrastá-los de volta à Alemanha pela pele das costas. E lá, em Berlim, diante do mundo inteiro, vamos enforcá-los um a um, atrás de seu senhor da guerra, *Herr* Hitler![19]

Por ordem de Stálin, o marechal Timochenko mandou imediatamente preparar um documento que passou à História como a "Diretiva nº 2 do Grande Conselho Militar":

"Aos conselheiros militares das regiões de Leningrado, dos países bálticos, do Oeste, de Kiev e Odessa. (...)

No dia 22 de junho de 1941, às 4 horas (*sic*) da manhã, a aviação alemã efetuou sem qualquer motivo ataques contra nossos aeródromos e nossas cidades ao longo da fronteira ocidental, bombardeando-as...

Diante desse ataque de espantosa imprudência da parte da Alemanha contra a União Soviética, ordenamos:

1. As tropas devem avançar com todas as suas forças e todos os seus meios contra as forças inimigas e destruí-las nas regiões onde violaram a fronteira soviética. As forças terrestres não devem atravessar a fronteira enquanto não receberem ordem neste sentido.

2. A aviação de reconhecimento e a de combate devem identificar os pontos onde está concentrada a aviação inimiga e nos quais se agrupa-

ram suas forças terrestres. Mediante poderosas investidas de bombardeiros e aviões de ataque, devem destruir a aviação inimiga em seus aeródromos e bombardear os grupamentos principais das forças terrestres, levando as investidas da aviação a zonas até 100/150 quilômetros no interior do território alemão. Bombardear Königsberg e Memel. Não efetuar ataques a territórios da Finlândia e da Romênia sem instruções específicas.

Timochenko, Jukov, Malenkov.
Diretiva nº 2, 22 de junho de 1941, 7h15."

Capítulo 9

Silêncio rádio

Moscou, Novoslobodskaia, domingo, 22 de junho, 10 horas da manhã.

Tocaram a campainha do apartamento. Anna Vasilevna Litvak abaixou o som do rádio. Desde as 8 horas da manhã ela ouvia distraidamente a Rádio Moscou. Nada de muito interessante: uma aula de ginástica e depois a "Saudação aos Pioneiros". O noticiário das 9 horas começara com informações agrícolas, seguidas de comunicados sobre os resultados obtidos pelos trabalhadores das tropas de choque do produtivismo. Ela quase desligou, mas começou uma transmissão de música popular, alternando com marchas, o que era mais surpreendente.

Ela foi abrir a porta. À sua frente estava uma mulher ainda jovem, que não devia ter mais de trinta e cinco anos, mas que parecia mais velha de tão corpulenta, embora isto contribuísse para dissimular as rugas do rosto. De um pé para o outro ela parecia dançar, visivelmente constrangida.

Anna Litvak estranhou, pois tal atitude não fazia o gênero da *opravdom*[20] postada à sua frente, conhecida, como tantos de seus colegas, como olheira do Partido no prédio. O que costumava enchê-los de confiança, quando não de arrogância.

— Anna Vasilevna... — começou a zeladora.

Anna recuou para permitir à "camarada" entrar no apartamento.

Sem necessariamente simpatizar uma com a outra, as duas não chegavam a se evitar, e de vez em quando tomavam juntas uma xícara de chá. Desse modo, Anna ficava sabendo do disse-me-disse da vizinhança. O que não lhe desagradava: sua posição de empregada da direção de uma loja a

ROSA DE STALINGRADO

isolava um pouco no prédio, habitado majoritariamente por famílias operárias. Para a zeladora, a existência de um telefone no apartamento dos Litvak servia de garantia de bom comportamento por parte dos locatários, além de ser prova de que contavam com certos apoios na administração ou no Partido, o que devia ser levado em conta. Para não mencionar, como desconfiava Anna, que a zeladora tinha um fraco por Viktor Alexandrovitch.

— Anna Vasilevna — repetiu ela, caminhando enquanto falava, a cabeça voltada para a interlocutora. — Estive pensando... — e hesitou um pouco, visivelmente buscando a palavra certa... — Muito bem...

Anna Litvak teve a impressão de que ela ia finalmente se decidir:

— Muito bem... Você sabe que no prédio ao lado mora um jornalista italiano. Meia hora atrás, ele foi falar com minha colega Nina Oxanova e perguntou se ela sabia das últimas notícias. Como você sabe, os jornalistas estrangeiros costumam ouvir as rádios de seus países, quando conseguem, ou a rádio inglesa.[21] E parece que esta anunciou que os alemães atacaram nosso país esta manhã. A Rádio Moscou não diz nada. O italiano então telefonou ao Comissariado de Relações Exteriores para perguntar. E eles responderam: "Telefone mais tarde." Ele insistiu: "Haverá uma declaração oficial do governo?" "Telefone mais tarde!"

Foi pelo menos o que ele contou à minha colega quando desceu para falar com ela, para fazer a mesma pergunta. Naturalmente, Nina Oxanova ficou de queixo caído! Um ataque alemão! Nossos aliados! Ela veio correndo me procurar. Eu também não sabia de nada — e como é que haveria de saber? Decidimos então telefonar à *raikom*.[22] A resposta deles: "Disseram que o camarada Molotov vai falar, mas não sabemos sobre o quê."

— Anna Vasilevna, estou lhe dizendo isto porque, se for a guerra... — sua frase ficou suspensa, como se o simples fato de pronunciar a palavra já desse medo... — Enfim, se o seu marido telefonar, talvez ainda não saiba de nada. Considerando-se a profissão dele, é melhor que fique sabendo... Diga-lhe que tome cuidado...

O coração de Anna Litvak parou de bater. Viktor, sozinho, longe de tudo e de todos, a essa hora, em seu trem a caminho do oeste, em algum ponto da grande planície... Meu Deus, não permita que lhe aconteça nada! Mas onde diabos é que ele anda? — perguntava-se ela, já com um nó no estômago.

Ela fez um rápido esforço de memória para se lembrar do que lhe dissera Viktor na véspera, ao arrumar a valise. "Ah, sim: Smolensk e Minsk. Pelo menos, ele não vai chegar perto da fronteira." Foi o bastante para que se sentisse melhor, tranqüila quanto a ele, mas ainda assim querendo que voltasse o mais breve possível. As próximas 48 horas seriam longas.

Foi quando pensou nos filhos, o menino ainda dormindo no quarto ao lado: "Graças a Deus meu filho só tem dez anos e minha mais velha é uma menina!"

Capítulo 10

O cão que prevê a guerra

Moscou, Nikolskaia, domingo, 22 de junho, 10 horas da manhã.

Uma hora antes, a filha mais velha beijara a mãe e fora ao encontro de uma amiga, para saborear com ela, nos parques e à beira do Moskova, o perfume do solstício de verão, esse verão sempre tão curto em Moscou. Depois de apreciar a natureza, elas iriam flanar diante das vitrines do centro da cidade, menos modestas que as do seu bairro. Haviam marcado encontro na estação de metrô Komsomolskaia, perto da estação Leningrado, a cerca de meia hora a pé do Kremlin.

A manhã desse primeiro domingo de verão em Moscou estava bela e ensolarada, com a temperatura amena. O sol deixava para trás, decidido, a bruma matinal, erguendo-se por trás dos prédios. A mocinha que chegou primeiro sentou-se num banco, oferecendo o rosto aos raios que começavam a projetar seu calor, os olhos quase sempre fechados. Era loura, com traços muito caracteristicamente russos, os olhos de um cinza-claro, puxados para as têmporas, as maçãs altas, acentuadas, parecendo marcar ainda mais as bochechas quase translúcidas. Uma boca carnuda de mulher contrastava com dentes pequenos que ainda a prendiam à infância. O queixo de contorno firme conferia personalidade a um rosto já por si atraente. Ela se chamava Liliana Litvak — Lily para os amigos. Tinha dezenove anos.

A amiga não demorou a vir a seu encontro. As duas se beijaram. Larissa Rasanova, a recém-chegada, estava longe de ser feia, mas, aos olhos de terceiros, era prejudicada pela proximidade da outra elegante gazela. Aos dezoito anos, sentia-se velha. Morena, invejava a lourice da amiga. De estatura média mas compleição robusta, achava-se uma "camponesa". Mas poucos a reconheciam na descrição que às vezes oferecia de si mesma, por demais dependente do prisma deformante de sua admiração por Lily. E ela esquecia que sua capacidade de observação, seu humor e também sua mordacidade — inspirada num pai professor de medicina que se valia de uma boa reputação para se permitir certa dose de espírito crítico —, sua inteligência, sua paixão desordenada pelos livros, a cultura fragmentada que assim acumulava e uma maturidade precoce para sua idade haviam aos poucos modelado em sua pessoa um encanto que só ela ignorava.

No pátio da estação, grupos de jovens, mochila nas costas, violão na mão, chegavam para tomar o trem e passar o dia no campo. Depois de passar uns cinco minutos trocando idéias no banco sobre como aproveitariam a manhã, as duas amigas levantaram-se e se afastaram em direção ao centro. Entraram na Perspectiva que conduzia à igreja dos Doze Apóstolos, cujas abóbadas se divisavam claramente a distância, apesar da persistência de um resto de bruma. Caminhavam a passos rápidos, Lily muito empertigada, a cabeça erguida, convencida — seu pai dizia "orgulhosa" — da própria sedução, mais que de sua beleza, que considerava duvidosa... enfim, conforme o dia — sedução da qual decidira, pelo menos aparentemente, jamais duvidar. Os transeuntes podiam ser contados nos dedos, e nas grandes artérias da capital os trens elétricos, os ônibus e os automóveis transitavam no ritmo modorrento das manhãs de domingo. Os alto-falantes instalados nas ruas transmitiam os programas habituais da Rádio Moscou.

As duas haviam acertado o passo, metidas numa conversa animada que deixaria surpreso um ouvinte indiscreto.

Falavam de um cachorro. Um cachorro alemão, ainda por cima. Na semana anterior, dissera Lily Litvak à companheira, havia almoçado com o amigo comum — na verdade, sobretudo de Lily — Vassili Karev.

— ...Ele parecia realmente muito preocupado. Ele acha, e nem se preocupa muito em esconder, que a guerra se aproxima a passos largos. Mas você sabe como ele é, sempre escondendo a preocupação por trás das brincadeiras. Quando tentei saber um pouco mais, que me dissesse em que se

ROSA DE STALINGRADO

baseava o seu temor, ele se saiu com uma gracinha: "Foi um cão que me disse!" Achei no início que era um provérbio de meia tigela, do tipo "Foi um passarinho que me contou", uma daquelas gracinhas dos Urais lá dele, tão bobalhona que nem tinha chegado a Moscou... Nada disso! E ele me conta que um diplomata alemão telefonara recentemente ao Comissariado de Relações Exteriores para agendar uma reunião com algum dirigente, dizendo que era urgente... Ao ser recebido, ele começa a contar com toda seriedade uma história da carochinha: era enviado pelo primeiro-secretário de sua embaixada, um certo Herr von Walter, que aparentemente está enfrentando problemas com seu cachorro.

— Com o cachorro?... — espanta-se nosso alto funcionário. — E como podemos ser úteis?

— O conselheiro Gebhardt von Walter ficou doente com essa história, tanto que não pôde vir procurá-lo pessoalmente. E por este motivo pede desculpas. O primeiro-secretário gosta muito do seu cão. Tem por ele verdadeira paixão! É muito simples: quando o animal fica doente, ele não faz mais nada no escritório. Pára de trabalhar, falta a todas as recepções...

— Cara de parvo do sujeito das Relações Exteriores, segundo a versão de Vassili. Mas, como bom diplomata, sem perder a pose, um sorrisinho no canto da boca, ele retruca:

— O amor do primeiro-secretário da embaixada da Alemanha por seu cão é bem conhecido.

Vassili ria enquanto contava o caso. Ele daria a cabeça a corte como o sujeito nunca ouvira falar do cão, e além do mais, para dizer a verdade, não podia estar ligando menos. De qualquer maneira, como dizia Vassili, "nas Relações Exteriores, eles não têm muito que fazer, mas quando fazem, geralmente fazem bem... com a devida calma". O alemão prosseguiu:

— Her von Walter gostaria de enviar seu cão o mais rápido possível para Berlim. O quanto antes. Mas o seu governo exige um atestado emitido por veterinário e trâmites burocráticos que adiarão a partida por pelo menos uma semana... Com toda evidência, são pequenas represálias, pois a nossa burocracia também exigiu atestados para os cães dos funcionários da embaixada da URSS na Alemanha... Mas para o conselheiro Von Walter, é uma tragédia.

— Tragédia? Não vamos exagerar! O cachorro não vai morrer se viajar uma semana depois.

— É o que eu acho, mas o Sr. conselheiro não parece compartilhar essa opinião.

— Vou poupar-lhe os detalhes — prosseguiu Liliana, satisfeita com o efeito causado: para não perder nenhum detalhe da história, com efeito, Larissa detivera o passo... —, em suma, o Fritz insiste muito em que lhe seja prestado este serviço e o funcionário diz que verá o que pode fazer, que o Comissariado de Relações Exteriores certamente apressará a viagem do cão, blablablá.

— A história — que, entre parênteses, acabou chegando ao gabinete do camarada Molotov — não deixa de intrigar certos colaboradores do ministro. Por que será que o primeiro-secretário da embaixada da Alemanha precisa tanto mandar o seu cão embora "o mais rápido possível", "antes de sete dias", como vem comunicando? Estranho! O caso logo passa a ser do conhecimento de todo o corpo diplomático, ao mesmo tempo intrigado e sarcástico: os diplomatas têm os dentes afiados, e, como diz Vassili, "se refestelam no ridículo!".

— Os serviços especiais se metem na história. E por fim a imprensa estrangeira também se dedica ao caso: jornalistas americanos querem entrevistar Herr von Walter. Que, naturalmente, se recusa. "O cachorro também", afirma Vassili. Mas um fotógrafo americano consegue, ainda assim, tirar uma foto de Fedor fazendo xixi na calçada, acompanhado pelo porteiro da embaixada da Alemanha. A foto foi publicada nos Estados Unidos, segundo Vassili, "com uma legenda tipicamente americana": "*O cão que prevê a guerra.*" Ao tomar conhecimento da reportagem, Molotov teria sorrido — um acontecimento histórico. Mas logo tratou de descartar com um gesto "todas as asneiras" que acaso estivessem sendo ditas sobre o episódio... Mas ainda assim Vassili me disse que no Comissariado de Relações Exteriores e nos serviços de espionagem há quem pense que se o cachorro tinha motivos pessoais para voltar correndo para seu país, é porque seu dono também os tinha.[23] E o próprio Vassili de certa forma não deixava de pensar como eles. "Primeiro os cachorros e as crianças, não estou gostando nada disso!" Ele não estava realmente levando o caso na galhofa, o que me surpreendeu...

— Ele devia mesmo era reunir um soviete de cães para perguntar sua opinião! — soltou Larissa, ironizando a "comitite", a "maior e mais grave doença deste país", na opinião de seu pai, o professor.

— Foi o que tentei dizer-lhe: "Talvez seja um cão que não gosta de Moscou, que não se entende com os nossos cães ou está saudoso da terra natal!" "De minha parte, acho que é um cão prudente, e com bons motivos para isto!", respondeu-me Vassili, sombrio.

— Tem dias em que ele realmente não é nada divertido!

As mocinhas estavam chegando a Nikolskaia quando as primeiras notas da *Internacional,* saindo dos alto-falantes instalados nas ruas, interromperam a programação. A voz do locutor anunciou "para breve um importante comunicado das autoridades". E a programação foi retomada.

Lily e Larissa, como a maioria das pessoas, detiveram-se para ouvir. Surpreendidas com a brevidade do anúncio, hesitaram um pouco antes de voltar a caminhar.

— Que será que vão nos anunciar? — perguntou Lily, sem que seu rosto traísse particular preocupação.

— Que o cachorro alemão chegou a Berlim e passa bem — sugeriu Larissa, fingindo-se de séria.

Elas não se deram conta logo de que as calçadas e depois também as ruas eram aos poucos tomadas por uma multidão incrivelmente silenciosa. Homens engravatados ou não, de paletó ou simples camisas de algodão branco, abertas, a cabeça descoberta ou com seus bonés, mulheres com gorros simples ou os cabelos protegidos por lenços, todos pareciam entregues a seus afazeres num ritmo mais lento que o habitual, comentando quase sempre os acontecimentos sem elevar a voz, sem os gritos ou interjeições de sempre. Lily foi a primeira a notar que a quantidade de policiais e milicianos aumentava mais depressa que a de transeuntes. Para Larissa, o mais estranho era o desaparecimento quase total dos bêbados.[24] E o fato de que todos, inclusive elas mesmas, com freqüência dirigissem o olhar inconscientemente para os alto-falantes instalados a intervalos regulares nas fachadas dos prédios ou em postes de madeira junto às paredes. E com o passar do tempo as expressões ficavam mais pesadas, a tensão, perceptível, as conversas, mais surdas. Larissa também observou que nenhum jornal era vendido nas ruas.

Exatamente ao meio-dia, a *Internacional* foi tocada mais uma vez, e veio a voz do locutor:

— *Vnimaniye! Vnimaniye!*[25] O camarada Molotov, vice-presidente do Conselho dos Comissários do Povo da URSS e comissário do povo para as Relações Exteriores da URSS, vai falar.

Passaram-se alguns segundos, e a voz monocórdia e característica do ministro rasgou o silêncio que se fizera:

— Cidadãos e cidadãs da União Soviética.

— Hoje, às 4 horas da manhã, as tropas alemãs, sem que nenhuma reivindicação fosse apresentada à URSS e sem qualquer declaração de guerra, atacaram nosso país, invadiram nossas fronteiras em muitos pontos e bombardearam com seus aviões as cidades de Jitomir, Kiev, Sebastopol, Kaunas e outras mais.

— Esta espantosa agressão é um ato de traição sem precedente na história dos povos civilizados. Ela ocorreu apesar de ter sido assinado um pacto de não agressão entre a URSS e a Alemanha e de o governo soviético respeitar escrupulosamente todas as condições estabelecidas nesse pacto. Ela ocorreu apesar de, em todo o período de aplicação do tratado, o governo alemão jamais ter apresentado à URSS qualquer reivindicação sobre seu cumprimento.

— A responsabilidade desta criminosa agressão contra a União Soviética recai inteiramente sobre os governantes nazistas da Alemanha.

— Quando a agressão já havia sido cometida, às 5h30 da manhã, o embaixador da Alemanha em Moscou, Schulenburg, em nome de seu governo, declarou-me, em minha condição de comissário do povo para as Relações Exteriores, que o governo alemão decidira entrar em guerra contra a URSS por causa da concentração de unidades do Exército Vermelho nas proximidades da fronteira oriental da Alemanha. Em nome do governo soviético, eu respondi que até o último momento o governo alemão não apresentara qualquer reivindicação à URSS, que a Alemanha atacou a URSS apesar da atitude pacífica de nosso país e que, portanto, o agressor é a Alemanha nazista.

— Fui incumbido pelo governo soviético de declarar também que nossas tropas e nossa aviação não violaram a fronteira em ponto algum, e que tudo que foi dito esta manhã pela rádio romena a respeito de supostos ataques aéreos soviéticos contra os aeródromos da Romênia é pura invenção e provocação. Não menos mentirosa e provocadora é a declaração feita hoje por Hitler, na qual ele tenta inventar, depois de desferido o golpe, um motivo para a acusação de violação do pacto soviético-alemão por parte da União Soviética.

— Esta guerra não nos foi imposta pelo povo alemão, mas pela camarilha sanguinária dos governantes nazistas da Alemanha, que reduziu à escravidão os franceses, os tchecos, os poloneses, os sérvios, a Noruega, a Bélgica, a Dinamarca, a Holanda, a Grécia e outros povos.

— O governo da União Soviética manifesta a firme convicção de que nosso valoroso Exército, a esquadra e os destemidos falcões da aviação soviética cumprirão honrosamente seu dever para com a pátria e o povo soviético, desfechando contra o agressor um golpe que o aniquilará.

— O governo soviético manifesta a firme convicção de que toda a população de nosso país, todos os operários, camponeses, intelectuais, homens e mulheres darão mostra do senso de responsabilidade que se impõe no cumprimento de seus deveres e de seu trabalho. Todo o nosso povo deve agora estar mais unido que nunca. O governo os convida, cidadãos e cidadãs da União Soviética, a cerrar ainda mais as fileiras em torno de nosso partido bolchevique, em torno de nosso governo soviético.

— Nossa causa é justa. O inimigo será vencido. Obteremos a vitória.

Um silêncio absoluto reinou por dois ou três minutos na rua, até que algumas vozes começaram a entoar aqui e ali canções patrióticas, e todas as pessoas presentes rapidamente engrossaram o coro.

"A guerra...", pensava Lily. Naturalmente, ela tinha imagens de guerra na cabeça. Vira na imprensa as imagens completamente brancas da guerra contra a Finlândia, num inverno glacial. Ainda tinha na memória as imagens negras, barulhentas, mais assustadoras, da guerra na França, com as sirenes dos bombardeiros de mergulho alemães, as ruínas incendiadas das casas destruídas pelas bombas, as expressões perdidas dos habitantes fugindo no caminho do êxodo. Mas eram guerras distantes, mais imaginadas que realmente inquietantes, guerras de cinema oscilando entre o filme e a realidade, guerras de livros, com seus heróis, seus combatentes impessoais e sem rosto, e comandantes preocupados mas cuidadosos e, no fim das contas, capazes de inspirar confiança. Mas a guerra, afinal, para uma jovem prestes a completar vinte anos, perguntava-se ela, era exatamente o quê?

O segundo pensamento que lhe ocorreu foi que certamente se iam embora as férias de verão.

E o terceiro, ficar imaginando: seriam prejudicadas as atividades do aeroclube? Pior ainda (ela franziu as sobrancelhas): poderia continuar a voar?

Ignorando as respostas, ela decidiu que a atitude mais sábia, mais razoável e também mais positiva era não levar tudo aquilo para o lado trágico.

A voz queixosa de Larissa trouxe-a de volta à realidade.

— Não estou entendendo... — dizia ela, com aquela vozinha afetada, surpreendente numa moça aparentemente tão sólida, que Lily não conhecia. — Não estou entendendo: papai leu no *Pravda*, há uma semana, que os boatos de guerra entre a Alemanha e nós eram espalhados pelos capitalistas e especialmente pela imprensa inglesa. Mamãe estava preocupada, e ele chegou a ler para nós em voz alta um trecho em que se dizia que esses boatos eram "mentirosos e provocadores"[26] e que nada tínhamos a temer.

Ela falava depressa, com a voz entrecortada, visivelmente nervosa. Lily, ao contrário, estava calma e espantada por se sentir tão alheia à tensão e à apreensão que percebia em muitos rostos ao seu redor, sobretudo nas mulheres. Mesmo cantando, elas davam a impressão de fazê-lo à meiavoz, da boca para fora, pensando em outra coisa. Será que eu sou corajosa, sem coração ou inconsciente?, perguntou-se Lily, algo perplexa. Mas não fez a pergunta a Larissa. "Sem imaginação!", teria ela respondido, peremptória. Mas estaria enganada: ela adorava sonhar.

De volta da infância, Larissa recuperara a voz e as idéias, mas persistia em sua idéia fixa:

— O artigo também dizia que esses boatos se haviam tornado insistentes desde a volta a Londres do embaixador inglês em Moscou. Perguntei ao meu pai por que a volta para Londres do embaixador em Moscou aumentava os boatos de guerra entre a Alemanha e nós. Ele não soube muito bem o que me responder. Você não acha estranho?

— Os ingleses têm um excelente serviço de espionagem, você sabe. Chama-se MI 5. Talvez o melhor do mundo.

— Depois do nosso!

— Para não falar dos cães! — ironizou Lily.

Ela não podia ter ficado mais satisfeita: para variar, batera a amiga em seu próprio terreno, o do humor. Ficou pensando que melhorava no convívio com Larissa.

— Stálin também devia saber — prosseguiu, ainda assim —, mas certamente foi enganado pelos militares, que provavelmente não lhe disseram tudo... Mas não se aborreça, minha Larcha, nossa causa é justa, obteremos a vitória. Molotov sabe o que está dizendo: ele conhece bem os alemães.

E acrescentou:

— Bom, nosso país também vai precisar de nós. Que é que vamos fazer? Eu bem que me veria como enfermeira. Você acha que seu pai poderia nos dar aulas?

— Enfermeira? Jamais! — grunhiu Larissa. — Já basta que lá em casa falam de doença o dia inteiro. E eu me recuso a contribuir com descrições de ferimentos. Que horror! Sobretudo na hora da refeição!

— Você é uma egoísta inominável.

— Não. Nasci numa família de médicos. Sei do que estou falando. As pessoas da família têm prazer em ser mórbidas, de pai para filho!

Ela se calou um momento e prosseguiu:

— Li em algum lugar que na Inglaterra existem mulheres pilotos que entregam aviões. Ou seja, os transportam da fábrica até seu destino. Eu bem que poderia fazer isto.

— Você se vê pilotando um Yak da fábrica Yakolev até um aeródromo da frente de guerra? Mas Larcha, você ia cair toda hora! Vai por mim, o uniforme de enfermeira vai lhe cair muito bem! Enquanto isso, amanhã mesmo a gente começa a percorrer as livrarias. Precisamos comprar um mapa recente da Alemanha e algumas caixas de tachinhas! Vamos acompanhar o desenrolar da guerra dia-a-dia. Pintamos de preto as tachinhas assinalando a posição dos Exércitos nazistas, e de vermelho, naturalmente, as de nossas tropas. Você vai ver, a Alemanha logo ficará coberta de tachinhas vermelhas.

De comum acordo, elas também decidiram esperar a edição especial do *Pravda* que já devia estar nas rotativas.

Capítulo 11

"Pode sacudir esse esqueleto, os Fritz atacaram."

Moscou, 22 de junho de 1941, pela manhã.

O capitão Stepan Kiritchenko foi tirado do sono pela campainha do telefone. Abrindo com dificuldade os olhos, ainda pesados da vodca consumida na véspera — recepção na casa do encarregado de negócios norueguês —, ele buscou o despertador com o olhar: 6h32. Reprimiu um bocejo e atendeu.

— Stepan? Sou eu, Vassili. Pode sacudir esse esqueleto! Os Fritz atacaram hoje às 3 horas da manhã. Tanques, bombardeiros, caças, pára-quedistas, comandos infiltrados: o circo todo. Interessante.

Apesar da brutalidade da notícia, a voz de Vassili Karev parecera a Kiritchenko surpreendentemente calma. Ele conhecia bem o amigo e também seu caráter íntegro — os dois se haviam formado juntos e eram amigos desde a Academia Militar, dez anos antes. Há mais de um ano ele proclamava alto e bom som — um pouco alto demais, para muitos, e provavelmente também para os ouvidos do NKVD, a polícia política — que o conflito com a Alemanha era inevitável e começaria mais cedo do que se supunha nas altas esferas. Agora que os fatos lhe davam razão, Stepan não entendia que ele aparentemente optasse por um registro *moderato cantabile*: "Interessante"... ora essa!

— Onde ocorrem os combates?

— Por toda parte! Ao longo de 1.500 quilômetros de fronteira: Lituânia, Polônia, Brest-Litovsk, Mol...

A ligação estava bastante ruim e Stepan não entendeu bem as últimas palavras...

— De onde está chamando? — perguntou.

— De Domodedovo.

— E que diabos está fazendo aí a essa hora?

— Vou explicar...

— Está indo para a frente?

— Pára de dizer besteira!

— Como estão as coisas na fronteira?

— Está tudo muito confuso — explicou Karev. — Acabo de falar com Brest-Litovsk pelo telefone: eles estão tomando chuva de bombas, dava para ouvir o barulho das explosões. Também falei com o Estado-Maior: não posso dizer que tenham sido muito precisos em suas informações! Foi de Lvov[27] que recebi notícias mais exatas. Os alemães atacaram, mas parece que estamos fazendo frente... O moral é alto nos regimentos, exceto na 11ª Divisão, composta exclusivamente de "khokhli"[28] — sem ofensa pessoal![29] Teria havido tentativas de assassinato de comissários políticos e comandantes de unidades, para facilitar as rendições... Parece clara aí a assinatura dos nacionalistas! Mas vai me desculpar, irmão velho, tenho de desligar. Voltamos a falar. Nos encontramos no Comissariado da Guerra. Aconselho-o a dar as caras sem perder um segundo: os chefões estarão nervosos hoje!

No Gaz[30] do Estado-Maior que o trouxe de volta ao Kremlin a toda velocidade por ruas que pareciam mais vazias que de hábito — mas talvez fosse apenas sua imaginação, impressionada pelo que sabia da situação —, Vassili Karev pensara que Hitler conseguira apanhar de surpresa o Politburo.

Não era segredo para ninguém que há meses um conflito encoberto, mas grave, dividia o círculo dirigente do Kremlin, opondo os "realistas" aos "pragmáticos". Aqueles não alimentavam qualquer ilusão. Para eles, a "guerra contra o bolchevismo" fazia parte da filosofia e da ideologia nazistas. Bastava ler *Mein Kampf,* e sua tradução política, a guerra, logo explodiria: Hitler esperava apenas uma oportunidade para se lançar sobre

ROSA DE STALINGRADO 55

a URSS. O esmagamento da França em junho de 1940 e o isolamento da Inglaterra em sua ilha lhe haviam dado liberdade de ação. "Não passaria o verão de 1941 sem que o inferno se instalasse a Leste", profetizavam. Certos círculos influentes chegaram inclusive a preconizar uma ofensiva soviética já em junho de 1940, para obrigar o ditador nazista a combater em duas frentes e levar a guerra ao território alemão, em vez de combater em solo nacional. Mas não foram ouvidos.

Os "pragmáticos", ao contrário, sustentavam que o Pacto de Amizade Germano-Soviético, assinado em setembro de 1939, fizera com que o confronto deixasse de ser inevitável — pelo menos a curto prazo. Defendiam a tese de que os dois países, ao se tornarem aliados, tinham mais a ganhar com a aproximação do que com o conflito, acrescentando que, de qualquer maneira, o tratado já tivera o mérito de postergar o início das hostilidades e manter a URSS à parte "da guerra civil capitalista" européia.

Karev estava entre os primeiros. Por reflexão e capacidade de análise. Depois de servir por algum tempo como adido na missão militar soviética em Paris e dar combate aos pilotos alemães no comando de seu caça nos céus da Espanha, ele pudera, com efeito, cumprir missão de alguns meses em Berlim. E ao voltar, dominando várias línguas estrangeiras, foi destacado para a 4ª Secretaria do Razevediurp[31] como adjunto do chefe do 5º setor, englobando a Alemanha, a Itália e a Espanha. Ali, acompanhando diariamente a política alemã, ele se dizia, com a ponta de humor permitida pela situação, "o mais realista dos realistas, logo, realistíssimo". A idéia de um Hitler moderado por simpatia pela URSS e admiração por seu chefe parecia-lhe um pecado contra a inteligência e a razão. Pior ainda, dava-lhe vontade de rir e um gosto amargo na boca.

E por sinal, ao tomar conhecimento do telegrama de congratulações enviado pelo Führer a Stálin quando este completou sessenta anos, a 21 de dezembro de 1939[32] — "Neste dia do seu sexagésimo aniversário, rogo que aceite meus cumprimentos mais sinceros, assim como meus melhores votos de felicidade. Desejo-lhe boa saúde, em caráter pessoal, e um futuro radioso para os povos da União Soviética amiga" —, tivera de reler o texto para se convencer da desfaçatez do signatário. É bem verdade que numa noite de bebedeira, em companhia de camaradas escolados em matéria de Alemanha, o título de "maior mentiroso da história do planeta

Terra" fora solenemente conferido a "Herr Hitler, chanceler do Reich por livre decisão dos demônios da grande burguesia, covardia da pequena, traição social-democrata e pela fibra das SA — que sua alma repouse no inferno",[33] mas daí a prometer "um futuro radioso aos povos da União Soviética" no momento em que estava em guerra há seis meses contra os dois maiores países ocidentais e certamente atacaria a leste, como sempre dissera, com uma brutalidade sem igual, que arrogância! que cinismo! Quem escrevera que "o comunismo, que desagrega as nações e aniquila suas elites, é um flagelo de que é preciso se livrar a Terra o mais cedo possível, caso contrário será a Terra que se livrará da humanidade"? Quem havia anunciado publicamente que a *Drang nach Osten*, a Investida para o Leste, tomaria o lugar da expansão para o Oeste? Quem repetia a seus próprios generais e aos chefes de seu partido que, "pelo sangue e pelo ferro, no que diz respeito aos países do Leste... vamos retomar as coisas onde foram deixadas há seis séculos"? Quem falava dessas "novas terras alemãs...", precisando: "Só podemos pensar na Rússia e nos territórios que a cercam"? Tudo estava escrito no mármore hitleriano, em *Mein Kampf*, evangelho do Apocalipse anunciado!

No carro, uma conversa que tivera com seu chefe, o comandante Ramudin, menos de um ano antes, aflorou à memória de Karev. Era o mês de agosto de 1940, a batalha da Inglaterra estava no auge. Hitler preparava a invasão das ilhas britânicas, e só poderia fazê-lo assumindo total controle do céu. Tratara, assim, de lançar a Luftwaffe de Göring contra tudo que voasse, os aeródromos militares e civis, as fábricas de aviões etc. Como antigo piloto de caça, Karev acompanhava com paixão, quase hora a hora, esse confronto sem precedente na História. Ramudin afirmou então que a URSS poderia entrar na guerra mais depressa do que se esperava.

— Cinqüenta por cento de chance — especificou. — Vai depender do resultado da luta política que se desenrola aqui, por trás desses muros. O Estado-Maior Geral e Chapochnikov são partidários de cair imediatamente em cima de Hitler para tentar quebrar-lhe as costas. De qualquer maneira, a abertura de uma segunda frente seria, com o tempo, fatal para ele. Vorochilov, que preside o grande Conselho Militar, é totalmente contrário. Em princípio, Stálin é neutro e se reservará o direito de arbitrar.

Mas receio que Vorochilov seja apenas a voz do dono. Para se ter uma idéia dessa disputa na cúpula: estão me dizendo que os blindados da Ásia central se encaminham para Riga. Mas acabo de ser informado que os do Cáucaso e do Extremo Oriente foram retidos por ordem pessoal de Vorochilov, aprovada pelo Politburo. Os aviões deviam ser reunidos nos aeródromos perto da fronteira, mas a data-limite para a concentração acabou sendo fixada em 1º de novembro, em vez de 1º de setembro, conforme preconizava Chapochnikov. Tudo vai depender da capacidade de Chapochnikov de convencer Stálin.

— E o que dizem os últimos relatórios do seu informante em Berlim?

— Que Hitler teria sido tomado por "uma sensação de medo". Ele está muito bem informado sobre nossos preparativos, apesar de todas as precauções de Chapochnikov. Hesita em desembarcar na Inglaterra, deixando pelas costas todas as nossas forças reunidas na fronteira. Parte do seu círculo incita ao desembarque. A outra parte considera necessário encontrar o ponto fraco da Inglaterra em outro local, e não nas ilhas Britânicas. Donde a confusão nos planos alemães, que mudam a cada semana.

— Você falou de "informações exatas" recebidas por Hitler...

— É uma longa história! Você sabe por acaso por que Stálin nomeou Dekanozov como embaixador em Berlim? Dekanozov é o antigo chefe do NKVD em Tíflis. Tem fama de grande especialista em espionagem política. Criou uma rede excepcional na Turquia e na Pérsia. Sua especialidade eram sobretudo os "agentes duplos". Mandando-o para Berlim, Stálin incumbiu-o de organizar um serviço de informações falsas para os alemães, o "serviço Dezi" — que quer dizer desinformação. No cumprimento de sua missão, Dekanozov encarregou vários de nossos agentes de atuar como informantes dos alemães, transmitindo-lhes falsas informações políticas e militares. Resultado: no exato momento em que tomávamos as medidas ordenadas por Chapochnikov, os agentes de Dekanozov revelavam todos os detalhes aos alemães. Chegaram inclusive a transmitir fotos de cartas secretas de Chapochnikov e de seus criptogramas decifrados, além de cópias de decisões do Conselho Superior de Guerra.

— Mas quem forneceu esses documentos a nossos agentes duplos?

— Essa operação é conduzida sob a direção do camarada Béria, que tinha ordens de não revelá-la ao Serviço de Informações Militares. Os documentos foram fornecidos pessoalmente por Vorochilov a Béria, que os entregou a Dekanozov. E assim os alemães tomaram conhecimento de nossas medidas.

— Qual o objetivo de toda essa maquinação?

— Vorochilov quer impedir Hitler de desembarcar na Inglaterra. Ele percebeu que, se esse desembarque ocorrer, seremos obrigados a reagir, como demonstrou Chapochnikov, e conseqüentemente entrar em guerra contra a Alemanha. Não quer correr esse risco.

— E Stálin?

— Pessoalmente, acho que ele está por trás de Vorochilov, que o inspira ou, no mínimo, lhe dá cobertura. Stálin é muito corajoso, mas tem um temperamento de fatalista asiático. Não quer se arriscar a desencadear o conflito. Vive obcecado pela idéia de enganar e manipular os capitalistas para ficar por cima da situação e desferir o golpe de misericórdia quando as potências capitalistas estiverem esgotadas. Orgulha-se muito de sua política que levou ao Pacto Germano-Soviético, nos preservou da guerra e já nos proporciona resultados com que sequer teríamos sonhado em tempos de paz. Acha que poderá continuar eternamente enganando todo o mundo! Depois de mandar fuzilar Kamenev e proibir seu livro sobre Maquiavel, guardou para si um exemplar, onde se inspira nos métodos que considera mais sutis. Está convencido de que poderá enganar Hitler até o fim e utilizá-lo como "quebra-gelo" do mundo capitalista. Meu primo, que trabalha em sua assessoria, muitas vezes o ouviu falar nesses termos. Ele quer que a guerra se eternize, que se transforme no "câncer do mundo capitalista" — a expressão é sua —, corroendo-o pela base, e que a URSS continue sendo uma ilha de paz num mundo ensangüentado. Com isto, espera talvez atrair para nós as simpatias e as esperanças da humanidade sofredora.

No fim dessa conversa com Ramudin, Karev considerava ter aumentado sua "coleção de provas". Com efeito, desde que assumira suas funções no serviço de espionagem militar, ele vinha zelosamente reunindo informações que tendiam a provar que a Alemanha inexoravelmente atacaria a URSS: declarações de desertores, relatos de agentes passa-fronteiras — que não raro pagavam sua audácia com a vida —, de trânsfugas finlandeses e antinazistas bálticos, atas de interrogatórios de grupos de

ROSA DE STALINGRADO

refugiados de maior ou menor importância, observações aéreas, interpretações de rádio, advertências dos partidos irmãos e das redes de espionagem, mensagens codificadas das "toupeiras", informações urgentes de outros beligerantes, advertindo a URSS com base no princípio de que "os inimigos do meu inimigo são meus amigos". Segundo Vassili, a convergência dessas informações, especialmente desde o início de 1941, era por demais evidente para ser apenas fruto do acaso ou de manipulação. Tudo apontava no mesmo sentido, todos profetizavam o mesmo aterrorizante futuro: "Atenção, perigo iminente!"

Pensando em toda essa acumulação de elementos comprobatórios, afundado no banco do Gaz, Karev dizia a si mesmo que definitivamente o pior cego é aquele que não quer ver. E nas altas esferas do Kremlin realmente grassava a cegueira.

Mas ele não haveria de se resignar, muito embora, entre os mais íntimos, se permitisse vez por outra um certo sarcasmo: "Acontece que, infelizmente, o chefe da escola pragmática é um georgiano[34] que conhecemos muito bem, o que torna um pouco desigual a disputa intelectual 'guerra ou não'!"

Por outras vezes, censurava-se por não ser capaz de convencer, o que se recusava a considerar uma prova de ingenuidade — como ficavam lhe dizendo.

E além do mais, porra!, era um militar, acostumado a decisões simples. Decidira, assim, estimar seu novo chefe, o marechal Chapochnikov, com o qual se encontrava muito pouco, para seu gosto, mas no qual apreciava a capacidade de ouvir, ainda que a conta-gotas, e certos longos silêncios, em sua opinião reveladores. "Silêncios que falavam." Em sentido inverso, detestava aquele a que se referia como "o gênio mau" do secretário-geral... do Partido... do país: o marechal Klement Iefremovitch Vorochilov.

A antipatia recíproca dos dois grandes marechais soviéticos era conhecida há anos em toda a Europa. Chegara-se inclusive a atribuir a Vorochilov a tentativa de juntar seu importante inimigo ao "grupo Tukhatchevski" durante o grande expurgo militar de 1937. Stálin dera

60   VALÉRIE BÉNAÏM E JEAN-CLAUDE HALLÉ

um basta à brincadeira: Tukhatchevski era um "ambicioso hábil" — pelo menos era o que se dizia oficialmente — tentando explorar a situação revolucionária para fazer uma carreira "bonapartista". O dossiê oportunamente forjado e fornecido pelos serviços secretos alemães permitira encerrar brutal e definitivamente a aventura. Nada de parecido com Chapochnikov, um "cérebro militar excepcional que poderia, sozinho, substituir Tukhatchevski e todos os seus asseclas". Breve oração fúnebre para um — sem flores nem coroa; um sólido viático para o outro: Vorochilov era mandado de volta a seus cavalinhos malhados.

Paradoxalmente, o melhor amigo de Vassili, Stepan Kiritchenko, era homem do clã oposto. Por recomendação de um primo coronel de quem se tornara muito amigo, Kiritchenko entrara três anos antes para o círculo de Vorochilov. Filho de um ferroviário, auxiliar de soldador na juventude, tendo aderido à revolução já em 1896, Vorochilov era um velho companheiro de lutas de Stálin, que conhecera em 1918. Nessa época, Klement Vorochilov comandava as tropas vermelhas na Ucrânia, Stálin era membro do Conselho Revolucionário de Guerra de Rostov: os dois haviam unido seus destinos. Vorochilov participara ao lado de Stálin da defesa de Tsaritsyn[35] contra as forças brancas. Tomara então partido na violenta controvérsia estratégica que opunha Stálin a Trotsky. E sobretudo, pouco tempo depois, na década de 1930, tornara-se o braço direito de Stálin na luta sem trégua pelo poder que opusera o georgiano a Trotsky e alguns dos grandes bolcheviques históricos. Stálin não se mostrara ingrato: a carreira político-militar de Vorochilov conduziu-o então aos mais altos cargos do Exército Vermelho e do Partido. Depois de chegar ao poder, o futuro "pai dos povos" fizera do velho amigo um "*narkom*"[36] no Ministério de Questões Militares e Navais, e mais tarde, em 1926 — à morte de Frounzé, desaparecido de forma suspeita aos quarenta anos — seu ministro da Defesa. E, naturalmente, abrira-lhe as portas do Politburo.

De uma fidelidade absoluta ao senhor do Kremlin, tão corajoso fisicamente quanto limitado intelectualmente — o cínico Radek o chamava de "cabo temerário" —, o antigo soldador de Lugansk, na Ucrânia, fora promovido a marechal da União Soviética em novembro de 1935... e vira sua Lugansk ser rebatizada de Vorochilovgrado no mesmo ano.

— Sua inteligência é sua esposa — explicou certa vez Vassili a um Stepan cheio de ironia, pois sabia que o amigo estava apenas repetindo o que se dizia em certos círculos fechados. — Médica, mulher de grande cultura, ela entrara ainda jovem para o partido bolchevique. Ambiciosa, estimulara muito o marido, foi inclusive ela que o levou a "grudar" em Stálin. Veja bem, a mulher tinha colhões: também estava arriscando a própria cabeça, em caso de fracasso. À noite, depois do trabalho no hospital, ela dava aulas de marxismo ao querido Klement Iefremovitch. Também tentou, ao que parece, ensinar-lhe línguas estrangeiras, mas com resultados ainda menos brilhantes.

— Nada disto impede o seu marechal de se considerar um marxista erudito. Ele se toma por um grande teórico do materialismo histórico e se diz eminente estadista. Acredita que isto lhe dá o direito de desprezar Molotov, de chamá-lo de *kamiennaia jopa* ("cu de pedra"). Veja bem, nem mesmo cabe a ele o mérito de ter inventado o apelido, dos mais acertados, quando se conhece a rigidez de Molotov, pois todo o Politburo o empregava na época de Kamenev e Zinoviev. Vorochilov, ao que dizem, costuma afirmar nos círculos mais íntimos que o destino o escolheu para suceder um dia a Stálin, assim como escolhera Stálin para substituir Lênin.

— O secretário-geral do Partido não parece aborrecido com isto — observou Stepan, defendendo o chefe. — Diga-me quem é que pode entrar a qualquer hora no gabinete de Joseph Vissiarovitch sem ser anunciado? Quem é que vai quando bem entende à dacha de Stálin em Gorki? Quem brinca livremente com os filhos do secretário-geral, Vassili e Svetlana?

— Porque Stálin, que é mau cavaleiro, adora ver o amigo se exibir em seu célebre garanhão branco malhado, a pérola do haras estatal de Orel, passando em saudação diante da tribuna no desfile militar de 1º de maio.

— Você tem de reconhecer que ele parece garboso!

— O que não basta para transformá-lo no Maquiavel dos tempos modernos. Repito: ele é um dos gênios maus de Stálin... e olhe que não lhe faltam gênios maus!

E acrescentou:

— No fundo, o seu chefe considera o meu como um zero à esquerda político, não muito distante da traição, no contexto da época... Quanto ao meu, o círculo mais próximo costuma dizer que ele fica maravilhado de conviver diariamente com o menor cérebro jamais acomodado num crânio de homem entre a Berezina e o Ural desde o início dos tempos! É verdade que os assessores mais próximos costumam sempre exagerar um pouco... Ainda assim...

Mais tarde, diante de um copo de vodca, os dois jovens oficiais prometeram um ao outro que nunca se deixariam arrastar a essa "guerra de quepes". A palavra de ordem seria sempre "manter a razão".

Não era um juramento de bêbados.

Eles haveriam de manter a palavra.

Infelizmente, pensou Vassili, o tempo dos debates de idéias passara. Desde o alvorecer, estavam todos enfiados na guerra até o pescoço... "e mesmo mais acima, em certos casos". Teve um pensamento de preocupação com os camaradas que sabia estarem na linha de frente, ao longo da fronteira polonesa. Àquela hora, muitos deles provavelmente já estariam mortos. Mas se censurou pelo pessimismo.

O Gaz atravessara os portões do Kremlin.

"Como fomos cegos", pensou. Por um instante, foi assediado por imagens de seu próprio passado, Guernica, o inferno, seu ferimento, os relatórios dos serviços secretos... A partir de hoje, os mortos não seriam contados às centenas, mas aos milhões. Ele se surpreendeu murmurando em voz baixa: " ... aos milhões, aos milhões, aos milhões..."

Esta idéia o perseguiu ao longo de todo o dia.

Capítulo 12

"Deus do céu, uma divisão não desaparece assim!"

Moscou, Estado-Maior Geral, 4ª Secretaria, serviço militar de informações, 22 de junho, 22h30.

Stepan Kiritchenko passou a cabeça pela porta entreaberta do escritório de seu amigo.

— Posso? — perguntou.

Vassili estava no telefone, visivelmente irritado, os olhos fundos de cansaço, avermelhados pela fumaça do cigarro. Com um gesto da mão, sem interromper a conversa, fez sinal para que Kiritchenko entrasse.

— ...Mas Deus do céu, uma divisão não desaparece desse jeito! Ligue quando a tiver encontrado.

E desligou.

— Sente-se!

Indicou ao amigo uma poltrona já ocupada por alguns papéis e jornais. Stepan depositou-os num canto da escrivaninha. O telefone de Karev já voltava a tocar.

— Karev falando... Mal, camarada coronel, muito mal! Estamos achando que nossas tropas foram desbaratadas em vários pontos da frente, mas é impossível saber como estão realmente as coisas... Eu lhe... só posso recomendar-lhe que tente se reintegrar a sua unidade. Mas não posso garantir que conseguirá: as comunicações são ruins, ou estão cortadas, os transportes para a fronteira estão desorganizados, interrompidos ou requisitados, não raro pelo NKVD... Boa sorte, camarada coronel!

Ele pôs o telefone no gancho e acendeu calmamente um outro cigarro.

— Era o Serkjov. Sabe quem é? Ele comandava um batalhão na fronteira mongol quando eu estava na guarnição de Tchita, na Sibéria. Parece que foi há um século. Como nos conhecemos e ele não consegue entrar em contato com seu regimento, pensava que eu poderia ajudá-lo. Estava de licença em Tula. Acaba de chegar a Moscou e sua divisão monta guarda na entrada do pântano de Pripet, a quinhentos quilômetros daqui. Ele não conseguiu. É o fim do mundo! Quando se consegue um contato telefônico, em cinqüenta por cento dos casos ele é cortado no minuto seguinte. O rádio... nem digo nada. De uma maneira ou de outra, só podemos ficar juntando informações fragmentárias, a maioria duvidosa.

— A única coisa que se pode dizer é que, de maneira geral, elas convergem no mesmo sentido, e que esse sentido não é bom para nós — observou Stepan. — O que não impediu que às 22 horas — ele olhou o relógio —, ou seja, meia hora atrás, Vatutin transmitisse ao Politburo, para informação e ratificação, um comunicado do Estado-Maior Geral. Conteúdo: "Com a chegada das unidades de vanguarda do Exército Vermelho, os ataques das tropas alemãs na maior parte das fronteiras foram rechaçados, com pesadas perdas para o inimigo."

— Você não está falando sério?

— O que você acha? Pior ainda: parece que ao fim da leitura de Vatutin, pela primeira vez no dia, todo mundo relaxou um pouco. Até Stálin. Que no entanto não facilitou nada as coisas para eles. O dia inteiro, bebeu apenas uma xícara de chá. E passou o resto do dia resmungando. "Os militares estão embromando, não entenderam nada da diretiva enviada à noite... É preciso pressionar energicamente os Estados-Maiores e todos os comandantes, se necessário fazendo ameaças de ordem administrativa, mesmo as mais extremas. Foi o que ele fez durante a guerra civil, quando o Partido o mandava para diversas frentes." E por aí vai. Conclusão dessas diatribes: nada de piedade com os incapazes e os covardes. É o pelotão de fuzilamento como instrumento de comando!

— E adiantou alguma coisa?

— Está brincando! Vatutin apresentou os mapas das operações duas vezes à tarde. E eles não serviram para acalmar ninguém. Da primeira vez, os acantonamentos de nossos Exércitos, dos corpos de Exércitos e as bases aéreas haviam sido meticulosamente assinalados com lápis de cores... e não muito mais que isto. Em minha opinião, não era exatamente o que Stálin esperava. Na segunda vez, pelo que sei, foram acrescentadas as direções que deveriam ser tomadas pelas formações de reserva. Faltava apenas o principal: onde seriam as batalhas? Onde estava realmente o inimigo? Ele fora contido? Conseguira avançar?

— Dirigindo-se a Timochenko ou a Vatutin, Stálin gritou várias vezes com raiva: "Quando é que vão me apresentar um quadro claro dos combates na fronteira? Que é que estão fazendo Pavlov, Kirponos, Kuznetsov, os comandantes da frente? Afinal de contas, que é que o Estado-Maior Geral está fazendo?" Você pode imaginar o clima entre os membros do Politburo e o Estado-Maior Geral. Em dado momento, Stálin chegou a se levantar e ordenar: "Enviem urgentemente representantes autorizados ao quartel-general[37] nas frentes Sudoeste e Oeste. Devem partir ainda hoje. Sem demora." Já às 13 horas, ele telefonara a Jukov para pedir que fosse *imediatamente* para a Ucrânia, a pretexto de que os comandantes dos Exércitos na frente "não tinham suficiente experiência na condução de operações militares" e "alguns estavam desorientados". Desorientados: imagine só! A nata do nosso Exército! Jukov, se estão corretas nossas informações, é efetivamente o chefe do Estado-Maior Geral desde... quanto tempo já?... Seis meses?...

— ...Cinco![38]...

— ...Cinco, portanto!... Jukov, em minha opinião, devia se perguntar o que poderia significar esse afastamento, mas ainda o questionou para saber quem ficaria na direção do Estado-Maior Geral numa " situação tão complexa" — *sic*! E Stálin respondeu: "Transmita o comando ao seu adjunto. Aqui, saberemos nos virar de uma maneira ou de outra!" Satisfeito ou não, e em minha opinião não necessariamente lisonjeado, Jukov estava no avião menos de uma hora depois. Um militar, meu velho, mesmo marechal-de-campo, sabe o que é obedecer.

— E como ele se comportava?

— Todo mundo achou que Stálin parecia na verdade muito estranho.[39] E, por sinal, Timochenko teria confidenciado a seu chefe de Estado-Maior que ele dizia e repetia a toda hora que exortações enérgicas eram indispensáveis para induzir os Estados-Maiores e as tropas a agir resolutamente.

Por sua iniciativa e imposição, Vatutin preparou para o fim do dia uma nova diretiva do grande Conselho Militar.[40] A versão inicial foi substancialmente corrigida por Stálin. O documento é bastante longo. O próprio Stálin ditou o item 4, que afirma: "Na frente que vai do Báltico à fronteira de Estado com a Hungria, autorizo a atravessar a fronteira de Estado e agir sem levar em conta a fronteira." Timochenko acredita que a própria estrutura da frase, com a tripla repetição da palavra "fronteira", mostra a que ponto Stálin não estava em seu estado normal. Mas eu entendo que ninguém tenha tido colhões de fazer a observação! No fim das contas, a diretiva foi assinada por Timochenko, Malenkov e Jukov. Jukov, cabe lembrar, já se mandara há muito tempo para Kiev. Mas ainda assim Stálin ordenou que constasse a sua assinatura.

— Começa a cheirar mal.

— Deixe-me acrescentar uma coisa, Vassili: estamos caminhando para problemas muito sérios. Explico-me: Malenkov trazia na pasta o dia inteiro o projeto de diretiva da Direção de Propaganda intitulado "Das tarefas imediatas da propaganda no Exército Vermelho". O projeto foi entregue a Malenkov em meados de junho pelo chefe da direção, Zaporojets, que por sinal, para seu governo, será substituído amanhã mesmo pelo comissário do Exército Meklhiss...

— Começou a dança das cabeças!

— O projeto fora examinado não só por Malenkov como também por Jdanov.[41] Tinha como postulado que o país estava pronto para rechaçar qualquer ataque e esmagar o agressor. O Estado-Maior e a Direção da Propaganda Política achavam, com efeito, que a tática defensiva só poderia ser temporária: os Exércitos deviam estar preparados para atacar. Se o país sofresse um ataque, ele seria inicialmente rechaçado, para em seguida se passar ao ataque... Esta doutrina ainda é a que vigora. E agora ninguém tem coragem de dizer a Stálin e ao Politburo que esses poucos dias serão mais longos e preocupantes do que eles querem supor.

— Você acha?

— É com toda evidência o que vai acontecer. E mais cedo ou mais tarde surgirá inevitavelmente a pergunta: "Quem é responsável?" Precisamos lembrar que no dia 14 de junho, ou seja, há exatamente oito dias, a Agência Tass, "autorizada pelos círculos dirigentes de Moscou" — era o que estava escrito, preto no branco —, divulgou um comunicado dizendo que nós, soviéticos, considerávamos que a suposta intenção da Alemanha de atacar a URSS era completamente falsa e que "as transferências de tropas alemãs em direção a nossas fronteiras de forma alguma visavam preparar essa agressão". À luz do que está acontecendo hoje, esta declaração adquire todo o seu significado. Éramos *nós* que afirmávamos que a Alemanha não tinha intenção de nos atacar. E como ninguém poderia acreditar que os "círculos dirigentes de Moscou" seriam um obscuro editor da agência Tass ou seu chefe de redação, é mesmo o Politburo, e à frente dele Stálin, que agora faz papel ridículo aos olhos do mundo inteiro. Churchill e Roosevelt, na melhor das hipóteses, dão boas risadas, e na pior, estão aterrorizados. Seja como for, o Chefe não vai gostar!

— Mas quem é responsável?

— Fazer esta pergunta é abrir uma caixa de Pandora! Dela pode sair tudo, absolutamente tudo!

— Mas você deve lembrar — observou Vassili — que Chapochnikov perdeu o cargo de chefe do Estado-Maior por ter lembrado com muita insistência ao primeiro-secretário a incoerência entre nossa diplomacia e nossos planos militares.

— Estar com a razão nunca foi garantia nenhuma. E muito menos estar com a razão contra o chefe. Está chegando ao fim o primeiro dia de guerra. Stálin ainda tem esperança de que os contingentes que se encaminham para a frente sejam capazes de conter e depois rechaçar as tropas alemãs. Por isso é que ele e o Politburo receberam com tanto alívio o comunicado de Vatutin meia hora atrás.

— O problema é que nenhum comandante militar sério deste país acredita numa palavra sequer do comunicado. A começar por Vatutin, que é um sujeito de bem.

— E como é que se chegou a esse ponto?

— É difícil atirar a primeira pedra nos comandantes militares. Ramudin tem uma explicação: "A lei do bode-expiatório como princípio de governo." Ou seja, um: sempre atribuir os próprios fracassos a uma outra pessoa ou grupo, que vai funcionar como bode-expiatório. Dois: ter sempre à mão esse bode-expiatório. Três: entregá-lo de bandeja à opinião pública, que deve ter o direito de focalizar sua indignação e difamar um culpado.

Quatro: se possível, embora não seja indispensável, evitar fazer a mesma besteira. Stálin põe essa filosofia em prática num grau raramente alcançado na história humana, sustenta Ramudin, que, no entanto, também chama atenção para o fato de que raramente sua assinatura pode ser encontrada embaixo das decisões mais trágicas que foi levado a tomar. Ele faz com que a decisão seja ratificada pelas mais altas instâncias, por ele mesmo escolhidas, mas no momento da votação, quase sempre, abstém-se pessoalmente. É público e notório que um silêncio de Stálin representa um grau a mais do estado de alerta na escala dos aborrecimentos pela frente. Dá para entender, assim, que nenhum dos chefes supremos do Exército se tenha sentido tentado pelo destino sacrificial do bode.

Tendo deixado o gabinete de Karev, Vassili e Stepan atravessavam o Moscova por uma das duas pontes que se projetam sobre o rio perto da muralha sul do Kremlin. O ar dessa primeira noite de guerra estava fresco. Como bom oficial atento à sua condição física, Stepan sentia-se tentado a apressar o passo, mas o cansaço do dia, como acontecia com freqüência, gerara pontos dolorosos na perna comprometida de Vassili. Seu amigo voluntariamente diminuiu o ritmo.

Ele olhou o relógio. Quase uma hora da manhã. Mas nenhum dos dois estava com sono, embora Vassili tivesse dito que a partir de agora todo repouso seria valioso. Provavelmente era a excitação do dia, acrescida do interesse da conversa que vinham tendo sobre os bastidores do poder. Ele estava impressionado com aquela sensação de precariedade em que tudo resvalava agora, inclusive sua vida.

Como haveria de se desenrolar a guerra? Teria fundamento o pessimismo de Chapochnikov sobre os primeiros meses de combates, tal como relatado por Vassili Karev? Em caso afirmativo, o dever não impunha que ele, capitão Kiritchenko, apresentasse imediatamente a seus chefes, no Ministério da Defesa, um pedido de mobilização numa unidade de combate? De repente, a morte não era mais um conceito vago, distante, abstrato. Ele tinha de aceitar a idéia de que, amanhã ou depois, provavelmente já não estaria mais neste mundo. Aos vinte e nove anos.

Pelo menos a conversa com Vassili o distraía.

— O dia de hoje fez pelo menos uma pessoa feliz — dizia, justamente, ele.

— Os inconscientes existem!

— Não senhor! O homem mais racional do mundo: Ramudin.

— E que foi que ele fez agora?

— Há dois meses ele avisava a todo mundo que os alemães atacariam hoje. Apostou com metade do Exército Vermelho.

— Você está brincando...

— Não senhor! Ele avisava alto e bom som que a guerra começaria a 22 de junho. Quase conseguiu convencer Chapochnikov.

— Por que 22 de junho?

— É nisto que ele é bom. Se a gente pensar que até nosso "grande informante" em Berlim, apesar de tão bem posicionado, não tinha conhecimento da data decidida! A primeira boa razão que ele nos apresentou é que os militares alemães já adiaram duas vezes a agressão, alegando que o Exército não estava preparado. Mas Hitler suspeitava que eles queriam ganhar tempo até 1º de julho, para impossibilitar a guerra. Para Ramudin, Hitler não permitiria ao OKW nem ao OKH[42] ditar sua conduta. Decidido a atacar, ele atacaria.

— Mas quando?

— Nosso informante adiantou algumas datas — esclareceu Vassili. — Umas derivavam de previsões astrológicas, de que Hitler é particularmente adepto, outras, de precedentes históricos. Foi nestes que Ramudin mergulhou, tirando 22 de junho da cartola. Explicação que poucas pessoas conhecem, pois Ramudin, como qualquer mágico, nunca revela seus truques. Mas eu estava no gabinete do marechal, acompanhando Ramudin, quando este explicou por que se fixara na alvorada de 22 de junho como data mais provável do ataque alemão. Seu raciocínio partiu da data do início da invasão napoleônica, a 9 de junho de 1812, segundo o calendário russo, ou 21 de junho de 1812, segundo o calendário gregoriano. No século XIX, de acordo com as pesquisas de Ramudin, a diferença entre os dois calendários era de doze dias. No século XX, esta diferença é de treze dias. Em outras palavras, como a data russa não varia, o 9 de junho russo seria este ano o 22 de junho do novo calendário. Ao fazer esta descoberta, Ramudin concluiu que seu raciocínio valia tanto quanto qualquer outro e se adaptava muito bem à psicologia de Hitler: conseguir o que Napoleão não conseguira, partindo das mesmas condições que ele. Chapochnikov ouviu-o sem dizer palavra, e no fim disse, com aquele leve sorriso que conhecemos: "Apresente sua análise ao camarada Stálin." Ramudin não se deu por achado: "Às ordens, camarada marechal!" O marechal tratou de acalmá-lo: "Pensando bem, vou eu mesmo falar a respeito com o camarada Stálin... O primeiro-secretário estava pensando em maio de 1942.[43] Não quero que um dos oficiais mais brilhantes do meu Estado-Maior acabe na linha de frente por motivo de, digamos, derrotismo... com ordem de execução antes de 22 de junho! Preciso muito de sua presença aqui."

— O que não serviu para acalmá-lo — zombou Stepan.

— Realmente — prosseguiu Vassili —, e ao sair Ramudin não só se aferrou a sua idéia como, dia após dia, sentiu fortalecer sua convicção. "Intuição profissional", disse-me certa noite, com toda seriedade. E desde então vem fazendo apostas com toda a guarnição de Moscou.

— Vai juntar uma fortuna. E por sinal devo-lhe pessoalmente cinqüenta rublos...

Capítulo 13

A garota tinha mudado muito

Moscou, 30 de junho de 1941, 12 horas, restaurante Pragua.

Vassili Karev revia Liliana Litvak pela primeira vez desde o início da guerra. Pensando bem, ele concluiu inclusive que o último encontro devia ter ocorrido há mais de dois meses.

Quando ela entrou pela porta do salão do Pragua, um excelente restaurante do centro onde ele a convidava a almoçar, Vassili descobriu uma Lily aniquilada pela dor. E por sinal não a reconheceu imediatamente. Esperava a adolescente com a qual conversara no jardim zoológico no fim da primavera, mas era uma mulher — abalada — que caminhava em sua direção. Ele levou dois segundos para reconhecê-la. Os longos cabelos que costumavam cair-lhe nos ombros estavam aprisionados num coque severo, e quando ela se aproximou ele percebeu que certamente havia chorado boa parte da noite: os traços estavam marcados e os olhos, vermelhos e inchados.

A assistência também acompanhava a travessia da sala pela recém-chegada: entre beleza ferida e desespero, ela oferecia uma imagem desconcertante. Era a guerra que penetrava com ela naquele espaço privilegiado. À medida que passava, as conversas se interrompiam. Vassili teve a sensação de que uma onda de silêncio a acompanhava, avançando à velocidade de seus passos.

Quando ela chegou à sua mesa, ele sentiu-se aliviado ao passar por trás dela para oferecer-lhe uma cadeira. Com isto, escapava por alguns segundos a um rosto duro e devastado, por demais distante de suas lembranças. E, ao voltar a sentar-se, ele teve instantaneamente a convicção de estar diante de uma total desconhecida.

Karev tomara conhecimento da morte de Viktor Litvak, o pai de Lily, na véspera, por volta de meio-dia, pela maior das casualidades. Um telegrama chegado ao Estado-Maior Geral por *Baudot* anunciara a morte de um figurão do NKVD da cidade de Moghilev durante a transferência por trem de seus *impedimenta* e de importantes arquivos que levava para Moscou. O comboio fora atacado por um grupo de Stuka,* com a cobertura de Messerschmitts 109. Os pilotos haviam liquidado a metralhadora o que as bombas dos JU 87, atacando na vertical, já tinham esmagado. Sob o impacto das explosões, o trem literalmente se volatilizara. Havia poucos sobreviventes, e a seção do NKVD em Moghilev agora tinha apenas cadáveres carbonizados e mutilados. Os arquivos viraram cinza. A locomotiva e seu tênder estavam reduzidos a um monte de ferragens em chamas. Os corpos dos dois mecânicos que estavam nas alavancas foram encontrados totalmente calcinados, à exceção do rosto — poupado — de um deles, o que permitiu sua identificação. O redator concluía o despacho informando que fora solicitada para o condutor da locomotiva, "por iniciativa do comando militar", uma medalha por "novo ato de heroísmo perante o inimigo": ele já salvara seu trem durante o bombardeio da estação de Minsk pela Luftwaffe no primeiro dia da guerra. O maquinista: Viktor Alexandrovitch Litvak.

Foi um choque para Vassili ler o seu nome. Como conhecia os Litvak, ele não quis que a família tomasse conhecimento dessa morte trágica por uma nota anônima da administração militar ou ferroviária. Preparou-se então para comunicar pessoalmente a Anna Vasilneva. Na véspera, deixara o escritório mais cedo, por volta das 18h30, para passar pela Novoslobskaia, onde moravam os Litvak, e lá constatara com um alívio não isento de covardia que Liliana não se encontrava.

Ela telefonara ao Estado-Maior na manhã do dia seguinte. E ele marcara encontro no Pragua na frágil esperança de que o ambiente majesto-

---

*Stuka = JU87 = Junkers 87 = três denominações para o mesmo avião, sendo Stuka abreviação de Sturzkampfflugzeug, literalmente: Sturz = mergulho; Kampf = batalha; Flugzeng = avião.

so pudesse anestesiar a dor. Agora, ela estava sentada à sua frente, diante de um prato em que nem tocava.

O primeiro encontro dos dois ocorrera em junho de 1937. Vassili lembrava-se sem dificuldade.

E não era para menos: semanas antes, ele retornara — em péssimo estado — de uma missão na Espanha, então dilacerada pela guerra civil, e mal saía da convalescença. Para enfrentar a *Legião Condor*,[44] posta à disposição do *caudillo* Franco por Hitler, Moscou também tratara de reforçar sua ajuda militar no terreno aeronáutico, solicitando que se apresentassem pilotos voluntários. Karev, que até então considerava algo modesta sua bagagem de combatente, apresentou-se como candidato. Aprovado, foi mandado "clandestinamente" para a Catalunha e depois para uma base aérea de onde operava uma unidade de caça da Força Área soviética, camuflada sob a bandeira das "Brigadas Internacionais".

Trucidar o *boche,* no caso dos aviadores soviéticos, e acabar com o *ruski*, no dos hitleristas, tornou-se um esporte nacional para as aviações dos dois países, ainda não ligados pela amizade indefectível do Pacto Germano-Soviético. Vassili cumpriu sua parte com real prazer. Até que teve a sorte de conseguir uma licença de três dias e o azar de escolher o País Basco para desfrutá-la.

Por volta das 10 horas de uma manhã de primavera, um ônibus arcaico cheio de mulheres vestidas de negro, crianças remelentas e agitadas, camponeses vindos da montanha e alguns carneiros em pânico, balindo aterrorizados a cada curva mais fechada, depositou-o numa sorridente cidadezinha de uma dezena de milhares de habitantes... Às 10 horas da noite, Vassili era retirado de ambulância para Bilbao, com a rótula do joelho esquerdo estraçalhada pela explosão de uma bomba. A data — 16 de abril de 1937 —, e o nome da cidade, Guernica, ficariam para sempre em sua memória. Naquela tarde, entre 16h40 e 19h45, ele visitara um anexo do inferno.

Tarde da noite, o tenente russo havia sido operado no hospital de Bilbao. Seu estado era considerado grave, embora sua vida, salvo complicações inesperadas, não corresse risco: a metade superior de seu joelho havia sido arrancada, e, apesar da atadura que ele mesmo improvisou antes de ser atendido pelos enfermeiros bascos, muito sangue fora perdido.

Estrangeiro, arrolado entre os feridos em Guernica, ele foi condecorado no leito do hospital por um ministro republicano espanhol e também, na convalescença em Moscou, em plena Praça Vermelha, pelo chefe do Estado-Maior da Força Aérea soviética, nas comemorações do 7 de novembro de 1937. Em meio a informações contraditórias, polêmicas e propaganda, Vassili nunca chegou a saber qual fora exatamente o número de mortos. O *Jornal Oficial* de 2 de janeiro de 1938 anunciava sua promoção à patente de capitão. Abriram-se para ele os melhores círculos da capital soviética. Ele foi festejado por seu Ural natal. Com a perna rígida para o resto da vida, no entanto, Vassili Karev sabia que teria de conviver, a partir de agora, com a idéia de que talvez fosse um herói, mas jamais voltaria a ser piloto de caça.

Sua convalescença durou quase um ano. Quando chegou ao fim, e à espera de ser lotado em posto de maior prestígio, o jovem oficial foi convidado a dirigir interinamente o aeroclube do CSKA, familiarmente chamado de "l'Ippodromo", e situado na zona noroeste de Moscou. Lá, voltou pela primeira vez a assumir o comando de um avião. De um *"avião"*, pensou, seria exagerar: aos dezoito anos, ele já pilotava um U-2, pequeno aparelho de treinamento com dois lugares! Leve, de fácil manuseio, euforizante talvez para um estreante no ar, mas na realidade de papelão... Mas de qualquer maneira, voava! Pois se tinha riscado de seu horizonte a aviação de caça, nem por isto renunciara à pilotagem. Secretamente, ele esperava que a melhora das funções do seu joelho pudesse um dia restituir-lhe o comando de um aparelho. Aos amigos mais chegados costumava dizer que "bem que poderia voltar ao serviço na aviação de reconhecimento", menos arriscada do ponto de vista muscular. E não se descuidava de um pesado regime de recondicionamento físico. Em certas noites, sentia muita dor. Física e moral.

Não se poderia dizer que ficou entusiasmado ao tomar conhecimento de sua nomeação "interina" para a direção do Ippodromo.

Chegou até a protestar veementemente. "Não enche o saco, é apenas um parêntese de três meses", responderam-lhe na direção de pessoal da aviação, em boa e franca linguagem militar. Depois de um mês de hospital

ROSA DE STALINGRADO

em Moscou, um mês de convalescença sem ter o que fazer e exames que mostravam um estado geral nitidamente melhor, o departamento responsável pela distribuição do pessoal, já achando que ele era visto um pouco demais em seus corredores, providenciara uma missão breve no CSKA. Esperava-se que restabelecesse a ordem num clube que carecia de pulso firme, em vista da forte queda para a vodca de seu diretor, o capitão Piotr Tsagan. Segundo as informações obtidas, os monitores aproveitavam tranqüilamente para transmitir aos aspirantes a pilotos instruções fantasistas e aleatórias, ao mesmo tempo se chegando um pouco demais às poucas moças inscritas no curso. Não tiveram sorte: uma delas era filha de uma sumidade do Partido em Moscou. Já não muito satisfeito por ver a prole subir aos céus, o figurão ficara particularmente enfurecido ao descobrir que a estava confiando a espertinhos que cuidavam do leme com a mão esquerda enquanto a direita fazia nas alunas do belo sexo tentativas incompatíveis com a segurança de um vôo a trezentos metros de altitude. Disse sem rodeios o que achava ao chefe do *Komsomol,* que o transmitiu com não menor ênfase ao comissário adjunto da Defesa, encontrado naquela mesma noite num coquetel no Kremlin em homenagem a uma delegação estrangeira em visita a Moscou. A conversa fora "franca e direta", o que, na terminologia do Partido Comunista da União Soviética, significava que pouco faltara para chegar às vias de fato. O adjunto, nada satisfeito de receber lições quando seu ministro circulava a menos de vinte metros no mesmo coquetel, dera mostra de impecável cortesia mas também de um vocabulário vigoroso quando pegou de jeito seu chefe de gabinete: "Que venham me chamar a atenção perante o Politburo (a fúria o levava a exagerar um pouco), por uma babaquice dessas, é uma verdadeira sabotagem (de sua carreira, o que ele pensou mas não disse). Quero este problema resolvido rapidinho, e de preferência com dor para o culpado ou os culpados."

Debaixo daquela saraivada, o camarada chefe de gabinete meteu o rabo entre as pernas, mas, como acontece com todo jovem primata macho, seu pêlo ia recuperando o brilho e o volume à medida que ele se afastava do superior. Ao alcançar o telefone, já estava novamente na posse de seus brios, o que rapidamente pôde constatar o oficial de plantão no distrito aéreo. Como este não tinha nada que estar ali naquela noite — para infelicidade sua, concordara em substituir um colega "para fazer um favor" ("Minha avó está doente, sabe como é!...", choramingara o outro... Avó o cacete!... Como era burro!) —, não se eximiu no dia seguinte de verter boas talagadas de uma bílis particularmente azeda no departamento de pessoal, ao qual estava subordinado o camarada-capitão-diretor-amigo-de-um-copo. O bebum por sua vez foi encontrado jogado no divã, a cara enfiada num travesseiro suspeito, ainda carregado dos vestígios e eflúvios da bebedeira da véspera. Os resíduos do álcool, ainda correndo generosamente no sangue, continuavam colorindo de cor-de-rosa sua percepção da vida, o que no entanto era relativizado por uma dor de cabeça nada amena, e aumentando. Alguma coisa, em algum lugar, provavelmente o conhecido instinto de sobrevivência que se apodera de todo militar diante da hierarquia, tocava nele um sinal de alarme. E esta sineta desagradável, prenunciando uma situação em rápida degradação, ajudou-o a acelerar um retorno à consciência. No telefone, o interlocutor interpretou muito mal seus primeiros borborismos. Ele, ao contrário, entendeu com surpreendente rapidez que a bússola de seu destino oscilava muito depressa em direção a um pólo siberiano, o que não chegou a deixá-lo eufórico. Mas era tarde demais, sua sorte estava selada!

A de Vassili também, naquele mesmo momento. Pois dez minutos depois Karev batia à porta do departamento de pessoal da Aeronáutica, perfeitamente tonificado por uma boa noite de sono, uma perna indolor e um joelho que começava novamente a se mexer. Vinha solicitar com insistência ainda maior o retorno à Espanha. Má pedida, no lugar errado. Foi preciso apenas deixar sua assinatura na ordem administrativa de transferência, e ele já era "diretor interino, com todos os poderes", do aeroclube moscovita! Nesse meio tempo, com todos aqueles sucessivos acessos de fúria e o poder amplificador dos boatos, as carícias suaves mas não solicitadas do monitor saidinho pareciam ter-se transformado em estupro coletivo em pleno céu, e Vassili, informado a respeito, ficou se perguntando, meio meditativo, meio galhofeiro, que Gomorra suburbana era aquela para onde o mandavam!

A descoberta não se mostrou à altura de suas expectativas.

Entrando em campo naquela mesma tarde, ele rapidamente percebeu que o problema se limitava, como escreveu em seu primeiro relatório, a "uma organização deficiente e fora de controle" (tradução oral em conversa telefônica com o departamento de pessoal: "É uma puta de uma bagunça"). Apesar da indulgência dos russos com os bêbados, pediu que o livrassem o mais rápido possível do antecessor. Não, não se oporia à Sibéria, onde era conhecida a carência de especialistas. Paralelamente, insistiu muito em que encontrassem não menos rapidamente um substituto para ele próprio, pois — escreveu-o também — "não considerava sua transferência como um favor, e seu histórico o autorizava a não ficar muito tempo gastando seus *valenkis*[45] no Ippodromo".

No ministério, seu relatório passou de mão em mão, deu motivo a risadas, mas mereceu esta observação do coronel chefe de departamento, orgulhoso de uma carreira obediente ao culto sem esmorecimento da burocracia: "Fiquem sabendo, camaradas, que pode ser útil ensinar aos jovens galos, por bons cantores que sejam, os prazeres da faxina de latrina." Era aparentemente um provérbio muito conhecido da região de Kharkov, o distrito natal do *apparatchik* de alta patente.

O comentário chegou a Vassili, que se mostrou, no caso, particularmente desprovido de senso de humor. Louco de raiva, ele imediatamente convocou uma reunião com os monitores, explicando-lhes, sem excesso de zelo vocabular, que o capitão Piotr Mikhailovitch Sagan, o antigo diretor, estava de partida para a Sibéria, e que o primeiro que saísse da linha seria imediatamente declarado voluntário para uma temporada de sonho à margem do lago Baikal. O que acalmou as mãos nervosas.

Solicitou em seguida que fosse reunida "toda a equipe administrativa". Mas teve de se contentar com os que estavam presentes nesse dia, por acaso, senso do dever ou azar. O que o levou a ditar sem hesitação — e tendo consciência de beirar o abuso de poder — uma circular exigindo que a partir dali os funcionários administrativos comparecessem diariamente ao escritório. A "equipe" torceu o nariz à interferência em seus hábitos. Mais uma vez, no entanto, a Transbaikália serviu para fazer valer a disciplina. E ele ganhou fama de maníaco da Sibéria — e mais adiante da pintura, depois de uma agressão verbal contra "a imundície desse lugar". Mas o fato é que em três dias, o necessário para arrebanhar os pseudodoentes, os ausentes, os licenciados e desaparecidos, o aeroclube funcionava novamente em regime de quase normalidade. As moças, em particular, em princípio já não corriam risco de vida ou de virtude ao subir nos aviões. Quanto às instalações, brilhavam como Tupolevs novos.

A situação do pessoal e dos candidatos a pilotos foi sua prioridade seguinte. Peças em falta, diários de vôo imprecisos, contagem vaga das horas de pilotagem: ele ia de descoberta em descoberta num estado de espírito misturando fatalismo interior e descomposturas em regra. Restabeleceu a ordem. A opinião geral a seu respeito no aeroclube, e também em certos escalões da *Osoaviakhim*,[46] era, para resumir em termos não protocolares, "eficiente, mas um grande pé no saco". Ele não estava nem aí: a experiência, nem tão distante, de militar nas fileiras, e logo de cadete, lhe havia ensinado que sempre é mais fácil acabar se entendendo com um chefe duro no início, que necessariamente saberá mais tarde separar o joio do trigo, do que com um molenga tendendo com o tempo para a tirania.

Já estava prestes a diminuir a pressão quando deu com o dossiê de uma certa Liliana Viktorovna Litvak.

Identificou com facilidade quem era a jovem. Não precisara de muito tempo para notar a bela rapariga, "brotando em caule de centeio", como se dizia na sua terra ("rápido demais, fina demais"), que olhava direto nos olhos, fazendo ponto de honra em não ser a primeira a baixar o olhar. E quando, para não parecer insolente, era obrigada a fazê-lo, um último bater de pálpebras, sempre enlanguescido, parecia ao mesmo tempo prometer certas volúpias e avisar que um dia o sujeito pagaria pela pequena vitória que acabava de obter. O que não impressionava particularmente Vassili, aureolado por seu recente passado de combatente na guerra da Espanha de um prestígio a que o sexo feminino geralmente se mostrava sensível. Havia no clube, já sabemos, várias estagiárias — faixa etária: entre dezessete e trinta anos; número de olhares endereçados ao novo diretor: proporcional à experiência de vida. Vassili, embora não achasse isso necessariamente desagradável, enfrentava esses olhares sem piedade: era coerente consigo mesmo, e do seu ponto de vista a reorganização administrativa não podia estar sujeita a qualquer favoritismo do travesseiro, ou, no verão, dos montes de feno da vizinhança.

Antes de passar os olhos em seu dossiê, Vassili pensava que Lily Litvak aparentasse menos idade, pois já fazia vôos solo. E de resto pudera observar nela um autêntico talento de piloto, do qual dava testemunho a qualidade de suas decolagens e aterrissagens. Era esta, por sinal, a única avaliação que se permitia, por enquanto, da capacidade de vôo de seus pupilos. Estava ocupado com outras coisas!

Até que, num domingo de junho, em noite de meteorologia conturbada, um impecável pouso na pista, apesar de forte vento lateral, levou Vassili a pedir a sua secretária — que aceitara fazer horas extras — o histórico de Litvak.

O histórico não chegava.

Vassili insistiu.

Resmungando, a secretária acabou por depositá-lo em sua mesa.

Ele o abriu... e não pôde deixar de ler duas vezes a data de nascimento: 18 de agosto de 1921!

O que significava, se sabia contar, que ela não completara dezessete anos... Litvak não aparentava menos idade: ela *era* jovem!

Tão jovem que se perguntava o que ela estava fazendo, sozinha, no comando de um U-2, às 8h da noite, quando a *Osoaviakhim* não aceitava matrícula antes de dezessete anos completos. E ela já voava sozinha, em total desrespeito ao regulamento.

Que teria acontecido se uma rajada traiçoeira atirasse o aviãozinho para fora da pista e a adolescente saísse ferida, ou pior ainda?

O vai-da-valsa administrativo desse clube decididamente superava tudo que ele imaginara!

A sorte de Litvak foi dupla. Para começar, que o responsável pelos vôos estivesse ausente àquela hora já tardia do domingo — havia apenas um monitor de plantão; depois, que Vassili quisesse apesar de tudo verificar a idade mínima exigida antes de pôr a boca no mundo. Se este item do regulamento fosse confirmado, o monitor-chefe — e também Litvak — iam ter de se explicar muito bem. Para isto, no entanto, seria necessário esperar até o dia seguinte.

Na manhã seguinte, era Lily Litvak que esperava Vassili à primeira hora.

— Pode perguntar, camarada tenente!

— Perdão?

— Pode me perguntar... Sobre tudo: navegação, aviões, mecânica, meteorologia...

— Camarada Liliana Viktorovna Litvak, eu não sou...

— Meus amigos me chamam de Lily.

— ...Não sou seu examinador! Estou aqui para cumprir uma missão temporária de controle e reorganização administrativa deste aeroclube, e por falar nisto causa-me espécie...

— Camarada tenente, vou interrompê-lo! Sei o que vai dizer: vai me falar da minha data de nascimento, da minha idade, dos deveres que deveria estar preparando para a escola... e de não sei mais o quê... Suponho que, do ponto de vista administrativo, pode se escorar no regulamento! Diria mesmo que o sei! Mas o regulamento, afinal de contas, não é as *Obras completas* de Lênin, assim como Deus não é a Bíblia — ou seria o contrário? —, como diria minha avó! A verdade, do meu ponto de vista, é que quero ser piloto, que já sei pilotar — não tão bem quanto o senhor, pelo que dizem, embora fosse bom que pudéssemos ver um dia —, mas muito corretamente... pode perguntar a qualquer um! Será então que um piloto como o senhor pode criar obstáculos para a vocação de outro piloto, como eu? Francamente, acredito que não. Acho até que não pegaria nada bem.

Por alguns segundos, Vassili ficou se perguntando se estava sonhando... Tinha à sua frente um projeto de mulher, nem mesmo pronto, metido numa jaqueta grande demais, com longas pernas magras, pés voltados para dentro, três manchas de rubor no rosto, vomitando absurdos com a expressão mais cândida do mundo. Só podia estar dormindo.

— Camarada Litvak, será que se dá conta do que está dizendo? Tem mesmo muito peito.

Com os olhos no chão, ela murmurou uma frase em voz quase ininteligível. Ele julgou ouvir:

— E o senhor, camarada tenente, lindos olhos verdes!

— Poderia repetir? Não ouvi muito bem...

— Oh, sabe como é — disse ela, dando a volta por cima —, estou apenas repetindo o que todas dizem! Não tenho opinião pessoal sobre os seus olhos... sou jovem demais. Elas dizem...

O descaramento daquela garota o deixou sem voz ("Pode ficar sabendo, minha filha, que tão cedo não volta a subir num avião!", pensou). Mas a interrompeu, conseguindo recuperar o sangue-frio sem deixar cair a peteca:

— A insolência não tem idade, ao contrário da pilotagem!

— Elas dizem...

— Não quero saber o que elas dizem, Litvak... Acredita mesmo que seja este o motivo desta conversa?

Lily teve vontade de responder: "O quê?... O seu charme?... Mas... o senhor é muito sedutor, tenente... com essa mecha de cabelos negros caindo sobre os olhos verdes..."

Mas decidiu guardar suas reflexões. Uma instintiva sabedoria mandava que primeiro amansasse a fera, se quisesse continuar a pilotar. Não zombar abertamente dele, portanto. Ele teria o quê?... vinte e cinco, vinte e seis anos? Dez anos mais que ela! Não era tanta coisa assim! Vinte e seis anos... Bem, uma idade em que os homens têm tendência para se levar a sério, como diz mamãe. É verdade que afinal ele foi ferido em Guernica. É um herói. Mas um herói, no fim das contas, não é tão impressionante assim!

Por sua vez, Vassili recuperara completamente a calma. Começava inclusive a ser tomado por uma espécie de riso interior: via-se contando a cena aos colegas, ao retornar à Espanha. Tomaria apenas o cuidado de envelhecer um pouco a guria...

— Desapareça daqui, Litvak. Apareça de novo quando voltar a si.

E acrescentou friamente, sem ter consciência do duplo sentido que a frase carregava:

— Esta conversa está apenas começando, pode estar certa disto!

Ele seria capaz de jurar que ainda a ouviu murmurar "belos olhos verdes..." ao cruzar a porta. Não era possível, ele só podia estar enganado... Últimas seqüelas da febre causada pelo ferimento...

O Pragua estava cheio. Vassili teve de se mexer para que um garçom finalmente viesse anotar a comanda. Fez então o pedido de Lily: ovos de esturjões do mar Cáspio, porco no espeto, mirtilos ao creme. Ela recusou o porco e o vinho da Criméia que ele escolhera com cuidados de sommelier parisiense, optando por uma simples xícara de chá.

O oficial sentiu que Lily começava a relaxar. Ela conseguia beliscar o que havia em seu prato e já não parecia a ponto de se desmanchar em lágrimas a qualquer momento.

— Que está sabendo da morte de meu pai? — perguntou subitamente.

Vassili tossiu. Era o momento de mostrar tato. Um gesto, uma palavra mal empregada, e logo ele estaria diante, na melhor das hipóteses, de uma torrente de lágrimas, na pior, de uma crise de nervos.

Ele não respondeu imediatamente. Mas logo, como o silêncio não podia eternizar-se, decidiu-se e disse simplesmente, pesando as palavras como se cada uma delas contivesse uma carga explosiva:

— Seu pai é um verdadeiro herói!

A banalidade da frase, a ênfase involuntária com que a pronunciara, e de que só se deu conta ao falar, foram motivo de uma exasperação sem limite consigo mesmo. Naquele momento ele se detestou, mas não sabia que sua tocante falta de jeito impedira Lily de desmoronar. Ela esboçou um sorriso:

— Mas e então?

Vassili explicou-lhe o que Viktor Alexandrovitch havia demonstrado desde o primeiro dia da guerra: apenas vinte horas depois da travessia da fronteira pelos nazistas, e não obstante os bombardeios, ele conseguira conduzir seus vagões cheios de material militar, à noite, até a margem do Berezina. Depois da descarga, e apesar das profecias apocalípticas do oficial que recepcionara o comboio — e que falava por experiência, pois sua unidade sofrera três bombardeios nas doze horas precedentes —, ele anunciou que ainda assim tentaria conduzir seu trem vazio até Minsk. Um novo maquinista juntou-se a ele.

— Segundo o oficial, o maquinista anterior dissera sem rodeios ao seu pai que era um louco, que não recebera ordens e que ele próprio já estava muito perto da aposentadoria para prosseguir numa direção capaz de aproximá-los perigosamente de invasores que, sem possível contestação, não podiam ter piores intenções em relação a tudo que fosse russo.

— Ao alvorecer, quando o comboio finalmente entrava a vapor brando na estação de Minsk, os aviões com a suástica surgiram, derramando novos tapetes de bombas nas vias e construções. Viktor Litvak e seu novo companheiro nem tiveram tempo de saltar na plataforma para esticar as pernas. Voltaram a encher a caldeira de carvão e trataram de alimentar o fogo com tanta força e rapidez quanto lhes permitiam suas musculaturas conjugadas. Conseguiram fugir da armadilha.

— A partir dali, seu pai com o maquinista e seu comboio ficaram fazendo a rota leste-oeste ida e volta, transportando tanques, canhões, armas e munições para a frente de guerra e trazendo de volta feridos, mulheres e crianças para o Leste. Disseram-me que se deslocavam sobretudo à noite, quase sempre atravessando os pântanos de Pripet, naturalmente camuflados pela escuridão e as brumas noturnas. Em três noites, seu pai com seu comboio ganharam uma fama de trem fantasma que parece ter marcado as pessoas a ponto de ter sido pedida uma medalha militar para Viktor Alexandrovitch. É tudo que fiquei sabendo através de alguns contatos telefônicos ou de rádio.

As lágrimas voltavam a marear o olhar de Lily. Para expulsá-las, Vassili prosseguiu:

— Mais não posso dizer. Fiz o que pude, mas é difícil conseguir uma ligação. — E, baixando a voz: — Aqui entre nós, ainda assim descobri que era mais fácil falar por telefone com o escritório ferroviário de Minsk do que o Estado-Maior Geral entrar em contato com o general Pavlov e seu 10º Exército!

Vassili não estava certo de que a jovem tivesse entendido sua última frase. E por sinal pensou que não era mau que assim fosse: no fim das contas, sua comparação não lhe parecia de muito bom gosto.

E com efeito, chocando-se na mente de Lily imagens e lembranças do pai, ela sentia aproximar-se de novo a crise de lágrimas. Mordendo os lábios até sangrar, tentou desesperadamente mudar de assunto. Com a voz embargada, quase ininteligível, pediu notícias da guerra.

Vassili agarrou o pretexto para deixar o terreno movediço das aflições pessoais. Lembrou-se de que um dia, uma mulher, não sabia mais quem, dissera-lhe: "Todos os homens jovens são uns brutamontes." Não estava errada.

Ele tentou desesperadamente encontrar uma anedota não muito sombria para não devolvê-la ao desespero. Lançando rapidamente o olhar ao redor, baixou de novo a voz. Reação de prudência, porém mais instintiva que realmente justificada: o que poderia dizer naquele momento não era propriamente da esfera do segredo de Estado.

— A guerra?... — repetiu, para ganhar tempo.

Não encontrando nada melhor, ele contou:

— A direção política do Exército acaba de abrir uma frente inesperada: mandou imprimir dezenas de milhares de cartazes representando os generais Suvorov e Kutuzov.[47] Vai mandá-los para todo o país, especialmente às unidades militares. Eles passarão a ser afixados com os de Marx, Engels e Lênin. Espero, mas não estou certo, que os três recebam bem os militares: a julgar pelos teóricos, o sabre de um general vitorioso é a principal ameaça que pesa sobre as revoluções! Mas nem Suvorov nem Kutuzov, em sua época, parecem ter enfrentado essa tentação. Donde se deduz que era possível ser contemporâneo de Bonaparte sem ser suspeito de bonapartismo! Marx poderá explicar-lhes *O Capital*, e Kutuzov, contar-lhes como seus cossacos reconduziram Napoleão à fronteira. Afinal, são questões atuais. O que, por sinal, parece ter dado idéias a Stálin — a não ser que tenha sido o contrário. Ele pediu que lhe fosse apresentada uma lista de livros a serem lidos abordando a situação atual. Poskrebychev propôs dezesseis, Stálin escolheu quatro: o *Kutuzov* de Borissov, o *Suvorov* de Ossipov, *A ciência para vencer,* de Suvorov, que acaba de ser reeditado, e... adivinha!

— Como é que eu vou saber?

— *O cérebro do Exército*, do meu chefe, Chapochnikov!

— Você deve mesmo relê-lo, no mínimo para poder progredir.

— Obrigado pelo conselho, mas é meu livro de cabeceira — ironizou Vassili.

— Detesto gente ambiciosa!

— Não é por ambição, mas para impressioná-la.

— Meu ex-amor, certos temas você devia evitar...

— Absolutamente, estou bem com minha consciência.

— Vai se arrepender pelo resto da vida!... Mas continue a falar da guerra.

O garçom se aproximava com as taças de mirtilos. Revivendo uma velha cumplicidade, os dois traçaram a sobremesa sem dizer palavra.

Vassili então pagou, abrindo mão de um quarto do soldo do mês, e eles deixaram o restaurante. Em Moscou, era melhor evitar certos temas em público.

Os dois estavam agora sentados num banco, ao pé das velhas muralhas gretadas do Kremlin. Magros arbustos se agarravam àqueles muros vetustos, liberando um perfume acre e penetrante.

— Este cheiro me lembra Paris — disse Vassili, nostálgico. — Mais exatamente, uma mulher. A mulher de nosso adido militar na França, o general Krantz-Ventzoff. Ela adorava um perfume da casa Caron. Chamava-se *Narcisse noir*, acho eu. Era estranhamente parecido com o cheiro desses arbustos.

— Ela era sua amante?

— Não. Muito "mulher do general" para o meu gosto! Você conhece o ditado militar: "Toda vez que o marido sobe, a mulher alarga."

— Não sei se devo acreditar... Mas você estava falando da guerra: a coisa vai tão mal quanto dizem às vezes?

— Não sei o que estão dizendo...

Com seus botões, ele se chamava de rematado mentiroso. A verdade é que reinava a mais completa confusão em todas as frentes de guerra. Ele não achava que devesse contar a Lily o acesso de raiva de Stálin no dia 26 de junho, comentado nos corredores do Comissariado da Defesa. Vatutin, adjunto do chefe do Estado-Maior Geral, estava prestando contas sobre a situação na frente oeste. Falava do seu jeito, sem elevar a voz, escolhendo cuidadosamente as palavras para evitar qualquer expressão demasiado brutal — ou simplesmente realista demais — que pudesse desencadear a ira do "Patrão". "Mas mesmo embrulhado para presente, um desastre continua sendo um desastre", comentava ᴑ correspondente de Vassili ao lhe relatar o episódio.

"Vatutin", prosseguia ele, "explicou que unidades mobilizadas nas frentes ocidental e noroeste 'tentavam passar ao contra-ataque'. Foi rispidamente cortado por Stálin, levando pela cara que um contra-ataque existe ou não existe, mas em hipótese alguma tem cabimento 'tentar passar' ao contra-ataque! E, se fosse o caso, o pelotão de fuzilamento mostraria bem depressa aos responsáveis — e sobretudo a seus sucessores — a importância da energia e da determinação."

Na verdade, nos quatro primeiros dias de guerra, Stálin nada sabia do que realmente estava acontecendo. Exércitos inteiros completamente desbaratados, arrasados e aniquilados pelos tanques, a artilharia e a aviação dos alemães. Sobreviventes no mais terrível abandono, perdidos, isolados de seus comandos, quando já não eram arrebanhados e encaminhados, em longas colunas poeirentas, na direção dos campos de prisioneiros da Alemanha. Estados-Maiores decapitados, tragados no fogo da batalha, e, acima deles, as direções das grandes unidades atordoadas pelo rumo inesperado dos acontecimentos, sem entender o que acontecia, constatando que os alemães estavam sempre mais adentrados no território nacional do que poderiam imaginar e não raro vendo-se incapazes de comunicar a situação aos escalões superiores, por falência das transmissões ou simplesmente medo de fazê-lo, pois o NKVD era rápido nos fuzilamentos. Nesses dias trágicos, o comando das frentes e também o Estado-Maior Geral viam-se na incapacidade de avaliar a situação ainda que aproximadamente, por falta de informações dignas de crédito e por estarem isolados de seus contatos em campo. Desse modo, multiplicavam-se as instruções contraditórias ou impossíveis de aplicar. A trilogia "ordem/contra-ordem/desordem" transformava-se em doutrina de escola de guerra. Aí estavam os ingredientes do coquetel "derrota" que o destino parecia decidido a oferecer à gloriosa União Soviética.

— Mas vai explicar tudo isto a papai Stálin! — resmungava o correspondente de Vassili.

Vatutin, "autorizado a continuar" depois da saraivada de insultos que levara pela frente, pisava em ovos. De acordo com as informações "fragmentárias" que chegavam dos Estados-Maiores das frentes de guerra, prosseguia ele, — e você verá que esse memorando concentra a maior densidade de eufemismos por linha jamais registrada num documento do EMG![48] —, a fraca cobertura aérea, o apoio insuficiente da artilharia e a ausência de coordenação das ações ainda não tinham permitido alcançar os resultados esperados. As tropas haviam portanto sofrido pesadas perdas, e não raro se viam obrigadas a bater em retirada, infelizmente, às vezes, de maneira desordenada, o que explicava que unidades inteiras estivessem ameaçadas de cerco, apanhadas de surpresa pelo avanço dos blindados alemães, cujos "elementos mais avançados foram vistos perto de

ROSA DE STALINGRADO

Minsk..." "Perto de Minsk! Mas o que o adjunto de Jukov está dizendo!" Estupefação de Stálin. Seguida de uma explosão:

— Minsk?!? Que história é esta? Estão querendo me dizer que em quatro dias os alemães conseguiram penetrar quase trezentos quilômetros no território do país? Você deve estar doente, meu velho! Deve estar se confundindo. Não tem cabimento.

— Não estou me confundindo, não, camarada Stálin — respondeu Vatutin, imperturbável. — As informações dos representantes do Estado-Maior Geral junto aos Exércitos, da aviação de reconhecimento e dos grupamentos de observação convergem no mesmo sentido. Podemos afirmar hoje que as tropas na linha de frente não puderam deter o inimigo nem permitiram ganhar o tempo necessário para a mobilização das tropas de reserva.

— O que significa que a frente ocidental caiu? — urrou Stálin. — Mas onde é que estão Pavlov e Kulik? E Chapochnikov? O Estado-Maior Geral não deveria estar no comando de nossos Exércitos? Nossos comandantes militares são todos uns incapazes!

O que se comentava é que nenhum dos principais comandantes do Exército tivera coragem de abrir o bico, explicou Vassili a Lily. Lá estavam eles, de cabeça baixa, ouvindo em silêncio a catilinária raivosa e insultante de Stálin. "Um grande momento para reconfortar o coração de todos os capitães, vendo seus superiores serem insultados e receberem uma carraspana, como criancinhas!", concluíra o interlocutor de Vassili. Ele era coronel, mas seu sorriso permitia entender que ainda não esquecera completamente seus momentos de capitão. Vassili também estava se divertindo. Seria capaz de dar alguns dias de sua vida para presenciar a cascata de insultos. Dito isto, logo tratou de levar a mão a seu amuleto, pendurado no pescoço e escondido sob a camisa: não era supersticioso, mas, em tempo de guerra, era melhor não abusar, mesmo que só em palavras, quanto aos dias que ainda restam para viver.

"Terminada a catilinária enfurecida de Stálin, Vatutin levantou-se", prosseguiu o coronel, "sentindo-se confiante. Aproximou-se dos mapas. Com uma régua na mão, mostrou a Stálin as trilhas de retirada dos 8º e 11º Exércitos, em direções diferentes. Não era preciso ser um grande especialista militar para constatar a brecha que se abrira entre as frentes oeste e noroeste — uma faixa de 130 quilômetros, segundo especificou Vatutin, interrogado por Stálin. Este ficou estupefato. E a partir de então, fechou-se em silêncio."

— ...Às vezes fico me perguntando de onde você tira todas essas informações — disse Lily.

— Sabe como é, tem muita gente nos estados-maiores. Todas as informações convergem para eles. As pessoas comentam... Mas também existem muitos boatos sem fundamento...

Vassili estava dizendo a verdade. Mas não toda.

Ele não podia explicar a Lily, por exemplo, que o avanço alemão até Minsk deixou Stálin em profunda perturbação psíquica. Minsk caiu a 28 de junho de 1941. De 26 a 29 de junho, ou seja, a partir do momento em que realmente tomou conhecimento da realidade da ameaça de morte que pesava sobre a União Soviética, suas forças armadas, seu regime — e portanto, sobre ele próprio —, o traumatismo psicológico deixou o senhor da URSS incapacitado do pleno exercício de seu papel de dirigente. A crise foi de curta duração — setenta e duas horas — mas profunda. Embotado, desamparado, Stálin caiu num estado de depressão que paralisou suas decisões e desorientou seus assessores.[49]

Lily olhava para Vassili, espantada com seu súbito silêncio.

— Ei, cadê você?

Distraído com a rememoração dessas lembranças, ele voltou à Terra:

— ...Stálin deu a volta por cima — disse então, retomando, antes da conversa, seus próprios pensamentos, ao mesmo tempo em que acrescentava com seus botões: "É uma maneira de dizer..."[50] — Veja bem, o grande estrategista alemão da Primeira Guerra Mundial, Moltke, escreveu num manual: "Nenhum plano de operações pode manter-se inalterado depois do primeiro confronto com a maior parte dos contingentes do inimigo." Pois bem, estamos começando a mudar os nossos. Não se trata realmente de contra-atacar, senão em termos pontuais, em escala local. Tenta-se lançar na batalha unidades provenientes do interior do país. Nossos homens lutam heroicamente, às vezes sem esperança, tombam no campo de batalha. Na direção de Moscou, a resistência encarniçada dos 13º e 16º Exércitos conteve consideravelmente o avanço dos alemães, mas já se sabe que a próxima batalha será em torno de Smolensk. Praticamente só na fronteira ucraniano-polonesa foi possível até agora retardar ao máximo as tropas fascistas nas linhas de defesa para ganhar o máximo de tempo e conseguir trazer reforços do interior. Resumindo: obrigação de morrer no campo de batalha! Estamos dando sangue em troca de tempo. Nossas tropas receberam ordem de infligir o máximo de perdas ao inimigo, de esgotá-lo, de "sangrá-lo" para equilibrar a relação de forças. O Partido e o governo estão agora organizando a retirada das populações e do maior número possível de fábricas, para transformá-las em indústrias de guerra. As fábricas de construção mecânica e de máquinas-ferramenta serão convertidas para a produção de tanques e aviões. As usinas metalúrgicas fabricarão os cilindros e blindagens das munições. Li inclusive, em algum lugar, que os foguetes dos obuses substituirão os relógios nas linhas de montagem das fábricas de relojoaria.

Em todas as frentes, a situação passa de "grave" a "dramática". O inimigo é mais forte. Dizem que sua superioridade em homens e em material é de 3 a 4 contra 1. Apesar disso, conseguimos, mal ou bem, resistir e devolver os golpes.[51] Aí está... Em princípio, será criado em breve um Comitê de Estado para a Defesa. A ele caberá dirigir o país a partir de agora, concentrando toda a autoridade em suas mãos. Será presidido por Stálin.[52] Vamos lutar até a morte. É terrível, pois o preço a ser pago será enorme. Mas os alemães não nos dão escolha! O Comitê Central do Partido determinou a mobilização dos comunistas e dos membros do *Komsomol*, para serem mandados para a frente de guerra, sobretudo na qualidade de quadros combatentes. O que representa um milhão de homens mobilizados até o fim do ano.

— E as mulheres? — perguntou Lily.

— Algumas estão lutando. Um batalhão inteiro foi aniquilado pelos alemães durante a heróica resistência da fortaleza de Byalistok, na fronteira com a Polônia. Algumas alunas do Instituto de Línguas acabam de ser lançadas de pára-quedas por trás das linhas inimigas. Todas falam alemão. Têm a missão de encontrar e ajudar os grupos de *partisans* e soldados que continuam a combater pelas costas dos Fritz, e que receberão reforços em combatentes, equipes e material.

— Vassili, você precisa me ajudar — interrompeu-o Lily. — Entenda bem: não posso ficar de braços cruzados. Devo isto à memória do meu pai. Não faz mais sentido ficar estudando. O essencial se foi: não podemos mais voar. Uma das minhas amigas acaba de se engajar como auxiliar de enfermagem. Talvez eu faça o mesmo. Quero ser útil, sinto esta necessidade. Devo isto ao meu pai. Não quero que sua morte tenha sido em vão. Como gostaria de ser homem!... Eu iria lutar.

— Para vingá-lo? Pare de dizer bobagens, minha jovem! Já existem homens e mulheres demais morrendo neste momento. Um soldado, hoje, neste país, é apenas um morto esperando sua hora, com muito pouca expectativa de vida, creia-me. A melhor maneira de honrar a memória do seu pai é ficar viva. Dessa forma, você será mais útil ao seu país e ao Partido. E lhe prometo que o seu pai, onde quer que esteja, haverá de vê-la um dia chegar a Berlim — pois acabaremos vencendo. Você verá, é uma bela cidade.

Capítulo 14

O homem da censura

15 de julho de 1941, Comissariado da Defesa, Departamento de Notícias Militares.

Na parede de seu novo escritório, uma folhinha assinalava o dia 15 de julho de 1941. Stepan Kiritchenko tirou o telefone do gancho e discou o número de Vassili Karev.

— Saudações, camarada capitão. Interessado em notícias frescas da frente?

— Fico feliz sobretudo por saber que você está vivo.

— O ucraniano resiste a todas, você sabe muito bem.

— Estão morrendo muitos ucranianos atualmente![53] Os alemães querem Kiev, e não haveremos de entregá-la em hipótese alguma.

— Estou chegando de Smolensk, onde as coisas também não vão nada mal. É o último obstáculo importante no caminho para Moscou, e nossos homens ali estão oferecendo resistência e morrendo. Estou chegando de lá, depois de levar alguns jornalistas...

— Estou vendo que você se acostuma ao novo trabalho!

No início de julho, com efeito, no momento em que esperava ser integrado a uma unidade de combate, Stepan fora lotado em função inesperada. A notícia chegara num telefonema:

— Aqui é o comandante Travkin. Acabo de ser nomeado adjunto do chefe do Departamento de Notícias Militares, coronel Lazarev. Preciso vê-lo com urgência.

Stepan conhecia Travkin vagamente, e não sentia especial simpatia por um sujeito que considerava manhoso, excessivamente ambicioso, burocrata até a alma e, para resumir, tão confiável quanto uma folha de nenúfar num lago lodoso. Atribuía-lhe o estilo "Confie em mim, e será um homem morto".

— De que se trata? — perguntou, sem entusiasmo.

— Você foi nomeado segundo adjunto do coronel Lazarev. Seu caso foi resolvido com o Comissariado da Guerra. Precisamos de oficiais que possam trabalhar com os jornalistas. Você cuidará das relações dos representantes dos jornais com nossos comandantes da frente de guerra.

— Os jornalistas agora têm acesso à frente? É uma novidade.

Stepan mal conseguia crer.

— O Politburo tomou uma decisão de princípio... O coronel lhe explicará... Entre em contato o mais depressa possível com a assessoria, ele também quer encontrá-lo rapidamente.

O Departamento de Notícias Militares acabava de ser instalado num anexo do Comissariado da Guerra. Instalações acanhadas: dois compartimentos simples, dois mapas nas paredes, estantes cheias de livros velhos. E o gabinete do chefe: só um pouco maior, e decorado com o retrato regulamentar de Stálin de camisa cáqui. Mas também com uma poltrona de couro, sinal distintivo da hierarquia burocrática, como as divisas.

Stepan preferiu Deus aos santos: agendou encontro com seu novo chefe antes de procurar Travkin. Ao entrar no gabinete do coronel Lazarev, ele estava afundado em sua poltrona, com os pés numa pilha de jornais acumulada sobre uma mesa baixa, socando o fumo no cachimbo. Originário de Tíflis, ele tinha mesmo um físico de armênio espadaúdo e sólido. "Suas origens judaicas devem ser antigas", pensou Stepan. "Seus antepassados devem ter pecado reiteradamente com beldades locais, que transmitiram generosamente seu sangue aos descendentes!" Lazarev por sinal era considerado muito próximo do ministro Mikoyan, sem propriamente ter acesso a seu círculo mais íntimo. Recebeu Stepan com uma vivacidade propriamente meridional.

— Que bom vê-lo aqui, camarada Kiritchenko! Bem-vindo ao Departamento de Notícias Militares. Aqui, a gente deixa o fuzil no vestiário e combate com o cérebro.

ROSA DE STALINGRADO

— Neste caso, não estou certo de ser o homem de que precisa! — retrucou Stepan. — Afinal de contas, sou um militar.

— A vantagem do Exército sobre todas as outras instituições é que o nível de inteligência de seus membros está registrado nas dragonas. E o que estou vendo nas suas me basta... Você será o meu adjunto.

— Segundo adjunto, meu coronel.

— Não. Adjunto, pura e simplesmente. Travkin cuida das relações internas com o Comissariado da Guerra. Você cuidará dos nossos jornalistas.

— Que devo entender por "cuidar dos jornalistas"?

— Exatamente isto. Eles não poderão publicar nada sobre a guerra sem a sua aprovação.

— É censura? Serei oficialmente o censor?

— Não exatamente. Tudo isto está sendo reorganizado. O censor ficará no nível do Comitê Central do Partido. O censor-chefe será o diretor do departamento político do Exército, o camarada Mekhliss.

— Ele então vai censurar informações que já passaram por mim?

— Sim, mas somente do ponto de vista político. O aspecto militar das informações estará a seu cargo.

— Estarei informado da situação exata no teatro de operações?

— Sim. O Politburo tomou esta decisão: "Nada de informações falsas!" Não se trata, claro, de dizer imediatamente toda a verdade aos leitores dos jornais. Você evitará, especialmente, dar detalhes de certas notícias desfavoráveis aos nossos Exércitos. E nem uma palavra, tampouco, em caso de falta de coragem nas tropas. Quanto a isto, somos absolutamente formais, e será sua responsabilidade! Nem uma só palavra, ouça bem, sob pena de enfrentar um conselho de guerra.

Lazarev sorria. "Humor armênio ou advertência direta?", perguntava-se Stepan.

Quando Stepan comunicou a Vassili Karev suas novas funções, o outro disse sem rodeios:

— Você vai dançar na corda bamba. Entre a censura militar e a censura política, entre a verdade e a ameaça ao moral da tropa, entre a palavra e o silêncio, vai ficar rapidinho com os cabelos brancos! Pois posso lhe afiançar que a situação não é tão boa quanto que se supõe.

— Acrescente-se que Travkin se considera meu superior e não vai perder a menor oportunidade de mijar no meu território — disse ainda Stepan. — Naturalmente, Lazarev disse-me que logo trataria de enquadrá-lo a este respeito, o que não agradará a Travkin. Você pode imaginar o clima no escritório.

— Você ignora solenemente. Vai deitar falação em plena ação, em meio aos seus jornalistas. No fim das contas, não é tão mau assim como emprego... Desconfortável, mas interessante.

Vassili Karev não se enganara. Em duas semanas, Kiritchenko vira muitas coisas, circulara nos altos escalões, convivera com heróis e renegados, conhecera a miséria mais absoluta e passara perto da morte pelo menos três vezes. Para um militar, emoções não necessariamente desagradáveis. Debaixo das bombas, no entanto, ele pudera constatar que esta filosofia não era compartilhada por todos os jornalistas que o acompanhavam. Quando as coisas esquentavam, podia-se ver que havia na profissão bons mergulhadores e excelentes corredores. "Mais correspondentes de paz do que de guerra", avaliava Lazarev. Desta vez, humor armênio, sem sombra de dúvida.

— Entre parênteses — disse Stepan, retomando a conversa —, anteontem nós pudemos ver em ação a mais recente maravilha de nossa artilharia...

Com efeito, na madrugada de 14 de julho de 1941, no auge da batalha de Smolensk, a bateria do capitão Ivan Flerov utilizara pela primeira vez as rampas de lançamento dos foguetes de bombardeio, os lendários Katiucjka, que já eram conhecidos como "os órgãos de Stálin".

— Aqui entre nós, mais vale estar do lado do atirador que do alvo!... Você conhece Barski? — continuou, mudando de assunto.

— O sujeito dos sindicatos?

— Sim. Está subindo na vida: atualmente, é membro do Soviete de Krasnaia Prísnia e suplente do Soviete de Moscou... Era jornalista no *Trud*[54] quando o encontrei em Smolensk, e ficamos muito amigos. Ele me contou uma muito boa: no dia 22 de junho, foi apanhado pela guerra na região de Borislav, não muito longe da fronteira polonesa, exatamente onde foram dar os blindados de Von Runstedt, em missão de conquista da Ucrânia. Jovem ambicioso, estava cumprindo um período militar de graduação para oficiais da reserva. Na manhã do dia 23, encontra um bando de nossos figurões, a nata da nata, tendo à frente Jukov, pessoalmente enviado por Stálin para conter e contra-atacar os fascistas. Além de Jukov, na época chefe do Estado-Maior Geral, e que portanto não tinha nada que fazer ali, numa frente específica da guerra, em vez de comandar o conjunto dos Exércitos, havia também Purkaiev, chefe do Estado-Maior da região militar de Kiev; Bragramian, chefe de operações; Ryabychev, comandante do 8º corpo de Exército mecanizado, todo o seu Estado-Maior... e outros mais.

Lá está então toda essa turma, em plena natureza, mal camuflada por três árvores, debruçada sobre o mapa estendido numa mesa, que o tenente da reserva Barski, aspirando a ser promovido capitão, e que, em boa lógica militar, está ali cumprindo uma tarefa de soldado raso, conseguiu arrumar não se sabe onde, do lado de fora da tenda de comando. De repente, "Alerta aéreo!" Com direito a sirenes e tudo mais... Nosso amigo Barski logo trata de descobrir onde é que pode se enfiar, mas não consegue sair do lugar, pois os militares aparentemente não se deram conta de nada e continuam a riscar tranqüilamente o mapa com o lápis. No céu, o estrondo é cada vez mais impressionante, vindo de oeste e se aproximando perigosamente.

Barski, "com o cu na mão", segundo ele mesmo me disse, vê então que Riabychev, que descrevia uma possível manobra, levanta distraidamente a cabeça para o céu e diz, dirigindo-se a Jukov:

— Camarada marechal-de-campo, como pode constatar, não tivemos tempo de cavar trincheiras antiaéreas. Mas o regulamento estipula que a esta altura deveríamos estar nos abrigando nas trincheiras. Podemos fazer como se já estivéssemos abrigados nelas. Como esse barulho nos impedirá momentaneamente de trabalhar, proponho irmos comer algo.

— Boa idéia! — exclamou Jukov.

E a turma toda se dirige para a tenda, conversando tranqüilamente. Ainda não entraram todos, quando o uivo característico dos Stukas mergulhando a pique se torna ensurdecedor, logo seguido da explosão das bombas.

— Pois bem, meu velho, fosse debaixo da tenda, ou do lado de fora, todos eles comeram seu pão, seu salmão defumado, seu patê, com a maior tranqüilidade do mundo, como se nada estivesse acontecendo. Ao redor, era um verdadeiro inferno, e eles ali, dando risada, contando vantagem. No fim do bombardeio, fizeram um brinde — "À vitória" — e voltaram ao trabalho. Tiveram apenas de botar a mesa de pé de novo e ir buscar o mapa: a explosão de uma bomba bem ali perto o atirara a vinte metros, nos galhos mais baixos de uma árvore!

— Ele deve ter publicado uma matéria no *Trud* — comentou Vassili, sério. — Na seção "O heroísmo dos nossos repórteres."

— Não, seria antes assim, parece que eu estou lendo: "Coragem e espírito de sacrifício: um camarada representante no Soviete de Krasnaia Prísnia na linha de frente dos combates na Ucrânia." Assinado de preferência por um colega: esse camarada Barski é mesmo um modesto.

— Muito bem! Vejo que está pegando o jeito! — exclamou Vassili. — Prevejo para você uma bela carreira na imprensa depois da vitória.

Vassili não se enganava. Stepan pelo menos estava aprendendo uma nova profissão. Podia ver como as coisas aconteciam em campo. Depois, lia os artigos. Mas raramente era contada a mesma história.

Capítulo 15

Águias negras sobre Moscou

Moscou, 21 de julho de 1941.

Nas ruas de Moscou, as cabeças voltaram-se para cima. Um ronco surdo, proveniente do oeste, aumentava aos poucos. Desde junho, a população se acostumara a ver aviões de guerra atravessando o céu da capital. Quase sempre, ostentavam a estrela vermelha da força aérea soviética. Às vezes, sobretudo nos dias de tempo bom, podia-se ver, bem lá no alto, uma silhueta solitária. O fato de a defesa antiaérea ser acionada indicava que se tratava de um aparelho de reconhecimento alemão, que provavelmente se aproximava para tentar tirar fotos. Em geral, os transeuntes se detinham em silêncio, e as crianças, ao contrário, gritavam excitadas ao ver as pequenas nuvens de fumaça que explodiam no céu, na direção ou no rastro do avião inimigo.

Nesse dia, no entanto, nada de semelhante. Um tapete sonoro, homogêneo, inicialmente imperceptível, mas logo aumentando de intensidade, parecia cada vez mais carregado de ameaça à medida que se aproximava e inflava. Nas avenidas mais amplas, alguns pedestres, prudentes, trataram de acelerar o passo, e logo estavam correndo em direção às casas mais próximas. Outros, ao contrário, ficavam imobilizados, o olhar voltado para oeste, parecendo fixado acima dos telhados, na direção de uma frente de guerra não materializada.

Só os veículos continuavam a se deslocar sem alterar a direção nem a velocidade, protegendo os ocupantes, com o barulho de seu próprio motor, do rugido constante que se aproximava.

Lily, caminhando pela Znamenka — ela ia à biblioteca do Instituto Técnico devolver algumas revistas — sentiu-se aos poucos tomada por um estranho sentimento: o mundo dos seres humanos parecia dividir-se em dois: uma parte cujos movimentos se aceleravam, e a outra, ao contrário, imobilizando-se aos poucos. Só o mundo das máquinas continuava vivendo sem nada alterar em seu comportamento. Mais ou menos como num sonho, ou no início de um pesadelo.

As primeiras explosões retumbaram ao longe, mas logo começaram a se aproximar. Lily notou inconscientemente que avançavam por rajadas. Preocupada, voltou a cabeça e viu, a cerca de trinta metros, o pórtico de um prédio imponente, e precipitou-se em sua direção.

Não foi a única a fazê-lo. Parecia-lhe que todos os passantes haviam escolhido o mesmo pórtico. Ela teve de empurrar com os ombros para chegar ao portão, cuja grade, apesar de pesada, cedeu à pressão da multidão.

As primeiras bombas caíram na avenida. As pessoas gritavam. Lily ouviu o urro meio desarticulado de uma mulher que não soube localizar.

Foi empurrada para um pátio.

Achou que estava num prédio ministerial ou administrativo, na sede de algum *kombinat* ou instituto. Ajudados por alguns milicianos, funcionários tentavam orientar para diferentes entradas os transeuntes que chegavam afobados. Lily foi dar numa escada que descia para o subsolo. Empurrada pelas costas, saltou um dos últimos degraus e projetou-se contra as pernas de um oficial uniformizado, que, encostado na parede, fazia-se o mais esguio possível para permitir a passagem da multidão em busca de abrigo. Sem dizer palavra, ele a apanhou pelo braço e a pôs de pé sem delicadeza. Ela foi dar então numa sala do subsolo, já meio cheia.

O choque das explosões, lá fora, fazia tremerem as paredes e o teto. Um mapa da mineração na Sibéria desprendeu-se da parede contra a qual Lily se sentara, com as nádegas no chão, as pernas dobradas e as costas recurvadas. A moldura de madeira que sustentava o mapa atingiu dolorosamente sua nuca. Atordoada, ela massageou o pescoço e sacudiu a poeira.

O oficial que a erguera momentos antes passou por cima de várias pessoas sentadas para aproximar-se dela.

ROSA DE STALINGRADO

— Não quebrou nada? — perguntou.

— Não, acho que não

— Quantas divisas eu tenho? — perguntou ele, sorrindo.

— Estou vendo uma estrela na sua manga.

— Acha que está vendo ou está certa disso?

— Estou certa.

— Muito bem, está lúcida!

— Hmmm!...

— Vai ter de se acostumar, é a batalha de Londres de 1940 que está recomeçando.

Imagens de explosões, de prédios incendiados e desmoronando, de mortos, feridos e enfermeiros ingleses com seus bonés atravessados na cabeça voltaram-lhe à memória. No ano anterior, ela vira no cinema as reportagens sobre os bombardeios de Londres e Coventry. E elas haviam sido exibidas novamente nos cursos de defesa passiva que seguira recentemente.

— É horrível — exclamou.

— É a guerra — respondeu ele.

Lily não sabia quanto durara o bombardeio. O oficial, que não se identificara, tentava dizer coisas que a tranqüilizassem. Explicou-lhe que Hitler, privilegiando a "Blitzkrieg" — a guerra-relâmpago, com ataques coordenados de tanques e aviões de assalto — não dispunha de uma aviação de bombardeio estratégico, vale dizer, de bombardeiros pesados, motivo pelo qual perdera a batalha da Inglaterra. A aviação de caça inglesa acabara derrotando a Luftwaffe alemã. A FAS[55] haveria de reservar-lhe a mesma sorte, se ele atacasse agora as cidades russas.

— Ele não parece ser da mesma opinião — ironizou Lily, recuperando-se um pouco.

— A história decidirá... Você é estudante?

— Sim.

— De quê?

— Quero ser engenheira aeronáutica.

— Impressionante.

— Eu piloto!

— Ora veja!

100 VALÉRIE BÉNAÏM E JEAN-CLAUDE HALLÉ

— Já obtive meu brevê de piloto... Mas só piloto aviões U-2. Nada muito especial.

— Já é um começo...

Lily apertava nos braços dois preciosos volumes. Um deles continha uma série de artigos publicados pela *Moskovskiye Vedomesti* (*Gazeta de Moscou*) nos primeiros anos do século, tratando em sua maioria de temas ligados à aviação. Haviam-lhe recomendado que lesse um deles, intitulado "A guerra e a aviação", publicado a 16 de janeiro de 1910, e no qual o autor se queixava do fato de que a aviação, nova arma de guerra, fosse considerada na Rússia apenas "uma distração de uns poucos", enquanto na Europa Ocidental era encarada como "uma questão das mais sérias".

Havia também um outro artigo, publicado seis meses depois,[56] a 17 de junho de 1910, e dedicado aos bombardeios. Sob o título "Bombardear do céu", o artigo advertia a respeito dos "projéteis mortíferos" que, lançados do céu por uma "mão hábil", podiam causar consideráveis estragos humanos e materiais. O autor chegava à conclusão de que "seu poder devastador teria inevitavelmente de ser objeto de algum controle por força de legislação internacional" *ad hoc.*

Finalmente, na edição de 8 de março de 1911, a mesma *Gazeta de Moscou* publicava um artigo profético de seu especialista, prevendo que num próximo conflito a aviação inevitavelmente desempenharia "um duplo papel: reconhecimento e ataque".[57]

Um rosário de bombas caiu nas proximidades, fazendo tremer as paredes do porão. Instintivamente, Lily enterrou a cabeça nos ombros. O oficial não se mexeu. Sua calma impressionou a jovem. Ela o olhou com mais atenção. Devia ter uns trinta anos. Forte, muito moreno, olhos negros fundos, boca dura, nariz quebrado, tudo combinando bem. Um charme estranho, que podia ser atraente. Ela não conhecia o uniforme que ele usava, nem o significado da estrela de prata nas mangas.

— A propósito, eu me chamo Lily Litvak. E você?

— Kamyhkov. Tenente Kola Kamyhkov... Camarada Litvak, fiquei muito feliz por poder estar ao seu lado no primeiro bombardeio de Moscou pela aviação germano-fascista. Podemos marcar um encontro para o próximo bombardeio, se quiser. Não vai demorar...

Um sorriso de sol negro, pensou Lily.

— Mas não tem a menor importância.

Divertido, ele apertava os olhos.

Ela relatou o encontro a Vassili. Ao falar da estrela na manga, ele perguntou:

— Você não sabe que é o distintivo dos comissários políticos do Exército? São camaradas que em geral não gostam que as pessoas leiam livros suspeitos — acrescentou ele, sem estar realmente brincando.

— Não deixa de ser a elite do Partido — protestou ela. — Mas, agora que você está dizendo, é verdade que ele tinha um ar meio sombrio. Que por sinal também é o que o tornava atraente.

— Os ogros podem ter seu charme... Veja só, para se distrair, ouça isto, um caso acontecido semanas antes da declaração de guerra. A mania de astrologia de Hitler é bem conhecida. Ele consulta magos, se trata com magnetizadores, coisas do gênero... Stálin achou então que, conhecendo o sujeito, tudo indicava que a data de uma eventual agressão contra nós viesse a ser decidida com base em previsões astrológicas. A questão foi levada ao Politburo. Debate acirrado. Sustentava-se que não havia motivo para considerar que os astrólogos russos não fossem tão bons quanto os alemães, e que, trabalhando a partir da mesma "matéria", havia chances de que chegassem ao mesmo resultado.

Stálin pediu então ao NKVD que encontrasse um bom astrólogo em Moscou e lhe desse ciência do horóscopo de Hitler, para determinar qual seria o dia mais favorável ao ditador nazista para atacar a União Soviética. Béria mobilizou seus esbirros, com a missão de trazer-lhe o melhor astrólogo de Moscou. Nada feito: não havia astrólogos! Todos tinham sido deportados na época da luta "contra a religião e os resquícios do passado". O NKVD, morrendo de medo e vendo o momento em que teria de disfarçar um de seus oficiais com um chapéu de pontas e estrelas — com todos os riscos de semelhante manipulação —, finalmente conseguiu encontrar um velho no Ural, onde vivia desde 1932 na mais completa miséria, mal conseguindo sobreviver graças à fabricação de amuletos para os uralianos. Ele é conduzido a Moscou, mas quase morre a caminho, convencido de que seria fuzilado! Em Moscou, explicam-lhe o plano. Mas ele nem os deixa chegar ao fim, jurando que "por nada neste mundo faria esse horóscopo". Achou que era uma provocação para apanhá-lo em flagrante delito no exercício de profissão proibida. Finalmente, depois de uma conversa pessoal com Béria, garantindo-lhe que não seria perseguido, ele se conformou em fazer o horóscopo de Hitler.

— E depois? — perguntou Lily, pendurada nos lábios de Vassili.

— Calma! Ele fez seus cálculos, estrangulou uma rã, bebeu veneno de serpente — misturado a álcool de 90°, presumo — e declarou que a melhor data seria 19 de junho. Mas acrescentou que havia uma figura estranha por volta dessa data: um guerreiro de um país que poderia tornar-se inimigo ou um estadista desse mesmo país, que poderia impedir o início de um conflito armado. Stálin propõe então que o momento seja aproveitado, e, como Hitler certamente devia ter as mesmas previsões — pois nosso astrólogo, ao que parece, é um craque na profissão, nada ficando a dever aos melhores astrólogos alemães —, Stálin sugere que seja enviado em missão a Berlim um de nossos marechais, Vorochilov, Chapochnikov ou Budienny. A ordem era fazer com que as negociações se arrastassem o máximo possível, até ultrapassar o prazo perigoso, que se estimava situado em torno de 1° de julho, e tendo em conta que depois disto não haveria tempo para promover uma campanha vitoriosa antes do inverno.

Sabedoria, ceticismo ou falta de patriotismo dos marechais designados como possíveis enviados a Berlim? O fato é que a maioria do Politburo não aceitou a proposta, e Stálin desistiu. É engraçado: ao se aproximar a guerra, Stálin transformou o Politburo num verdadeiro parlamento, aceitando suas decisões sem tentar modificá-las. As mentes perversas afirmam que ele já estaria lavando as mãos, para o caso de...

Capítulo 16

A bela Marina

Moscou, 23 de julho de 1941, Estado-Maior da Força Aérea Soviética.

Não era tão freqüente assim que um Herói da União Soviética, condecorado pelo camarada Stálin em pessoa, pedisse uma audiência naqueles gabinetes austeros.

A coisa era ainda mais rara quando esse herói era uma mulher.

Mas foi o que descobriu o ajudante de campo do general Petrov, adjunto do comandante da força aérea soviética, ao dar uma olhada, logo ao chegar naquela manhã, na agenda de encontros do seu chefe ao longo do dia.

A agenda, como não podia deixar de ser, naquela situação, estava sobrecarregada.

Um nome fora acrescentado na entrada "16 horas", apesar dessa já comportar três outros nomes.

E fora acrescentado pela mão do próprio general Petrov: o ajudante de campo reconhecia perfeitamente a caligrafia do chefe.

O nome era Marina Raskova.

"A bela Marina", pensou o jovem aviador, com um sorriso.

Não era de estranhar que a simples leitura desse nome deixasse sonhador o rapaz.

Na União Soviética, a camarada Marina Raskova era um ídolo nacional. E por sinal, há relativamente pouco tempo — ele contou rapidamente nos dedos: "Caramba, já lá se vão quatro anos! Incrível! Parece que foi ontem."

O aparelho, um bimotor, fora batizado de *Rodina* (*Pátria*). Suas hélices já estavam girando. A piloto, Valentina Grjudobova, havia assumido o posto de comando, enquanto sua amiga, Polina Osipenko, que se incumbira da navegação durante a primeira hora de vôo, acabava de prender seu cinto de segurança no assento ao lado. Mas a melhor navegadora era a terceira integrante da tripulação, Marina Raskova, morena não destituída de beleza, desde que o observador fosse sensível a um rosto de despojada severidade. Por sua vez, ela se preparava para subir no avião, depois de prender a cabeleira negra em coque baixo na nuca e pôr o capacete de vôo de couro. Seu pára-quedas chegava-lhe à altura das coxas. As três sabiam pilotar, as três eram perfeitamente capazes de ler os mapas de navegação, as três tinham sólidos conhecimentos de mecânica aeronáutica. Só uma vaga especialização prática as havia levado a uma certa divisão de tarefas.

A morena Raskova é que estava na origem do extraordinário desafio que as reunia naquele aeródromo das cercanias de Moscou, nessa madrugada fresca de 18 de setembro de 1938, um dia que a meteorologia anunciava "belo e ensolarado". O tempo bom estava previsto para a maior parte do percurso. O que estava em jogo: bater o recorde mundial feminino de vôo direto. Voar de Moscou a Komsomol-sobre-o-Amur, na Sibéria oriental. Distância: mais de 6.000 quilômetros.

O país inteiro fora mobilizado pela aventura das "irmãs voadoras", como haviam sido batizadas por um comentarista talentoso. A alcunha causou sensação. A rádio soviética decidiu cobrir integralmente aquele acontecimento esportivo. A cada hora ia ao ar um informativo sobre o vôo.

Orelhas coladas aos aparelhos, um povo inteiro acompanhou durante mais de vinte horas o percurso do *Rodina* com sua tripulação feminina.

A menos de uma hora do objetivo e do recorde, contudo, teve início o drama.

O *Rodina* sobrevoava a floresta siberiana quando suas mensagens de rádio deram conta de uma súbita deterioração das condições meteorológicas. Valentina estava pilotando. Para vencer o cansaço, as jovens haviam decidido fazer um rodízio relativamente freqüente no comando. O mau tempo não as fez perder o sangue frio. Mas suas vozes começaram a refletir

ROSA DE STALINGRADO

uma certa inquietação quando o aparelho caiu numa terrível tempestade de neve. Rajadas de vento, turbilhões, violentas turbulências se sucediam a um ritmo crescente, tornando extremamente difícil a pilotagem. O equilíbrio do avião tornava-se precário. Ele mergulhava em buracos de ar, resvalava em longas glissadas,* empinava-se às vezes de tal maneira que quase perdia a sustentação, não obstante os esforços da piloto. A densidade da neve rodopiando na noite eliminava toda visibilidade. Valentina, à beira do esgotamento, lutava terrivelmente para tentar manter o aparelho estabilizado.

Elas acharam que sua hora havia chegado. Suas mensagens de rádio se faziam mais raras. Os comentaristas, tão petrificados quanto os ouvintes pelo drama que acompanhavam ao vivo, tentavam mostrar-se positivos e tranqüilizar, explicando os longos silêncios da tripulação por sua concentração diante do perigo e sua resolução de vencer aquele transe...

De repente, as vozes ficaram mais claras, o tom, mais tranqüilo. Polina Osipenko disse que elas acreditavam ter deixado o olho da tempestade. O país respirou melhor.

Mas foi apenas uma breve trégua. E a angústia toda começou de novo.

A depressão que elas acabavam de atravessar provocara considerável queda de temperatura, que se manifestou no aparecimento de placas de gelo na borda de ataque das asas e depois nas próprias asas.

Inevitavelmente, o *Rodina* começou a ficar mais pesado e depois a perder altitude, apesar dos esforços de Valentina, jogando todo o peso do corpo em seu manche de comando.

Quando Polina avisou que já estava vendo copas de pinheiros através das nuvens, Marina propôs que diminuíssem o peso do aparelho jogando fora tudo que não fosse estritamente necessário ao prosseguimento do vôo. A idéia foi aprovada.

Deixando Valentina entregue a sua luta com os comandos, Marina e Polina abriram com dificuldade a porta lateral do avião, meio enregelada, e atiraram para fora todos os objetos que lhes caíam na mão, esquecendo por sinal toda prudência, em caso de aterrissagem forçada e se tivessem de sobreviver na floresta coberta de neve.

---

*Movimento descendente com o avião em atitude lateral. (*N. do T.*)

O aparelho recuperou uma certa altura, mas logo, inexoravelmente, voltou a perder altitude. A neve agora redemoinhava dentro da carlinga...

O resto foi relatado por Polina Osipenko para o único microfone estendido em sua direção depois da "gloriosa" aterrissagem na Sibéria.

Não havia multidão em delírio a esperá-las: Valentina conseguira pousar o *Rodina* numa clareira próxima de uma modesta aldeia florestal chamada Kerbi.

O microfone era o do operador de rádio do burgo.

O recorde fora batido.

A tripulação estava salva.

Mas só duas moças haviam descido do avião.

"A última imagem que me ficou de Marina? Uma piscadela! A porta do avião continuava aberta, mas não tínhamos mais nada para jogar fora. A neve continuava rodopiando na carlinga. Nossos olhos estavam vermelhos e começavam a ficar irritados. Apesar do incômodo, não podíamos tirar os olhos de Valentina. Quando o *Rodina* começou a perder altitude, ela demonstrou seu desânimo com um movimento dos ombros. Mas continuava puxando o manche com força, ao mesmo tempo em que acionava o leme para manter o frágil equilíbrio do bimotor.

Voltei-me para Marina e a surpreendi em equilíbrio instável, cuidando de prender solidamente seu pára-quedas. Ela estava meio de costas para mim. Lançou mão de um mapa e tentou desdobrá-lo. Mas logo teve de dobrá-lo novamente, por causa do vento. Conseguiu manter diante dos olhos apenas a parte que a interessava. Navegadora titular, era certamente ela, de nós três, a mais capacitada para identificar o lugar onde devíamos estar. Com o lápis, ela riscou uma cruz no mapa e notou alguma coisa. Começou então a procurar algo num dos bolsos — acho que estava verificando se tinha consigo a bússola.

Tudo aconteceu então muito rápido. Ela se aproximou da porta e cruzou os braços no peito, como havíamos aprendido nos cursos de pára-quedismo. Diante da abertura, quase perdeu o equilíbrio, mas se segurou. Voltou então a cabeça para mim, deu uma piscadela e, sem dizer palavra, saltou no vazio."

Não se teve qualquer notícia de Marina Rostova durante longos dias. As buscas não levavam a nada. A região era muito vasta, muito deserta, coberta de bosques e já acumulava muita neve. As pessoas perderam a esperança de voltar a vê-la viva. Rezavam e choravam. Sobretudo as mulheres.

Ao aterrissar, suas duas companheiras de aventura declararam que se recusavam a deixar a Sibéria enquanto Marina não fosse encontrada. Nunca diziam "morta ou viva", pois não admitiam a hipótese de que tivesse morrido. Com o passar dos dias, no entanto, mais e mais o temor da perda da amiga, jamais mencionada em voz alta, lhes "devorava o cérebro", para usar a expressão de Osipenko.

Na manhã do décimo dia, um caçador solitário encontrou-a, exausta, à entrada de uma floresta, de onde ela saía a passos hesitantes. Uma de suas botas já não tinha sola. Ela declarou: "Ao sair do bosque, aquela imensidão vazia e branca que de repente se estendia à minha frente pareceu-me mais aterrorizante que tudo que eu vivera até então. Tive a sensação de estar na entrada do cemitério onde me esperava a morte... Mas aí, um pontinho negro, quase lá no horizonte, começou a se mexer. Vinha na minha direção. Seria um lobo ou um homem? Eu morreria ou iria sobreviver? Pensei que os lobos caçam em matilhas, e o homem, sozinho. Voltei a me sentir confiante..."

Moscou recebeu triunfalmente as "irmãs voadoras" em seu retorno à capital. As autoridades municipais não fizeram por menos. Grande cortejo solene, com as três heroínas à frente, numa limusine conversível. Delegações do Partido, dos *komsomols*, da Osoaviakhim, das escolas. A força aérea mandou um batalhão de uniformes reluzentes que foi admirado por sua disciplina e sua impecável ordem unida. Dezenas de milhares de moscovitas, milhares de habitantes das cidades próximas — havia inclusive gente de Leningrado e de Kiev — aplaudiam delirantemente à passagem do cortejo. De uma alegria contagiante, e para dizer a verdade encantadora, as três jovens saudavam a multidão com grandes gestos de júbilo. Aos olhos de todos ali presentes, elas encarnavam a felicidade, mas também o orgulho de ser russas, mulheres e, muito provavelmente, naquele momento, comunistas. Numerosos retratos de Stálin, escolhidos entre os mais sorridentes, dividiam o espaço das fachadas dos prédios com enormes fotografias das heroínas do dia, individualmente ou em grupo.

Com o cansaço, elas começaram aos poucos a saudar o público alternadamente. Os vivas da multidão eram sinceros, calorosos, cheios de orgulho e bons sentimentos. Mas se mostravam mais entusiásticos que nunca quando era Marina Rostova que saudava. Por sua vez arrebatada também pelo prazer, ela erguia então os braços para o alto, rindo às gargalhadas e jogando beijos "para a floresta de bonés", como diria depois — pois a quantidade de barretes ficara, sabe-se lá por que, entre suas lembranças marcantes daquele dia. O povo de Moscou clamava então seu amor e sua admiração com força ainda maior. A coragem de Marina, sua abnegação, seu espírito de sacrifício nunca mais seriam esquecidos.

Depois que ela saltara no vazio, o povo da URSS se reconhecia nela. E o Politburo não se enganou, conferindo às três jovens o título de Heróis da União Soviética.

Joseph Stálin fez questão de condecorar pessoalmente Marina Rostova.

A audiência de Marina Roskova no Estado-Maior da Força Aérea soviética só chegou ao conhecimento de Vassili Karev dias depois. Achando a coisa divertida, ele telefonou ao apartamento dos Litvak de seu gabinete no Estado-Maior Geral, onde estava de plantão. No dia 25 de julho, Stálin — pela terceira vez — nomeara o marechal Chapochnikov chefe supremo do Estado-Maior Geral. Apesar de sua saúde precária, e contra a opinião de Vorochilov. Acamado por causa de uma angina de peito — rebatizada de "gripe de verão" no comunicado oficial — horas antes de sua nomeação, Chapochnikov recusou os cuidados dos especialistas da clínica do Kremlin. Desde que um deles, o Dr. Kazakov, envenenara membros do Comitê Central e do Exército por ordem de Yagoda,[58] o marechal não confiava muito nas equipes médicas do estabelecimento. Kazakov fora fuzilado, mas o Dr. Kovrov continuava lá. O marechal sabia perfeitamente da estreita ligação do "sinistro Kovrov" com Vorochilov e os serviços de segurança do camarada Béria. Preferiu confiar sua saúde a um médico amigo, o professor Stukrov.

Na reunião do Politburo para a escolha do sucessor de Jukov, que exercia as funções de chefe do Estado-Maior Geral desde fevereiro mas, nas atuais circunstâncias, era considerado mais necessário em campo,

Vorochilov não deixou de frisar na presença de Stálin esse ato de desafio de Chapochnikov, que detestava abertamente, ao mesmo tempo em que invejava secretamente sua competência. Stálin desprezara a objeção.

Vassili acompanhara seu chefe na pronta e rápida mudança imposta pela volta de Chapochnikov ao antigo cargo, transferindo-se para a Avenida Frunzé, nas proximidades do Kremlin. Voltara a fazer parte da 4ª Secretaria[59] do *Razevediurp* — o que significava que estava agora no círculo mais íntimo do marechal. Integrado à equipe dos ajudantes de campo, Vassili foi contemplado com um gabinete mais espaçoso e mobiliado com mais elegância. A proximidade do poder apresentava riscos, mas também tinha suas vantagens.

Ao dar novamente com a exigüidade daquelas quatro paredes, a austeridade e a feiúra do mobiliário, ele fez uma careta. Em compensação, notou e logo contou o número de aparelhos telefônicos acumulados na mesa e no piso: eram em quantidade duas vezes maior que no momento de sua partida.

Foi um deles, ao acaso, que ele escolheu para telefonar aos Litvak. Anna Vasilneva, a mãe de Lily, atendeu. Vassili achou que ela estava com a voz melhor: a dor da morte do marido parecia atenuar-se. Ou então ela a dissimulava melhor. Cortês, ele pediu notícias suas e pediu para falar com Lily.

Logo ela estava ao telefone:

— Adivinha quem esteve há pouco no Comissariado da Defesa? — foi logo perguntando o oficial.

— Não sei de nada.

Tom neutro. "Antes", pensou Vassili, "ela teria respondido com uma piada." Do tipo "Adolf Hitler" ou "As gatinhas do Teatro Nacional", comentário maldoso que lhe lançara há não muito tempo para ironizar ao mesmo tempo a queda dos altos dignitários do Partido e do Exército pelas integrantes do célebre teatro e o fraco que ele próprio demonstrava, pelo menos temporariamente, por uma futura estrela do balé. Com efeito, ele cometera o erro de lhe confidenciar esse início de aventura, levado certa noite pela vodca a abrir o coração, num de seus envolventes jantares íntimos. De temperamento ciumento, e vendo-o invocar o pretexto da guerra — "não posso me comprometer nas atuais circunstâncias", repetia ele —, ela não gostou muito. Recobrando a lucidez na manhã seguinte, ele se recriminou vivamente pela franqueza.

— O seu ídolo! — disse então Vassili, para forçá-la a entrar na brincadeira e dar-lhe uma pista.

— Que ídolo? — perguntou ela, sem nenhum entusiasmo.

— Pense um pouco.

— Galina Smeretova![60]

"Lá vai ela de novo...", pensou Vassili: era a maneira sarcástica como Lily se referia à bailarina pouco ilustre que lhe prodigalizava seus favores.

— Marina Raskova! — soltou ele rapidamente, para evitar que a conversa resvalasse para um terreno delicado. — Raskova em carne e osso!

— E que é que ela foi fazer lá?

— Encontrar o comandante supremo da Força Aérea.

— Ah...

— Para te arrumar trabalho! Ela apresentou, segundo me disseram — eu mesmo não pude vê-lo — um relatório de três páginas explicando que existem no país milhares de moças capazes de pilotar e quase sempre detentoras de um brevê, concedido em geral pela Osoaviakhim, e dispostas a lutar por seu país. Por que não estão sendo aproveitadas?

— E o que lhe responderam? — perguntou Lily.

— Que sua proposta seria estudada... Mas Petrov, o nº 2 do Estado-Maior do Ar — que foi finalmente quem a recebeu — não chegou, dando crédito ao meu informante, a se mostrar muito benevolente em sua resposta. Basicamente, seu comentário se resumia em três argumentos: primeiro, é verdade que a situação militar é grave, o país atravessa momentos difíceis. Segundo, não seria exatamente o mais indicado, falando com franqueza, botar nossas mocinhas no comando dos aviões para rechaçar as hordas fascistas. Terceiro, logo logo estaremos precisando mais delas para gerar belos bebês russos que substituirão nossos soldados mortos para salvar a pátria-mãe. Dispersar.

— Como ela reagiu?

— Muito bem! Disseram-me que ela ouviu Petrov sem interrompê-lo, não disse uma só palavra nem fez qualquer pergunta, não esboçou o menor sorriso quando ele concluiu seu discurso com um vago gracejo. Levantou-se, cumprimentou-o e o deixou plantado ali, embasbacado.

Do outro lado da linha, Lily ficou calada por um momento e sentenciou:

— A julgar pelo que conheço dela, pode ficar sabendo que, depois de bater a porta na cara do teu general, ela deve ter pensado: "Que imbecil!" Talvez mesmo no plural... englobando todo o sexo masculino.

Desta vez, havia um certo riso na sua voz.

Depois de desligar o telefone, Lily foi-se deitar. "Marina Raskova", pensou, sonhadora...

Capítulo 17

A habilidade da piloto fascinava Lily

Julho de 1939. Show aéreo de Tula.

— Não demora, e será minha vez! — pensara ela em julho de 1939.

O pequeno U-2 brilhava como um diamante no sol forte do meio-dia. Fazia arabescos graciosos, elevando-se no céu até as nuvens, nas quais desaparecia, e voltando a aparecer onde ninguém o esperava, para em seguida largar-se em mergulhos vertiginosos. Elas o levavam às vezes tão perto do solo que a multidão era de repente tomada de um silêncio angustiado, convencida de que a piloto, desta vez, pagaria com a vida por sua audaciosa loucura. Mas invariavelmente, no último momento, o pequeno biplano de treinamento parecia novamente sustentar-se no ar, iniciava um círculo perfeito, deslizava e voltava a subir para o céu.

A habilidade da piloto fascinava Lily. A seu lado, sua camarada Larissa Rasanova a observava com admiração e uma certa ironia. Tinha certeza de que naquele momento Lily perdera a noção das quinze ou vinte mil pessoas ao seu redor, de que, para ela, nada mais existia no mundo além do aviãozinho dançando no azul do céu. Parecia ligada a ele por um fio invisível, com a propriedade de apagar os gritos dos espectadores e o leve silvo do vento no estaiamento do mastro principal, no qual tremulavam a bandeira nacional, o estandarte dos *komsomols* e o do regimento da Aeronáutica responsável pelo aeroclube, além da flâmula deste. Lily não sentia mais o cheiro de salsicha e presunto de Vologda — os sanduíches eram disputadíssimos. Não ouvia a música das fanfarras nem o farfalhar dos pavilhões no alto da pequena torre de controle ali ao lado.

— Em breve, saberei fazer tudo isto! — murmurou Lily, tentando sair de seu estado quase hipnótico e lançando um último olhar ao aparelho, que se afastava, enquanto um outro avião se posicionava para a decolagem.

Tomou a mão de Larissa e saiu correndo com ela em meio à multidão. As duas se dirigiram para o prédio administrativo da aviação civil, diante do qual fora erguida, para o evento, uma grande plataforma de pinho da Sibéria, não propriamente um palanque, e nem apenas um estrado. Para manter o clima de alegria — ou porque a parede humana fosse difícil de transpor, limitando sua visibilidade —, elas volta e meia davam pulinhos no mesmo lugar, enquanto não conseguiam abrir caminho decididamente em direção ao ídolo que tanto esperavam.

O espetáculo aéreo foi interrompido quando uma delegação oficial começou a subir os degraus estreitos que levavam à plataforma.

— É ela! — gritou Larissa, ao mesmo tempo levando a mão à boca, espantada com sua própria audácia: vários espectadores, em sua maioria homens, voltaram-se para ela com ar de zombaria.

Aplausos entusiásticos prorromperam. Um homem barrigudo, certamente um funcionário importante do Partido, empurrava para a frente da delegação uma mulher morena, de altura mediana, rosto voluntarioso, com traços bem marcados mas regulares, e suavizados por belos olhos cor de avelã. Ela devia ter seus trinta anos, e parecia embaraçada com aquele súbito estrelato.

— Ela parece mais jovem que nas revistas — soprou Larissa no ouvido de Lily.

— Vinte e oito anos — soltou a outra, que nada ignorava do que dissesse respeito à aviação.

— Neste caso, parece mais jovem que nas revistas, porém mais velha que a idade real — fez Larissa, com a testa enrugada pela contradição.

— Naturalmente, nas revistas ela aparecia com macacão de piloto e descia do avião com seu capacete, os óculos e dez dias de jejum nos cafundós da floresta siberiana! Com uma parafernália dessas, qualquer uma fica parecendo um homem ou a avó.

Lily era vaidosa e não o escondia.

Larissa a ignorou solenemente.

— É o coque! — decidiu, num tom que encerrava sua perplexidade.

— Raskova! Raskova! — gritava a multidão.

— Marina! Marina! — urrava Lily.

Marina, cuja foto tinha afixada numa parede de seu quarto, tomava a palavra em meio ao chiado de um microfone mal regulado.

Capítulo 18

A sombra da Lubianka

Moscou, 20 de agosto de 1941, Comissariado Geral da Defesa, Departamento de Notícias Militares.

— Uma convocação para o senhor, meu capitão!

O ordenança entregou uma carta a Stepan Kiritchenko. Ele a abriu, franziu as sobrancelhas. O que estava lendo parecia-lhe francamente desagradável. Era nada mais nada menos que a ordem de comparecer, com urgência, à sessão especial do NKVD encarregada de questões militares, na Praça Lubianka.

Stepan não se considerava nenhum molenga. Mas, como dizia Vassili, "na URSS, qualquer um que seja convocado à Lubianka e diga que vai comparecer na boa, ou é o maior mentiroso que já existiu entre o Niemen e Sakhalina ou então um bobo alegre de primeira, destinado a ter vida curta". Sobretudo se for um militar. Que oficial não tinha na memória a gigantesca degola no Exército Vermelho, em 1937 e 1938, depois do suposto complô do marechal Tukhatchevski? Uma assinatura de Tukhatchevski forjada pelos serviços secretos nazistas com base num documento de 1925, ou seja, da época em que o jovem Exército Vermelho da não menos jovem URSS e a Reichswehr da República de Weimar e do general Von Seekt cooperavam na maior clandestinidade, ao arrepio das cláusulas do Tratado de Versalhes. Uma documentação habilmente montada pelo *Sicherheitdienst* de Heydrich, entregue a um agente duplo, e que chegou a Moscou através de intermediários búlgaros... Stálin e muitos membros do Politburo eram grandes leitores de Robespierre e alimentavam a mesma desconfiança do cabeça do Comitê de Salvação Pública em relação aos generais vitoriosos e populares, "principal ameaça para qualquer revolução". A leitura do documento alemão forjado aumentou a paranóia "bonapartista" de Stálin e seu círculo: não foi preciso mais para que se desencadeasse um dos expurgos mais sanguinolentos da história, que dizimou o Exército Vermelho.

Os rostos de alguns amigos e superiores admirados que haviam desaparecido nos subterrâneos da Lubianka surgiram brutalmente na memória de Stepan.

Agora, seria a sua vez de fazer uma visita guiada à Lubianka. Desconfiando que a polícia de Estado não o estava convidando propriamente a tomar chá, ele tentou lembrar que asneira poderia ter feito, a que recriminação teria aberto o flanco. O rápido exame de consciência não deu em nada. Mas ele era suficientemente lúcido para saber que pelos porões ensangüentados da "prisão do povo" já haviam passado muitos acusados que não tinham grandes motivos para se recriminar. Inocente ou culpado, o sujeito podia permanecer na Lubianka por muito, muito tempo, e até *ad vitam arternam*.

Mais para atrair a sorte do que por convicção profunda, ele decidiu não passar em seu apartamento, como seria recomendável, antes de obedecer à convocação. Seria mesmo aconselhável meter na pasta por precaução alguns objetos de uso pessoal — escova de dente, sabonete, barbeador, uma camisa limpa — antes de atravessar os portões do Comissariado de Estado para a Segurança. Ele ainda se sentiu tentado a vestir um pulôver sob o paletó do uniforme, mas resolveu que estava muito quente. "Talvez se arrependa daqui a dois meses, no outono", pensou *in petto*. Mas seu habitual otimismo levou a melhor, e ele deu de ombros.

Ao chegar, teve uma surpresa boa e uma ruim.

A boa foi que o comissário de Segurança de 3ª classe encarregado da Seção Especial, que o recebeu, era um colega, Mikhail Melamed. Os dois haviam estudado por um certo período na mesma escola de Kiev. Embora não fossem particularmente próximos, haviam desenvolvido uma boa camaradagem, chegando a manter por um bom tempo uma relação amistosa, até que se perderam de vista. Aquele gabinete frio, com sua janela pe-

ROSA DE STALINGRADO

quena, sua mesa simples e as três cadeiras de madeira não era o lugar que Stepan teria escolhido para o reencontro, mas era o possível no momento.

A má notícia chegou já na primeira frase do comissário, após o tradicional abraço de camaradagem.

— Uma história terrível, Stepan! Vou ter de lhe dar ordem de prisão.

— Ordem de prisão? Mas meu Deus, por quê? — perguntou o oficial, atrapalhado.

— Veja você mesmo! É um documento que não poderia mostrar-lhe, mas quero ainda assim que tome conhecimento.

Era um papel timbrado do comissário de Estado. Stepan apanhou-o e leu:

"Por solicitação do Departamento de Notícias Militares, procedente do camarada Travkin, proponho que seja detido o capitão Kiritchenko, antigo funcionário do mencionado departamento, acusado de ter divulgado segredos de Estado de que tomou conhecimento em suas atividades no Departamento de Notícias Militares. Assinado: L.P. Béria."

"Travkin... segredo de Estado..." Stepan não estava entendendo.

— Mas que segredo eu divulguei?

— Vou procurar saber. Pedi explicações ao secretário de Béria, Victor Abakumov.

— Então, vai me prender?

— Sim... Pelo menos para constar, pois ainda não sei do que se trata. Por enquanto, você pode ir. Mas volte às 18 horas. Conto com você, não vá sumir.

— E para onde quer que eu vá? Em todo lugar exigem salvo-condutos do NKVD, sua nobre instituição.

O policial deu um sorriso.

— Eu sei. Vai, meu velho, e volte aqui por volta das 18 horas.

Kiritchenko correu para a casa de Vorochilov.

Stepan não pôde explicar pessoalmente o caso a seu chefe, como esperava.

Vorochilov se gabava, não sem razão, de saber manter-se próximo de seus assessores — desde que assumissem seu papel de cortesões, acrescentavam eles, realistas, em seu foro íntimo. Ele era capaz de lhes dedicar alguns minutos, entre um e outro item da agenda, se o caso valesse a pena.

Stepan sentia-se inclinado a considerar, enfaticamente, que era o caso do problema com que se via brutalmente defrontado.

— O marechal não pode recebê-lo — disse-lhe o ajudante de campo. — Está no Kremlin, em conferência com Stálin... Você já sabe a que horas vai acabar.

Stepan pediu para falar com o adjunto do chefe do Estado-Maior, que gostava dele, e que o recebeu depois de longa espera. Informou-o então de seus problemas, sem esconder sua preocupação nem sua ignorância quanto à acusação que lhe era feita. O oficial ouviu com atenção, sem interrompê-lo. Sem parecer por demais preocupado, prometeu-lhe que o "Chefe" seria informado "assim que voltasse".

— Ele certamente telefonará a Béria — acrescentou, para tranqüilizar Stepan. — Mas que diabo terá feito você nesse bendito Departamento de Notícias da guerra?

— Não tenho a menor idéia, como já disse. A menor idéia!

Stepan voltou em casa para recolher os objetos pessoais de que resolvera abrir mão duas horas antes. Caprichou na roupa de cama, nunca se sabe: culpado ou não, ele corria o risco de passar algum tempo na prisão, e o inverno logo chegaria. Mesmo fazendo a valise, contudo, ele não conseguia acreditar no que lhe estava acontecendo. Que é que aquele canalha do Travkin teria inventado? O que quer que fosse, essas contas seriam acertadas um dia, palavra de ucraniano.

Ao voltar ao encontro de Melamed, ele lhe estendeu a mão:

— No fundo, não passa de uma piada — disse-lhe —, mas que ainda assim vai levá-lo à corte marcial. Já concluí a investigação. Como vê, nosso organismo é despachado.

— Sério?... É no mínimo um eufemismo...

Um sorriso divertido se esboçou no rosto do comissário:

— Vamos deixar de brincadeira. Voltando ao seu caso... Você é acusado de ter mostrado o boletim confidencial do Comissariado da Guerra a um certo Barski, jornalista e redator do *Trud*. Sabemos muito bem que valor têm os segredos desses boletins... Mas meu velho, ordem é ordem. E você sabia que era proibido!

ROSA DE STALINGRADO

— Mas Barski está no Partido, é membro do Soviete de Moscou...

— Sei de tudo isto. Guarde seus argumentos para o tribunal... Por enquanto, terá de ir para a prisão especial para militares. Ficará com o uniforme. Será submetido a corte marcial dentro de três dias. O caso será julgado pela 7ª Corte Militar da região de Moscou. O presidente será o camarada Pokrovski, e o procurador, o camarada Rudenko. Você terá um advogado oficial. Darei um jeito para que não seja o pior deles.

E acrescentou, com uma expressão dubitativa que não agradou ao jovem oficial:

— Muito embora, em corte marcial, o papel do advogado de defesa... Quer que eu comunique seu novo endereço a seus amigos?

— Sim.

Ele lhe deu o nome do chefe do Estado-Maior de Vorochilov.

— De acordo. Vou passá-lo às mãos de um sargento-chefe do nosso departamento. Ele vai conduzi-lo à prisão numa viatura do NKVD. Boa sorte. Tenho certeza de que, com a ajuda de Vorochilov, você sairá desta sem problemas. Mas com certeza será mandado para a frente de guerra.

Um sargento-chefe acompanhou Stepan de carro até a prisão militar e o entregou ao coronel que comandava o serviço da guarda.

A cela que lhe fora destinada era muito pequena, dois metros e cinqüenta por dois. Um tamborete preso a uma corrente e uma cama desmontável e fixada à parede durante o dia. Nada de mesa, nenhuma possibilidade de escrever. Stepan pediu que lhe trouxessem papel e lápis. O que lhe foi prometido... dali a três dias.

À noite, ouviu alguém batendo na parede: era seu vizinho da esquerda. O sujeito ficou batendo muito tempo. Stepan não entendia seu código nem queria entendê-lo. Não sabia quem estava na cela vizinha. Imaginou que não passaria de um pequeno delinqüente, vítima de algum acerto de contas. Seria talvez um autêntico "criminoso", sujeito a pena severa.

Não valia a pena agravar seu próprio caso.

No dia seguinte, seu advogado, um capitão oficialmente designado para a missão, veio vê-lo:

— Você será julgado por mera formalidade. O marechal Vorochilov telefonou a Ulrikh, o presidente da seção militar da Suprema Corte, da qual dependem todas as cortes marciais. Ulrikh prometeu interferir junto a Pokrovski, o presidente do tribunal. Ao que parece, você é acusado de ter mostrado boletins militares com informações extremamente confidenciais a um jornalista chamado Barski. O boletim nº 17 é expressamente citado.

— Mas Barski é membro do Partido Comunista, membro do Soviete de Krasnaia Prísnia, membro suplente do Soviete de Moscou!

— De acordo. Mas é proibido, você não podia ignorá-lo.

— Como Travkin tomou conhecimento dessa história?

— Pelo próprio Barski. Numa das suas visitas à frente com os jornalistas, Barski apresentou-se ao Departamento de Notícias Militares e pediu para ver o mais recente boletim, esse famoso nº 17. Travkin recusou-se a mostrá-lo. Barski reagiu com arrogância, ficou irritado, dizendo que era um alto funcionário soviético, digno de confiança, e que além do mais você sempre lhe mostrava esses boletins.

— Que cretino!

— Certamente. Mas o mal está feito. Eu argumentaria "excesso de confiança num alto funcionário", em decorrência de seu respeito por um membro como Barski, tão bem posicionado no Partido... Mas não se iluda: em minha opinião, você certamente será rebaixado e mandado para a frente. O verdadeiro problema é Rudenko, o procurador. Ele é filho de um antigo policial do czar. Mas faz brilhante carreira. Seu *pedigree* e seu zelo profissional o levam a estar sempre reforçando a fama de implacável. Se estiver com vontade de rir, você saberá apreciar seu palavrório político-ideológico-judicial. Seu ídolo é o Vichynski dos grandes expurgos. Em tempo de guerra, você pode imaginar em que pode dar isto.

— Diante das circunstâncias, capitão, não posso garantir a qualidade do meu humor — respondeu Stepan, mais secamente do que teria desejado.

Capítulo 19

O processo do medo

23 de agosto de 1941, VII Corte Militar da região de Moscou, 14 horas.

Na data marcada para o julgamento em corte marcial, Stepan foi conduzido ao tribunal num camburão. Um lindo dia de fim de verão moscovita, excepcionalmente quente para a estação, num país em que o dia 15 de agosto é normalmente tido como o primeiro do inverno. No furgão, o ar estava irrespirável. Quatro outros presos faziam o trajeto com o oficial encarcerado. Estrita proibição de falar. Cinco guardas garantiam que ela fosse cumprida.

O caso Kiritchenko era o primeiro da pauta. O comandante Pokrovski, presidindo a corte, era um homem alto, de porte atlético. Tinha apenas trinta e dois anos. Stepan ficou pensando que seu lugar era mesmo na frente de guerra. Seus dois assessores eram ainda mais jovens. Quanto a Rudenko, o procurador, Stepan não lhe dava mais de trinta e cinco anos.

O interrogatório começou:

— Sobrenome, nome, local e data de nascimento, patente.

— Kiritchenko, Stepan Ivanovitch, nascido em Kiev a 6 de janeiro de 1910, capitão.

— O senhor sabia que é estritamente proibido divulgar os boletins confidenciais? — perguntou o presidente.

O tom era excessivamente neutro, absolutamente impessoal, sem qualquer aspereza. "Puro teatro", pensou Stepan.

— Sim.

Inconscientemente, ele respondera no mesmo tom.

— O senhor assinou um compromisso de não divulgar?

— Sim.

— Sabe que, agindo dessa maneira, atentou contra a segurança de nosso país em guerra?

— É uma afirmação que não posso aceitar. Barski não é um jornalista qualquer. Trata-se de um alto funcionário, membro do Partido, deputado em dois sovietes. Não pode ser um espião. Sabia tanto quanto eu que as informações militares não podem ser transmitidas. Não havia o menor risco de vazamento da sua parte.

Rudenko interveio secamente:

— Não cabe ao acusado interpretar as ordens de seus chefes.

O presidente concordou com um leve sinal da cabeça, e, olhando para Kiritchenko:

— O senhor sabe que pode ser condenado à pena prevista pelo código militar, que pode ir até a pena de morte?

— Não, nunca li o Código Penal Militar.

Rudenko interveio outra vez:

— É pena. E o senhor é um oficial do Estado-Maior!

— Não é uma leitura prioritária para um especialista do Estado-Maior.

Um assessor, o mais jovem — "não deve ter nem vinte e cinco anos", pensou Stepan —, dirigiu a palavra ao acusado:

— O senhor sabe quem assinou a instrução determinando absoluto segredo em torno dos boletins?

— Não me lembro.

— Foi o marechal Vorochilov, na qualidade de presidente do Conselho Superior de Guerra! (Stepan sentiu-se tentado a lembrar ao jovem imbecil que Vorochilov não era mais o presidente, mas considerou prudente não atrair a ira do tribunal.) Nosso primeiro marechal da URSS... O senhor é um criminoso.

"Mais um fedelho querendo mostrar serviço", pensou Stepan, irritado. "Dois meses atrás, devia estar nos bancos da faculdade de direito e dormindo em acampamentos com os *komsomols*!"

Chegou o momento da peça acusatória. O procurador Rudenko levantou-se:

— Camaradas... "Está caprichando na voz grave", notou Stepan. Temos diante de nós um típico oficial de Estado-Maior, que se julga autorizado a tudo por ter pistolão ("De quem?", zombou internamente Stepan... "Do signatário da instrução de confidencialidade dos boletins? Circunstância agravante ou atenuante?".) Trata-se de um arrivista, de um "branco de luvas", dessa casta que tentou transformar o Exército Vermelho em uma organização militarista do tipo dos exércitos dos países burgueses. Essa gente se infiltrou em nossos Estados-Maiores como ratos num queijo, para começar a introduzir costumes condenáveis em nosso país...

— Anteontem — prosseguiu o procurador, num tom que se exaltava com o arrebatamento oratório —, a corte julgou o comandante Bielov, que matou em duelo o capitão Krutikov, por uma história sórdida de mulheres. Os senhores condenaram Bielov a dez anos de prisão. Mas seu crime é muito menos grave que o do acusado Kiritchenko. No caso Bielov, os senhores julgavam apenas uma tentativa de ressuscitar as tradições dos oficiais subalternos czaristas e seu conceito feudal de honra. Aqui, estamos diante de um crime muito mais grave: o acusado infringiu as ordens do marechal da URSS Vorochilov! O que significa que não quis reconhecer a autoridade do nosso comandante-em-chefe. Restabelece, assim, os hábitos nefastos do tempo da guerra civil e do comando de Judas Trotski!... ("A voz escorrega decididamente para o agudo", notou Stepan, não sem uma certa alegria perversa... "Direto para a histeria!") É o mesmo comportamento dos oficiais do círculo de Judas Trotski, que cuspiam nas ordens do "Revvoiensoviet" de Stalingrado, presidido por nosso genial Stálin, a cujo lado trabalhava nosso grande marechal Vorochilov. Esses indivíduos divulgavam os segredos do "Revvoiensoviet", permitindo aos generais Wrangel e Denikin tomar conhecimento de nossos planos estratégicos. Seu objetivo era o mais covarde de todos: a derrota de Stálin e Vorochilov pelos Exércitos brancos. Pois Judas Trotski não queria fuzilar nossos chefes, por ordem do *Intelligence Service*?...

O presidente da corte marcial julgou necessário tossir vigorosamente, para lembrar ao procurador que parecia estar esquecendo a recente assinatura do tratado soviético-britânico.

— ...Isto é, por ordem da Gestapo e do Ovra...[61]

Foi com prazer que Stepan viu um sorriso maroto se esboçar no rosto de dois dos juízes: deviam estar pensando que em 1919, no momento do episódio Tzaritsin-Stalingrado, nem a Gestapo nem o Ovra existiam.

— Para não falar da reação obscurantista do papa — prosseguiu Rudenko, enfurecido —, que queria mergulhar novamente o nosso país nas trevas do clericalismo, para levar adiante a exploração mundial das massas trabalhadoras. Esses indivíduos eram os cães raivosos de Churchill!

Pokrovski voltou a tossir, e Stepan leu nitidamente em seu olhar algo que não devia estar muito longe de um "Que diabos, esse cretino não lê os jornais!" E, como se temesse que o procurador desenvolvesse sua tese, tratou de cortá-lo:

— Peço-lhe que se atenha estritamente ao caso em apreço.

— Eu estava me referindo... a todos os dirigentes do imperialismo mundial que estão sempre conspirando contra nosso país. Eles queriam promover em nosso país a volta dos proprietários fundiários e dos policiais do czar ("Vejam só!...", pensou Stepan), queriam esmagar o povo sob o chicote de seus mercenários...

Pokrovski reiterou seu pedido de moderação, desta vez quase brutalmente, mas Rudenko, arrebatado, mal o ouviu:

— O acusado é um digno sucessor desses cães raivosos. Ele odeia o regime soviético. Quer derrubá-lo. Conspira em silêncio contra o nosso país. Não quer submeter-se à disciplina socialista. Não reconhece a autoridade de nosso genial Stálin e de seu grande amigo e discípulo, o primeiro marechal da URSS, o camarada Vorochilov.

Fez um silêncio e, recuperando sua bela voz grave, acrescentou:

— Solicito, portanto, a aplicação da pena máxima...

Novo silêncio, deliberadamente dramático.

— A execução.

Se não estivesse ele próprio em causa, Stepan teria aplaudido, ante tanta estupidez.

O advogado de Stepan tomou então a palavra:

— Com todo o devido respeito, acho que o camarada procurador se deixa levar por seu entusiasmo patriótico. Ele está com toda razão: não podemos ter piedade com os espiões! Mas quem está falando de espionagem aqui? O acusado não é espião nem contra-revolucionário. Nunca conspirou contra nosso país.

Tratou então de frisar bem as palavras:

— Trata-se de um oficial do Estado-Maior, um oficial honrado com a confiança do camarada Vorochilov, marechal da União Soviética. Está na sua ficha militar.

Stepan surpreendeu uma careta de espanto no rosto de Rudenko. ("Isto mesmo, meu lindinho, as fichas estão aí para serem consultadas!", pensou, com certa satisfação.)

— O acusado cometeu uma imprudência, não o nega. Foi uma imprudência mostrar um boletim confidencial a um jornalista. Afinal de contas, nem sempre sabemos com quem estamos lidando. Mas neste caso, ele não deu conhecimento do boletim a qualquer um! Seu interlocutor escreve artigos para o jornal nacional dos sindicatos. Mas seu papel político e ideológico não pára por aí. Trata-se também de um alto funcionário soviético. Um representante eleito pelo povo, merecedor da confiança do Partido, que chegou a fazer dele um membro suplente do importante soviete da nossa capital. E quero lembrar à corte que o camarada Barski não é acusado de nada, que continua merecendo a confiança de todas as organizações do Partido às quais pertence. Quem haveria de supor que o capitão Kiritchenko imaginasse estar cometendo um crime ao mostrar-lhe o boletim? O capitão Kiritchenko pecou por excesso de confiança num interlocutor com o qual estava em constante contato profissional, cuja carreira exemplar conhecia e que sabia ocupar uma posição importante em nosso partido! Onde poderia estar a analogia entre o capitão Kiritchenko e os traidores do círculo de Judas Trotski? A corte tem nas mãos o histórico de serviço do acusado, e pode verificar que o capitão Kiritchenko é um de nossos melhores oficiais de Estado-Maior...

Pokrovski cochichou alguma coisa no ouvido dos assessores, depois de consultar o relógio. Stepan teve a impressão de que ele não ouvia mais o advogado, que por sua vez rapidamente concluiu seu arrazoado.

A corte retirou-se para deliberar. Trinta minutos depois, foi comunicado o veredicto:

— Considerando-se que o capitão Stepan Kiritchenko infringiu uma ordem do Comissariado da Guerra, pondo em risco, assim, a segurança da pátria; considerando-se que estava expressamente informado da proibição de divulgar os boletins confidenciais, e que neste sentido assinou um compromisso específico; considerando-se que, em sua qualidade de oficial do Estado-Maior, devia ter plena consciência do alcance de seu erro e da gravidade das circunstâncias de guerra; considerando-se que, ocupando uma posição em que colabora diretamente com os principais comandantes militares, devia mostrar-se ainda mais disciplinado que os outros oficiais; considerando-se que a Instrução nº 56 do Colégio Militar da Alta Corte sugere a aplicação de medidas muito severas aos oficiais responsáveis por vazamentos, a VII Corte Marcial da região militar de Moscou condena o capitão Stepan Kiritchenko ao rebaixamento e a dez anos de prisão.

Todavia, tendo em conta a necessidade de nosso país de ter a seu serviço militares capacitados; tendo em conta que o acusado nunca foi condenado na esfera judicial nem na administrativa, e levando em consideração as recomendações dos comandantes supremos, a corte marcial julga possível comutar os dez anos em rebaixamento e enviar o acusado à frente de guerra com a patente de sargento, para que possa redimir-se combatendo contra o inimigo.

Stepan deixou o salão do tribunal livre, mas ao mesmo tempo revoltado e atordoado. Vassili Karev, que fugira do escritório para acompanhar a acusação e defesa do amigo, o esperava.

— Por favor, só me dirija a palavra com todo o respeito devido a minha patente, sargento! Deus do céu, como estou aliviado, meu velho! Ficou tão fácil fuzilar, nesses tempos e nesse mundo enlouquecido. Seria mesmo uma pena que o meu melhor amigo, mesmo sendo um canalha de um camponês ucraniano, tombasse sob as balas russas de um pelotão de fuzilamento! Que pretende fazer agora?

— Apresentar-me ao departamento de mobilização do Estado-Maior. Eles dirão para onde deverei ir.

— Você vai combater. Eu te invejo.

ROSA DE STALINGRADO

— É melhor que doze balas pela cara, mas com esse julgamento pela retaguarda, meus novos chefes não vão me dar mole. Pressinto que serei designado voluntário para todas as missões suicidas! Você queria que eu lhe dirigisse a palavra com o respeito devido a sua patente? Pois você é que me deve falar com o respeito que o meu destino merece!

— Você vive dizendo que os ucranianos são indestrutíveis. Pois agora terá de prová-lo: dê um jeito de sobreviver. De qualquer maneira, ajoelhou, tem de rezar![62]

Dois dias depois, o sargento Stepan Kiritchenko era incumbido de sua nova missão: juntar-se ao Estado-Maior da 44ª Divisão, cujo posto de comando ficava na cidadezinha de Valki, na rodovia Kharkov-Poltava. Em pleno coração de uma das mais sangrentas batalhas daquele ano de 1941. E ao lado de um companheiro de armas cujo comportamento nunca mais seria esquecido: Kola Kamyhkov.

Capítulo 20

Cabeças queimadas

Região de Moghilev, Bielo-Rússia, outubro de 1941.

No outono de 1941, o tenente aviador Kola Kamyhkov, comissário político de um grupo de reconhecimento aéreo, desapareceu durante missão fora de Moghilev, cidade situada uma centena de quilômetros a oeste de Minsk e ocupada pelos alemães desde o verão. Um confronto noturno com um caça Me 110 foi fatal para o seu Yak, mas ele conseguiu saltar de pára-quedas, e quis a sorte que viesse a ser resgatado por um bando de *partisans* bielo-russos que operava na retaguarda dos exércitos alemães e foi mais rápido que uma patrulha de SS que vinha no seu encalço.

— Teve muita sorte, meu tenente — disse-lhe o enorme camponês de rosto meio queimado que comandava o bando heterogêneo de resistentes.

O grupo era formado por uma improvável mistura de camponeses locais e militares sobreviventes de unidades russas cercadas e aniquiladas sistematicamente pela artilharia e os tanques alemães. Somavam-se a eles jovens cidadãos cujo êxodo fora interrompido por um alistamento mais ou menos voluntário nesses bandos de combatentes da sombra.

— ...Teve sorte porque os comissários políticos são sistematicamente torturados e executados.

O chefe dos *partisans* não estava dizendo nenhuma novidade ao *politruk* que já perdera a conta dos companheiros mortos em combate.

Ao longo dos três meses que passou então nas fileiras desse Exército das sombras, Kamyhkov descobriu a guerra em seu horror absoluto.

ROSA DE STALINGRADO

Os ataques dos *partisans* provocavam represálias impiedosas por parte das tropas alemãs, e especialmente das unidades especiais de SS que "pacificavam" a retaguarda das tropas ocupadas prioritariamente nas ofensivas.

À barbárie de uns, no entanto, respondia a selvageria dos outros. Depois de ser resgatado e integrado ao grupo dos *partisans*, Kamyhkov participou do ataque noturno contra um trem alemão. Pouco antes da passagem do comboio, os trilhos foram arrancados, e a composição, que vinha em boa velocidade, em princípio garantindo a própria segurança, resvalou para o pântano.

Era um trem-hospital, que apesar disto foi queimado com parafina. Os urros dos feridos alemães queimando vivos nas chamas perseguiram durante algumas noites o oficial, não obstante seu espírito aguerrido. Que, com o passar dos dias, se endureceu ainda mais. Um traço de personalidade que Vassili e a própria Lily teriam um dia de suportar.

Aos poucos, os ataques de improviso, no corpo-a-corpo, foram ganhando sua preferência. Ele, o aviador, adaptou-se a essa forma de combate com uma rapidez que não deixou de surpreendê-lo.

Certo dia, por volta do meio-dia, o grupo foi informado da presença de uma patrulha alemã no *sovkhoze*[63] de Polyakovo. Ela pertencia a uma unidade SS comandada pelo Obergruppenführer Erich von dem Bach-Zelewski, que já vinha fazendo estragos na região. Não se sabe como, chegou ao quartel-general do chefe SS de Moghilev o boato de que uma certa quantidade de ouro estava estocada no *sovkhoze*. Um destacamento foi enviado então, com a missão de se apoderar do ouro.

Chegou ao local no fim do dia e começou a demolir um primeiro prédio. O diretor do *sovkhoze* interveio, afirmando que não era necessário arrasar tudo, pois o estoque de ouro estava guardado em outro anexo, situado a alguns quilômetros. Como aquelas construções eram os únicos abrigos de que dispunham os habitantes do *sovkhoze* no inverno, destruí-las era o mesmo que condená-los à morte. Ele entraria em contato com os responsáveis e se comprometia a entregar o ouro ao meio-dia do dia seguinte, em troca da preservação das construções. O destacamento retirou-se, deixando no local uma patrulha de cinco homens comandada pelo Feldwebel Fischer, um SS de pulso forte cuja fama já se firmara na região há três meses. O chefe do destacamento exigiu que o ouro fosse entregue no dia seguinte ao meio-dia, caso contrário toda a população — uma centena de pessoas — seria detida.

A informação chegou ao conhecimento dos "clandestinos" do grupo ao qual Kola passara a pertencer. Já agora bem integrado ao *maquis*, ele tinha sob seu comando vinte *partisans*. Todos se puseram a caminho ao cair da noite, tendo pela frente uma dúzia de quilômetros a percorrer.

Já fazia muito frio. Nevara durante o dia. De madrugada, eles acompanharam por algum tempo a ferrovia Minsk-Kharkov. Um trem alemão transportando prisioneiros russos cruzou seu caminho. Estava voltando a Minsk. Vários dos vagões eram apenas plataformas descobertas. Kola notou que muitos prisioneiros se abrigavam por trás de anteparos meio vacilantes, erguidos à frente de cada vagão descoberto. Lançou mão de seus binóculos: as "paredes" de proteção eram um monte de cadáveres superpostos, chegando a uma altura de cerca de metro e meio. Provavelmente prisioneiros mortos de frio e cansaço durante a noite. Um corpo resvalou para a via férrea no momento em que Kola observava. Ele cerrou os punhos. "Tudo isto será acertado um dia! ", pensou.

Na tarde do dia seguinte, o grupo de Fischer não voltara a Moghilev. Não foi possível estabelecer qualquer contato por rádio, pois os aparelhos de ondas curtas das SS não eram capazes de alcançar uma patrulha de motociclistas operando a cem quilômetros dali, distância entre Moghilev e o *sovkhoze*.

Na outra manhã, temendo o pior, o Obergruppenführer Bach-Zalewski rumou para Polyakovo à frente de seis blindados leves equipados com metralhadoras. Ao chegar, constatou que o *sovkhoze* fora totalmente queimado e não restava de pé uma só construção, à exceção do escritório central da fazenda incendiada. Bach-Zalewski empurrou a porta, acompanhado de seus homens. Encontrou apenas, no centro da peça, uma pesada valise de couro. Com tinta branca, uma mão não muito hábil escrevera em cima: *Geld* — dinheiro, em alemão.

Bach-Zalewski mandou abrir a valise. As cabeças de Fischer e seus quatro companheiros rolaram para o chão.

Por este ato de bravura, Kola Kamyhkov ficou muito tempo conhecido como "o decapitador de Polyakovo".

Transferido de seu *maquis* algum tempo depois, ele foi incluído na promoção de janeiro de 1942, chegando à patente de capitão. Mas seus camaradas aviadores nunca mais voltariam a olhá-lo da mesma maneira. E Vassili não julgaria necessário, mais tarde, relatar a Lily as proezas de seu companheiro na resistência.

Capítulo 21

As moças do ar

Moscou, outubro de 1941, aeroclube do CSKA.

— Venham correndo! Venham correndo!

Gregori, um dos monitores, berrava da janela de seu pequeno escritório, chamando os alunos que se encontravam em seu campo visual. Reforçava os gritos com amplos gestos dos braços, para que fossem realmente com urgência ao seu encontro. Muitos alunos ficaram surpresos: Gregori era conhecido por seu sangue-frio. A impaciência que percebia em sua voz levou Larissa Rasanova, a amiga de Lily, a apressar o passo.

No escritório, o monitor estava debruçado no aparelho de rádio, sintonizado na Rádio Moscou.

— ...as mulheres soviéticas não podem ficar ausentes da defesa da pátria... — declarava uma voz clara cuja tonalidade relativamente suave contrastava com a violência da mensagem.

— É... — disse Gregori, todo voltado para o alto-falante com seus chiados.

Nem precisou pronunciar o nome. Praticamente todo mundo, ou pelo menos todas as moças, reconhecera aquela voz, ouvida com freqüência no rádio e nas reportagens cinematográficas: Marina Raskova. Raskova, a maior heroína da aviação do país. Aquela cujas proezas incendiavam as imaginações. Aquela que, por suas qualidades de piloto e navegadora, por sua coragem, era oferecida como exemplo a todas as mulheres da URSS.

E cuja glória continuava tão grande quanto no momento de seu grande feito siberiano, no episódio da sobrevivência na imensidão gelada.

— ...Nestas horas dramáticas vividas por nosso amado país — prosseguia a voz —, as mulheres soviéticas também devem dar sua contribuição à vitória sobre as hordas nazistas, que logo conhecerão infalivelmente a vergonha, a humilhação e o aniquilamento, pelos crimes cometidos. Elas também saberão dar seu sangue, se necessário...

— Minha cabeça girava — recordaria Larissa muito mais tarde. — Sentia crescer em mim uma exaltação que dava força ainda maior a cada palavra. Tinha a impressão de que elas batiam em meu peito como balas às quais eu fosse invulnerável, mas, estranhamente, não ficaram em minha memória, e assim eu perdi uma parte do discurso. Registrei apenas que, se quisesse combater — de avião, minha paixão —, eu teria de escrever a Raskova. E que, se fosse selecionada, seria mandada para a linha de frente, juntamente com os homens.

Muito excitadas, Larissa, Lily e outras amigas do aeroclube mandaram naquela mesma noite uma carta de candidatura para o endereço cuidadosamente anotado pelo monitor e a elas entregue com um amigável ar de zombaria. Disse ele, "com um ar estranho", segundo notaram algumas delas:

— Vocês ainda não partiram... Felizmente.

Gregori, que gostava de Larissa, vira o brilho em seus olhos, assim como nos de Lily. Foi o único, ali, que logo avaliou que algumas das moças se preparavam para enveredar por um caminho tragicamente estreito, com a impetuosidade inconsciente da idade. "Percebi sobretudo que seria difícil trazê-las de volta à razão, e que certamente aquele não era o melhor momento para tentar fazê-lo."

Capítulo 22

Primeira batalha: enfrentar a mãe

Moscou, 7 de outubro de 1941, apartamento dos Rasanov.

Lily corria trazendo na mão o telegrama que acabava de receber. Estava louca de alegria... e razoavelmente agitada. Recebera uma resposta de Marina Raskova.

O conteúdo do despacho era ao mesmo tempo entusiasmante e assustador.

Entusiasmante porque anunciava que seria recebida para uma entrevista com Marina Raskova.

Assustador por todos os horizontes desconhecidos que assim se prefiguravam.

É bem verdade que lá estava a ressalva: "Caso seja selecionada". Mas se havia um terreno em que a jovem não duvidava da própria capacidade, era no comando de um avião.

"De um U-2" pensou, para se obrigar a ser modesta. Lá no fundo, contudo, estava certa de que seria aceita. Todo mundo dizia que já era uma boa aviadora, e nem lhe passava pela cabeça a hipótese de recuar diante do obstáculo.

Uma hora depois, chegou à casa de Larissa, que logo tratou de levar para a rua. Certas alegrias não podem ser compartilhadas com parentes.

As duas caíram nos braços uma da outra. Larissa foi a primeira a voltar a pôr os pés no chão.

— Você leu a última frase?

Lily leu em voz alta:

— "Levar roupas adequadas. Caso seja selecionada para treinamento depois da entrevista, será impossível voltar em casa."

Pensativa, ela acrescentou:

— Começa a primeira batalha: enfrentar nossas mães!

Larissa não teve maiores dificuldades. O pai-professor disse-lhe, beijando-a:

— Pense bem. Não acho que seja muito razoável.

— Com os blindados alemães a duzentos quilômetros de Moscou — observou, contudo, ela —, o razoável é um conceito muito relativo. Não tenho vontade de ser estuprada.

O que deixou o pai sem voz, logo, sem resposta, e provavelmente com alguns pensamentos que guardou para si, não sendo o estupro de uma menina — pois elas nunca deixam de sê-lo para os pais — um tema que um pai aborde de bom grado com o possível objeto do drama.

Os irmãos nunca a haviam levado a sério, mesmo os menores, e não haveriam de fazê-lo agora, quando a irmã lhes anunciasse que se alistaria no Exército. Não estava ao alcance de sua imaginação visualizar Larissa como piloto de caça. Eles caíram na gargalhada, apostando uns com os outros — discretamente — "quantos dias a maninha levaria para recuperar o bom senso". O caçula, em seus doze anos, preocupou-se ainda assim em garantir que a protegeria "dos estupradores do Exército alemão". Cumprido seu dever, foi perguntar ao pai o que era exatamente um estupro, o que deixou o professor embaraçado, fazendo-o xingar a filha em pensamento.

O garoto não tinha idéias precisas sobre o estupro, mas sabia o que pensar da irmã. Quebrou seu cofrinho e apostou contra os irmãos que ela não mudaria de idéia:

— Ela é capaz de tudo! — preveniu.

A mãe de Larissa chorou muito, mas suas lágrimas não amoleceram a obstinação da filha. Ela se resignou e logo começou sua longa espera de mamãe com a prole na frente de guerra, e o sentimento de culpa de ter autorizado a filha a se matricular num aeroclube.

Permitiu-se apenas um último ato de autoridade, tirando da valise de Larissa a boneca que ela escondera entre um vestido de baile e um pulôver marrom de aspecto marcial tomado "emprestado" às escondidas de um dos irmãos.

— Não, minha querida, não se leva a boneca para a guerra!

Julgou inclusive extrair disto um último reconforto: durante o treinamento por que Larissa teria de passar, a menininha da boneca poderia eventualmente levar a melhor sobre a guerreira, e talvez ela voltasse para casa. Por precaução, juntou à bagagem um segundo pulôver e um par de luvas que por sua vez recebera da própria mãe.

Capítulo 23

Vocação e primeiros amores

Mesmo dia, Novoslobodskaia.

Entre Anna Vasilevna e Lily a coisa foi bem diferente.

O entusiasmo patriótico que Lily esperava — sem grande expectativa — da parte da mãe, ao anunciar, em primeiro lugar, que decidira se candidatar ao alistamento, e, em segundo, que fora convocada, limitou-se a um seco:

— Mas que asneira é esta?

A palavra asneira, algo ofensiva, suscitou uma resposta altiva:

— O dever!

Anna Vasilevna tinha uma outra concepção do dever.

— Seu pai já deu a vida pela pátria. O seu dever é ficar ao lado da sua mãe e do seu irmão. A guerra, caso ainda não saiba, minha filha, é coisa de homens e imbecis, sejam alemães ou russos, franceses, ingleses ou finlandeses. Só os suecos e os suíços parecem ter preservado um pouquinho de razão neste mundo de loucos.

— Que eu saiba, os alemães não invadiram a Suíça nem a Suécia. Mas invadiram o nosso país!

— E nós atacamos a Finlândia e invadimos a Polônia. Resultado: seu pai morreu.

— Mamãe!

E Lily acrescentou, com a voz mais baixa:

— Para começo de conversa, não fale tão alto.

Anna Vasilevna pensou que a filha não estava errada. Pelo menos, não perdera toda a razão.

Esse resgate das prudentes realidades da vida cotidiana desanuviava o ambiente. Anna Vasilevna pediu explicações. Lily as forneceu. Mentindo.

Não era a primeira vez. Ela já mentira em julho de 1936. Tinha na época apenas quinze anos.

"A agricultura coletivizada liberta o camponês."

A grande bandeirola flutuando ao vento na entrada do *kolkhoze* ficara por muito tempo gravada na memória de Lily. Como acontecia todo ano, os *Pioneiros*[64] de Otradnoe, subúrbio do norte de Moscou próximo do seu bairro, haviam organizado, naquele verão, uma estada numa cooperativa agrícola. O *kolkhoze Revolução de Outubro,* situado no distrito de Rjev, cidadezinha cerca de cem quilômetros a noroeste da capital, teve o enorme privilégio de receber o grupo de jovens moscovitas do qual haveria de sair um dia a elite do país — os quadros do Partido Comunista, bolchevique, da União Soviética.

Eles pertenciam em sua maioria à primeira geração de filhos de camponeses mandados para as cidades para fornecer mão-de-obra ao formidável esforço de industrialização da URSS através de seus planos qüinqüenais e, secundariamente, aumentar a classe operária, base social do regime derivado da revolução de 1917. De um ponto de vista mais prosaico, a garotada estava ali sobretudo para liberar os pais, durante quinze dias, de sua invasiva e cansativa presença em apartamentos apertados, e também para respirar ar puro. E, no caso daqueles cujos pais se haviam afastado mais decididamente, ou há mais tempo do campo, das origens, para tentar reencontrar em seus genes o que era uma vaca, um porco, um ganso ou, máximo dos máximos, um ouriço ou uma cobra.

Jovens do Komsomol serviam de instrutores nessas bem comportadas colônias de férias do Partido. Lily Litvak apresentara-se como voluntária. Fora aproveitada, e estava muito contente: a jovem militante — orgulho de seus educadores — que convivia nela com uma heroína incorrigivelmente romanesca à Turgueniev levaria durante duas semanas a autêntica vida cotidiana do kolkhoziano. Ou, pelo menos, quase...

ROSA DE STALINGRADO 139

O campo em Rjev foi para ela uma primeira descoberta. Tudo era novo: as cores, os cheiros, as pessoas, os animais, o cavalo. Sobretudo o cavalo, que logo apagaria todo o resto. Ou quase.

Entre os kolkhozianos que as receberam, ela logo notou um rapaz em que parecia estar concentrada a quintessência das qualidades esperadas do homem novo de que falavam os professores na escola. Alto, de pé sobre um trator, as pernas afastadas, praticamente imóvel diante do sol, ele observava com seriedade e atenção a chegada daquele grupo de jovens. Agradou-lhe imediatamente, sem moderação.

No dia seguinte, Lily ficou sabendo que ele tinha apenas dezessete anos, o que já não lhe agradou tanto: a adolescente saindo da crisálida o teria preferido mais maduro, mais conquistador, mais homem, numa palavra. Na realidade, aquelas críticas que já se surpreendia fazendo ao ídolo estavam ligadas sobretudo a uma realidade muito mais preocupante: ele simplesmente a ignorava. O olhar do rapaz passara uma vez por ela, voltara alguns instantes depois e então foi como se desaparecesse para sempre. Lily poderia devolver-lhe a indiferença. Ninguém era obrigado a amá-la. Ela mesma, será que se amava sempre? Mas o que não lhe perdoava era o fato de amar uma outra: Svetlana.

Svetlana, circunstância agravante, era a beldade do grupo.

No jantar do primeiro dia, em companhia do pessoal do *kolkhoze*, Lily, que se atrasara um pouco, teve a desagradável surpresa de constatar, ao entrar no salão comum da cooperativa, que o seu príncipe encantado — cujo nome descobrira, Gregori — fora açambarcado por um grupo de moças de idades diversas, liderado por *Mademoiselle Komsomol*, como ela se referia a Svetlana, exasperada por seu lado "primeira da classe" e queridinha do programa. O grupo estava sentado na outra extremidade da enorme mesa, no lado oposto de alguns lugares que continuavam vazios. Lily, que assim pagava o preço do atraso, teve de se conformar. Com o rosto franzido, o que não a embelezava propriamente, sentou-se.

O que a deixou exasperada durante toda a refeição foi o charme "indecente" — Lily *dixit* — destilado do outro lado da mesa pela sílfide loura. Para cúmulo da humilhação, o rapaz, que decididamente começava a decepcionar, não lhe parecia insensível. Pelo que podia julgar aquela distância, contudo, a conversa dos dois era intermitente. Vez por outra, era ela que falava. Ele ouvia em silêncio, ou respondia, placidamente ou com vivacidade, às vezes rindo — o que Lily não apreciava muito. Ou então, ao contrário, um longo silêncio se instalava entre os dois, e cada um parecia interessar-se com afetação pelos vizinhos. Em suma, os dois com toda evidência estavam armando alguma coisa. Em forma de idílio. Enojada, Lily foi deitar-se cedo.

No dia seguinte, ao despertar, ela já dera a volta por cima. E no café-da-manhã botou o belo kolkhoziano contra a parede.

— Meu nome é Liliana, mas meus amigos me chamam de Lily.

— Gregori. Os meus me chamam de Gregori.

A conversa não foi adiante. Mas pelo menos fora esboçada. E Lily já tinha elementos para alimentar seus sonhos, pelo menos nas duas próximas horas.

Para começar, achara agradável sua voz, ligeiramente grave para sua idade. Já não gostou tanto da mania detestável que tinha de ficar olhando dez centímetros acima da sua cabeça. De perto, ela se sentia ainda mais atraída por esse rosto incrivelmente sério, furtivamente abrasado, vez por outra, por um sorriso de derreter todos os gelos do Moskova.

Como diria mais tarde a Larissa, ela logo se sentira "estranha": o rosto queimando ou enregelado, às vezes ao mesmo tempo, uma estranha impressão de estar flutuando, sentindo-se leve, feliz e infeliz... para não falar de certos sintomas difíceis de suportar: riso parvo, vontade de chorar, excesso de energia num momento, completamente esvaziada uma hora depois. Resumindo: chato e muito agradável ao mesmo tempo. Larissa zombou dela.

O cavalo aproximaria a ardente apaixonada e o belo indiferente.

O galo do kolkhoze não achava propriamente desagradável ver as duas franguinhas batendo crista por ele. Deu aulas de equitação a uma e carícias à outra, pensando no futuro. Lily adorava montar em pêlo com ele. Sentia por trás a sua presença forte, o seu calor. Com a prolongada montaria no dorso, os movimentos cadenciados do trote e do galope, pressentiu também outras roçaduras que lhe puseram sangue no rosto e agradáveis arrepios nas costas, mas que, para dizer a verdade, também a assustavam um pouco. Para não falar das gracinhas do resto da garotada, que a irritavam profundamente. As calças de tecido grosso grandes demais para

ROSA DE STALINGRADO

Gregori, presas acima da cintura, e os rústicos suspensórios de pano lhe conferiam uma dimensão terra-a-terra que até então escapara à jovem citadina. A seriedade do primeiro dia, que tanto a impressionara — como deixar de ver nela o símbolo manifesto de uma responsabilidade sem falha? — cedeu um pouco quando Lily começou a se questionar sobre o senso de humor do seu ídolo: ele sempre fazia tudo com uma seriedade que não deixava de ter seu encanto, mas que, no fim das contas, carecia de fantasia e cansava rapidamente qualquer jovem de temperamento mais fantasista, volúvel e amiga do riso.

Resumindo, tudo isto não estimulou Lily a explorar os horizontes que se entreabriam à sua frente, e o belo Gregori foi buscar junto a Svetlana, mais madura, compensações que a beldade de Otradnoe estava perfeitamente disposta a lhe proporcionar. Para não falar da satisfação de humilhar publicamente a rival, algo que, nessa idade, é muito mais forte que qualquer outro prazer.

De modo que Lily ficou com o cavalo, e Svetlana, com o monitor. Paixões que, no fim das contas, revelaram-se de intensidade bem próxima. Lily terminou as férias como amazona razoavelmente preparada, o que deixou lisonjeado o monitor, e Svetlana progrediu em terrenos que alegraram o homem. O mundo estava bem organizado, e a agricultura coletivizada, como proclamava a bandeirola, efetivamente libertava o camponês — e não só ele.

Ao retornar a Moscou, Lily contou aos pais com raro entusiasmo suas façanhas de amazona. E por sinal pretendia dar-lhes prosseguimento em Moscou. Mas encontrou em Viktor e Anna um muro intransponível. Sem brechas, do tipo Muralha da China. Foi uma das primeiras grandes lições da sua vida: a força de uma paixão não basta para varrer todos os obstáculos. E aliás bastava que ela pronunciasse a palavra cavalo para que os dois rostos imediatamente se fechassem.

O cavalo sumiu das conversas.

E o avião nem chegou a entrar nelas.

Pois o fato é que, privada das cavalgadas, Lily foi atrás de Larissa, que decidira tratar sua dupla frustração, eqüestre e gregoriana, levando-a ao *Ippodromo*, o aeroclube do CSKA, para assistir aos shows aéreos. Inicialmente torcendo o nariz, aos poucos se interessando e logo tomada de paixão, ela decidiu que o cavalo a vapor com asas podia substituir com vantagem o cavalo-aveia, com ou sem sela. E foi identificando no campo de aviação alguns Gregori em potencial, mais divertidos, a julgar pelos sorrisos com que deparava. Deduziu daí que era urgente crescer. E, como indicava a experiência, que era melhor calar o bico em casa sobre a nova mania que a entusiasmava.

Tratou, portanto, de mentir: supostos cursos de teatro e dança serviram de desculpa para as escapadas em direção à novidade que ao longo dos meses se transformou em verdadeira paixão.

Um ano depois, ela mentiu aos pais pela segunda vez. Por omissão. Sua mentira chamava-se Vassili Karev.

Naturalmente, os pais de Lily não haviam tomado conhecimento dos problemas da filha com o chefe "interino" do *Ippodromo* em abril de 1938. Ao longo dos três meses em que dirigiu o aeroclube, Vassili não transigiu uma única vez. A única concessão que fez à jovem foi permitir que continuasse voando, mas sempre com um monitor. Durante três semanas, ela deixou claro seu mau humor ignorando-o solenemente, virando o rosto sempre que cruzava com ele, cumprimentando secamente toda vez que a mais elementar cortesia a obrigasse a fazê-lo. Vassili no início achou divertido, até que cansou da brincadeira e não prestou mais atenção em Lily.

Dias antes do 1º de maio de 1938, Karev ordenou que o *Ippodromo* organizasse uma festinha para comemorar o dia mundial dos trabalhadores. Uma quermesse foi improvisada, sendo montados vários estandes.

A festa foi um sucesso. O tempo estava lindo. Famílias, amigos e curiosos circulavam pelo aeródromo, transformado em imenso campo de piquenique. Por volta do meio-dia, Vassili decidiu visitar ou conhecer, acompanhado de seu adjunto, os estandes e atrações improvisadas para a programação do dia.

Acocorado para observar dois lobinhos dentro de um engradado, choramingando nervosos, ele falava suavemente com eles, para tentar acalmá-los, quando foi interpelado por uma voz clara.

— Camaradas diretores, venham demonstrar sua destreza! Tentem a sorte... mas não com os lobos.

ROSA DE STALINGRADO   **143**

Ele se levantou, voltando-se para trás, e deu com o estande de tiro. Sob a supervisão de um monitor — um dos que mereciam sua confiança —, atendiam ali três moças que conhecia bem: a bem-comportada Larissa Rasanova, a turbulenta Valentina Petrochenkova e a insuportável Lily Litvak. Ela é que acabava de interpelá-lo alegremente.

"Vejam só", pensou ele, "parece que há mudanças no ar."

— Bom dia, camaradas — limitou-se a responder, à espera do que viesse.

Rapidamente, fez a conta: as três juntas não somavam cinqüenta anos!

Tina, que não se intimidava com qualquer atrevimento, imediatamente entregou uma carabina a Vassili. Rasanova fez o mesmo com o adjunto, mais recatada. O monitor dava boas risadas. Litvak, de olhos baixos, se guardava para depois. Mas foi ela que anunciou:

— Esta rodada de craques é oferecida pelo Komsomol à direção do *Ippodromo*.

Vassili deixou que o adjunto mirasse primeiro. Ele acertou em cheio num grupo.

— Bem no alvo! — comentou Tina com ostensiva admiração.

Vassili fez questão de distribuir suas cinco balas ao redor do alvo, a distâncias regulares...

— O capitão é um desalmado — disse Lily, com um sorriso angelical.

— Se alguém acrescentar que "já sabia", ficará uma semana sem horas de vôo — lançou Vassili, olhando para as três com ar falsamente severo.

— Está dizendo que já sabia, Tina? — não pôde deixar de murmurar Lily, olhando de rabo de olho.

Vassili ignorou a impertinência e registrou apenas o gracejo.

— E então, Litvak, fazemos a paz? — perguntou ele.

— Fazemos a paz, camarada capitão!

— Vamos então comemorar de copo na mão, em algum momento à tarde, quando não tiverem mais munição...

Em seguida, perguntou:

— Quando é que vocês completarão dezessete anos, as três?

Três datas foram fornecidas. Vassili só gravou realmente uma delas. Mas é verdade que já a conhecia.

No dia 31 de julho de 1938, Vassili Karev deixou a direção do *Ippodromo* para comparecer a uma sessão do Estado-Maior na Academia Frounze.

Desde o 1º de maio, Lily e ele cultivavam laços de simpatia, e uma das últimas instruções que deixou assinadas antes de partir foi a autorização para que a jovem e suas duas amigas fizessem vôos solo assim que completassem dezessete anos. Quando lhes comunicou, elas pularam em seu pescoço de alegria. Pareceu a Vassili que Lily ficou mais tempo que as outras. Mas não teria posto a mão no fogo. Afinal, poderia estar tomando seu desejo — palavra que logo rejeitou — por uma realidade...

Dias antes de 18 de agosto, no entanto, ele passou pelo aeroclube, cruzou com Lily e a convidou a almoçar, para comemorar seu aniversário. Ela pretextou um almoço em família para sugerir que comemorassem na véspera, de preferência ao jantar. E ele não se fez de rogado.

Pensou em levá-la ao Hôtel de Paris, mas lembrou-se de que a comemoração era dos dezessete anos da mocinha, e portanto, nesses tempos incertos, era melhor pecar por excesso do que por falta de prudência. Pediu então emprestada a *garçonnière* de um amigo, temporariamente ausente de Moscou, mesmo se dando conta de que não estava sendo muito honesto consigo mesmo, nem, sobretudo, com Lily. No último momento, recuou e sugeriu que fossem ao Bazar Eslavo, um restaurante na moda. Ela concordou, mas, terminado o jantar, quando ele fez menção de lhe entregar o presente que escolhera, ela o deteve, dizendo que ficariam mais à vontade num lugar "menos agitado". Surpreso, ele propôs, meio embaraçado, o apartamento de um amigo, onde "estava morando atualmente". Sentiu-se mais mentiroso que Hitler, mas ela ficou encantada. Meia hora depois — eram apenas 22 horas —, ele enfiava a chave na fechadura.

O apartamento estava do jeito como o havia preparado antes de recuar vergonhosamente. Precisou apenas acender o fogo na lareira e as velas para criar o clima com que sonhava há quarenta e oito horas. Ficaram conversando longamente, trocando confidências. Lily contou o início de sua vocação de piloto. Vassili não se espantou:

— O cavalo e o avião têm a mesma função — explicou-lhe. — O cavalo situa o homem acima do animal, e o avião, acima da natureza. O cavalo situa a cavalaria acima do infante, o nobre acima do plebeu, o oficial acima do soldado. Em alguns países, em determinadas épocas, certas categorias sociais não podiam montar a cavalo. O cavalo e o avião são referências sociais muito fortes... A análise é marxista, mas nem o cavalo nem o avião são proletários. Por isto é que você, sob a aparência de boa comunista, é na realidade uma princesa... E por sinal, Princesa, senta aqui ao meu lado para eu lhe dar seu presente.

Ele tirou de um estojo um pequeno anel que trouxera de Paris — juntamente com alguns outros —, tendo escolhido cuidadosamente o mais bonito. Ela aceitou o presente mas pediu-lhe que guardasse o anel, pois "não poderia levá-lo para casa". Ele esteve a ponto de levá-la imediatamente para casa, incomodado com a ambigüidade da situação e a juventude da convidada, que acabava de ser lembrada por aquela frase. Ela deve ter percebido, pois foi então que lhe tomou a mão. Em seguida, aproximou-se e lhe murmurou no ouvido:

— Eu disse a meus pais que dormiria na casa de Larissa ou Tina.

E aproximou os lábios dos seus.

No dia seguinte, foi como mulher que confessou os pais e ao irmãozinho que nunca seria bailarina, mas provavelmente aviadora. O pai não explodiu. A mãe enxergou no anúncio nova manifestação da fatalidade mecânica que pesava sobre a família. Quanto a Yuri, ficou um bom minuto boquiaberto, imobilizado na expectativa incerta da bofetada ou da gargalhada dos pais que lhe permitisse por sua vez expressar toda a sua admiração. Afinal de contas, tinha a irmã mais formidável do mundo.

Foi assim que Vassili Karev entrou na vida dos Litvak. E o fez com muita discrição. Excessiva, mesmo, para Anna Vaselevna, que tinha ambições para a filha, vendo-a futuramente como esposa de um oficial superior, e que não aprovava o jeito como Vassili parecia ostentar a perna comprometida.

— Ele manca, ele manca, e daí? Pode ser que o incomode para pilotar — um piloto na família já é suficiente —, mas não o impede de andar, que eu saiba! Nem de se comportar bem com uma mulher.

Lily acalmava a mãe. Só tinha olhos para sua felicidade, e não para um eventual casamento. Tinha dezessete anos, todo o tempo pela frente e uma infinidade de brevês de piloto a obter. Tinha apenas um excelente professor, só para ela, e um amante meigo que adorava.

Os acordos de Munique entre Hitler, Chamberlain, o primeiro-ministro inglês, e o presidente do Conselho de Ministros francês, Édoaurd Daladier, foram assinados a 30 de setembro de 1938. Para a opinião pública mundial, embora sacramentassem o desmembramento da Tchecoslováquia, também afastavam o risco de guerra.

Para Vassili Karev, lotado dois dias depois no Departamento de Assuntos Europeus do Comissariado do Povo para a Defesa, representavam, ao contrário, a certeza de que o grande conflito mundial que previa aproximava-se a passos largos. Em caso de guerra, um oficial é um morto com sursis, explicou Vassili a Lily, que se recusava a acreditar.

— Você merece muito mais do que ser uma linda viúva, e é porque te amo que o estou dizendo.

Os acordos de Munique foram a primeira etapa do desligamento sentimental de Vassili em relação a Lily, e cada etapa dramática do conflito que se aproximava — Pacto Germano-Soviético, declaração de guerra, guerra da Finlândia, campanha da Polônia, derrocada da França, da Bélgica e da Holanda — veio apenas reforçar suas convicções.

Lily sofria profundamente, ao mesmo tempo em seu amor e em seu orgulho de mulher. Mas sua paixão pela aviação, sua juventude, seu amor à vida e, em grande medida, a presença ainda próxima de Vassili a ajudaram a se resignar.

Outros rapazes se aproveitaram.

— Espero que Vassili Karev lhe tire da cabeça essa idéia de alistamento — exclamou Anna Vasilevna.

— Mamuchka, ninguém, nem Vassili, nem você, Mãezinha, pode me impedir de fazer o que eu considero necessário e útil para o meu país. Completei vinte anos há quinze dias. Não sou mais criança. É por você, é por Yuri que eu quero lutar, muito mais do que pela memória de Papai. Não podemos simplesmente permitir que os alemães tomem Moscou e reduzam nosso país à escravidão. Sei que você sofre com isto, Mãezinha, mas também precisa compreender que não temos escolha... Te amo!

Capítulo 24

Para o Politburo, "Deus saberá reconhecer os seus"

Moscou, Hotel Metropol, 12 de outubro de 1941.

Quarenta e oito horas antes da partida de Lily para a Academia do Ar de Engels, Vassili levou-a para jantar no Metropol. Entre o presunto defumado de Kaluga e o arenque do Báltico ao creme, a conversa se encaminhou para a cidade que a receberia.

— Engels... Não estou certo de que possamos nos orgulhar muito do que fizemos lá... A cidade, como você sabe, é a capital da república autônoma — socialista e soviética — dos alemães do Volga. Foi Catarina a Grande, imperatriz de todas as rússias e ela própria alemã, que os levou para lá. Pouco antes da guerra, estimava-se que eles eram aproximadamente um milhão e meio. Acho que em sua grande maioria eram absolutamente fiéis à nova pátria. Uma minoria deve ter continuado anticomunista de coração, e alguns, com certeza, secretamente favoráveis aos nazistas. Caberia acrescentar alguns autênticos espiões... Em que proporções? Difícil saber. Mas o fato é que o Politburo, em sua imensa sabedoria, achou que *Deus saberá reconhecer os seus*, como dizem os franceses, e deportou todos eles, homens, mulheres, crianças e velhos, sem qualquer precaução, para a Ásia Central: Sibéria e Cazaquistão. Quantos ainda estariam vivos hoje? É o tipo de estatística a que ninguém dá importância — exceto os interessados!

Vassili serviu-lhe vinho branco das colinas de Acusta, na Criméia.

— Vassili — perguntou-lhe ela —, por que você nunca me quis realmente?

Achando graça, ele respondeu:

— Porque você merece mais que um deficiente físico.

— Você é realmente um cretino de marca maior! — disse ela furiosa.

— Não tinha pensado neste segundo motivo.

O que ele nunca lhe disse, é que desde a primavera de 1940 estava convencido de que seria inevitável a guerra com a Alemanha. Em sua posição, ele estava em melhores condições que muitos outros de se dar conta do confisco do poder político absoluto por um clã medíocre, de sua cegueira, da covardia dos comandantes militares perante a Stálin e, *in fine*, do despreparo do Exército Vermelho para os combates. Ele era um militar, a ditadura não se chocava fundamentalmente com seu modo de pensar. O principal trunfo de um poder central forte era a capacidade de mobilização com vista a uma meta. Há alguns anos, já, esta era evidente: era preciso acabar com o nazismo, por todos os meios. As democracias européias não se haviam mostrado capazes. Uma URSS bem preparada teria podido fazê-lo, pagando, é certo, o preço, que no entanto seria muito menor do que o que já começava a ser cobrado. Se os dois blocos se tivessem aliado, o caso, atacado desde logo, rapidamente teria sido resolvido. O catálogo de erros, desconfianças, miopias, covardias e imbecilidades parecia não ter fim.

A fatura um dia seria cobrada. E era pesada. Os militares, como sempre, estariam na primeira fila. Pagariam com o próprio sangue.

Ele era um oficial.

Um oficial, por definição condenado à morte em tempo de guerra, não alimenta falsas esperanças numa jovem.

Era a sua honra, e às vezes o seu desespero.

Capítulo 25

Dava para ver a incredulidade em seus olhares

Moscou, Academia Jukovski, 14 de outubro de 1941.

Era uma enorme bagunça! O salão do térreo da Academia Jukovski pareceu gigantesco às meninas. Elas tiveram a impressão de estar no salão mal conservado de um antigo ginásio transformado em depósito de roupas. Uma espécie de mercado das pulgas. Um mercado das pulgas militar.

— Aqui temos todo o deslumbrante arco-íris que vai do cinza sujo ao cáqui escuro — comentou uma insolente.

Nas paredes, bandeirolas com slogans políticos: "Viva o Partido Comunista da União Soviética", "Glória aos soldados e trabalhadores das fábricas e *kolkhozes*." Acima da porta principal, um grande retrato de Stálin. Na parede em frente ao retrato, fotos de paradas militares lembravam que se estava na casa das forças armadas soviéticas. E por toda parte montes de jaquetas, roupas íntimas, botas, meias. Aqui, as *rubachkas*, camisas de estilo europeu, ou *guimnastiorkas*, as camisas russas que caem sobre as calças amarradas por um cinturão. Mais adiante, capotes às centenas, e logo também uma infinidade de ceroulas, organizadas em pilhas de tamanhos respeitáveis, como se tivessem sido depositadas em alinhamento por uma coluna de caminhões.

Dava para ver a incredulidade no olhar delas. Inconscientemente, se haviam aproximado umas das outras, como ovelhas das estepes tentando enfrentar juntas uma ameaça ou simplesmente algo desconhecido.

Elas entravam naquele enorme salão por grupos de aproximadamente uma centena. Já os homens não passavam muito de uma dezena, em sua maioria suboficiais.

— Nossos uniformes devem estar em algum lugar — disse em voz alta uma das moças, na esperança de ser ouvida, apesar do burburinho, por algum oficial subalterno que estivesse por ali. Ela se fazia notar primeiro que tudo por uma esplêndida cabeleira castanho escuro, abundante e volumosa, que parecia cingi-la de um halo dourado, conferindo-lhe um orgulhoso porte de cabeça, mas ocultando em parte seu rosto. Ao fazer a pergunta, ela punha em jogo sua coroa. Mas a tentativa foi malograda. O oficial, um jovem tenente, mostrou-se insensível à interpelação e à cabeleira.

Uma outra se abaixara para apanhar um par de botas, segurando a esquerda numa das mãos e a direita na outra, e voltando alternadamente para cada uma delas os olhos arregalados.

— Tamanho gigante — riu sua vizinha. — Lá perto de casa tem um lituano que deve ter dois metros de altura. Pode separá-las, vamos mandá-las para ele.

A proposta foi acompanhada de algumas risadas.

Todos pararam quando o megafone de um oficial que subira numa mesa no centro do salão começou a cuspir suas instruções.

— Camaradas, a mochila de cada uma de vocês terá um capote, uma jaqueta, duas calças... Como a lista é muito longa, está afixada nas paredes... Deverão portanto tomar posse de seus uniformes. Poderão tentar... experimentá-los — acrescentou, com uma voz vagamente zombeteira, que contrastava com sua aparente impassibilidade.

Houve um momento de hesitação na multidão de moças. Muitas aparentemente só agora se davam conta de que aquelas pilhas de roupas ao redor lhes estavam destinadas.

De pé junto à mesa na qual subira o oficial da intendência, uma delas exclamou simplesmente, parecendo completamente arrasada:

— Isto?

Algumas das jovens de idade mais avançada assumiram o controle da situação. Aproximaram-se dos homens presentes — de todos os homens presentes, inclusive os oficiais — e solicitaram com firmeza perfeitamente militar e a cortesia mais civilizada que se retirassem dali. Perto das portas, mocinhas sorridentes mas sem contemplação estimularam os que faziam corpo mole a acelerar o processo de evacuação. Percebia-se na indolência dos homens todo o inconformismo por ter de renunciar a um espetáculo com que certamente já se haviam antecipadamente deleitado: ver várias centenas de jovens, algumas muito apetitosas, despir-se para experimentar seus uniformes. De coração partido, e deixando-o mais ou menos claro, eles tiveram de desistir, inclusive os graduados.

As cenas que se seguiram, no dizer das próprias participantes, tiveram mais a ver com brincadeira ou franca palhaçada do que com ambigüidade ou erotismo.

"Nossas gargalhadas ressoavam em todo o prédio", recordaria, anos depois, Nadia Popova, uma jovem exuberante. Larissa Rasanova relatou nos seguintes termos, em seu diário, sua primeira reação de surpresa: "Eu passei na frente de um sargento que nos acompanhava no entreposto, e apanhei um par de botas. Tive a impressão de que poderia enfiar minhas duas pernas ao mesmo tempo em uma só delas. Voltei-me então para o suboficial, um louro alto e tranqüilo, de trato fácil, pois estava sempre sorrindo: "Mas onde é que estão os uniformes que são realmente nossos?" Não sem malícia, mas sem dizer palavra, ele abriu os dois braços, abarcando todo o salão num gesto amplo. Nesse momento, fiquei sem saber se devia rir ou chorar!"

O salão da Academia Jukovski cavou naquela manhã, para todas aquelas jovens, os primeiros túmulos do cemitério de suas ilusões.

Uma rapariga que se teria jurado recém-saída da adolescência, de tal maneira parecia uma garota — não devia medir mais de um metro e meio, mas parecendo ao mesmo tempo delicada e bem proporcionada —, subira à mesa ocupada momentos antes pelo oficial como quem se impõe num palco de teatro. Levara consigo uma muda de roupa, que agora se encontrava a seus pés.

Começou por vestir uma ceroula com gestos lentos, precisos, meticulosos: seus pés nem voltaram a aparecer. Meteu-se numa jaqueta, que quase chegava ao tampo da mesa. Levado aos ombros, o capote abrangia com suas abas a quase totalidade da superfície da mesa. Quando, finalmente, ela calçou as botas, ficou parecendo a exata representação de uma miserável dos romances de Gorki, revista e corrigida por Charlie Chaplin, que era a coqueluche do momento em Moscou. Aplausos prorromperam espontaneamente. Consumada atriz, a mocinha saudou várias vezes o público, atrapalhada com seu "uniforme".

— Parece que estou vendo um daqueles terríveis números burlescos das festas de fim de ano escolar no liceu em Moscou — murmurou Lily no ouvido de Larissa. Mas nem por isto as duas deixavam de aplaudir.

Ambas passaram boa parte da noite manuseando, reconfigurando e costurando as roupas para tentar dar-lhes um ar mais feminino. Nos capotes e jaquetas, tornaram-se as rainhas do debrum. As calças deram mais trabalho. Lily tentara encontrar duas calças do menor tamanho possível. Quando vestiu uma delas pela primeira vez, os fundilhos ficavam praticamente na altura dos joelhos! Ela teve, assim, de desfazer a maioria das costuras, sair em busca de tesouras longas, disputadas a tapa pelas moças — só as mais previdentes haviam trazido as suas —, cortar pedaços grandes de pano e refazer todas as costuras.

Ao voltar a experimentar, o resultado foi apenas medianamente satisfatório, e se Lily não deixou de agradecer intimamente pelas poucas lições de costura que recebera da mãe, ficou pensando também que em sua primeira licença Anna Vassilevna teria trabalho em casa.

As botas também foram um verdadeiro quebra-cabeça. Feitas de feltro grosso, proporcionavam boa proteção contra o frio, mas não podiam ser reformadas. Lily precisou experimentar cinqüenta pares até se decidir por um deles — que a deixou desanimada.

A única solução que encontrou foi o acúmulo de meias, pelo menos três pares, que permitiam ocupar o espaço interno da bota — e mesmo assim... Ela se perguntava como é que ia voar com aquelas "coisas" nos pés, e nem por um momento imaginou que *também* se esperasse que pudesse caminhar.

Finalmente, quem se saiu melhor foi a menina da mesa. Depois de três dias, seu uniforme estava quase aceitável. E, por algum jeitinho que Lily nem ousava imaginar, até as botas pareciam do seu tamanho. Sendo

ROSA DE STALINGRADO

o mundo feito do jeito que é, e não escapando as mocinhas a este princípio, no convívio umas com as outras, não se pode dizer que todas ali tenham ficado amigas da pequenina.

— Não sei o que ela vale como piloto — disse Larissa —, mas temos de reconhecer que é uma costureira e tanto.

— Trate de descobrir do que ela gosta: quero absolutamente que ela faça encolher minhas botas. Dou-lhe de presente o que ela bem quiser.

Dias depois, Lily, decepcionada, encontrou a explicação: avisada por um irmão militar do que a esperava, Galia Boordina, a mocinha que ficaria conhecida como "a aviadora com rosto de criança", movera céus e terras em Moscou, antes de se alistar, para encontrar dois pares de botas de aspecto vagamente militar no seu tamanho. Rejeitou todos os agrados, presentes e lisonjas, e jamais cedeu seu segundo par.

Capítulo 26

De Tóquio, o espião telegrafa uma informação estratégica

Moscou, 16 de outubro de 1941, Estado-Maior Geral do Exército Vermelho.

No dia 16 de outubro, o escritório do *Razevediurp* fervilhava. Na véspera, chegara de Tóquio uma informação capital. A fonte: Richard Sorge. O agente duplo alemão baseado no Japão — ele era oficialmente correspondente do prestigiado *Frankfurter Zeitung* — divulgara na véspera, em Moscou, que o império do Sol Nascente não atacaria a União Soviética em sua frente siberiana, o que deveria fazer em virtude do Pacto Tripartite assinado em setembro de 1940 com a Alemanha nacional-socialista e a Itália fascista. Não, o Japão atacaria para o sul, na direção da Indochina francesa, e, mais além, tinha como objetivos de guerra à Malásia e Cingapura, posições-chave do império britânico.

O marechal Chapochnikov imediatamente reunira os principais comandantes do Estado-Maior Geral. Stálin, disse-lhes basicamente, tratou esta nova informação de nosso principal agente em Tóquio com mais consideração que a que tivera pela "asneira" anterior de Sorge, quando este nos anunciou o ataque alemão para a madrugada de 22 de junho.

A ofensiva japonesa no sul livrava a União Soviética da obsessão com a abertura de uma nova frente em sua retaguarda, no extremo oriente.

— É uma informação estratégica capital, nem preciso dizê-lo — prosseguiu Chapochnikov. — Vamos desguarnecer nossa fronteira siberiana. Mais, provavelmente, que o desejável, mas a necessidade é que manda. E trazer urgentemente nossas tropas orientais para Moscou. Isto representa uma centena de divisões novas, bem equipadas para o inverno, acostumadas a enfrentar temperaturas de até 50° negativos, com seus tanques e sua artilharia.

Que os especialistas em logística comecem a trabalhar imediatamente. Os trens transiberianos devem circular sem descanso. A partir de agora terão total prioridade para o material ferroviário.

Capítulo 27

Do assombro ao horror

16 de outubro de 1941, estação de Kalatcharovo, 6h30 da manhã.

O embarque no trem para o centro de instrução feminina Engels ocorreu em clima de início de colônia de férias. Mas a partida do comboio se deu num silêncio mortal.

Para a maioria das quinhentas moças presentes, aquele amanhecer foi o do primeiro encontro com a guerra.

O comboio que as conduzia em direção leste era composto de duas partes. Antes de se acomodar nos vagões de passageiros que lhes eram destinados na frente do trem, elas tinham de percorrer uma dezena de vagões sanitários, ou assim batizados. Eram antigos vagões de carga adaptados para transporte de feridos, e dava para adivinhar sem dificuldade que haviam sido trazidos às pressas, sem que o conforto dos transportados fosse considerado uma prioridade técnica ou administrativa. As passageiras constatavam ansiosas que as paredes externas apresentavam buracos nos quais um homem passaria sem dificuldade, e em alguns vagões faltavam pedaços inteiros do piso.

— Eles foram consertados na oficina de Voronej — explicou-lhes um ferroviário que notou seu assombro —, mas que se pode fazer? A cada viagem os trens são atacados pela aviação inimiga! Não se pode deixar de evacuar os feridos — acrescentou, fatalista.

O embarque dos feridos transformou o assombro em horror. O trem levava muitos mutilados, cujos curativos sanguinolentos pareciam prenunciar poucas chances de sobrevivência.

ROSA DE STALINGRADO 157

Um chefe de estação caminhava para cima e para baixo. Escandaliza-das, algumas moças se aproximaram de comum acordo do sujeito com o uniforme da Estrada de Ferro Soviética, sugerindo ceder seus lugares aos feridos mais graves. Ele as fixou como se tivesse pela frente perigosas doentes mentais ou retardadas absolutas — era difícil dizer, por seu olhar furibundo — e as exortou a ocupar seus lugares e "parar de encher o saco com sugestões imbecis": não iam querer também aproveitar para assumir o controle do tráfego ferroviário em direção da Ásia?

Surpresas, e afinal de contas chocadas com aquela explosão, a seus olhos incompreensível, elas se foram em busca de seus vagões, com as bagagens na mão ou puxando-as, de cabeça baixa ou fulminando com o olhar, de acordo com o temperamento de cada uma.

Os vagões de passageiros, em melhor estado, embora alguns exibissem as marcas da guerra — chapas afundadas, furos de obuses tapados com buchas de madeira —, eram divididos em compartimentos de doze lugares, cada um deles com portas dando diretamente para a via férrea ou para um corredor.

Elas se reagruparam por afinidades. Lily, acompanhada por Larissa Rasanova, juntou-se a algumas moças que se haviam aproximado num primeiro impulso de simpatia, quase sempre originado em momentos de riso compartilhados na Academia Jukovski. Ela fez sinal com a mão a uma jovem com a qual havia mergulhado nas pilhas de botas do refeitório, e que estava ainda mais horrorizada que ela.

— Ina Pasportkina — apresentou-se sua companheira de explorações...

Ela era engenheira, formada no célebre Instituto de Aeronáutica de Moscou. Obtivera seu brevê de piloto num U-2 do aeroclube do Instituto, e também fizera curso de pára-quedismo. "Mas eu danço tão mal!", acrescentava, como se desculpando por esse histórico de boa aluna. Lily deu-lhe vinte e cinco, vinte e seis anos. E ela os aceitou: "Vinte e seis, há um mês!" Se todas elas tivessem esse *pedigree*, pensou Lily, ela acabaria como última da turma, lavando louça na cozinha.

Galia Boordina, a linda morena de cabelos longos e rosto de criança cujas botas haviam despertado inveja em Lily, juntou-se a elas. Estava acompanhada de outra mocinha, aparentemente muito segura de si. Mas Lily a achou simpática. E guardou sem dificuldade seu nome: Ria Boulayeva.

Um compartimento fora reservado a um pequeno grupo de mulheres de mais idade. Só um rosto era conhecido de Lily, o de uma oficial de estatura média, corpulenta, de traços enérgicos e olhos que não estavam ali para achar graça sempre: a comandante Yevdokia Berchanskaya, adjunta de Marina Raskova, convocada para o vice-comando do centro de instrução aérea feminino de Engels. As meninas deduziram que as outras mulheres a seu redor deviam ser ajudantes de campo. Algumas ponderaram que podiam ser professoras.

— Nessa idade — sugeriu Ina Pasportkina, que tinha vinte e seis anos, a Lily — não é tão fácil assim se livrar da escola.

Pouco mais de seiscentos quilômetros separavam Moscou de Engels. A viagem devia durar dois dias e uma noite, mas foram necessários quatro para chegar.

Sucediam-se os bombardeios da aviação alemã. O primeiro vagão era ocupado por uma seção da infantaria. Seus operadores de rádio se alternavam na escuta vinte e quatro horas por dia. Ao ser dado um alerta, o trem parava na primeira aldeia ou na primeira cidade defendida por baterias de defesa antiaérea (bateria antiaérea), e, protegido pelos canhões, esperava que a Luftwaffe se afastasse. Em campo aberto, só mesmo confiando no reparo quádruplo, apontado para o céu sobre uma plataforma no fim do comboio.

O que todo mundo mais temia eram as patrulhas de caças alemães. Operando geralmente em duplas, os aviões surgiam de repente e atacavam. Felizmente, visavam quase sempre a locomotiva. Não pareciam muito preocupados com a bateria antiaérea do trem.

As bombas não chegaram a atingir o trem, mas várias rajadas de metralhadoras fizeram vítimas. Três militares no primeiro vagão foram mortos em ataque de um Messerschmitt solitário que explodiu o vagão de escolta. Como observou a mocinha de sotaque engraçado de Leningrado, "a locomotiva ficou apenas ferida". A gracinha não agradou.

Os corpos foram retirados na estação de Rjazan, onde o trem ficou parado durante seis horas para a troca de locomotiva. Lily, com uma falta

ROSA DE STALINGRADO

de noção das coisas que assustou e irritou as companheiras, nunca tentava se proteger durante esses ataques, e ainda dava uma olhada pela janela para observar como operavam os aviões. E por sinal foi repreendida pela comandante Berchanskaya, que lhe pediu que se protegesse, "como suas companheiras".

Os ataques diminuíram consideravelmente à medida que o trem se afastava de Moscou.

Em Rjazan, mas sobretudo em Penza, as duas principais cidades do trajeto, as autoridades locais foram receber o comboio. Traziam víveres, roupa de cama, cigarros, vodca. Aos feridos que não podiam beber era oferecido um pouco de vinho da Criméia ou do Cáucaso. Em Penza, foram distribuídas garrafas de *zimlianskoié*, o espumante do Don. Os cossacos o chamam de *champanka*, explicou o secretário local do Partido, à frente da delegação. E se orgulham muito dele. Afirmam que o seu *champanka* nada fica a dever ao verdadeiro *champagne*. Lily pensou em Vassili e em seus anos parisienses: a afirmação o teria feito rir um bocado!

O trem ficaria parado durante a noite. Perto da estação, havia numa pequena praça um "teatro ao ar livre" protegido por uma construção de madeira. Uma companhia de dançarinos e dançarinas de Moscou se apresentava. Os feridos que podiam se deslocar foram levados em padiola para assistir ao espetáculo.

Muitas moças decidiram fazer-lhes companhia durante toda a apresentação. Alguns deles olhavam mais para a madrinha daquela noite do que para os bailarinos no palco. A maioria das moças ficou espantada com a pouca idade dos soldados. Debaixo dos curativos e com seu sorriso pálido, eles mais se pareciam crianças.

As jovens às vezes não ficavam para trás. De Albina Makariev, tudo que se via num primeiro contato eram olhos castanhos risonhos, maçãs lindamente desenhadas, uma bela boca carnuda. Mas o nariz arqueado de menina do Norte, o queixo voluntarioso e um olhar que se encolerizava com facilidade davam personalidade a seu rosto, de uma harmonia vagamente insípida. Convenciam também a não abusar de uma bondade que já enfrentara a dureza da vida ártica: ela era originária das proximidades de Murmansk, nos confins do círculo polar.

Mas conseguira escapar aos estragos que uma natureza por demais hostil pode infligir à alma, e eram raros àqueles que logo não cediam aos encantos de seu sorriso suave, de seus comentários aguçados e divertidos, de sua gentileza de quase todas as horas.

A cada parada do trem, ela estava disponível para visitar os feridos. Tinha um jeito de ouvi-los, de ajeitar seus curativos, de lhes pousar a mão no rosto ou no braço que a havia transformado, no fim da viagem, em ídolo do comboio sanitário.

Certas camaradas menos angelicais podiam às vezes zombar um pouco de tanto altruísmo. A elas devia o apelido de "santa Albina", recebido com um gesto negligente. A comandante Berchanskaya foi informada do apelido, que lhe arrancou um de seus raros sorrisos. Quando alguém manifestava a Makariev seu espanto com tanta dedicação, ela dava de ombros: "É o mínimo que se pode fazer por eles!"

Uma dezena de feridos morreu durante o trajeto. Diariamente, o trem parava pelo menos uma vez no campo, perto de uma planície ou de uma floresta. Os enfermeiros cavavam um ou vários túmulos. Os mortos eram enterrados. Às vezes, os homens do serviço braçal plantavam na terra revirada e batida uma plaqueta com um nome e uma data gravados de qualquer jeito na madeira. O mais das vezes, nem isto havia. Quando o trem dava novamente a partida, o montinho de terra se afastava na estepe junto aos montículos maiores, os *kurgans*, formados pelos nômades sobre os restos de seus mortos.

Depois de acompanhar um de seus favoritos à derradeira morada, Albina debulhou-se em lágrimas. Como Lily tentasse acalmá-la, ela explicou, arrasada, entre dois soluços:

— Mas você viu a idade dele? Parecia que eu estava cuidando de um dos meus irmãos menores!

Litvak cruzou os dedos nas costas — não era supersticiosa, mas nunca se sabe! — e ponderou:

— Se você for chorar pelos mortos que não conhece, vai passar a guerra em lágrimas. E aliás é um desperdício: você nasceu para ser enfermeira, não sei como é que foi se alistar na aviação. Seu lugar é num hospital, e não num aeródromo militar!

— Enfermeira? Eu nunca seria capaz. Não está vendo? — acrescentou, sorrindo enquanto fungava. — Eu choraria o tempo todo!

Lily censurou-se por ter sido dura sem necessidade. Afinal, também estava com lágrimas nos olhos.

Cansadas, com os traços marcados, os olhos fundos, as moças desceram do trem, ainda meio grogues de sono, na estação de Engels, logo entrando em caminhões e num ônibus ante-diluviano que as esperavam à saída. Quando o pequeno comboio, que contornara a cidade — a qual não chegaram a ver — tomou uma longa estrada reta conduzindo à entrada de uma construção que só poderia ser mesmo uma caserna, as vozes imediatamente se calaram. E foi num silêncio subitamente carregado de dúvidas e interrogações que elas saltaram dos caminhões e se dirigiram ao posto da guarda, cercado de sacos de areia destinados a proteger duas baterias antiaéreas.

Diante da barreira que impedia qualquer aproximação, sentinelas armados, com capacetes de aço e cara de poucos amigos, observavam-nas enquanto avançavam.

— Nas estações éramos mais bem recebidas — arriscou-se Galia Boordina a meia-voz.

— Vocês por acaso esperavam uma delegação de pioneiras em trajes folclóricos oferecendo *corbeilles* de flores? — perguntou a sensata Ina Pasportkina.

— Por que não? — retorquiu Marina Chichnova, de quem Lily já soubera o nome e observara uma característica: o gosto da provocação.

Já ela, Lily, preferia calar o bico, mas quando deu com o olhar do guarda que conferia sua identidade como se alguém tivesse anunciado a invasão maciça do local por um batalhão de SS disfarçado de mocinhas, ela devolveu na mesma moeda, e ainda mais glacial. Com um sorriso maroto, ela notou que as mãos de algumas das companheiras de viagem tremiam ao entregar a carteira de identidade.

Passada a entrada principal, a academia militar da Aeronáutica — base de Engels — se apresentava com um aspecto bem de acordo com as sentinelas e os reparos antiaéreos de 50mm que protegiam a entrada.

Em primeiro plano, algo parecido com um campo de trabalhos forçados, só que menos alegre: construções cinzas — ou bronze, na melhor das hipóteses —, baixas, longas, no mesmo nível. Por todo lado, canteiros de obras: os trabalhos de ampliação iam a mil por hora. Muitos civis ocupados, homens e mulheres. Ali, eram erguidas barracas provisórias que certamente só teriam de provisórias o nome; mais adiante, algumas construções eram prolongadas com cabanas construídas com achas de lenha.

A harmonia arquitetônica era discutível, mas, como observou Ina Pasportkina, "estávamos em guerra".

No campo de visão das recém-chegadas surgiram então veículos estacionados ou rebocados por tratores. Elas podiam deduzir, pela lógica, que as construções com que deparavam eram oficinas de consertos.

Em frente à maior delas estavam impecavelmente estacionados três biplanos U-2. O reencontro com essas silhuetas familiares foi para muitas delas o único momento ensolarado desse dia pesado.

Finalmente, ao longe, puderam ver as pistas e hangares de um aeródromo.

— Como podem ver, temos aqui uma mudança de escala — comentou em tom neutro Galia Boordina, que aprendera a pilotar num terreno do tamanho de um prato.

Bunkers de concreto e canhões voltados para o céu conferiam ao crepúsculo um ar lúgubre que não incitava propriamente ao otimismo.

Mas elas ainda não tinham visto tudo. Um capitão em forma de armário siberiano veio a seu encontro. Deu-lhes as boas-vindas e mandou que formassem fileiras. Conferiu o alinhamento no mais puro estilo "Quero ver uma só cabeça", fez cara de decepção e as conduziu a uma construção situada a cerca de quatrocentos metros — uma antiga escola desocupada, segundo informou quando chegaram. O "desocupada" deixou algumas delas apreensivas.

— Sintam-se em casa, camaradas — disse ele.

Elas simplesmente entraram em pânico.

— Ele está zombando da gente? — perguntou alguém de nervos mais fortes, na última fileira.

A comandante Yevdokia Berchanskaya prestou contas da viagem a Marina Raskova, que chegara há dois dias.

ROSA DE STALINGRADO

— Qual sua impressão pessoal? — perguntou Raskova ao fim do relatório.

— Sob muitos aspectos, muitas delas ainda são crianças. Não duvido de suas qualidades técnicas, humanas, e mesmo de sua determinação, mas teremos de levar em conta que a grande maioria nunca deixou o domicílio familiar. Com toda certeza precisaremos dar-lhes um apoio... (ela buscava a palavra) eu diria "maternal". A maioria delas vai precisar alguma vez, ao longo dos próximos seis meses, e talvez mesmo depois. Não vou negar que não me sinto dotada das qualidades necessárias para desempenhar esse papel de mãe.

— E eu? Mas por acaso temos escolha?

Capítulo 28

Valentina

Engels, 18 de outubro de 1941, primeiro dia, chegada.

Duas mil jovens haviam atendido ao chamado de Marina Raskova. Mil e duzentas foram aproveitadas.

Com algumas exceções, estavam todas presentes.

Mas Valentina Petrochenkova, uma das colegas mais próximas de Lily no *Ippodromo* de Moscou, estava entre as exceções.

As duas eram muito ligadas. Uma profunda cumplicidade de adolescentes surgira em meio ao prazer equívoco e ao sentimento de culpa comum por terem usado de seus encantos — entre os quais se destacava a juventude — para conseguir de monitores complacentes a autorização para aprender a pilotar antes da idade legal de dezessete anos.

A eficácia do método, ratificada pelo primeiro vôo, praticamente concomitante, deixara a ambas no auge da alegria. O novo olhar — de reconhecimento — dos dois monitores e algumas carícias aumentavam o prazer equívoco que passava a dar uma coloração especial à relação mestre-aluna.

Em benefício próprio, Valentina alegava que se limitara a imitar Lily, precursora no episódio... "mas logo superada!", retrucava Lily. Na verdade, as duas tinham trocado confidências, e cada uma pudera valer-se da experiência da outra.

Ao contrário de Lily, estimulada pelos pais a seguir carreira de engenheira, Valentina decidira tomar o caminho da profissionalização como

ROSA DE STALINGRADO

monitora de aviação. Seu primeiro trabalho, nas cercanias de Kiev, as havia separado, mas a amizade foi mantida em constante correspondência. E brutalmente interrompida pela guerra. Kiev caiu em agosto, depois de combates que estiveram entre os mais sangrentos da guerra. Lily nem mesmo sabia se a amiga continuava viva.

Mas estava.

Horas antes da ocupação da cidade, ela foi evacuada para Mariupol, um porto na margem norte do mar de Azov, que banha a costa ocidental da Criméia.

Valentina tinha às vezes a sensação de que os alemães a perseguiam pessoalmente: logo depois da queda de Kiev, os tanques alemães já apontavam seus canhões para o mar Negro.

A jovem aviadora assinalava atentamente seu avanço num mapa.

No dia 16 de outubro, retirou uma tachinha: o Exército Vermelho evacuava Odessa.

Três dias depois, Fritz levava seus canhões à Criméia. Valentina começou a empacotar suas coisas. E a Osoaviakhim, que já não administrava o aeroclube de Mariupol, sob controle militar desde o início da guerra, decidia enquanto isto transferir seu pessoal para o leste do país, menos exposto.

A 26 de outubro, toda a Criméia, à exceção de Sebastopol, estava debaixo da bota de Von Manstein e dos brutamontes do seu XI Exército.

Valentina, com a concordância de seus chefes, ligou o motor do seu velho U-2 e decolou de Mariupol, rumo a um aeródromo ao norte de Stalingrado.

Era um modelo de retirada organizada. Manuseando o deboche com a mesma destreza que o manche, ela alegava: "Recuo olhando o inimigo nos olhos." Humor talvez deslocado nas circunstâncias, mas inegável senso da imagem. Transformada a contragosto em especialista em logística e deslocamentos rápidos, ela pensou em se matricular numa escola do Estado-Maior. Mas seu novo comandante, pouco adepto do humor a frio, não achou graça. Foi o bastante para que lhe fosse confiada uma nova missão: formação dos pára-quedistas. Não se pode agradar a todo mundo.

Suas constantes transferências a impediram de ouvir a tempo e hora a convocação de Marina Raskova. E foi só às margens do Volga que ela tomou conhecimento, quando já era tarde. Pediu mais informações a seus chefes, mas teve como resposta apenas um veto sem apelação: a formação de pilotos e pára-quedistas tinha uma prioridade que nem se comparava com os "passeios de avião de jovens empistoladas em busca de sensações fortes", segundo o comentário de um oficial subalterno. Para uma Valentina já além das medidas, foi a gota d'água.

Lily Litvak e Larissa Rasanova procuravam em vão o nome de Valentina Petrochenkova nas listas de grupos de jovens que continuaram chegando por quarenta e oito horas ao centro de instrução de Engels. Estavam tão convencidas de que a amiga teria atendido ao chamado de Raskova, se estivesse viva, que a cada decepção se tornava um pouco mais presente o temor de sua morte. Resultado: não tiveram coragem de consultar a última lista.

O que Lily não soube por muito tempo foi que a "gota d'água" levara Valentina a jogar para o alto seus senso da hierarquia militar: afinal de contas, não era uma civil?

Tomada de fúria, ela acabara por escrever uma carta detalhada a Marina Raskova, sem esconder nada, mas sem insistir muito no desprezo que mereciam as mulheres dispostas a oferecer a vida pelo país. Sua intuição lhe dizia que a própria Raskova também devia ter sofrido algumas afrontas masculinas antes de concretizar seu projeto. As dificuldades em comum com o mundo masculino talvez lhe valessem alguma simpatia da destinatária. Mas ainda assim ela considerou prudente não acrescentar — o que era sua intenção inicial — que a rejeição de sua candidatura se devia a "homens aboletados a 500 quilômetros da frente de guerra", pois mais valia evitar qualquer suspeita de má-vontade.

Ela transcreveu todas as referências do seu brevê de piloto e as diferentes seqüências de seu diário de bordo, desculpando-se por não poder enviar os documentos originais, sob pena de ser fuzilada ou, no mínimo, proibida de voar "até o fim do século". Para não esquecer o toque de humor que considerava indispensável a qualquer carta, assinou, frisou três vezes "Muito urgente" no envelope e correu para entregá-lo em mãos — com um sorriso "modelo Litvak, e um toque Petrochenkova" do melhor efeito — ao primeiro piloto de partida para Moscou. Pediu-lhe sobretu-

ROSA DE STALINGRADO

do, "como um grande favor" — Litvak teria rolado no chão se a visse naquele momento —, que o entregasse pessoalmente no Estado-Maior da Aeronáutica, que trataria de encaminhar...

Em seguida, com o mesmo passo decidido, dirigiu-se ao gabinete do comandante do aeródromo para dar início ao assédio. Graças ao qual ganhou fama de "chata nº 1 do distrito de Stalingrado", sem por isto obter autorização para se candidatar.

Foi um sujeito completamente fora de si e além do mais "muito maleducado" — julgamento exagerado de Valentina — que a convocou certa manhã, sacudindo embaixo de seu nariz uma carta em papel timbrado do departamento de pessoal do Exército do Ar.

— Que diabos é isto, Petrochenkova? — urrava ele.

Cândida, inocente, fingindo a maior surpresa, com uma rara hipocrisia, Valentina pediu para ver o documento, tentando em vão apanhá-lo.

— Não brinque comigo! Saia!

A erupção vulcânica do Vesúvio das estepes levou três dias para se aplacar. Valentina considerou que faziam parte de sua formação em matéria de paciência. Estava proibida de entrar no gabinete do comandante.

No fim do terceiro dia, um ordenança veio trazer-lhe uma convocação para o dia seguinte, às 6h30 da manhã. Ela era da noite: interpretou o gesto, não sem razão, como uma provocação, uma espécie de último grito de raiva do animal vencido. Sentiu-se com isto mais otimista — mas já aqui se enganava — e, cantarolando, começou a preparar suas coisas para uma partida iminente.

Às 6h32, já estava baixando a crista.

O adjunto do comandante — que "estava muito ocupado para recebê-la pessoalmente" — a informava de que teria de se apresentar na Academia Militar de Engels — eram 6h31 — assim que tivesse concluído sua missão ali... Eram 6h32.

— Concluir minha missão? Que missão?

— Seu contrato estipula, como certamente deve ter lido — lançou o outro, num tom meloso de dar enjôo —, que terá de se encarregar da formação de sessenta pára-quedistas. Fiz um levantamento preciso, e constatei que chegou a apenas vinte e nove! Próxima sessão de saltos: esta manhã, às 10 horas. Quatro recrutas. Ao trabalho!

Valentina empurrou sua cadeira com uma violência que quase a derrubou.

— Atenção — julgou conveniente gracejar o tenente —, está sem pára-quedas.

Ela pensou que era uma pena: ele o teria levado pela cara.

Cheia de desprezo, imagem viva da Indignação de braços com a Injustiça, ela saiu.

Precisou de mais de um mês para concluir a formação de sua cota de pára-quedistas. E então chegou o grande dia.

Seus negócios estavam resolvidos, a meteorologia do dia combinava com seu humor: magnífico. Um bombardeiro decolava para Saratov — separada de Engels apenas pela largura do Volga — no meio da tarde. Seu sexagésimo pára-quedista entraria naquela manhã no avião de treinamento para dar o salto que liberaria Valentina... A vida era bela.

Naturalmente, Valentina não partiu.

Capítulo 29

Nada é mais estranho a uma mulher que a morte

Engels, segundo dia.

O discurso inaugural do Centro de Instrução de Pessoal Feminino da Força Aérea Soviética — o nome oficial — foi pronunciado pelo coronel comandante da academia militar.

Alto, magro, cabelos grisalhos, ereto como uma tábua, peito coberto de condecorações e manga esquerda vazia — braço amputado acima do cotovelo —, sua entrada provocou um movimento de aprovação entre as moças, sensíveis àquela bela estampa de militar. Sua autoridade natural e a frieza do olhar as fizeram calar-se imediatamente.

As palavras de boas-vindas foram as que deveriam ser, tratando-se de jovens que se punham voluntariamente a serviço do seu país — o que não deixou de ser frisado — correndo risco de vida — o que não o foi.

O resto do discurso não teve contemplação.

O desenrolar do estágio foi detalhado. O período de formação militar, *stricto sensu*, revelar-se-ia ingrato. Sua condição feminina não as pouparia da dureza das manobras terrestres nem da preparação para o combate terrestre individual — elas podiam ser abatidas e cair em território inimigo. Dessa preparação faziam parte provas de combate, tiros de pistola e fuzil, combates com arma branca. Elas não seriam dispensadas das práticas disciplinares: ordem unida, marcha, manejo de armas. "Afinal de contas, talvez tenham de participar do desfile da vitória!" Em seguida, passariam à formação aérea militar...

Vindas em sua quase totalidade para voar, a jovens viam confirmar-se o que haviam pressentido, sem ousar dizê-lo com todas as letras: nem todas seriam pilotos ou navegadoras, um terço delas faria a guerra como mecânicas no solo. Houve caretas e ranger de dentes. As provas de orientação teriam lugar na primeira metade do estágio, e a segunda seria dedicada a um treinamento específico na especialidade à qual fossem destinadas.

O comandante da base prosseguiu:

— Serão criados três regimentos aéreos: um regimento de caças, um regimento de bombardeiros diurnos e um outro de bombardeiros noturnos. Eles serão formados por vocês. O pessoal será inteiramente feminino, do comandante de regimento até os pilotos, navegadores, operadores de rádio, bombardeiros, metralhadores, mecânicos de vôo e em solo. Desejo-lhes portanto bom trabalho. Vamos ajudá-las a cumpri-lo em toda a medida de nossas possibilidades.

— Eu concluiria com duas palavras. Em primeiro lugar, lembrem-se de que seguirão durante seis meses uma formação que, em tempo normal, requer dois anos inteiros. O que significa que farão parte de equipes mandadas para a frente de guerra sem real experiência. A humildade no início será a melhor garantia de eficácia no futuro. Em segundo lugar, terão de enfrentar dois mundos terríveis: o mundo dos homens e o universo da guerra.

— Terão de aprender a viver neles. Entre os homens, encontrarão incompreensão, estranheza, burrice, preconceitos, injustiça. Encontrarão também amizade, dedicação, exemplo e espírito de sacrifício.

— O universo da guerra é puro horror. A guerra nunca é bonita. E esta é particularmente horrível. É bem verdade que se inscreve no contexto das crueldades habituais do homem: as dez mil crucificações dos escravos revoltados de Spartacus, esses primeiros proletários, ordenadas por Crassus, que os vencera, em Roma, ao longo da Via Appia...; os valáquios empalados no século XV por seu príncipe, Vladimir, que assim ganhou para toda a eternidade o cognome infamante de "Vlad, o Empalador" — são episódios que dão testemunho das abominações do homem, seja por praticá-las ou aceitá-las. E eu poderia citar muitas outras maldades. *O que não tem precedente no conflito para o qual se preparam, é que o horror nunca foi exercido em tal escala.*

— Quando tiverem visto com seus próprios olhos o que as bestas nazistas, vindas de um país que podíamos considerar civilizado, pois deu à humanidade Gutenberg, Bach e Beethoven, fizeram com nossos compatriotas, nossas cidades e nossos campos, às vezes com nossos próprios parentes — com seus pais, irmãos, irmãs e amigos —, terão se defrontado com o horror, conhecerão a revolta, o ódio, o desejo de vingança, a loucura.

— A guerra é coisa de homens. Eles a praticam, infelizmente, desde o início da humanidade. Nunca foi coisa de mulheres. Por isto é que exigirá de vocês ainda mais força, mais coragem, mais abnegação. O sacrifício lhes será ainda mais difícil, pois nada é mais estranho à mulher que a morte, a ela, que tem por missão dar a vida. Não escaparemos, vocês não escaparão a nada disto. O inimigo nos impôs esta guerra. Nos invadiu com seus tanques, seus aviões, seus SS e seus *gauleiters*, para conquistar e ocupar um suposto "espaço vital" que é a nossa terra. Seu objetivo, explicitamente proclamado, é nos transformar, a nós, eslavos, "sub-raça acostumada a ser subjugada" — é ele quem o proclama —, e a nossos povos irmãos em escravos de um "Reich de mil anos"!

— Mas esta guerra, que não quisemos, haveremos de ganhá-la. Pois para isso temos os meios, dispomos do tempo, temos espaço, temos aliados, e a cada dia que passa, ante a indignidade e as abominações de nosso inimigo, no mundo inteiro, cada vez mais vozes se indignarão, braços se levantarão, se armarão, e, todos juntos, abateremos a besta e nos livraremos dela... Não tenham medo, mesmo nos momentos de profundo desespero que enfrentarão: não há dúvida quanto ao desenlace. Nessa luta de morte, que acabará, posso dizer-lhes, com toda certeza, nas ruínas de Berlim, as mulheres estão tão envolvidas quanto os homens. Como outras que as antecederam — e que mais belo símbolo poderia haver que o comportamento desse batalhão de mulheres que participou, do primeiro ao último minuto, da defesa heróica da cidadela de Brest-Litovsk, assediada durante doze dias pelos nazistas? — é a esse combate que vocês se juntam hoje.

Viva a União Soviética!

Viva a vitória!

Perturbadas, as jovens aplaudiram entusiasticamente. Pouco depois, Lily confessava a Larissa toda a sua emoção, dizendo que uma angústia nunca antes experimentada se havia apoderado dela, que se sentira quase fisicamente doente.

— Você está cansada. Todas estamos! É a viagem, o ambiente estranho. E nada de mamãezinha para nos afagar.

— Nada disso — interveio Ina Pasportkina, metendo-se na conversa. — São os anéis de segurança da sua bomba interna que se soltaram um após outro. Simplesmente, o último deles agüentou as pontas. Por isto é que você não saiu daqui numa maca nem fez nenhuma grande bobagem.

— Do tipo?...

— Não sei... se levantar e gritar "Morte a Hitler!", por exemplo. Ou debulhar-se em lágrimas e chamar pela mamãe, como sugeriu inconscientemente Larissa, que não perdoa a dela por tê-la obrigado a tirar a boneca da valise... oh, inconscientemente, claro... ou então jogar tudo pro alto e sair do salão gritando: "Vocês todos me dão no saco!" O que é mesmo o caso, não?

— É o problema com os engenheiros — disse Larissa, fazendo troça —, que queriam mecanismos em toda parte. Até nas cabeças. Veja só, você me lembra meu pai. — E, voltando-se para Lily: — Lembre-me de nunca mais fazer confidências a ela: essa vadia não sabe guardar segredo.

A opinião que compartilharam sobre o que acabavam de ouvir as reconciliou: o que as tocou, a todas três, na conclusão do coronel, foi seu rigor, sua clareza, sua recusa de tratá-las como retardadas mentais — muito embora lhes desse às vezes um cagaço tremendo: alguns vôos animadores a mais no céu e um pouco menos de sacrifícios incontornáveis teriam aliviado o ambiente.

— Não resta dúvida, o chefão sabe falar! — concluiu Larissa, imitando uma das companheiras, em seu sotaque suburbano.

Elas jamais esqueceriam o discurso ou o homem que o pronunciara.

Capítulo 30

Moscou atacada

Marina Raskova, 22 de outubro de 1941, comunicado n° 1.

"Moscou foi mais uma vez bombardeada. Uma bomba caiu no Kremlin, outra atingiu a embaixada americana. O pequeno teatro foi destruído, a universidade, danificada. Duzentos aparelhos participaram do ataque. Nossa caça e nossa defesa antiaéreas foram eficazes.

Esses bombardeios têm o objetivo de semear o terror. Mas os nazistas se enganam.

As galerias do metrô foram postas à disposição da população, para se abrigar. A defesa passiva pôde controlar os incêndios.

Os prédios administrativos mais importantes começaram a ser evacuados. O corpo diplomático foi transferido para Kuibychev..."

Através de um boletim confidencial reservado aos altos dirigentes do Partido, Marina Raskova também ficou sabendo de notícias menos animadoras. Quando chegou à capital russa a notícia da tomada pelos alemães da cidade de Mojaisk, às portas de Moscou, estouraram as primeiras arruaças. Lojas foram invadidas, palavras de ordem anticomunistas e antissemitas percorriam as ruas. A polícia interveio violentamente.

Marina Raskova e Yevdokia Berchanskaya decidiram não transmitir essas informações a suas alunas.

Capítulo 31

Impossível voar com mulheres

Engels, início de novembro de 1941.

Uma esquadrilha de aviões de caça do tipo Yak 1 estava provisoriamente estacionada em Engels quando a tropa feminina chegou. Com seu instinto certeiro, as moças logo o descobriram e comemoraram. Quando os pilotos, por sua vez, ficaram sabendo que mais de mil jovens chegariam à base, registraram com prazer esta melhora em breve de seu ambiente de trabalho.

— Sou perfeitamente favorável! — reconheceu um daqueles cuja opinião era levada em conta.

Um outro julgou necessário moderar o entusiasmo geral:

— Bom, quer dizer... desde que não nos peçam para voar com elas!

Os camaradas o olharam como se fosse um pirado, recusando-se a continuar ouvindo: ele tinha fama de não ter concorrente em matéria de acabar com uma festa. Quanto a eles, já estavam sonhando em desviar bens do Estado para fins pessoais: vôos românticos de U-2, passeios noturnos em veículos de serviço da esquadrilha e outros delírios de mamífero em época de cio. Para ser coerentes, mergulharam com rara coesão em suas frasqueiras, para encontrar a famosa echarpe de seda dos pilotos de caça, momentaneamente em desgraça porque achavam que "fazia o gênero boneca" — defeito irreparável aos olhos de guerreiros de vinte anos. Entretanto, como as moças achavam que as echarpes "lhes davam um ar garboso", a opinião devia ser levada em conta. Eles começaram a usá-las com uma constância sem precedente na história da Força Aérea soviética, na qual, é bom saber, "não se recheia com pão duas fatias de pão". Em outras palavras, e para falar russo bem claro: "Ninguém aqui é veado!"

Eles estavam certos em investir, pois nos primeiros tempos a echarpe de seda não mostrou propriamente as virtudes de um filtro do amor. As moças com que cruzavam comentavam distraidamente o charme deste, o nariz grande demais daquele, as covinhas de um terceiro, "adoráveis" para umas, "não muito viris" para outras... Em suma, elas faziam gênero.

Os homens, por sua vez, como freqüentemente acontece quando estão em grupo, escondiam a timidez por trás do habitual repertório de gracejos e sarcasmos. Os "uniformes disformes", os risos zombeteiros quando se encontravam para acompanhar (a distância, felizmente) as lamentáveis sessões de ordem unida em piso irregular, condenando as mocinhas à humildade. Bastava cruzarem um belo homem — com ou sem a echarpe branca — e as cabeças baixavam, os pescoços eram engolidos pelos ombros, os rostos se encompridavam, numa tonalidade em que o cinza geralmente dominava. Numa palavra, as belas não se saíam bem.

Algumas não estavam nem aí, ocupadas com outras coisas. Por exemplo, as rotinas ingratas — como a faxina. Que eram consideradas desmoralizantes por outras, como a bela Wanda Kahlinkova, preocupada em preservar sua magnífica cabeleira, e Valeria Komiakhova, por filosofia pessoal. Outras, enfim, preocupavam-se em silêncio.

Até o dia em que as mais orgulhosas — e as menos mortas de cansaço — desfraldaram a bandeira da revolta.

— Camaradas, não estamos sendo dignas de nós mesmas!

Não é certo que o conceito enunciado fosse de uma total limpidez para as eleitas que tiveram o privilégio de ouvi-lo naquela noite. Mas a camarada Savonarola — no caso, a belíssima Tamara Medjekova, de pé sobre a própria cama — infundiu tal convicção a sua declaração que até as mais apáticas farejaram como que o esboço de uma possibilidade de alguma forma de contestação. No regime soviético, a maioria dos cidadãos raramente ia mais longe.

Mas a revolução preconizada por Tamara Medjekova não entrava no terreno de responsabilidade do camarada Béria, comissário do povo para a Segurança Interna, já por natureza desconfiado. Tamara pedia às companheiras mais dignidade. Militava por um grande resgate da feminilidade. Naquele novembro gelado do ano da graça de 1941, na escola militar de Engels, já não era pouca coisa.

Originária dos subúrbios ao norte de Leningrado, onde se acumulavam fábricas de forte tradição proletária, Tamara não tivera uma infância fácil. Muito cedo tomara consciência de que a vida nem sempre eram só risos e alegria, de que também havia tristezas. Certo dia, quando já ia pelo fim da adolescência, decidira tomar para si o seguinte lema: "Nunca levar desaforo para casa. Nunca." E gostava de acrescentar: "Sobretudo de homens." Sua firmeza, que não era de fachada, escorava-se numa beleza incontestável, e sua beleza, nos seus cabelos: longos, sedosos, de maravilhosa delicadeza e tão escuros quanto eram claros os seus olhos. O conjunto era avassalador, e freqüentemente lhe causara problemas na adolescência. Ainda jovem, ela teve de carregar o peso de uma beleza de que no entanto duvidava. Ao se aproximar a maturidade, entendeu que dispunha de uma arma eficaz para enfrentar a vida.

Aos dezessete anos, Tamara começou a posar para fotos e logo descobriu que os artistas que a fotografavam também eram homens. O que não lhe desagradou. Teve em seguida a sorte de cair nas graças de um dos mais talentosos que encontrou. A paixão do sedutor, conjugada a seu talento, favoreceu o modelo: ele tirou fotos maravilhosas — algumas com muito pouca roupa, que por sinal guardava com ciúmes para si mesmo. Mas ele não limitou suas ambições a se refestelar visual e carnalmente nas formas de Tamara: tornou-se seu mentor. Homem maduro, casado, dilacerado entre uma sensualidade exigente e a aguda consciência da indignidade de seu comportamento, esta vocação tardia de Pigmalião, manifestação pessoal de sua vontade de redenção, levou-o a lhe dispensar uma atenção extremada que tanto poderia ser decorrência de um ciúme bem masculino quanto do zelo de um pecador moderada e episodicamente arrependido.

Seja como for, sob a proteção desse amante-pai-criador bem instalado na vida cultural da "cidade de Lênin" (ou da "antiga capital dos czares", de acordo com a preferência secreta de cada um), a bela Tamara se poupou de muita tolice, afastou de si, não raro a contragosto, certos indivíduos pouco recomendáveis, mas às vezes atraentes, e encontrou sua vocação acompanhando ao cinema, sempre que possível, um amante que secretamente sonhava trocar a Leica do fotógrafo pela câmera do cineasta.

Como seu charme impressionava ao mesmo tempo os homens e a película, ela foi aos poucos forjando uma autoconfiança cuja primeira manifestação foi optar sem hesitações, antes mesmo de completar vinte anos, por uma carreira de atriz. Seu fotógrafo abriu-lhe as portas de uma escola de arte dramática, e o seu primeiro papel, as de um aeroclube, onde ela representou uma pequena cena de sedução sobre a asa de um biplano. Pediu então o favor de voar nele. Que lhe foi concedido de bom grado. O monitor designado tinha seus encantos, e se mostrou bastante saidinho. Ela não opôs grande resistência: queria aprender a pilotar. Ele soube vender sua competência, ela a comprou com seus próprios encantos. E ambos se deram muito bem.

A irrupção indesejada de Herr Hitler no caminho de seu início de sucesso contrariou-a. A invasão nazista apanhou-a de surpresa quando fazia um teste. O avanço da Wehrmacht em direção a Leningrado descartou qualquer possibilidade de volta em um futuro previsível. Seria necessário, portanto, mandar o Führer e seus pomerânios de volta a sua Prússia ou sua Áustria natal, não se lembrava bem. Melhor então cuidar logo disso! E todos juntos. Como se vê, ela tinha senso de coletividade. Já em suas primeiras providências, deu com a convocação de Marina Raskova. E decidiu candidatar-se. Engajou-se inicialmente por rancor, depois por provocação e finalmente, e sobretudo, por inconsciência: afinal, pensava, a guerra não devia ser mais penosa que certas provações que enfrentara na primeira juventude. Não se surpreendeu, assim, ao ser selecionada em Engels.

Ao cabo de três dias, já não estava tão certa de que a palavra "Exército", cuja dimensão concreta descobria, pudesse ser conjugada com a palavra "Beleza", a que se sentia ligada. O corte do vestuário militar, em particular, ficava muito longe de sua concepção pessoal da elegância no trajar. O frescor da pele feminina não se adaptava bem ao esforço excessivo e repetido, geralmente em posição incômoda, num chão gelado e castigado pela nevasca. O manejo das armas e o trabalho com peças metálicas oleosas pareciam-lhe pouco compatíveis com os cuidados exigidos por unhas dignas de sua mão.

Mas daí a se entregar, a baixar a cabeça diante de um homem quando o acaso — raro demais — punha algum no seu caminho... Não! Não! e Não!

Quem prega a cruzada encontra seus cruzados. O "Mexam-se!" de Tamara fez o sucesso dos *slogans* simples e claros, mesmo em cérebros miniaturizados na caixa craniana pelo frio e o cansaço. Encontrou suas adeptas mais fiéis entre algumas das moças mais bonitas da turma, as menos inclinadas à renúncia. A admiração masculina era um elemento constitutivo do sal da vida. Fazia parte dos nutrientes do desabrochar de cada uma delas. Circunstâncias independentes de sua vontade estavam dizimando as fileiras dos admiradores. A guerra é uma amante exigente, implacável e ciumenta. Não compartilha seus soldados. E por sinal o NKVD cuidava para que essa tradição fosse respeitada. Que seja! Mas eles continuavam sendo homens.

Alguns estavam ali mesmo, às vezes bem sedutores (sempre as echarpes brancas). Nada justificava, portanto, que esse combate fosse relegado. A própria Tamara proclamara: "O amor é o único terreno em que a guerra de conquista se justifica. Não haverá combate final." Suas exortações às vezes pareciam meio perversas, mas eram mobilizadoras. Serviram de senha para o combate.

E elas começaram a reerguer a cabeça.

Roupas re-trabalhadas, sabonetes recuperados, maquilagens esboçadas, unhas aparadas — coisas bem-vistas pelo Exército, numa perspectiva puramente utilitária —, elas deram a volta por cima.

Concebidas e efetuadas por um Estado-Maior secreto, auto-proclamado "Clube das Belas", espécie de *Stavka* pessoal de Tamara Medjekova, manobras de assédio foram lançadas, vitórias foram obtidas, prisioneiros foram feitos.

Como, além disso, elas tinham aprendido a marchar em formação, seus olhos voltaram a brilhar.

— Assim como recuperamos nosso país, também recuperamos nossas armas — logo proclamaria Tamara, com a ênfase bem própria de sua natureza. E por sinal, dando o exemplo, reservara para si um belo capitão.

Romances se esboçaram, e alguns, com a ajuda de certas cumplicidades, se concretizaram.

Marina Raskova e Yevdokia Berchanskaya, inicialmente preocupadas, souberam fechar os olhos. Para cada garota que ia para a cama, cem viviam o grande amor por procuração, através de confidências. E de qualquer maneira não era ruim para o moral.

Capítulo 32

Um caso de corte

Engels, 14 de novembro de 1941.

No dia seguinte à festa nacional do 7 de novembro, chegou a Engels o comandante Krystov, recém-nomeado chefe dos serviços gerais da base. Sua nomeação datava de 1º de novembro, mas sua unidade participava do desfile militar na Praça Vermelha determinado por Stálin, apesar das derrotas que aproximavam perigosamente os nazistas da capital. O comandante Krystov, que era corajoso, teria pessoalmente atacado as vanguardas alemãs, ainda que com armas brancas, se elas tivessem posto em risco sua participação no desfile. O que equivale a dizer que, a seus olhos, sua chegada a Engels podia perfeitamente atrasar uns dez dias. E também fala do indivíduo de caráter muito especial que atravessou as portas da Academia Militar a 10 de novembro.

Deve-se desconfiar sempre de homens que gostam de desfiles. Seu cérebro tolera apenas formas geométricas, de preferência o quadrado. Sua filosofia de vida repousa num princípio direto único: marcha em formação.

Quatro dias depois de chegar, ele assinava a seguinte circular:

"10º Exército Aéreo.

Academia Militar do Ar de Engels.

Centro Feminino de Instrução Aérea.

Instrução nº 3.

Assunto: Corte do cabelo.

Recorda-se ao pessoal feminino da Força Aérea soviética que os cabelos longos são incompatíveis com a segurança, a higiene e a disciplina das Forças Armadas.

As estagiárias femininas incorporadas desde o dia 5 de novembro de 1941 devem compenetrar-se, em particular, de que são agora soldados, e não estrelas de cinema.[65]

Recorda-se igualmente que um cabeleireiro regulamentar atende no prédio C do quartel às segundas, quartas e sextas-feiras.

Mas as estagiárias poderão, se preferirem, proceder elas mesmas ao corte dos cabelos.

Seja como for, o comprimento dos cabelos não pode passar de cinco centímetros.

> Engels, 14 de novembro de 1941.
>
> Assinado: Krystov, comandante."

A instrução nº 3 foi afixada do lado de fora de cada dormitório e nos painéis reservados às notas de serviço exatamente às 6 horas da manhã do dia 15 de novembro de 1941. A jovens tomaram conhecimento individualmente ou em grupos no quarto de hora que se seguiu, pois as notícias graves sempre correm depressa.

Não se pode dizer que foi uma surpresa. Diante de cada nota afixada em diferentes lugares do centro de instrução, a primeira reação foi praticamente sempre a mesma. Um breve instante de silêncio e um tititi que não acabava mais. No caso das mais jovens, houve também algumas lágrimas. Consciente ou inconscientemente, contudo, todas entenderam que era atingido um símbolo importante de sua juventude e de sua inocência.

Formaram-se clãs. Houve o das fatalistas, do dar de ombros, do "Estava na cara". Houve o clã do "Que imbecis!". E também, pouco numeroso mas aparentemente decidido, o do "Nunca!"

Em contexto militar, Lily não previa grande futuro para esta última escola de pensamento. E no entanto para ela, pessoalmente, foi um drama. Sempre gostara muito de seus longos cabelos loiros, e a obrigação de cortá-los pareceu-lhe uma mutilação de sua feminilidade. Não conseguia entender por que seria pior aviadora com os cabelos na nuca do que com uma cabeça de falso garoto. Ficou portanto emburrada o dia inteiro, passeou seu mau humor, encheu o saco de algumas colegas sem motivo, mas no dia seguinte estava no cabeleireiro.

Também fez escola quando, podadas as mechas, juntou-as cuidadosamente e as levou consigo. À noite, repartiu os cabelos cortados em pequenos tufos, depositados lado a lado sobre a cama. A delicadeza dos fios de cabelos loiros contrastava com o aspecto áspero do espesso cobertor cinza-escuro. Sua vizinha de quarto fez observação e perguntou o motivo da operação.

— Já que os perdi, pelo menos que sirvam para alguma coisa — respondeu Lily. — Uma mecha para minha mãe, uma para meu irmãozinho — em envelopes diferentes —, uma para meu noivo, "que não sabe que é meu noivo" (mas ela guardou para si esta reflexão, pensando em Vassili), duas ou três para alguns admiradores, uma para minha professora de música e o resto para minhas melhores amigas... Com alguma sorte, receberei alguns pacotes de agradecimento.

A idéia foi considerada interessante e aplicada em outros quartos. Como freqüentemente acontece com as boas idéias, também foi desnaturada: houve as que exageraram na quantidade de mechas. Inicialmente, causou forte impressão o número de supostos admiradores. Mas logo deu para ver que era pura gabolice. Ou, no caso das mais discretas, projeções fantasiosas de mocinhas carentes.

Duas jovens eram particularmente visadas no sacrifício dos cabelos. Porque eram donas de cabeleiras de excepcional beleza.

A primeira era a Rosa Luxemburgo do alojamento, Tamara Medjekova, o que não chega a surpreender. A segunda, a ucraniana Wanda Kalinkhova.

Tamara Medjekova tinha a sensação de já ter engolido o sapo dos panos sem forma, das botas de homem e das *ushankas* para crânios de mamute. O Exército dava prosseguimento a sua ofensiva partindo desta vez para o ataque direto contra a feminilidade pessoal de todas elas. A seus olhos, já começava a ser um pouco demais. Sem precisar procurar muito, o clã do "Nunca" encontrara sua porta-voz!

Era possível ser bela mas também dotada de bom senso. A leitura da nota de serviço deixou Tamara enfurecida, mas nem por isto haveria de se precipitar. Ela tratou primeiro que tudo de se acalmar para em seguida refletir, o que é a boa ordem das coisas.

ROSA DE STALINGRADO 183

Dois elementos deviam ser levados em conta. Primeiro, a guerra provavelmente era mais perigosa do que ela imaginara em seu entusiasmo guerreiro dos primeiros dias. Segundo, quatro semanas já quase passadas em Engels haviam chamado sua atenção para as regras do jogo que prevalecem no meio militar, com uma lógica que ninguém era obrigado a abraçar intelectualmente, mas a que todos deviam obedecer. Um exemplo: ela era boa aviadora, mas havia outras! Ela começava a pressentir que, entre as aspirantes, a concorrência seria mais dura do que lhe permitira entrever seu natural otimismo. Além disso, ela constatava que uma caserna, curiosamente, não parecia ser o terreno mais propício para o desabrochar de sua sedução, mesmo sendo geralmente reconhecida. Em particular, ainda estava sob o choque de um bem recente vôo de treinamento durante o qual seu instrutor, o adjunto Piotr Naraksov — baixa estatura, mas com três vitórias homologadas em combate aéreo — lhe enchera os ouvidos com recriminações que ela considerava excessivas e, numa palavra, injustificadas. Não sendo mulher de encobrir excessivamente sua irritação, sua resposta ao descer do pequeno aparelho — que não será reproduzida aqui — não primara propriamente por exagerado respeito hierárquico. Em tempos normais, o caso seria encerrado com um sorriso sedutor e um chocolate no Bazar Eslavo.[66] Aqui — sinal dos tempos? — o espírito de agressão levara a melhor sobre os valores de conciliação.

— Esta sabichona vai saber com quantos paus se faz uma canoa! — urrara o sujeito, furioso com a força e a vitalidade de uma contestação pouco habitual na área e, circunstância agravante, partindo de uma mulher.

— Se este aborto de gente pensa que vai me tratar como as camponesas caucasianas com que costuma se deitar, pode começar a enfiar as botas no cu! — não conseguira conter-se Tamara, resgatando a linguagem sem peias dos marinheiros de sua cidade natal e a sonoridade de uma voz suficientemente clara para ser ouvida pelo "culpado", que se afastava.

— Eles vão te fuzilar! — assustou-se a doce Elenora Babushkina, de temperamento emotivo.

Recuperando a lucidez, Tamara Medjekova confidenciou a Ielena Zenkurks, um dos personagens principais de sua corte:

— No ritmo em que vão as coisas, serei mecânica em solo até o fim da guerra! Já fui desancada por um instrutor dois dias atrás...

— Ele a desancou porque você não quis ouvi-lo — lembrou-lhe Ielena, que fazia o gênero língua de víbora e nunca recuava diante de um pérfido jogo de palavras.

Tamara não rebateu: havia um problema mais importante a resolver.

Impunha-se, portanto, uma reflexão: perspectivas tão medíocres mereceriam acaso um investimento pessoal forte, num universo tão ingrato? Pior ainda: justificariam o sacrifício de sua cabeleira, ou seja, sem medo das palavras, da moldura de sua beleza?

Tamara, realmente de muito mau humor, se arrastou o dia inteiro, amaldiçoou os homens em geral com uma determinação repetitiva declarada — em sua rápida passagem pelo Komsomol, aprendera as virtudes educativas da repetição. E acabou enterrando os militares, em particular, na vala comum do desprezo. Até que tomou sua decisão: haveria de se confiar a seus superiores. Solicitou então o relatório da comandante adjunta da escola, a camarada Berchanskaya.

Camarada não significa necessariamente amigo.

Sobre o exato teor da conversa entre essas duas fortes personalidades, divergem as versões. Mas todas estão de acordo em um ponto: o início e o fim da entrevista entre as duas.

No início, Tamara deu mostra de uma indignação persistente e de falta de medidas, como julgaram dever reconhecer algumas de suas amigas, confidentes privilegiadas.

Tamara: "Camarada comandante, tenho o dever de chamar sua atenção para essas ordens absurdas sobre penteados e a mediocridade de certos métodos de treinamento... A circular n° 3... etc..."

O fim. A comandante Berchanskaya: "Tamara Grigorovna Medjekova, tem vinte minutos para entregar sua mochila."

O relatório — escrito — da comandante Berchanskaya, redigido por ela mesma, afirmava: "A concepção dos deveres militares e o espírito de disciplina demonstrados até hoje pela estagiária Tamara Grigorovna Medjekova, voluntária das unidades femininas de aviação que estão sendo criadas, não deixam entrever qualquer esperança de contribuição positiva da mencionada estagiária ao esforço de guerra da nação, no contexto

ROSA DE STALINGRADO

dessas unidades. Uma imediata desmobilização — firmemente recomendada pela autora deste relatório — permitiria que retornasse a atividades mais próximas de suas aspirações profundas."

Que acontecera?

— A coisa se passou muito mal — relatou Elenora Babushkina. — Tamara saiu do gabinete da comandante adjunta à beira da histeria. Foi correndo para o dormitório para convocar uma reunião de informação. Tentamos acalmá-la, mas ela não queria saber de nada.

— O problema com as mulheres soldados — berrava — é que acima da patente de tenente não são mais mulheres, mas homens. Tão cretinas quanto eles! Quem quiser que adivinhe de quem estou falando.

A verdade obriga a dizer que, ouvindo estas palavras, metade das moças da assembléia olhou ao redor covardemente para se certificar de que não havia nenhum oficial presente na sala, e que, em seguida, algumas começaram a se afastar com negligência do grupo reunido ao redor de Medjekova, aparentemente tentando estabelecer entre elas e a oradora o máximo de metros possível num tempo decente, compatível com um mínimo de solidariedade feminina. Logo logo, permaneciam ao redor de Medjekova apenas as verdadeiras curiosas, desejosas de conhecer o resto da história, e as perversas, farejando sangue. O que apesar de tudo já era bastante gente.

Comentário do instrutor Naraksov, na presença de dois colegas, no café-da-manhã do dia seguinte, quando ficou sabendo da partida da camarada Medjekova. Dois dias antes, durante o primeiro vôo de U-2, ele fizera o cumprimento pesado sobre a beleza de Tamara, que não estava num bom momento. Ela tratou de colocá-lo no lugar sem rodeios. Em virtude do princípio segundo o qual o ataque é a melhor defesa, e atento a qualquer eventualidade, ele frisara por escrito alguns erros de pilotagem, para dizer a verdade mínimos.

— ...E pensar que eu me matei para entregar este relatório ontem! Talvez tenha sido um pouco duro com ela... Mas a franguinha de qualquer jeito tem um temperamento dos diabos. Não necessariamente desagradável. Eu devia ter barganhado minha indulgência com ela... Talvez tivesse conseguido até ganhá-la, apesar da primeira reação. Não me desagrada a resistência. E era uma garota linda... Agora, já era. Pena...

Nesse mesmo momento, Medjekova subia no trem para Moscou. Ida sem volta.

O episódio com Medjekova induziu Lily Litvak e algumas outras moças a tratar com mais tato o caso de Wanda Kalinkhova.

Ninguém seria capaz de contestar: a ucraniana tinha a mais bela cabeleira das mil e duzentas mulheres selecionadas para a Academia do Ar de Engels. Magnífica, densa, encaracolada, de um suntuoso louro veneziano, cor de um alvorecer de verão em sua terra natal, ela caía até a curva dos rins.

Quando Wanda leu a circular, teve um desfalecimento, foi levada para a enfermaria, e depois, de volta ao dormitório, chorou a noite toda.

No dia seguinte, no fim da tarde, na luz incerta do crepúsculo, pediu a sua melhor amiga, uma compatriota chamada Natacha, que se encarregasse do corte. Lágrimas nos olhos, a tesoura trêmula, Natacha obedeceu. Um círculo silencioso cercava as duas. Caiu uma mecha, depois outra.

Não houve uma terceira. Natacha debulhou-se em lágrimas, jogou violentamente a tesoura no chão e foi se atirar na cama. Wanda foi consolá-la. A visão das duas amigas em lágrimas, deitadas lado a lado nos lençóis cinzentos, desencadeou em todo o dormitório um movimento de revolta.

Decidiu-se que Wanda, naquela noite, preservaria sua cabeleira, e que já na manhã seguinte uma delegação iria procurar Marina Raskova, antes da primeira inspeção.

Lily, que procedera na véspera ao sacrifício de sua própria crina, foi incumbida de liderar a delegação, juntamente com Larissa Rasanova. Todas as integrantes deviam estar de cabelo cortado. A tesoura trabalhou até tarde da noite. Larissa ofereceu-se para falar primeiro. Proposta aceita por unanimidade: ela tinha uma facilidade de expressão que as companheiras invejavam. Lily, Larissa e duas outras moças, sensivelmente mais velhas — "para dar um certo peso à iniciativa" — fizeram questão de se antecipar meia hora ao clarim do despertar para passar em revista a argumentação.

Recebidas pela comandante, acompanhada de Yevdokia Berchanskaya, elas enfrentaram, para começar, o silêncio das duas oficiais, esperando que tomassem a palavra primeiro.

Larissa deu o salto no vazio:

ROSA DE STALINGRADO

— Camaradas, nós somos soldados mas também somos mulheres. Queremos ser pilotos ou aviadoras. Faremos exatamente o mesmo trabalho que as tripulações masculinas. Por amor à pátria, queremos ser consideradas como iguais, cumprir as mesmas missões que os homens. Mas, na terra, não queremos nos comportar como eles, nem parecer com eles. Queremos ser tratadas como homens, mas não somos homens. Para a maioria de nós, a cabeleira da cadete Kalinkhova é o símbolo de nossa feminilidade. Todo mundo a admira, muitas de nós invejamos Kalinkhova. Algumas gostam da camarada, outras, não, mas ninguém teve coragem de lhe cortar os cabelos, como ela pedia...

No próximo ano, partiremos para o combate sob suas ordens. Vocês entendem melhor que os homens o que tudo isto representa para nós. Nas próximas semanas, talvez nos próximos meses ou mesmo anos, essas moças vão passar por provas muito duras. Elas já sabem que temos pela frente um futuro terrível. Sabemos que haverá morte entre as camaradas. Foi o que vocês disseram a algumas de nós no primeiro encontro. Perguntaram se estávamos preparadas para isto. Acho que as que estão aqui, em Engels, afirmaram, em sua esmagadora maioria, que estavam dispostas a dar a própria vida. Hoje, todas sacrificaram seus cabelos. Não tem grande importância, sabemos, mas também é muita coisa... Elas obedeceram. Qualquer que seja sua decisão esta manhã, vamos obedecer de novo. Mas, comandante, não haveria possibilidade de abrir uma exceção, uma só?

Só neste momento Lily notou que sua "chefe", que habitualmente apanhava os cabelos em coque, não o estava usando. Não soube na hora se devia ver nisso um bom ou um mau presságio.

A grande aviadora refletiu e consultou a adjunta com uma rápida olhadela. A outra abanou brevemente a cabeça em sinal de desaprovação.

— Digam a Wanda que venha aqui — disse simplesmente Marina Raskova.

Wanda Kalinkhova foi autorizada a preservar a cabeleira, com a condição expressa de nunca mostrá-la. Teria de mantê-la oculta sob o barrete ou o boné de uniforme do amanhecer ao crepúsculo. Ficou entendido também que, em caso de desfile ou inspeção, ela nunca ocuparia a primeira fileira.

Capítulo 33

Formação política

Engels, sessões políticas.

Durante as sessões de formação política, algumas conferências impressionaram Lily. Ela se lembrava particularmente de uma conversa em que um grupo de moças fazia perguntas, depois da exposição, a um oficial da direção política do Exército.

— Mas havia comunistas na Alemanha antes da guerra. E ainda há atualmente — exclamou Ducie Nosal, estudante de vinte e dois anos que era considerada uma das intelectuais do grupo, porque estudava sociologia política.

— Sim, e também há comunistas no Exército alemão que nos invadiu — respondeu o oficial, concordando com a jovem. — Havia comunistas, autênticos socialistas, homens de esquerda sinceros. E daí?

— Por que não fizeram nada? Como é que podem apoiar não só a agressão fascista, mas uma barbárie sofrida cotidianamente pelos que estão na frente de batalha?

— E que poderiam fazer, em sua opinião?

— Não sei... No caso dos militares, desertar, unir-se a nós. O proletariado, a classe operária e camponesa, somos nós, e não os seus supostos nacional-socialistas.

— Suponhamos que eles decidissem depor armas. Suponhamos até que não caíssem na suspeita da polícia nazista, que não fossem detidos, pois, nesses casos, é na melhor das hipóteses o pelotão de fuzilamento, e na pior, tortura e bala na nuca. Suponham então que atravessassem as linhas e chegassem até nós. Que destino poderíamos lhes reservar? Se se entregassem a nós, não teríamos tempo de verificar o que diriam, de confirmar suas declarações. Elas inclusive nos pareceriam suspeitas. Investigações? Demoradas demais. O tempo é mercadoria rara. Eles seriam descartados. O NKVD faz isto muito bem. É terrível, mas é a lógica da guerra: em nossa situação, não podemos correr nenhum risco, nenhum. Interceptamos uma carta de um camarada comunista alemão a um outro camarada, que ficara em Colônia. Que escrevia ele?:

"Você receberá esta carta pelo canal habitual — é menos arriscado do que supõe. Mesmo admitindo que fosse possível encontrar o autor da carta que escrevo, não poderia sentir-me mais seguro do que no lugar em que me encontro. Kline fica quarenta quilômetros ao norte de Moscou, faz um frio dos diabos. Ninguém, nem sobretudo a polícia política do cabo austríaco, teria vontade de vir me buscar aqui. Nem sei quantos camaradas morreram porque arriaram as calças para cagar e a merda congelou no cu. Lutamos na base de um contra dez russos, que morrem cantando. Mesmo se toda a Gestapo viesse me procurar, meu chefe de sessão não me deixaria ir. Sou muito necessário aqui na metralhadora. É verdade que atiro no proletariado, na elite da classe operária e camponesa, alegremente sacrificada por Stálin por ter sido enrabado pelo austríaco[67] com seu pacto. Muito embora, em minha opinião, os mongóis arrebanhados na Sibéria que tenho diante de mim não devam ter ouvido falar muito do *Capital*!

Voltando às recomendações dos camaradas de que me falou o Feldwebel Wagner ao voltar da frente, depois de quatro dias de licença generosamente concedidos pelo comando (sete dias de licença, segundo o *ausweiss*, mas com três dias de viagem), é realmente fácil dizer: deponham armas! Você acha que os russos nos poupariam? Você é um homem inteligente: por que não se exige de nossos amigos na Alemanha que se recusem a fabricar munições, material de guerra? Porque é impossível, se não quiserem perder a vida. Aqui, é a mesma coisa. Que parem então de nos dar conselhos... Era em 1932 que teríamos de ter feito alguma coisa. Foi esta a oportunidade perdida. Dez anos atrás, seria possível agir. Estão nos pedindo apenas um tributo sem importância: nossa vida!"

— Como vêem, não é preciso acrescentar nada — concluiu o oficial. Elas todas estavam mudas.

Capítulo 34

Às portas de Moscou

Fim de novembro, a batalha por Moscou.

"Só pudemos ver com muito atraso — mais de dez dias — nas reportagens cinematográficas a grande parada de 7 de novembro na Praça Vermelha", escrevia Lily à mãe no dia 17. "Era impressionante. As imagens nos levantaram muito o moral e aumentaram nossa determinação... Yuri assistiu? Se assistiu, eu o conheço muito bem, vai querer se alistar para combater nos tanques! Mas diga-lhe que a aviação é melhor!"

A guerra era intensa, mas a fé não esmorecia. E os russos resistiam com uma garra que os estrategistas alemães não haviam previsto. Embora se aproximassem da capital, as tropas nazistas não avançavam com a velocidade esperada. Em Engels, todos comemoravam; em Moscou, fazia-se tudo para mostrar que, apesar do perigo, nada mudava, nem a determinação, nem as tradições.

O desfile na Praça Vermelha fora desejado e decidido por Stálin.

Na tribuna, ele presidia. Não obstante o perigo que já agora incidia diretamente sobre Moscou, a parada não podia ser cancelada. Era necessária para preservar o moral da tropa e da população civil. As estrelas do desfile eram os novos tanques T34, cujo surgimento na frente de batalha nas últimas semanas semeara verdadeiro pânico nas fileiras alemãs. Na batalha psicológica, tudo tinha sua importância.

O soldado de infantaria, qualquer que seja seu uniforme, é o mesmo em todos os Exércitos do mundo. Enquanto dispuser de armas que lhe permitam defender-se bem, manterá sua posição. Mas basta que intervenha um adversário desconhecido contra o qual se sinta impotente, e ele só vê salvação na fuga. As grandes debandadas históricas — os lanceiros contra os arcabuzes e os primeiros canhões, os astecas diante dos cavalos de Cortez, os tanques e a artilharia contra os Stukas — tiveram origem muitas vezes nessas descobertas ao mesmo tempo raras e inesperadas. Pois foi a experiência que tiveram os infantes da Wehrmacht nas planícies russas, ao dar com os primeiros T34 saindo dos bosques no outono de 1941. A exemplo do marechal Joffre, que proclamava, na frente francesa de 1917: "Estou esperando os americanos e os tanques", Jukov, diante de Moscou, esperava por sua vez "os siberianos e o T34".

Entre uma e outra marcha militar, os alto-falantes informavam à população moscovita e internacional que os tanques que podiam ver deixando a Praça Vermelha iam diretamente para a frente. As câmeras se detinham nas silhuetas marciais dos comandantes dos tanques, com o peito aparecendo nas torres blindadas, e nos rostos com expressão deslumbrada captados em primeiro plano na multidão.

Na sala de projeção, as moças ficaram mudas diante da carga emocional das imagens, às vezes também de sua grandiosidade.

No dia 19 de novembro, o momento não era mais de paradas, mas trágico. Com os termômetros marcando -20°, os alemães lançaram uma nova ofensiva em direção a Moscou. Tomaram Kline a 23 de novembro, o que significa que estavam a 40km dos subúrbios da capital.

Os combates foram furiosos, encarniçados, os mais mortíferos da guerra. Uma vanguarda de motociclistas alemães chegou inclusive aos subúrbios de Khimski. Moscou ficava a oito quilômetros. Em Tula, como em Kline, os reforços enviados pela *Stavka* conseguiram conter o avanço *in extremis*. Dois generais salvaram Moscou: o general Jukov e o general Inverno.

O frio, na verdade, era o principal aliado dos soviéticos. Com -25° ou -30°, os motores dos tanques inimigos se recusavam a funcionar, os canhões e metralhadoras ficaram inutilizados pelo frio. Multiplicavam-se as baixas por frieira. Assim foi que os russos conquistaram certas posições sem combater. Como não haviam recebido roupas de inverno — Hitler previra uma *Blitzkrieg*, uma guerra-relâmpago —, os soldados alemães morreram simplesmente de cansaço e frio, à noite, em suas tocas de vigilância, contando apenas com o capote regulamentar e "protegidos" por uma simples lona de tenda.

Na realidade, os alemães ficaram confusos com o inimigo que tinham de enfrentar. Às vezes, seções inteiras de russos se entregavam, confessando que não acreditavam mais em Stálin, e que eles, os *Ruski*, estavam *Kaputt*. Na mesma noite, no entanto, a quinhentos metros de distância, outros soldados vermelhos resistiam até o último homem, não hesitando em se lançar contra o alemão com várias granadas nas mãos, que explodiam com eles quando se jogavam contra o inimigo. Outros preferiam estourar os miolos a se entregar.

E, por sinal, uma carta encontrada no cadáver de um alemão chegou a Moscou, traduzindo esta incompreensão. Uma carta datada do fim de novembro, que Vassili Karev teve oportunidade de ler. Endereçada aos pais, não pudera ser concluída: "Quando a gente pensa na maneira como os russos tratam nossos feridos que caem em suas mãos, ficamos achando que não conseguiremos mais fazer prisioneiros entre eles. Mas muitas vezes ficamos com pena desses pobres diabos, que ao caírem em nossas mãos se prosternam diante de nós e nos imploram, tremendo de medo, com lágrimas nos olhos, que os poupemos. Alguns chegam até a nos beijar as mãos, de gratidão por não terem a garganta cortada, como lhes haviam dito seus comissários. A que fanatismo diabólico e desumano não eram submetidos esses homens, debaixo do tacão dos *politruks*! Muitas vezes sou tomado de uma raiva federal contra o regime soviético e tentado a jurar que temos de extirpar essa peste bolchevique pela raiz..."

Esse aí nunca mais vai extirpar nada, pensou, nada caridoso, Vassili, tomado também por sua própria "raiva federal", alimentada pelos muitos relatos que ouvira sobre as barbaridades cometidas pelos nazistas em seu país!

Capítulo 35

Inspeção

Engels, 1º de dezembro de 1941.

Um vento glacial castigava a praça de armas. As alunas estavam reunidas há mais de meia hora no frio. A maioria enterrava o gorro até as orelhas, mas algumas preferiam continuar por mais algum tempo com a cabeça descoberta.

— Vamos congelar — queixavam-se as "sulistas", ucranianas, moldavas e caucasianas, observando com certa admiração as companheiras do Norte ou provenientes da Sibéria conversarem animadamente com os cabelos ao vento, sem parecer nem de longe incomodadas pelos turbilhões de ar gelado. Embora a manhã já chegasse ao fim, não havia aviões no céu. Motivo: inspeção do general comandante do 10º Exército Aéreo, ao qual estava subordinado o centro de instrução de Engels.

— Atenção! — gritou alguém.

De um só movimento, as moças puseram ou ajeitaram o gorro.

— Sentido! — berrou uma suboficial. Sua voz, que deveria aterrorizar a tropa, soou terrivelmente fina, provocando alguns risinhos.

— Até as ajudantes estão com medo — zombou discretamente a gaiata de São Petersburgo, que minutos antes fizera sucesso ao observar que, com seus uniformes grandes demais e a cabeça raspada, elas pareciam "gurias de quinze anos saindo de uma sessão de limpeza de piolhos na escola".

— Perfeito — retrucara uma outra: — Com um pouco de sorte, seremos devolvidas a nossas famílias!

Dominada a tentação do riso descontrolado e dos apartes espirituosos, elas se imobilizaram.

Por trás da imobilidade dos rostos, as da primeira fila, mais próximas das portas do prédio, viram surgir o grupo de oficiais.

Lily, encoberta por Marussia Tjurgan, uma cazaque gigante de um metro e oitenta e cinco, feia de doer, mas que caíra nas graças das companheiras por seu coração na mão, conseguiu ainda assim distinguir um homem robusto, de pouca altura, o rosto vermelho e pouco atraente, que se aproximava a passos firmes. Caminhando a seu lado, Marina Raskova era obrigada a apressar o passo para não ficar para trás. Os dois eram seguidos, a três metros de distância, por membros do Estado-Maior e militares mais jovens, provavelmente ajudantes de campo, segundo logo avaliou Lily, mais familiarizada, graças ao convívio com Vassili Karev, com a organização do Exército.

Sua atenção foi especialmente atraída por um deles, logo classificado como "perfeitamente consumível". É bem verdade que os rapazes lhe pareciam tão distantes há um mês que ela se sentia disposta a achá-los todos umas gracinhas. Quanto ao general, parecia ostentar uma expressão menos azeda à medida que avançava e começava sua inspeção propriamente dita. Sua atitude mostrava já agora claramente um certo interesse por algo que dois minutos atrás parecia considerar uma maçada sem nome.

"E por que haveria de reclamar?", pensou Lily. "Afinal, não é todo dia que ele depara, no mesmo lugar, com tantas garotas de vinte anos que não são todas assim tão feias, muito pelo contrário. Sejamos justos", prosseguiu ela com seus botões, "com uniformes tão elegantes e Tjurgan no posto de primeiro sargento, seríamos capazes de botar para correr um regimento de tanquistas tártaros!"

O grupo de oficiais deteve-se. O general fez perguntas a uma aluna. Como a cena se passava a dois metros, Lily percebeu nitidamente que, enquanto se dirigia à interlocutora, ele dava rápidas olhadelas numa outra recruta que estava na terceira fila, pela qual já havia passado — ... e que era ninguém menos que Wanda, a menina dos cabelos de ouro.

Lily fez uma careta.

De repente, o general interrompeu a conversa e voltou atrás. Reinava um silêncio boreal. Lily tinha a impressão de que até o vento se abstinha de soprar.

O chefão deteve-se diante de Wanda e ordenou que saísse da formação.

A jovem, pálida como a neve em que pisava, obedeceu.

— Apresente-se!

— Aluna-piloto Wanda Kalikhova. Centro Feminino de Instrução Aérea. Primeira companhia.

As botas e a neve sufocaram o bater de calcanhares em que a bela ucraniana investira todo o seu fervor militar.

— Tire o gorro.

— É realmente necessário, meu general? — balbuciou Wanda, tentando salvar-se de uma situação desesperada.

— Faço questão — mandou ele, com um leve sorriso.

Wanda não percebeu a sutileza. Aterrorizada, decidiu-se a tirar o boné. Em seu nervosismo, arrancou a touca que prendia a cabeleira, que deslizou ondulante para os ombros.

Silêncio subpolar na praça de armas. O general, fechado como o busto de Vespasiano no museu de Leningrado, nada disse. Lentamente, circundou Wanda, tesa em sua posição de sentido. Em seguida, voltou-se para a companhia enfileirada e ordenou a três jovens, escolhidas ao acaso, que também tirassem o gorro.

Elas obedeceram. Quis o azar que duas delas, autênticas CDFs, querendo mostrar serviço, apresentassem os crânios com cabelos de três milímetros de comprimento.

O general voltou em direção a Wanda, que tentava escavar o chão com os dedos dos pés, querendo desaparecer. De repente, o oficial deu uma gargalhada. Uma gargalhada russa, enorme, sem fim, estrepitosa. Os circundantes imitaram, três tons abaixo — para respeitar a hierarquia. A comandante Berchanskaya também emitiu um riso, gênero soluço discreto.

— Finalmente uma mulher de verdade! — urrou o general.

"Por motivos que só ele conhece", pensou Lily, "deve estar querendo ser ouvido até em Moscou."

Voltando-se para Marina Raskova, cujo sorriso imediatamente congelou, ele perguntou:

— Por que essas moças todas cortaram o cabelo?

— Regulamento do Centro de Instrução — conseguiu ela dizer.

— Pois bem, é um regulamento imbecil.

Seu olhar imediatamente varreu o grupo de oficiais, que, corajosamente, responderam com um silêncio perfeito.

— Uma mulher sem cabelos é um cavalo sem crina. As mulheres russas são as mais belas do mundo. Que fiquem com suas crinas!

Nesse ponto, Lily teve de concordar, embora não soubesse muito bem como interpretar a comparação. A seu lado, Galia Boordina parecia adivinhar seus pensamentos:

— Me segura que eu vou relinchar!

Estranhamente, considerando-se o lugar e a hora, Lily esperava que, em Moscou, as orelhas de Vassili ardessem — ele, que só jurava pela beleza das espanholas e das francesas. Em seguida, lembrou-se de sua cabeleira imolada no altar da disciplina — e da imbecilidade, como acabava de ser informada —, da qual restava apenas uma longa mecha loura repousando entre as páginas do Suvorov que ganhara de Vassili antes de deixar Moscou.

Assim foi que decidiu, neste exato momento, que sua crina recuperaria rapidinho os centímetros adequados ao seu tipo de beleza.

Capítulo 36

As deusas do ar

Engels, inverno de 1941.

Para matar o tempo à noite, depois do trabalho, ou nos dias de tempo ruim, quando o frio glacial do inverno deixa no chão os aviões — com os tanques e radiadores esvaziados de gasolina, óleo e água, para não haver congelamento —, as moças promoviam votações secretas. Relacionavam as beldades do grupo, fazendo prognósticos sobre quem seria caçador, navegador, operador de rádio ou bombardeiro.

Houve inclusive, no início, a lista das mecânicas, mas logo se descobriu que dela constavam sobretudo as moças mais impopulares, o que transformava o documento numa espécie de escoadouro de ódios pessoais.

Yevdokia Berchanskaya considerou portanto útil, certa manhã, proceder a uma intervenção. Assunto: o dever de solidariedade e a complementaridade das missões.

— Sem mecânico — lembrou a comandante adjunta —, os pilotos não voam. Sem seus mecânicos, eles morrem.

Seu tom foi suficientemente convincente para que desaparecessem os prognósticos sobre "quem será mecânica". Ela voltou às questões dessa conversa quando, depois das orientações, teve de fazer algumas delas engolir a pílula.

Uma lista das *Deusas do Ar* — nome do quadro de honra das beldades do grupo — fazia enorme sucesso. Era questionada com o passar do tempo e as mudanças de humor, assumindo a forma de um pastiche das circulares oficiais.

"Centro Feminino de Instrução Aérea de Engels.
Assunto: Lista das "Deusas do Ar"
Relação das cinco mais belas mulheres do CFIA.
(por ordem alfabética)
BOORDINA, Galia
DOLINA, Marina
KALINKHOVA, Wanda
MAKARIEV, Albina
MEKLIN, Natalia."

Kalinkhova era *hors concours*: preservada, sua cabeleira esmagava a concorrência.

Boordina comovia com seu rosto de criança.

Dolina era bela, esbelta e graciosa. Havia estudado dança, caminhava como uma rainha, tinha sua corte.

A boca de Makariev despertava inveja. As meninas costumavam dizer que se o júri fosse composto de homens, ela teria acabado com a hierarquia.

Entre Natalia Melkin e Lily Litvak, a luta pela quinta e última colocação da lista foi encarniçada, a votação, apertada, a apuração, contestada. Os boletins foram recontados: Meklin confirmou sua vantagem por um voto.

Cada uma das *Deusas do Ar* recebeu de presente de Natal uma linda coroa de tecidos trançados de cores diversas. Sua confecção levara vários dias.

Na falsa circular, uma frase fora acrescentada por uma redatora anônima: "Admiradores e admiradoras: não mandar cartas." O que não impediu as eleitas de receber clandestinamente algumas missivas secretas: cartas inflamadas de homens da base, que haviam tomado conhecimento do concurso, declarações de admiração de camaradas estagiárias, quase sempre anônimas, mas nunca muito distantes das palavras de amor, bastando para isto ler nas entrelinhas.

No primeiro dia do ano, surgiu uma outra lista: o resultado do concurso de prognósticos "Quem será piloto?"

Cada aluna devia escrever dez nomes numa folha de papel a ser entregue às apuradoras. Na contagem, esboçou-se uma hierarquia. Litvak

ROSA DE STALINGRADO

chegou em segundo lugar, empatada com Marussia Tjurgan e atrás de Olga Yemchekova. Ina Pasportkina, a amiga de Lily, tendo ficado *apenas* em décimo lugar, não escondeu sua decepção.

Esse quadro de honra também foi contestado. Para começar, Olga Yemchekova chegara a Engels no fim do mês de novembro, e além do mais, com mais de trinta anos, já antes da guerra era uma piloto experiente. Por outro lado, como freqüentemente estava associada às decisões do Estado-Maior do Centro de Instrução, diziam os boatos que seria nomeada comandante de um dos regimentos a serem criados. "Por que também não incluir Raskova na lista?", protestavam as que achavam que ela devia ter sido considerada *hors concours*.

Quanto à cazaque Marussia Tjurgan, era uma força da natureza. Acabavam de ter início os vôos de treinamento no bombardeiro leve P-2. Este bimotor tinha a particularidade de duas hélices girando no mesmo sentido, para a esquerda. Conseqüência imediata: à potência máxima, na decolagem, o aparelho era exageradamente impulsionado para a esquerda. obrigando o piloto a compensar fortemente para a direita, para impedi-lo de sair da pista. Esta prova de força era decidida no manche e exigia muita destreza, para evitar a perda de velocidade e de trajetória no solo ou a perda de sustentação no momento de levantar vôo. O P-2 comportava uma tripulação de três — piloto, navegador e radiometralhador —, e muitas vezes o piloto tinha de pedir ao navegador que sentasse a seu lado para ajudá-lo a puxar o manche. Essas criancices eram motivo de riso para a gigante cazaque, que tratava o P-2 como os homens da sua terra tratavam os cavalos rebeldes: punho de ferro e nada de contemplação.

Num espírito de abertura, por iniciativa de Ducie Nosal, a "intelectual" que estava por trás da criação desses "clubes", as cinco supostas "mais prováveis pilotos" foram imediatamente designadas também *Deusas do Ar*, que assim, por esta decisão administrativa, dobravam de quantidade.

Na qualidade de sexta "mais bela mulher" e segunda "piloto de caça potencial", Lily foi declarada vencedora. Teve de fazer um discurso e jurar solenemente que se casaria "o mais tarde possível e teria muitos aviadorezinhos".

Capítulo 37

O conferencista que dá arrepios

Centro Feminino de Instrução da Força Aérea Soviética, 20 de dezembro de 1941.

Nas paredes da sala, o conferencista, um capitão, afixara fotografias e silhuetas de todos os aviões militares alemães em serviço na frente soviética. Encerrou sua exposição falando do bombardeiro de mergulho Junker 87, o famoso "Stuka", que desempenhara um papel capital em todas as campanhas nazistas desde o início da guerra e continuava sendo o terror das tropas e populações soviéticas, especialmente pelo apito de uma sirene que, instalada em seu trem de pouso fixo, destinava-se a aumentar o efeito psicológico do bombardeio.

— Gostaria de terminar com uma anedota que deverão guardar na memória — concluiu o oficial. — Em agosto de 1939, dias antes da invasão da Polônia, um agente do nosso serviço de informações na Alemanha informa-nos que duas esquadrilhas de doze Junkers 87 cada uma participariam em breve de uma exibição aérea no aeródromo militar de Neuhammeram-Queis. Numerosos oficiais do Estado-Maior da Luftwaffe tinham sido convidados a assistir às manobras. O ponto alto da demonstração: um mergulho em formação a ser efetuado pelos vinte e quatro Stukas, pela primeira vez carregando bombas verdadeiras. Eram esperados os generais Wolfram von Reichthofen; Hugo von Speerle, que comandara a Legião Condor na Espanha; um dos ases da caça alemã, Bruno Loerzer. A nata da Luftwaffe. De binóculos em punho, essa gente toda viu os aparelhos — recém-saídos da fábrica — ganhar lentamente altitude, dar a volta acima do objetivo predeterminado e iniciar o longo mergulho através das nuvens, com as sirenes a todo vapor. Formação impecável.

Três dias depois, pelo mesmo canal, nossa central em Moscou recebeu o seguinte telegrama: "Manobras de Neuhammer-am-Queis: vinte e três Ju-87 se espatifaram."

Que acontecera? Foi o que ficamos sabendo depois, quando nosso informante teve acesso ao dossiê da comissão de investigação: a bruma que vinha surgindo desde o alvorecer na zona do objetivo se adensara, transformando-se num nevoeiro cinzento que chegava a mais de 1.000 metros de altitude. Os pilotos dos Stukas haviam sido prevenidos da presença de pesadas nuvens a 2.000 metros, mas, achando que acima do objetivo havia apenas uma leve bruma, acreditavam ter boa visibilidade no mergulho. Mergulharam portanto sem hesitar nas nuvens, mas, antes que se dessem conta, já estavam no solo. Resultado: chocaram-se com toda velocidade. Só um aparelho conseguiu deter-se a tempo. E enquanto ele ceifava os galhos de uma dezena de árvores, até conseguir com dificuldade recuperar altitude, ribombavam na floresta vinte e três explosões sucessivas.

Ernst Udet, o herói da aviação alemã na Primeira Guerra Mundial incumbido do desenvolvimento dos bombardeiros de mergulho, ficou, segundo se disse, horrorizado com a notícia. Mas quatro dias depois a Alemanha entrava em guerra, e ele não teve tempo de investigar outras imperfeições que acaso viesse a revelar esse aparelho de que tanto se orgulhava. Muito embora... me pareça que um especialista como ele, além do mais piloto de caça, devia ter lá suas dúvidas. E por sinal, se matou.

Menos de uma semana depois, a Luftwaffe mobilizava nove esquadrilhas — trezentos e trinta Junkers 87 no total — na invasão da Polônia. Onde fizeram uma fama injustificada, pelo simples motivo de que, na Polônia, como mais tarde na França, não enfrentaram qualquer resistência aérea séria.

Nada disto muda alguma coisa no aspecto técnico do problema, concluiu o conferencista: o Stuka é um aparelho lento, pesado, de concepção ultrapassada — especialmente em seu trem de pouso fixo —, extremamente vulnerável. Estejam certas de que algumas de vocês conquistarão seu primeiro título de glória mandando um Stuka para o Walhalla dos bandos nazistas. É pelo menos o que a Pátria-mãe, o Partido e o camarada Stálin esperam de vocês!

Ao terminar, a exposição foi saudado pelas jovens com aplausos prolongados.

O conferencista era o capitão Vassili Karev.

Lily não poupou aplausos.

Capítulo 38

O reencontro com Vassili

Mesmo dia, à noite, aldeia de Altdorf, perto de Engels.

Mesmo a 700 quilômetros de Moscou, a influência de Vassili se fazia sentir, pois Lily e Wanda Kalinkhova conseguiram com facilidade uma licença para aquela mesma noite. Wanda, a única estagiária que conseguira salvar a cabeleira, mostrara-se encantada ao aceitar a proposta de Lily de compartilhar com ela a saída noturna para a qual o "conferencista" — palavra que fazia Lily rir — as convidava. Ele estaria "acompanhado de um amigo". Wanda, que, como toda mulher bonita, estava acostumada a ter ao redor uma corte de admiradores, não se acostumava ao deserto em que se transformara sua vida, nesse terreno, há mais de dois meses. E agora, parecia que voltava a viver.

Vassili veio de carro apanhar as duas no posto da guarda da Academia. O motorista e a sentinela do NKVD trocaram algumas palavras, e a sentinela anotou cuidadosamente o número da placa do Zis.

Depois de abrir a porta para as duas moças, encantadas — desde o primeiro dia em que haviam atravessado aquele portão, tinham esquecido esse tipo de gentileza —, Vassili ofereceu-lhes o primeiro presente da noite: no banco traseiro do carro, elas encontraram dois casacos de pele. O termômetro chegava perto de -30°, e Vassili dispusera de um tempo maior para sua conferência, pois as atividades externas das estagiárias estavam reduzidas ao mínimo. Antes de sair, desesperadas mas realistas, Lily e Wanda tinham precisado resignar-se com a elegância possível, jogando um espesso capote sobre os dois mais belos vestidos do seu tamanho que haviam encontrado na feira de roupas espontaneamente instalada assim que se espalhara a notícia de sua licença. Vendo aquele mimo, no entanto, elas recuperaram o sorriso.

O oficial, que se sentara na frente, ao lado do motorista, voltou-se para elas:

— Emprestados, infelizmente, e não dados — esclareceu, antes que a ilusão fosse adiante. — Como vocês, eles só estão de licença até a meia-noite.

— Onde foi que os encontrou? — não conseguiu segurar-se Lily, já tirando o capote para se envolver voluptuosamente na raposa.

Para evitar qualquer comentário maldoso, Karev decidiu ser vago:

— Segredo militar.

Sua curiosidade, assim, ficava no ar, e continuaria a devorá-las durante vários dias, alimentando não poucas conversas.

— Nada de restaurante esta noite! Vou levá-la a um lugar-surpresa. Mais íntimo, menos oficial, onde talvez possamos esquecer a guerra durante três horas. Nosso amigo nos espera lá.

Wanda registrou o "nosso". Pareceu-lhe um bom presságio.

A limusine deixou Engels e percorreu uma dezena de quilômetros até chegar a uma pequena aldeia chamada Altdorf, com umas dez casas. A Zis deteve-se diante de uma delas, afastada da pista.

— Precisamos conhecer — observou Lily, fazendo beicinho e limpando o vapor do vidro para enxergar do lado de fora.

— E tua famosa visão noturna? — ironizou Vassili.

— Não estou vendo nenhum escapamento de gás de motor de avião.

— Melhor assim. Considerando-se o estado de nossa aviação, certamente seria um alemão.

— Nem mais uma palavra contra nossos queridos FAS — protestou Wanda. — Atentado ao moral das futuras tropas.

— Não, lucidez de oficial do Estado-Maior.

A dureza do inverno nunca meteu medo nos camponeses russos, mesmo nas regiões mais frias. Graças ao carvão, à madeira ou à turfa, sempre é possível acender um fogo. Mas o que chamou atenção das moças ao descer do carro foi o silêncio e a ausência de fumaça saindo das chaminés das casinhas e dos poucos isbás. Apesar do frio glacial, a chaminés de Altdorf pareciam mortas. Wanda foi a primeira a notar. E acrescentou que, com a neve acumulada acima, elas pareciam ter o dobro da altura normal. O toque de recolher aumentava a sensação de ausência de vida em toda a aldeia.

Lily e Wanda se encolheram, apertando o casaco de pele.

Lily tranqüilizou-se no instante seguinte ao distinguir afinal uma fina fumacinha, reta e tênue como um *i* no ar gelado, escapando pela chaminé do chalé indicado por Vassili. "Mais uma sorte", pensou Lily, que por breve momento temera que os casacos emprestados se destinassem a compensar a ausência de uma lareira em funcionamento.

Vassili tomou a frente, abrindo uma estreita trilha para as moças no caminho cheio de neve acumulada pelo vento. Ele havia liberado o motorista, dando-lhe alguns rublos e marcando encontro às 23h30, com a ameaça de ser mandado para a frente de guerra se voltasse bêbado. Dava para sentir que não estava brincando, e o motorista aparentemente entendeu. Apesar da altura da neve, pelo menos cinqüenta centímetros, Karev parecia insensível ao frio. Como sempre, claudicava ligeiramente. Seu coxear comoveu Lily mais do que ela teria imaginado. Quando ele falava, um espesso vapor saía de sua boca com as palavras.

Aberta a porta da casa, uma onda de calor acariciou-lhes o rosto. Era agradável.

Eles entraram. Numa peça situada ao fundo, Lily percebeu o reflexo avermelhado do fogo de uma lareira. Eles estavam num pequeno saguão, decorado com gosto. Elegância rústica. A casa devia pertencer a um proprietário abastado.

— Depois das peles, a dacha! Como é que foi arrumar este lugar, capitão? — perguntou Lily, sarcástica.

A ausência de informações sobre os casacos de pele ainda lhe estava atravessada na garganta, e, para resumir, ela suspeitava da presença de uma mulher por trás de tudo aquilo.

— Depois do êxodo forçado de nossos concidadãos alemães — respondeu Vassili sem perder o rebolado —, muitas aldeias e até mesmo algumas cidades pequenas da região ficaram sem viva alma. A polícia, o Exército, os Comissariados do Povo, o Partido e os Estados-Maiores dos *kombinats* dividiram o bolo. É o caso de Altdorf. Aqui, foi o exército que requisitou as casas, passando a utilizá-las de acordo com suas necessidades: conferências, reuniões de trabalho, encontros discretos, convalescença de oficiais superiores, licenças etc. As instalações não foram problema, pois os alemães sempre cuidam muito bem de suas casas. Mesmo vivendo em condições modestas, eles são muito asseados e não raro bem jeitosos. O Exército se instalou sem hesitação e sem precisar pregar um prego...

— Não dá para se orgulhar — disse Lily.

— Tem razão, *mademoiselle* (ele empregou a palavra francesa) respondona.

Eles entraram no salão, iluminado apenas pelo fogo da lareira. Para surpresa de Lily, de uma poltrona bem em frente ergueu-se um homem alto, que lhes deu boas-vindas. Lily deu-lhe alguns anos mais que Vassili, mas podia estar enganada: o rosto cavo, os olhos afundados nas órbitas, com olheiras fundas, certamente o envelheciam. Apesar do aparente cansaço, ele tinha sua sedução: bela cabeça, porte atlético, voz de baixo capaz de deixar em transe suas coleguinhas de Engels.

Vassili fez as apresentações:

— Meu amigo Stepan Germanovitch.

— ...Kiritchenko — acrescentou o oficial.

Lily ficou paralisada de surpresa.

— É você! — disse, simplesmente.

Stepan fingiu procurar alguém atrás de si.

— Hmmm!... Sim, acho que sou eu...

Recuperando-se da surpresa, ela se saiu com uma gracinha, meio admirativa, meio compadecida:

— Não seria meio difícil de usar, nos tempos que correm?

— Um nome ucraniano e um patrônimo alemão? Não, em absoluto — riu ele. — Mas de qualquer forma meus avós podiam ter sido mais inspirados.

— Não vão agora deixar que ele as apanhe no controle de identidade — gracejou Vassili —, caso contrário, ficaremos aqui o resto da noite! Stepan, traga-nos vinho...

Wanda, que parecia petrificada pelo olhar do belo oficial, não dissera uma palavra.

Lily tranqüilizou Stepan:

— Mas pode estar certo de que ela fala!

A jovem russa voltou à terra. Sacudiu as melenas loiras num amplo movimento de cabeça. Era a prova de que estava novamente alerta. Quanto ao brilho de seu sorriso, significava sem qualquer margem para dúvida que acabava de tomar o rumo da guerra.

— Faz quatro anos que eu conheço Vassili — disse Lily. — Você é o melhor amigo dele, e no entanto ele nunca nos apresentou.

— Sou o primeiro a lamentar. Mas você o conhece bem, sabe que é um homem discreto. Devemos reconhecer também que estes últimos meses não se prestaram propriamente para mundanidades.

— Eu sou como Ivan, o Terrível — explicou Vassili com voz sepulcral. — Preservo com muito cuidado os meus tesouros! Este sujeito, meu amigo, é um predador. Basta ver seu nariz, as mandíbulas... a ausência de escrúpulo.

Wanda adorou o arrepio que sentiu passar-lhe pela espinha.

— Não sei do que nem de quem ele está falando — retorquiu Stepan.

— Esqueça — sorriu Lily... — Mas você é testemunha: eu sou o tesouro do camarada Karev. Devo esclarecer, no entanto, que embora o proclame assim, publicamente, nunca me confidencia a mesma coisa em particular. Em sua opinião, capitão, haveria uma explicação?

— Poderia sugerir duas ou três, mas a solidariedade masculina me obriga a calar.

— Quando existem três boas razões, é que não há nenhuma.

— Vassili, por favor, me ajude... A frente de guerra não nos preparou para enfrentar semelhante adversária!

— Basta dizer uma palavra.

— Pois bem! Que me sirvam mais uma taça de vinho!

— Não, a mim, não — recusou Wanda. — Quero ficar com a cabeça fria.

— Ela realmente não pensa numa só palavra do que está dizendo. Conheço-a bem, estou lendo em seu olhar pensamentos inquietantes.

O fogo ardia na lareira. Embora todos tivessem jurado banir o conflito da conversa — "Vamos esquecer essa porra dessa guerra pelo menos por uma noite", exclamara Vassili —, Stepan não pôde esquivar-se às perguntas de Wanda sobre sua experiência na frente. Ela provocou uma onda de protestos. Decidiu-se abrir uma exceção, desde que a anedota não tivesse continuidade. Stepan, para livrar a cara da admiradora, propôs-se a dizer duas palavras sobre seu batismo de fogo e parar por aí. Proposta conciliadora logo aceita.

— Um veículo leve do regimento foi me buscar à chegada do trem. Quarenta quilômetros de estradas e caminhos intransitáveis, parando a cada quilômetro para dar passagem a um grupo de refugiados grande demais para ser atravessado pelo veículo. A principal distração do passeio é o mergulho nas valas a cada investida dos caças alemães que atacam em vôo rasante, metralhando tudo que se mexe. Nas primeiras vezes, a gente sai correndo para se atirar no chão, mas acaba se cansando. O motorista, de saco cheio dessas paradas-mergulho, nos sugere seu método pessoal. Não pouco preocupado, eu aceito. Lá vem mais um par de Messerschmitt em busca de clientes: o motorista inaugura sua famosa técnica: enfiar o pé no acelerador e sair a toda pelo caminho de pedras... Para dizer a verdade, os dois Messerschmitt deviam ser menos perigosos. O estafeta, encarregado de me levar ao posto de comando do regimento, enterra a cabeça e protege a nuca com as mãos.

O ruído das explosões e dos tiros de canhão logo deixa claro que estamos na frente de batalha. O veículo não pode ir além. "Minha missão acaba aqui", explica o motorista, num tom que parece sugerir que já fez mais que o seu dever. Desço então na lama, em companhia do meu fuzileiro, que vai à frente para me mostrar o caminho. Passamos diante de uma bateria de "Ratschbum", nome dado pelos alemães a nosso caro canhão antitanque e antipessoal de 76,2mm e tiro rápido, cujo projétil voa tão rápido que os Fritz o ouvem chegar — "ratsch" — antes do ruído do tiro — "bum". Não gostam nada dele, pois já causou bons estragos.

ROSA DE STALINGRADO

Quanto a mim, fico reconfortado com sua presença. Curvados ao meio, continuamos avançando aos saltos, pois os obuses não param de estourar ao nosso redor. Seria muita cretinice que os dois fôssemos atingidos pelo mesmo projétil, e além do mais, contrário ao manual! Um silvo... e eu mergulho. Quando vejo, estou inconscientemente cavando o chão com as unhas, para tentar me esconder mais fundo na terra. Não tenho motivos para me orgulhar... A gente perde o hábito depressa... Mas volta! Explosão — bem perto. Meus tímpanos explodem em minha cabeça, tufos de terra caem sobre mim. O tiro não caiu longe. Ergo a cabeça, chamo meu fuzileiro. Nada de resposta. Estou de joelhos. Ninguém. Mas no lugar onde ele estava, não há mais nada, rigorosamente nada. Um funil cavado pelo projétil, que atingiu o sujeito em cheio. Ao fundo, pedaços de uniforme, metade de uma bota e a ponta da coronha do seu fuzil: os alemães também têm o seu "ratschbum"! Os projéteis continuam caindo ao meu redor. E agora é coisa pesada: pelo barulho, são os de 155mm! Rolei feito bola para o fundo do buraco onde se volatilizou meu companheiro: em princípio, os obuses nuca caem duas vezes no mesmo lugar. Pura besteira, mas era a "trincheira" mais próxima do lugar onde eu estava. Aí está... Meu primeiro passeio na Segunda Guerra Mundial...

— E é assim todos os dias? — perguntou Wanda.

Boa espectadora, ela tremera pelo herói ao longo de toda a narrativa. E por sinal, se apaixonara imediatamente — ou pelo menos era a impressão de Lily.

— Não esta noite, por exemplo! — respondeu Stepan sorrindo.

O que Stepan não dissera, sabia Vassili, é que, ao chegar à frente, ele fora apanhado numa das maiores batalhas da guerra. Entre Kiev e Romny, num teatro de 300Km de diâmetro, enfrentavam-se seis Exércitos. Os alemães do general Von Rundstedt, comandante do grupo de Exércitos do sul, apoiados pelas divisões blindadas de Guderian, que, tendo fracassado na investida contra seu objetivo original, Moscou, fechavam um laço em torno de cerca de um milhão de soldados soviéticos. Uma hecatombe.

E por sinal, o Alto-Comando da Wehrmacht publicou um boletim oficial sobre sua vitória apocalíptica: 665.000 prisioneiros, 884 tanques russos destruídos, 3.718 canhões postos fora de combate. Naturalmente, eram números inflados, como sempre fazem os vencedores, mas ainda assim... "Uma vitória como a História jamais viu até o momento", concluía o boletim.

Prevendo a volta do amigo, que sabia encontrar-se lá — e talvez para atrair a sorte —, Vassili separara uma cópia da carta pessoal que o "Grande Mentiroso" dirigira às tropas vitoriosas, na euforia da vitória:

"Soldados da frente Leste,

Desde que lhes ordenei, no último dia 22 de junho, que contivessem o terrível perigo que pesava sobre nossa pátria, tiveram de se defrontar com a maior potência militar do mundo. Como sabemos hoje, a União Soviética pretendia invadir não só a Alemanha, como também toda a Europa Ocidental. Meus camaradas! Graças à sua bravura, pudemos destruir, em apenas três meses, mais de 2.500 tanques inimigos, fazendo 2.400.000 prisioneiros. E agora, meus camaradas, estamos às portas da última grande batalha decisiva do ano, a batalha de Moscou...

Adolf Hitler."

A lenha animava alegremente o fogo. As brasas estalavam.

— Stepan arranjou tempo para mandar alguma correspondência de guerra ao *Izvestia* e à *Estrela Vermelha*, o jornal do Exército, que a publicou. Ele escreve com facilidade. Não sei se é uma qualidade ou um defeito.

— Pára, Vassili! Não vamos entediar as moças com esse debate sobre homem de ação *versus* homem de reflexão.

— Mas o fato é que, nas circunstâncias, ele se mostrou hábil.

— Só porque a guerra dá tédio. Se abaixar, mergulhar na lama, não se lavar, correr, marchar à noite... acaba sendo muito cansativo. Escrever é bom para tranqüilizar: a gente fica dispensado de viver, e portanto afasta a idéia de perigo. Os fotógrafos de guerra o sabem muito bem: muitas vezes eles morrem porque, enquadrando um belo combate, esquecem que o sujeito que está apontando, bem em frente, é real e atira neles.

— Observação interessante, mas fora de propósito. O importante é que as suas crônicas aparentemente agradaram nas altas esferas. Que decidiram que nosso amigo, no fim das contas, seria mais útil por trás de sua máquina de escrever, para elevar o moral do país, em vez de deixar a pele e os ossos por trás de um monte de terra à margem do Don. Nosso herói protestou, mas foi conduzido *manu militari* a Moscou. E é lá que eles o vão manter.

— Não se sabe ao certo, mas já me vale o prazer de estar esta noite na companhia das senhoritas.

— Vamos, é hora de comemorar — proclamou de repente Vassili, pulando da cadeira...

Ai! A perna esquerda doeu — Guernica se fazia lembrar...

— Stepan, apague as luzes.

— Wanda, fique aqui perto de mim — disse Lily. — Formação de defesa. Com esses indivíduos, o escurinho não prenuncia nada de bom.

— Tenho minhas dúvidas — cochichou-lhe suavemente a amiga ao pé do ouvido.

Uma luz vacilante se aproximou, proveniente da cozinha. Velas brilhavam sobre um bolo. O rosto iluminado de Vassili sorria. Ouviu-se o estalo seco de um gargalo de garrafa acutilado com o sabre. Quem oficiava era Stepan, tendo-lhe Vassili, ao voltar de Paris, dado algumas aulas.

As taças se encheram.

— Lily tem razão — disse Wanda. — Vassili decididamente o explora no trabalho pesado!

Os dois oficiais ergueram suas taças.

— Aos seus vinte anos! — disse Vassili. — Vida longa e feliz... e algumas vitórias aéreas, sem correr riscos excessivos.

— Vinte e um anos e meio todas duas. Temos uma diferença de dois meses — corrigiu Lily. — Estou velha!

— Não — fez Vassili, beijando-a no canto dos lábios. — Um dia você será velha. Pequena diferença. Uma velhinha adorável... Cuidarei disso pessoalmente! E por sinal, que tal se amanhã mesmo deixasse a Academia Militar? Posso levá-la para Moscou.

— Este sujeito é completamente incoerente. Quer que eu elimine os boches e vem agora propor que eu deserte!

Capítulo 39

Sorriso na primeira página

Dois dias depois, redação do jornal *Trud*.

— Olha só, Barski, trago aqui dez folhas sobre as futuras aviadoras da FAS. Tenho até um título: "As deusas do ar". Telefona para a chefe delas, Marina Raskova... você sabe, a jovem que saltou do avião na Sibéria para que a tripulação pudesse bater um recorde mundial. Ela é comandante, forma pilotos em Engels e vai lhe explicar tudo. As declarações dela vão completar a minha matéria, e você assina. E isto por motivo de pura e simples discrição: eu não tinha nenhuma razão oficial para estar em Engels.

— E como vamos ilustrar?

— Destaque um fotógrafo para passar vinte e quatro horas lá — respondeu Stepan Kiritchenko. — Acho que Kyril Charovsk seria perfeito para a missão. Diga-lhe que algumas das moças são umas gracinhas, e ele vai se sentir estimulado. Além do mais, gosta de aviação. Precisamos sobretudo do retrato de duas estagiárias, Lily Litvak e Wanda Kalinkhova, pois me refiro a elas na matéria. Mas pode dizer a ele que elas certamente são fotogênicas.

— Imagino — sorriu Barski.

— Vou fingir que não entendi a ironia. Diga-lhe também que tire para mim uma série completa de fotos da Kalinkhova, a título pessoal. Quanto ao artigo, Barski, pode fazer dele o que quiser, não tenho vaidade autoral, mas, naturalmente, não me indisponha com as moças...

Você verá, é um excelente tema. Os soldados da frente vão adorar, os leitores vão sonhar, as leitoras vão admirar e chorar. A própria definição de uma boa matéria!

Dez dias depois, o sorriso de Lily Litvak apareceu pela primeira vez na imprensa nacional. Yuri, seu irmão, correu para apanhar uma tesoura e inaugurar um álbum dedicado à irmã. E, dando com os olhos de Wanda na foto, pôde constatar que a maninha tinha amigas bem legais.

Capítulo 40

Pronta para o combate

Área de manobra aérea de Engels, início de janeiro de 1942.

A temperatura do óleo do motor subia, a pressão do coração de Lily aumentava. As provas de combate tinham começado ao meio-dia.

Seu examinador era o tenente Dobkin, piloto experiente, dono de várias vitórias aéreas, que havia sobrevivido aos terríveis combates do início da guerra. Ferido, de volta à frente, ele havia sido afastado por seus superiores, por motivo de esgotamento. Fora então enviado por algumas semanas a Engels, para recuperar a saúde. Para ele, no entanto, a coisa antes parecia uma sanção.

Em sua função de examinador, a situação não o induzia propriamente à indulgência. A aparência de severidade demonstrava que se sentia mais seguro no comando dos aviões que diante das mulheres, o que não era propriamente compatível. "Trata-se de um tímido, do gênero acuado", decidira Ria Bulayeva, com a sutil convicção que fazia o seu charme.

Já Lily ficara agradavelmente surpresa com esse dia de provas, que enfrentava necessariamente sob tensão. Felizmente, ao se cruzarem ao meio-dia no refeitório, ela entrando, ele saindo, ele se deteve diante dela e lhe disse, com um sorriso inesperado:

— A partir de agora, sou seu inimigo. Esta tarde, no céu, vou partir em caça à Litvak!

Lily teve a sensação de que, em sua boca, Litvak soava desprezível, mas, boa jogadora, devolveu o cumprimento.

ROSA DE STALINGRADO

— Boa caça, então, meu tenente — fez, acompanhando seu sorriso com o esboço de uma carícia na ponta do nariz do examinador, antes que ele a deixasse.

— Só mesmo você para se permitir esse tipo de familiaridade com um superior — disse-lhe Ducie Nosal, que a seguia. — Às vezes me pergunto se você não esquece que está no Exército.

Lily empurrou os manetes.* Ao alcançar a velocidade de quarenta nós, ela puxou o manche e o pequeno U-2 deixou o solo, subindo alegremente em direção ao céu. A prova se desenrolava numa parte reservada do céu situada a alguns quilômetros da base, a uma altitude de 1.200 metros.

Atingido esse patamar, Lily começou a olhar ao redor. Eram pouco mais de 3 horas da tarde, e o sol, entre as nuvens, estava bem baixo no céu. Dobkin estava presente, invisível, em algum lugar. Lily tinha de encarar uma de duas alternativas: ou ele se escondia nas nuvens ou estava manobrando para ficar com o sol às suas costas antes de atacá-la.

Ela estava bem na vertical da aldeia que servia de centro geográfico da área de manobra aérea. Deu a volta nela, mudando de direção várias vezes repentinamente, para descortinar novos campos visuais e não se deixar surpreender.

Lembrou-se da interpelação de Dobkin à entrada do refeitório. Ele queria que ela fosse a presa, e ele, o caçador. Mas em hipótese alguma ela entraria psicologicamente no seu jogo, e devia sentir-se tão caçadora quanto ele. Tratou então de abrigar-se momentaneamente numa nuvem e repetiu três vezes: "O caçador é um matador."

Lily saiu da sua nuvem varrendo o horizonte a 360°, com uma tensão no pescoço e nos ombros que certamente garantiria um futuro torcicolo.

Prestou especial atenção aos cúmulos do poente. Um brilho luminoso de um centésimo de segundo, entre duas nuvens, contra o fundo de um céu incendiado, foi suficiente: ele estava lá!

Calmamente, ela virou, para deixar o sol para trás. O que bastaria para induzir Dobkin a atacá-la. Optar por agir com o sol pelas costas, numa hora em que ele descia sobre o horizonte, não conferia ao examinador

---

*Alavancas de aceleração. (*N. do T.*)

uma vantagem decisiva em matéria de altitude. Estimando a distância a que o havia localizado, Lily calculou que ele precisaria de pelo menos um minuto para chegar até ela. Com os olhos grudados nos retrovisores, acionou o cronômetro preso à sua coxa esquerda.

A partir de cinqüenta, contou em voz alta: cinco... quatro...

No zero, puxou o manche com toda a força. O U-2, facilmente manobrável, cabrou* e subiu. Ela pressionou o leme, e o aparelho fez um *tonneaux*** descendente.

Com um cacarejo de satisfação, Lily, cabeça baixa, viu o U-2 de Dobkin passar por baixo dela. "Boa, Lily!" Excitada com o rumo dos acontecimentos, ela rematou sua manobra, que a conduziu no rastro do tenente, e pressionou o gatilho fictício de um canhão inexistente.

— Ratatá...tatatatá.

Mortinho, Dobkin — gritou a plenos pulmões, depois de imitar o ruído de um tiro de metralhadora.

Manobra após manobra, o instrutor tentava livrar-se de Litvak. Não faltou nenhuma: meias-voltas apertadas, *tonneaux*, immelmans,*** mergulhos, vôos rasantes... De nada adiantou: o U-2 de Lily continuava no seu rastro.

A torre de controle, que vinha acompanhando as diferentes fases do combate, lançou o foguete que indicava o fim do exercício.

— Agora eu sei por que não está na frente, Dobkin — lançou numa gargalhada o controlador-chefe, que deixara seu posto para receber o examinador ao descer do avião. — Você tem em Moscou um protetor que não quer que os alemães lhe mandem para o paraíso dos aviadores.

— Vá tomar no rabo, Guratchin! — retorquiu o piloto do U-2, nada protocolarmente.

Momentos depois, apareceu o avião de Lily. Em velocidade reduzida e a baixa altitude, a jovem desenhou um magnífico *tonneaux*. Era a ha-

---

*Cabrar: Manobrar a aeronave em movimento ascendente. (*N. do T.*)

***Tonneaux*: Movimento giratório sobre o eixo longitudinal da aeronave. (*N. do T.*)

****Immelman: Manobra aérea que consiste em mergulho seguido de meio *looping* (manobra de ascensão para realização de uma volta completa e retorno à posição de nivelamento) seguido de retorno à posição nivelada de vôo, com ½ *tonneau* para retomada da posição normal de vôo. (*N. do T.*)

bitual assinatura dos aviadores vitoriosos. Dobkin e Guratchin, lado a lado, observaram a manobra sem dizer palavra.

— As mulheres já não são as mesmas — soltou, simplesmente, Guratchin.

Os dois se separaram, Guratchin voltando à torre, Dobkin dirigin-do-se para a área de estacionamento do U-2. Passou por um pequeno grupo de moças que vinham acompanhando as provas e esperavam a volta das amigas.

— Você morreu, tenente! — gritaram elas.

Bom jogador, ele admitiu de bom grado.

Lily desligara o motor. Saltou então no solo, sem esconder sua alegria. Ele a cumprimentou:

— Bravo, Litvak! Impecável, esse último *tonneaux*.

Seus olhos também riam.

No fim da tarde, Dobkin redigiu seus relatórios de exame.

Chegava ao fim o segundo dia de testes.

Mais de uma centena de candidatas já se submetera. Nenhuma delas conseguira levar a melhor sobre o monitor. O que não era motivo de sur-presa. Os examinadores eram pilotos experientes, habituados às missões de guerra. Eram destacados por suas unidades, por quarenta e oito ou se-tenta e duas horas, para testar as qualidades das aspirantes a piloto. Sua experiência, sua habilidade, suas qualidades de combatentes não davam qualquer oportunidade às alunas, nem mesmo as mais dotadas. Os com-bates, fictícios, eram em geral curtos, logo sendo "abreviados".

Alguns podiam durar mais tempo, quando as cadetes mostravam mais iniciativa, defendendo-se encarniçadamente. Estavam simplesmente adiando o fim. O tempo de teste era limitado. No caso dos melhores, o gongo podia soar antes de serem "abatidos". Esse empate constituía seu título de glória e seu passaporte, em geral, para uma carreira de piloto.

Ao pôr o pé no chão, Dobkin pensou que seria melhor que o episódio não fosse comentado demais, caso contrário ele seria *ad vitam aeternam* "o ás abatido por uma garota". Mas não precisava se preocupar. Nenhum de seus pares chegou jamais a pensar que a "bela Litvak" o tivesse despido de seu valor. A suspeita antes, era, de uma certa indulgência culposa de examinador empenhado em favorecer a protegida. A pergunta que lhe faziam os pares era menos "Mas a bela Litvak o derrubou realmente?" do que "Mas você comeu, não comeu?"

Naquela noite, Litvak foi recebida triunfalmente pelas moças. E saboreou até o fim. No fundo, contudo, sabia, primeiro, e já há muito tempo, que era uma boa piloto. Simplesmente, hoje a coisa fora comprovada publicamente. Depois, que tivera sorte: o reflexo do sol numa peça metálica mal entrevista traíra seu adversário, entreabrindo-lhe as portas da vitória. A boa avaliação do tempo de ataque e uma manobra impecável — que devia exclusivamente a si mesma — haviam transformado boas condições iniciais num triunfo total. Desta análise lúcida, ela extraiu uma conclusão dolorosa para o ego, mas sábia: era melhor não se gabar muito. E se ateve a essa política de moderação. Seus chefes notaram... e apreciaram.

À noite, depois do refeitório, Lily chamou Ina Pasportkina à parte.
— Ina, preciso lhe pedir um favorzinho.
No escuro da noite, duas sombras penetraram no hangar onde os U-2 eram estacionados. Aproximaram-se do aparelho no qual Lily voara à tarde. Quando estavam junto ao biplano, uma delas acendeu uma lanterna elétrica que revelou as duas pequenas latas de tinta seguradas pela segunda sombra.
— Onde vamos desenhar? — perguntou esta, em voz baixa.
— Onde mais ficar parecendo um simples motivo decorativo. Afinal, será mais elegante que os dentes de tubarão pintados debaixo do motor dos Yak!
A sombra com a lata de tinta optou por uma área situada abaixo da carlinga, adiante da cabine do piloto, na vertical da asa superior do U-2. Do bolso externo de sua jaqueta, tirou dois pincéis e pôs mãos à obra, iluminada pelo facho de luz da lanterna segurada pela segunda pessoa.

Na manhã seguinte, às primeiras horas, o mecânico que manobrava o U-2 para tirá-lo do hangar notou a rosinha branca pintada na carlinga. Tocou o desenho com o dedo. A pintura ainda não pudera secar comple-

ROSA DE STALINGRADO

tamente. Ele gostou da rosa e a deixou secar antes de comunicar ao mecânico-chefe, que a contemplou com ar arrogante.

— Mais uma gracinha dessas moças! Caramba, esses hangares à noite parecem uma estação do metrô de Moscou! Quero saber quem estava de guarda: vou fazê-lo comer rosas!

Mas o caso não foi adiante. Era uma indignação de princípio. E aquela decoração, tão discreta, não era pior nem melhor que qualquer outra...

O U-2 passou a voar com a sua rosa.

À tarde, o tenente Dobkin dirigiu-se por sua vez ao aparelho. Notando imediatamente o motivo decorativo, questionou o mecânico a respeito.

— Disseram-me que certamente me faria a pergunta. Devo responder-lhe que não se aborreça: é uma flor que dá sorte! Com certeza uma de suas apaixonadas, meu tenente.

Capítulo 41

Na categoria das amorosas

Engels, janeiro de 1942.

Lily trabalhava duro. Queria ser piloto de caça, e sua determinação apagava o cansaço, o frio, a fome, as dúvidas, os abalos de saúde e os momentos de desânimo. Sua maior sorte foi simplesmente uma dádiva do céu: quando subia num avião, sentia um prazer violento e sempre renovado. E por sinal o confessou certo dia a um monitor que, a título de cumprimento, se espantava com sua alegria de voar:

— Sempre que a vejo no comando, tenho a sensação de que se transfigura. E por sinal lhe cai bem!

— Sabe como é, tenente... Num avião, seja eu piloto, navegadora, metralhadora ou rádio, sou tomada por uma espécie de exaltação interna que nunca senti em qualquer outra atividade.

Ela não acrescentou o que dissera a Larissa, numa noite de confidências:

— Espero com todas as minhas forças que um dia o amor me dê o mesmo prazer... mas não estou muito certa.

— Neste caso, só posso lamentar — respondera Larissa com a voz nostálgica, ela que, pessoalmente, se incluía na categoria das amorosas.

Esse gosto pelo trabalho não rendeu muitas amigas a Lily.

O russo, ao contrário do que diz a propaganda, menos admira do que desconfia visceralmente dos stakhanovistas. Tentar cimentar mais tijolos num só dia do que todos os outros camaradas pedreiros reunidos na obra certamente era um desafio à altura dos "melhores dentre nós" em geral, e do camarada Stakhanov em particular, mas essa gloriosa emulação era fonte de esgotamento e acabava cansando até o proletário consciente de ser o farol da classe operária. Diante daquele zelo todo, o farol simplesmente começava a piscar. Era humano, senão soviético. Sob Stálin, no entanto, evitava-se demonstrar a mais leve dúvida quanto à eficácia econômica, a longo prazo, de uma produtividade transformada em disciplina olímpica, sob pena de ir aprender o stakhanovismo na prática — ou seja, em terras geladas, pois os trabalhos forçados impingidos aos cidadãos que saíam da linha eram realizados nas estepes do Ártico siberiano. Mandava o bom senso, portanto, que as entregas de medalhas fossem aplaudidas com entusiasmo, ao mesmo tempo praguejando internamente contra os que pareciam buscá-las a qualquer preço.

De modo que Litvak não era necessariamente aplaudida, mas, se quisesse aprender a desmontar e voltar a montar o seu Yak em pleno vôo, o problema era seu. E ela foi tanto mais facilmente perdoada por ter entrado, no início de dezembro, para a lista — oficiosa e confidencial — das "pilotos da semana", estabelecida todo sábado pelas próprias moças, segundo critérios vagos que atribuíam ao elemento afetivo uma importância que qualquer homem certamente teria considerado excessiva.

Uma lista em que já se haviam destacado várias mulheres.

Marussia Tjurgan, a jogadora de basquete cazaque, tivera essa honra por ter deslocado sozinha, de uma parede a outra do dormitório, um armário de carvalho que não pudera ser afastado um centímetro sequer pelo esforço conjugado de cinco outras moças. Descobriu-se mais tarde que o armário tinha sido fabricado na Moldávia, o que tirou o brilho da façanha de Marussia, pois uma mente desconfiada lançou a hipótese de uma conivência de natureza desconhecida, com provável participação da magia asiática, entre o armário e a giganta.

Katia Budanova também foi homenageada, por se ter apropriado, por meios provavelmente duvidosos, de um velho acordeão, cujo aspecto se revelou, com o uso, muito superior ao canto propriamente dito. Mas seria retirada da lista no sábado seguinte, por ter tentado utilizar o instrumento.

Ielena Zenkursk foi outra incluída nesse panteão, por tocar muito bem o acordeão. Como Olga Boordina, por ter acertado todas as balas dos tiros com fuzil de guerra na testa particularmente baixa de uma silhueta

SS desenhada num alvo, e Ira Kacherina, por não ter acertado nenhuma com a pistola. Não era por si só nenhuma proeza, pois ela estava longe de ser a única neste caso, mas causara impressão ao exclamar, com o olhar fixado com a maior atenção no alvo, impecavelmente virgem de qualquer impacto: "É estranho, pois eu realmente gosto disto!". O júri considerou que semelhante resposta podia indicar que uma moça capaz de tal entusiasmo, com aptidões tão discutíveis, não tinha necessariamente os dotes sugeridos por seu físico atraente. O que devia ser levado em conta. Seja como for, era ela a única "piloto da semana" da qual todos se afastavam a uma velocidade com V maiúsculo quando armava sua pistola no treinamento de tiro.

Capítulo 42

Lily já sabe tudo

Engels, janeiro de 1942.

O tema da conferência do dia era o caça Yak 1.

— Há muitos anos o camarada engenheiro Alexandre Yakolev tinha a ambição de construir um avião de caça — ensinava um especialista. — O Partido deu-lhe os meios de realizar seu sonho. A partir de novembro de 1938, seu escritório de projetos, que havia trabalhado no projeto do bombardeiro rápido Yak-22, foi autorizado a desenvolver o projeto de um caça...

O homem que fazia sua exposição em tom monocórdio era um engenheiro da fábrica GAZ-292 de Saratov, que fabricava os Yak 7 de treinamento com dois lugares. Ele precisara apenas atravessar o Volga para vir fazer sua apresentação.[68]

Lily tomava notas, mas já sabia a maioria das coisas que o engenheiro dizia. Há mais de dois anos, pelo menos, ela lia diariamente revistas técnicas e consultava livros, tendo recebido algumas aulas particulares de Vassili e outros camaradas monitores... Até aqui, a conferência não lhe acrescentava grande coisa.

— O protótipo resultante foi o Yak 26, ao qual o NKAP[69] deu o nome de I-26 — I de *Istubitel*.[70] O tipo de construção era tradicional: asas em madeira, fuselagem de tubos de aço soldados, revestimento em folha de alumínio e tela... O motor era um Klimov M-106-I, que desenvolvia 1.350

cavalos. Fez seu primeiro vôo a 13 de janeiro de 1940. Os operários da fábrica o haviam pintado...

— ...de vermelho vivo, com faixas brancas... — balbuciou Lily em voz baixa.

— ...de vermelho vivo, com faixas vermelhas e brancas no leme da direção. Ele ainda não estava equipado com suas armas nem com equipamento de rádio. No comando, instalara-se...

— ...o piloto-chefe Piontvoski... Qual era mesmo seu prenome? — perguntou-se ela, perplexa com a súbita falha de memória.

— ...Ele participou do desfile de 1º de maio de 1940...

— Errado! — exclamou Lily.

Seu protesto foi feito à meia-voz, mas chegou a ser ouvido pelas colegas mais próximas. Ina Pasportkina, sentada a seu lado, ergueu a cabeça do esboço em que trabalhava no seu caderno de anotações — excelente desenhista, ela se distraía do tédio de certos cursos rabiscando maquinalmente croquis — e a interrogou com o olhar.

— O primeiro protótipo espatifou-se no fim de abril, por causa de um defeito de fabricação — disse-lhe Lily em tom mais baixo. — Foi o segundo protótipo que participou do desfile de 1º de maio...

— Onde é que você foi buscar isto? — murmurou Wanda.

— Cuida da tua vida, fazendo o favor!

A exposição durou uma hora. Foi a apresentação da estrutura[71] do aparelho que mais chamou atenção das alunas, assim como a descrição técnica de suas qualidades.

— Rapidez, maneabilidade, robustez... um autêntico "mujique do céu" — concluía o engenheiro, mostrando-se muito mais discreto, como bom *apparatchik*, sobre os pontos fracos do aparelho.

Recolhendo seus pertences, Lily não pôde impedir-se de concluir:

"...Se esquecermos a rigidez do assento, que impede o piloto de se virar, se deixarmos de lado a insuficiente proteção da blindagem para o piloto, se esquecermos as falhas do canhão, verdadeiro flagelo do Yak... Sim, se passarmos por cima de tudo isto... é um bom aparelho."

E era melhor que fosse mesmo. Logo ela estaria fazendo seu primeiro vôo no Yak 1.

Capítulo 43

Missão de especialização

Engels, 15 de fevereiro de 1942.

A comandante Marina Raskova subiu ao estrado e se sentou por trás da grande mesa ali instalada. A comandante Berchanskaya sentou-se à sua direita, e logo se juntou às duas a comandante Tikomerova, que diziam destinada a assumir o comando de um dos regimentos a serem criados.

Depois de limpar a garganta — indício de uma timidez que às vezes ainda se manifestava —, Marina Raskova lembrou que não se tratava de um primeiro passo para a lotação nos regimentos, mas de um início de especialização, necessário em virtude da brevidade da formação. À sua maneira, ela deixava uma ponta de esperança àquelas que, fatalmente, seriam decepcionadas pelas decisões da hierarquia. Deu então a palavra a Yevdokia Berchanskaya.

A nova oradora retirou algumas páginas de uma pasta de documentos.

— Estas listas serão afixadas nas salas de aula. Peço-lhes, portanto, que se abstenham de qualquer comentário. Poderão fazê-los à vontade mais tarde. Já na segunda-feira começarão a formação no Yak: Galia Boordina, Katia Budanova, Valeria Khomiakova, Liliana Litvak, Albina Makariev, Ielena Zenkursk...

Olga Yemchekova, como previsto, era designada para o Estado-Maior do centro de formação, mas também daria prosseguimento a sua formação no Yak.

Seguiam-se várias dezenas de nomes.

Toda vez que um nome era pronunciado, um rosto se iluminava, e às vezes um punho se erguia exultante... Toda vez que a lista alfabética passava da letra do nome de uma aspirante, um pequeno drama se esboçava em seu rosto.

A cazaque Marussia Tjurgan retornou sorridente ao seu P-2, pois sabia que sua altura não lhe permitiria participar da caça. Katerina Fedotova, a bela Galina Junkovskaia, Antonina Bonderova, que tanto gostava de animais, Irina Soodova, com sua magnífica voz de soprano, e Valia Matuchina, com seu físico saudável de bela camponesa, juntaram-se à formação nos bombardeiros bimotores.

Natalia Meklin, uma das beldades do centro, que compunha música nas horas vagas, Larissa Rasanova, a amiga de Lily, Nadia Popova e Marina Chichnova — as "duas irmãs", como elas mesmas se apresentavam —, Ira Kacherina, que aterrorizava todo mundo durante os exercícios de tiro, Katia Pabst, uma excelente navegadora, e Ducie Nosal concluiriam seu treinamento no velho U-2.

Mas nem todas teriam esta chance.

Entre as mais decepcionadas estava Larissa Rasanova, que chorou nos braços de Lily. (Muito se perguntou se a causa principal da sua mágoa era a permanência no U-2 ou o fato de estar sendo separada de sua amiga.)

Mas foi na verdade Ina Pasportkina que conheceu nesse dia a maior decepção de sua vida. Piloto com brevê, pára-quedista experiente, ela considerou uma verdadeira bofetada a função que lhe era atribuída: mecânica. E ficou tanto mais pesarosa porque sentia uma autêntica afinidade com Marina Raskova. E por sinal se convencera, com base em certas indicações, de que a simpatia era recíproca. Talvez porque, sem ser realmente mais velha que a média das moças — tinha vinte e quatro anos —, ela sempre evidenciara considerável maturidade. No meio daquelas meninas, Marina podia sentir-se tentada a se escorar nas aspirantes mais maduras. E Ina se orgulhava de ser uma delas. Sem dizê-lo a si mesma com todas as letras, ela não deixava de pensar que isto lhe dava uma chance a mais de ser selecionada como piloto.

A decepção deixou-a furiosa. E ela imediatamente solicitou uma entrevista com a comandante.

— A decisão tomada a meu respeito é perfeitamente injusta! Algumas das moças escolhidas têm menos da metade de minhas horas de vôo, e ninguém poderá dizer que... — ela soltou três nomes — estão mais capacitadas que eu. Não entendo como foi feita esta seleção.

Marina Raskova deixou-a extravasar a raiva, ao mesmo tempo em que folheava distraidamente o dossiê à sua frente. Ina pudera ver ali sua própria foto.

— Continua estudando no Instituto de Aeronáutica de Moscou, camarada Pasportkina? — perguntou ela, quando a jovem terminou seu desabafo.

— Sim. Acabo de começar meu terceiro ano.

— Ser mecânica está de acordo com a profissão que escolheu?

— Não é esta a questão: eu quero combater!

— Não interrompa! Pilotos não nos faltam. O fato de certas camaradas terem mais, ou a mesma, ou menos aptidão que você tem apenas uma importância relativa. Boas mecânicas, não tenho muitas. Você é uma delas. De modo que, hoje, preciso de você. E amanhã, depois da guerra, o país precisará de todos os seus engenheiros, de todos com competências.

— Mas...

Marina ficou tentada a acrescentar uma frase, mas se conteve. O que teve vontade de dizer foi que muitas das jovens que, naquela noite, se mostravam loucas de alegria por terem sido escolhidas como pilotos talvez mudassem de idéia amanhã. Quantas se mostrariam à altura da missão? Quantas sentiriam a angústia de se ter lançado numa aventura pesada demais para elas? Quantas não se haveriam de dilacerar interiormente sob o impacto do medo, do cansaço ou do esgotamento, da angústia diante de tanto horror, aquele dos combates em solo, dos confrontos no céu? Quantas daquelas que exultavam naquela noite estariam presentes para comemorar a vitória?

Marina tinha vontade de explicar tudo isto a Ina, de que efetivamente gostava muito, pois a jovem tinha a inteligência e a maturidade necessárias para entendê-la. Mas se calou. Também ela, em certos momentos, sentia-se cansada.

Capítulo 44

"Ele é todo seu, piloto!"

Engels, 17 de fevereiro de 1942.

O instrutor que deveria conduzir Lily a seu primeiro vôo num Yak estava sentado numa poltrona surrada na sala dos pilotos, mergulhado na leitura de uma carta. Já quase a concluía quando Lily entrou. Terminou a leitura, ergueu a cabeça, cumprimentou a jovem com um gesto amistoso da mão e levantou-se.

— Bom dia.

Ele já ia introduzir a carta num dos bolsos quando, caindo em si, entregou-a à aspirante a piloto.

— Leia!

Surpresa, Lily tomou a folha branca quadriculada, com toda evidência arrancada de um caderno escolar. E leu:

"A Rússia, esta grande senhora de saias amplas e peito generoso, esta velha mãe, que tantas coisas viu e suportou, começa a mostrar a cara. Acabaram-se os belos dias de verão. Desde meados de setembro, começou a chover. Uma chuva fina mas persistente, afogando o país, ao cabo de algumas horas, numa imensa extensão de lama. Essa lama, que os russos chamam de *rasputitsa,* vai aos poucos enchendo as trincheiras e abrigos, dia após dia, noite após noite, transformando os pobres caminhos de terra, areia e pântano num percurso infernal.

Não há mais como se segurar, nenhuma terra dura que se possa percorrer, nenhum escoramento, nenhuma borda onde se apoiar. A bota não encontra mais sustentação. É subitamente feita prisioneira da terra. Os cavalos, os pobres cavalos, não têm mais forças, e nem mesmo é possível mais ajudá-los, como no verão, a tirar a carroça de um buraco, unindo-se todos para empurrar as rodas pelos raios. Eles não agüentam mais, nem os homens.

Que fazer, então, para que a sopa chegue ao companheiro da frente? Não faz mal, ela será levada em marmitas, a toda hora escorregando na lama. E as caixas de munições? E as armas, os canhões, os morteiros, os lançadores de obuses puxados a trator?

Tentou-se requisitar os tratores dos *kolkhozes*, mas os russos estão com falta de tudo, de diesel, de *nafta*, como dizem. O jeito é se virar com os *painiei*, cavalinhos da estepe que já vinham sendo usados desde a Polônia. Foram convocados prisioneiros para transportar a carga. E se vai implorar ao céu para que a chuva cesse, para não ter mais de dormir na água, as roupas eternamente molhadas e frias, com botas que ninguém mais tem coragem de tirar à noite por dois motivos: não ser mais capaz de calçá-las no dia seguinte e estar preparado para o contra-ataque, caso Ivan tente uma de suas investidas rápidas, sempre ameaçadoras. A sopa passou a vir apenas uma ou duas vezes por semana. A comida é fria: salsicha, pão, toucinho de vez em quando, alguns ovos encontrados aqui e ali, cozidos às pressas num fogo improvisado. A correspondência não chega mais, os cigarros se fazem raros...

Que merda de vida! Que merda, este país! Que merda, esta guerra, que de repente parece eternizar-se!"

— De que se trata? — perguntou Lily.

— É a tradução de um trecho de um diário encontrado no cadáver de um soldado alemão. Foi um primo que me trouxe. Ele faz parte de um grupo de *partisans* que atua na retaguarda do Exército alemão, nos pântanos de Pripet, na Bielo-Rússia. Lá, as condições de vida são terríveis, e ele bem que gostou de nos informar que o boche também "caga como um russo", segundo a expressão que costumamos usar, e que seus ossos logo estarão apodrecendo debaixo da terra acolhedora de nossa velha mãe Rússia. Foi por isto que fez chegar a mim este texto. Aproveitou o vôo noturno de um U-2 de abastecimento. Como você pode notar, camarada, nossos velhos U-2, quando não são usados para treinar as moças de Engels, entregam à noite combustível, munições, conservas, e voltam com agentes de ligação e o correio. Grande velho companheiro! Nunca o esqueça, se algum dia tiver de voar num Yak ou num P-2...

— E para que ler esta carta para mim?

— Porque nela ficamos sabendo de duas coisas importantes: que o moral de Fritz nem sempre é o que se pensa, e, portanto, que vamos ganhar a guerra; e que, se talvez ainda não saiba que diabos está fazendo na aviação, pelo menos você saberá, pela descrição do que eles passam na lama da frente de guerra, por que não escolheu a infantaria. Ânimo, vamos sentar o rabo num bom e velho Yak. Você verá, também não é nada mau.

Lily se perguntava por que tantos aviadores faziam o gênero caminhoneiro casca-grossa, mas seu pulso, que começava a bater mais depressa, convenceu-a a adiar seu debate íntimo sobre a questão.

Como o Yak 7, meio-irmão do Yak 1, concebido para o treinamento, era um avião de dois lugares, Lily acomodou-se no assento da frente, ficando o instrutor atrás dela.

Finalmente, então, o Yak 7 era seu. Em princípio, por uma única sessão. As alunas menos capazes — ou mais emotivas nos dias de exame — tinham direito a uma sessão suplementar. Por que essa mesquinhez em horas de vôo de comando duplo? Porque no inverno de 1941-1942 o Yak 7 ainda era um produto raro. Nas linhas de montagem, o Yak 1, que entra em combate logo ao deixar a fábrica, tinha prioridade.

No primeiro mês de guerra, a URSS perdeu três quartos de sua frota de combate. Quase sempre no solo. Nos primeiros dias, a Luftwaffe atacou sem descanso os aeródromos militares e civis fotografados há meses por aviões espiões que violavam o espaço aéreo russo. O trabalho era completado por agentes alemães, recrutados ou infiltrados no país.

Como todo o Exército Vermelho, a força aérea soviética pagou caro por seu despreparo e pela miopia do Politburo. No caso da aviação, a conta foi paga mais em material do que em homens. Quando os aviões eram incendiados no solo, pelo menos os pilotos eram poupados. Em 1941, portanto, a aviação russa carecia mais de aviões que de tripulantes. Por isto é que, no verão de 1941, a fábrica GAZ 115 em Moscou, a GAZ 286 de Kamensk-Uralski e depois também a GAZ 153 de Novossibirsk in-

ROSA DE STALINGRADO

tensificaram a produção do Yak 1, ao passo que a GAZ 292 de Saratov só completaria os primeiros Yak 7 em sua linha de produção em julho de 1941 — sete meses antes que Litvak se visse no comando de um deles.

— Vamos nessa — disse o monitor. — Ele é todo seu, piloto!

Nem precisava insistir!

O Yak, ela conhecia bem, mas também não conhecia.

Conhecia porque passara várias horas nos simuladores de vôo — cabines de piloto sumariamente reconstituídas — que ocupavam um vasto hangar — gelado, diga-se de passagem. Apertada em seu assento gasto até a urdidura, ela se havia familiarizado com cada um dos instrumentos, sua posição, seu funcionamento, aprendendo inclusive, em certos casos, a compensar suas falhas, não raro mortais, em vôo real. Repetira à exaustão a "checklist" de todas as verificações anteriores à decolagem, acostumando-se aos procedimentos mnemotécnicos destinados a não esquecer nenhuma manobra.

Passara, então, à fase seguinte: treinar em solo, sozinha no comando de um autêntico Yak 1. Era a "auto-escola", gracejavam as alunas. Elas percorriam a pista, procurando apenas manter o aparelho em linha — reta, de preferência. O objetivo, então, era andar cada vez mais depressa, depois frear e retornar pela pista lentamente para esperar novamente a vez.

A preparação para decolar constituía a terceira etapa. Em velocidade definida, era preciso puxar o manche. A cauda do aparelho se afastava do solo, a visibilidade na cabine melhorava, pois, como dizia Valeria, "a gente começava a dominar o mundo". A essa altura, não se podia empurrar o manete, pois o caça poderia levantar vôo. As mais preparadas foram autorizadas a fazê-lo: impulsionado pela potência do motor, o avião deixava o solo, elevando-se um metro ou dois. A aspirante a piloto tinha então de cortar o combustível, e o avião retornava ao chão.

E ela não conhecia... porque, chegado o dia do primeiro vôo de verdade, como hoje, tinha a sensação de que já não sabia mais nada... de ter esquecido tudo, de que sua mente estava vazia... Foi tomada de desespero.

— Litvak, está dormindo? Prepare-se para a decolagem!

O tom cortante da voz voltou a desencadear seu mecanismo mental. Lily acionou as bombas manuais e deu a partida.

A hélice começou a girar, primeiro, lentamente, como se hesitasse. Em seguida, em meio a uma barulheira de trovões, o motor deu a partida. Longas chamas se projetavam dos canos de escapamento, acompanhadas de nuvens de fumaça negra.

Como um puro-sangue contido pelo cavaleiro, o aparelho tremeu, forçando os tacos para saltar. Lily desacelerou. Com toda destreza, o sinalizador de pista a fez avançar e se afastou, com o corpo dobrado em dois.

O Yak começou a percorrer a pista.

Ela se estendia agora diante de Lily, longa linha cinza pálido numa paisagem uniformemente branca. Desde o amanhecer, equipes de civis, homens e mulheres, tratavam de limpar a neve que caíra durante a noite.

— Talvez possamos decolar... — sugeriu o instrutor.

O tom era neutro, mas Lily percebeu a ironia em sua voz. Não excluiu a hipótese de que estivesse um pouco paranóica, mas, nesse alvorecer de uma nova era, podia considerar que havia circunstâncias atenuantes.

O temor, o medo e até a tensão se evaporaram nela. Uma imagem veio a sua mente: uma última camada de água desaparecendo no fundo de uma panela no fogo. Ela se sentia bem, tranqüila. Senhora de si. Finalmente eliminara os últimos vestígios de adolescência que ainda carregava, quatro meses atrás.

Empurrou o manete. O avião deu um salto e começou a acelerar.

— Não abaixe o nariz — disse a voz calma do monitor nos fones de ouvido.

O diâmetro da hélice era considerável, e a distância do solo já não era muito grande. Era preciso cuidar para que as pontas das pás não batessem no cimento.

De ambos os lados do aparelho, a paisagem passava a velocidade crescente.

Guinadas.

— Mantenha-o reto!

Sempre a mesma calma na voz. Exasperante, mas também tranqüilizadora.

De repente, o chão escapava debaixo das asas. O Yak estava no ar.

A pista ficara muito para trás, vaga visão de um bosque de bétulas que passa num piscar de olhos. Lily tinha a impressão de que o suor lhe

ROSA DE STALINGRADO

escorria por todo o rosto. Mas se enganava: apenas algumas gotas, nas têmporas. Com todo o cuidado, efetuar as primeiras manobras, recolher o trem, fechar a janela do cockpit, desacelerar, restabelecer nas hélices uma velocidade de cruzeiro. Um pensamento de agradecimento pelas horas passadas nos simuladores. Seus reflexos funcionavam à perfeição.

E, finalmente, ela voou.
Um momento de pura felicidade.

Emendando diferentes manobras, cada vez mais ousadas, ao sabor da inspiração, ela logo esqueceu o instrutor atrás de si. E por sinal ele nem se manifestava...
— Vamos voltar!
Quê? Já? Lily olhou o relógio. Estava voando há cinqüenta minutos, embora tivesse a impressão de mal ter decolado.
Aterrissar.
"A aterrissagem é uma queda controlada", ouvira com freqüência.
Ela desacelerou, reduziu a velocidade da hélice, abriu o cockpit. O avião perdeu altitude e encetou a última volta, que a deixaria perante o vento e o terreno.
Lily foi bruscamente tomada de pânico. De repente, não via mais nada: o enorme motor ocultava a pista. Ela não podia pôr a cabeça para fora por causa da pressão do vento, e se sentia prisioneira, ao mesmo tempo em que o aeródromo parecia precipitar-se na sua direção. Foi então que sentiu os trancos sucessivos do trem de aterrissagem projetando-se para fora e dos *flaps** que eram abaixados. Ela nunca conseguiria pousar.
— Puxe o manche — disse "Stálin"[72], calmamente, atrás dela.
Lily puxou desesperadamente. O aparelho mergulhou, bateu na pista num grande choque metálico, quicou duas ou três vezes...
A descontração do monitor era apenas aparente. Sendo a aterrissagem o momento mais delicado do vôo, ele acompanhara, atento ao extremo, cada manobra, cada gesto da aluna-piloto. Suas mãos se haviam

---

*Flap: superfície retrátil que, projetada para fora na parte posterior da asa, permite o aumento da sustentação no pouso. (*N. do T.*)

aproximado do manche do duplo comando, prontas para recuperar o controle do aparelho em uma fração de segundo, no caso de... pois o Yak 7 era muito sensível. Mas não foi necessário.

A aproximação de Lily no retorno à pista fora boa: o Yak apenas chacoalhara um pouco ao tocar o solo. As luvas do monitor sequer haviam tocado o manche, só uma pressãozinha no leme para manter o aparelho bem na linha, depois do segundo salto.

O instrutor achou que Lily nem chegara a se dar conta — no que se enganava.

Ao pular da asa para o chão, Lily estava tonta. Agarrou-se à asa. Atordoada, tinha vontade de abraçar todo mundo.

Como "Stálin" era a única pessoa ao seu alcance, aproveitou.

Os dois acharam graça. Ela não o conhecia bem, mas, durante alguns minutos, apaixonou-se por ele.

"Cuidado", pensou Lily, à noite, na cama. "O avião pode levar a fazer qualquer coisa!"

Amanhã, ela voará sozinha.

Capítulo 45

O general inverno

Reunião do Comitê de Estado para a Defesa, Kremlin, fim de março de 1942.

Naquela manhã gelada, o general Gheorghi Jukov era um homem dividido. Dentre todos os grandes comandantes militares, ele certamente era o que melhor conhecia a realidade da situação em campo. Já em 23 de junho de 1941, quando era chefe do Estado-Maior Geral, com a missão de dirigir o conjunto dos Exércitos russos, Stálin o havia enviado para a frente de Kiev, onde julgava que Hitler concentraria o essencial de sua ofensiva. No fim de julho, chamara-o de volta para entregar-lhe a direção e a organização urgente do conjunto das forças de reserva. A 10 de setembro, ele recebera a missão de defender Leningrado, sitiada, em substituição a Vorochilov, que estava doente. Em dezembro, quando os alemães chegaram às portas de Moscou, foi ao seu "bombeiro" que o Comandante Supremo confiou a defesa de uma capital acuada. Os generais Jukov e "Inverno", como vimos, detiveram os blindados alemães a poucas verstas das muralhas do Kremlin.

Naquele frio dia do fim do mês de março de 1942, uma sessão decisiva do Comitê de Estado para a Defesa foi convocada por Stálin, para examinar a situação geral e as possibilidades de ação das tropas soviéticas na campanha de verão vindoura.

Participavam da reunião os marechais Vorochilov, Timochenko, ex-ministros da Defesa, Chapochnikov, chefe do Estado-Maior Geral, e os generais Vasilevsky, adjunto de Chapochnikov, Bagramian e Jukov.

O chefe do Estado-Maior Geral apresentou um relatório detalhado que estava basicamente de acordo com as convicções profundas de Joseph Stálin, talvez porque ele mesmo as tivesse inspirado. Nesse momento, em meio a esses militares, Stálin não tinha mais o menor complexo. Por mais que suas concepções sobre a estratégia militar fossem fracas e superadas em junho de 1941, quando ele ainda estava marcado por sua experiência da guerra civil de 1917 a 1923, a verdade é que, baseando-se nos conselhos esclarecidos de alguns generais e ajudado por sua inteligência e sua memória, ele já se instruíra desde então nos princípios gerais de estratégia das guerras modernas. O marechal Chapochnikov e o general Jukov, e, em menor grau, o general Vasilevsky haviam sido incontestavelmente seus melhores mestres.

Nos mapas que repousavam na grande mesa de madeira encerada, Chapochnikov apontou as zonas problemáticas: Leningrado, onde a situação estava congelada, em todos os sentidos do termo: o posto avançado de Rjev, a noroeste de Moscou, apontando "como um cano de fuzil para o coração da capital"; a região de Orel/Tula ("Frente de Briansk") e a zona de penetração de Kursk/Voronej, que ofereciam ao inimigo a possibilidade de atacar Moscou infiltrando-se na capital pelo sul; o eixo trigo-ferro-petróleo — Ucrânia-Cáucaso —, ao longo do qual o alemão avançara muito, tendo tomado Kiev, Odessa, a maior parte da Criméia e se aproximando do Cáucaso... Era o fim de março, e a violência da batalha por Moscou ainda estava presente no espírito de todos.

Ao redor da mesa, contudo, o confronto naquele dia era entre russos.

Em sua exposição, Chapochnikov levou em conta a superioridade numérica do inimigo, afirmando que não acreditava na abertura de uma segunda frente na Europa Ocidental, apesar das promessas — tímidas — de Roosevelt e Churchill. Soube, então, fazer as necessárias deduções. O que preconizou: limitar-se a uma "defesa estratégica ativa" — em outras palavras, lutar onde for necessário para conservar as posições de importância estratégica que não caíram e desgastar o inimigo o máximo possível. Quanto ao resto, reconstituir as reservas em homens, materiais, armas e munições, para preparar nas melhores condições possíveis os confrontos vindouros.

É bem verdade que, na retaguarda, o esforço era colossal. Esforço econômico: remontagem das empresas transferidas, transformação de todas as indústrias em indústrias de guerra, emprego maciço das mulheres em todos os setores da economia. E também esforço político-militar: mobilização especial dos comunistas e membros do Komsomol. No fim de 1941, havia nas Forças Armadas 1,3 milhão de membros do Partido e da juventude comunista, o dobro do total do mês de julho. O esforço tinha e continuaria tendo prosseguimento.

Na primavera, o Comitê Central pediu aos conselhos militares das frentes de guerra e dos Exércitos que melhorassem o trabalho entre os soldados e comandantes, para reforçar decididamente a disciplina, aumentar a firmeza e a combatividade das tropas. Todos os chefes e dirigentes políticos foram instruídos a se engajar pessoalmente na agitação e propaganda entre os combatentes. Em suma, uma formidável retomada de controle do país, após os desastres de 1941.

Naquela manhã, no entanto, a prudência de Chapochnikov não parecia à altura desse gigantesco esforço. O que irritou Stálin, que cortou brutalmente a palavra ao chefe do Estado-Maior Geral.

— Não podemos absolutamente nos acomodar numa situação defensiva e esperar de braços cruzados que os alemães ataquem primeiro. Temos de lançar uma série de ataques preventivos numa ampla frente, para sondar as forças inimigas, verificar seu grau de preparação, derrotá-las onde pudermos!

Jukov aproveitou a deixa. É bem verdade que estava até certo ponto dividido: perfeitamente consciente da realidade das coisas, concordava com Chapochnikov, mas, como principal defensor de Moscou, também estava obcecado com o posto avançado de Rjev, que lhe parecia uma cabeça de ponte ideal para a retomada de uma ofensiva alemã de grande envergadura no verão, tendo como objetivo a tomada da capital. Assim foi que se posicionou com convicção em favor da "defesa estratégica ativa", acompanhada de uma poderosa ofensiva sobre Rjev, para aniquilar o posto avançado e reforçar a linha de defesa de Moscou.

Stálin também tratou de colocá-lo no seu devido lugar:

— Atacar na direção oeste[73] e adotar uma atitude defensiva nas outras frentes é ficar em cima do muro!

Descartada a opção Jukov.

Simion Timochenko, ministro da Defesa até 10 de julho de 1941, data em que cedeu o cargo ao próprio Stálin, tomou então a palavra. Responsável pela frente Sudoeste (Briansk), considerada pelo Estado-Maior Geral vulnerável a um ataque maciço que flanqueasse Moscou por sudoeste, ele era de opinião que a mobilização de reforços e um ataque preventivo melhorariam a situação defensiva de Moscou — e, por extensão, a sua própria.

— Os alemães estão em Kursk — disse. — Ameaçam ao mesmo tempo Voronej, em pleno leste, e Kharkov, ao sul. Nossas tropas estão em bom estado. A *Stavka* deveria ordenar um ataque preventivo poderoso que pusesse por terra os planos alemães em direção ao sul de nosso país. Caso contrário, poderia repetir-se o que vimos no início da guerra: um avanço impossível de conter.

Buscando aliados, acrescentou:

— Quanto a uma ofensiva em direção oeste, concordo com Jukov!

O marechal Vorochilov imediatamente apoiou a proposta de Timochenko. Já Chapochnikov não reagiu. Ele sabia que Vorochilov votava sistematicamente contra suas propostas. Jukov, de sua parte, interveio vigorosamente para reiterar sua oposição ao desencadeamento de várias operações ofensivas. Chapochnikov, fosse por já conhecer as intenções profundas de Stálin, fosse por exasperação ante a incompetência estratégica de Vorochilov, ou ainda porque sua própria saúde começasse a declinar, preferiu calar-se.[74]

Stálin então decidiu:

— Preparar e efetuar imediatamente operações parciais na Criméia, nas direções de Kharkov e Rjev, aliviar Leningrado em seu cerco...

Marechais e generais se separaram para retomar seus postos. A guerra chegava a um novo patamar.

Capítulo 46

"Por que os chefes chutam seus cães?"

Frente central, 2 de abril de 1942.

No dia 2 de abril de 1942, Stepan Kiritchenko, enviado à frente central para escrever algumas "matérias" capazes de restabelecer o moral da população moscovita, ainda preocupada, foi contactado por Vassili Karev, que conseguiu localizá-lo através do rádio.

— Preciso transmitir-lhe uma informação importante. Pegue um lápis e anote os considerandos: sempre é útil saber por que os chefes chutam seus cães. É um decreto do Politburo. Vou ler:

"Aos membros e suplentes do Comitê Central do Partido Comunista e aos membros da Comissão de Controle do Partido é dado conhecimento do decreto do Politburo do Comitê Central do Partido Comunista adotado a 1º de abril de 1942, sobre o trabalho do camarada Vorochilov:

1. A guerra contra a Finlândia, em 1939-1940, evidenciou a grande incúria e o atraso da direção do Comissariado para a Defesa. O camarada Vorochilov, que era na época comissário do povo para a Defesa, foi obrigado a reconhecer, na plenária do comitê central do fim de março de 1940, os erros de sua direção no comissariado. O comitê considerou necessário liberar o camarada Vorochilov de seu cargo de comissário da Defesa.

2. No início da guerra contra a Alemanha, o camarada Vorochilov foi nomeado comandante-em-chefe do eixo noroeste, cuja missão essencial era defender Leningrado. Como se verificou em seguida, o camarada Vorochilov não levou a cabo a tarefa que lhe havia sido confiada e não soube organizar a defesa de Leningrado. Em seu trabalho em Leningrado,

o camarada Vorochilov cometeu graves erros: publicou uma ordem sobre a elegibilidade dos chefes de batalhão das milícias populares. Essa ordem foi anulada por determinação do QG, por conduzir à desorganização e ao enfraquecimento da disciplina no Exército Vermelho. Organizou o Conselho Militar de Defesa de Leningrado sem incluir-se nele. Também essa ordem foi anulada pelo QG, por ser incorreta e prejudicial, pois os operários de Leningrado podiam entender que o camarada Vorochilov não se incluíra no Conselho de Defesa por não acreditar que fosse possível defender a cidade. O camarada Vorochilov criou batalhões operários mal armados (fuzis, lanças, punhais etc.), mas negligenciou a organização da defesa de Leningrado pela artilharia.

Considerando tudo isto, o Comitê de Estado para a Defesa afastou o camarada Vorochilov de seu posto em Leningrado.

3. A seu próprio pedido, o camarada Vorochilov foi enviado em missão, em fevereiro, à frente de Volkhov, na qualidade de representante do QG, para ajudar o comando da frente, ali passando aproximadamente um mês. A presença do camarada Vorochilov na frente não produziu, contudo, os resultados esperados. Desejando mais uma vez dar ao camarada Vorochilov a possibilidade de utilizar sua experiência na frente, o CC do PC propôs-lhe assumir o comando direto da frente de Volkhov. Mas o camarada Vorochilov recebeu negativamente esta proposta.

Tendo em vista tudo que foi dito, o Comitê Central do Partido Comunista decreta:

Primeiro: Reconhecer que o camarada Vorochilov não se desincumbiu do trabalho que lhe havia sido confiado na frente.

Segundo: Enviar o camarada Vorochilov para o desempenho de uma tarefa militar na retaguarda.

O secretário do CC do PC, J. Stálin."

— Que diz disso? — perguntou Kiritchenko, após um momento de silêncio.

— Estava na cara do seu marechal, meu velho. O tom sarcástico do decreto bem mostra quem é o autor.[75] O Comandante Supremo ficou muito tempo cego às qualidades militares de Klement Ifremovitch. Talvez porque ele próprio não se sentisse à vontade nas questões militares *stricto sensu*. A guerra que Stálin conhece é a guerra civil. Nada tem a ver com esta. Mas desde 22 de junho o "Comandante Supremo" vem aprendendo. Com a guerra, ele aprende. E tem excelentes professores: Chapochnikov, Jukov, que faz um trabalho extraordinário. É o bombeiro de Stálin. Onde o fogo estiver ardendo mais, é para lá que a *Stavka* envia Jukov. Em comparação, a incompetência de Vorochilov chama ainda mais atenção. Ele não foi brilhante em Leningrado, e sua recusa do comando da frente de Volkhov, menos importante que outras, ficou atravessada na garganta de Stálin, que tentava salvar-lhe a face. Donde sua desgraça. E ele ainda teve a sorte de não ser rebaixado, como o marechal Kulik.

— Em suma, perdi um chefe!

— Temporariamente, apenas. Com o Comandante Supremo, ou se vai para o pelotão de fuzilamento ou os porões da Lubianka, ou então se leva uma bofetada pública para fazer pensar e reconduzir ao bom caminho. O marechal Chapochnikov — que não gosta de Vorochilov — considera que a segunda hipótese é a boa. Mas pelo menos foi possível livrar-se dele por alguns meses.[76]

Capítulo 47

Marina Raskova tinha uma expressão grave

Engels, 15 de abril de 1942.

Marina Raskova tinha uma expressão particularmente grave durante a reunião diária de informação.

Ela acabava de ser informada pelo Estado-Maior de que, dez dias antes, a 5 de abril, Hitler assinara a Diretiva nº 41, estabelecendo os objetivos de guerra da Wehrmacht no ano de 1942. As tropas teriam como missão conquistar a Ucrânia, e, mais além, o Cáucaso, ou seja, todo o sul da União Soviética. Em outras palavras, tratava-se de privar a URSS de suas regiões industriais e agrícolas mais ricas, para proporcionar ao Reich recursos econômicos adicionais e indispensáveis ao prosseguimento da guerra: trigo e ferro ucranianos, petróleo do Cáucaso. Uma vez conquistadas essas posições econômico-estratégicas, a Alemanha estaria em condições de atacar em outras direções: principalmente Moscou e Leningrado.

A Diretiva nº 41 não contemplava numa primeira etapa qualquer particular empenho na direção de Moscou. Seriam efetuadas apenas ofensivas parciais, destinadas a aniquilar as tropas soviéticas, que, em certos pontos, haviam conseguido penetrar no dispositivo alemão.

Marina Raskova fez a respeito uma breve síntese para as alunas-pilotos, frisando, para começar, a retomada em breve da ofensiva alemã, e também o fato de que ela visaria prioritariamente o sul do país, logo, suas regiões mais ricas.

Concluiu que lá, no Sul, estavam com certeza os campos de batalha nos quais seriam engajadas, e que, considerando-se a importância do que estava em jogo, os combates seriam impiedosos.

Um silêncio impressionante marcou o fim de sua exposição.

Capítulo 48

Bem-vindas, meninas

Engels, fim de abril de 1942.

— Bem-vindas, meninas! Existe aqui alguma Lily Litvak?

A mulher de vinte anos que acabava de entrar a passo firme no dormitório já meio adormecido — eram 8 horas da noite — apresentava um rosto bronzeado que denunciava uma vida recente ao ar livre. Suas bochechas lisas e cheias contrastavam com os traços cavos das moças submetidas a treinamento há cinco meses. Ela ostentava ombros largos de desportista e uma segurança pouco habitual numa jovem de sua idade.

Uma estagiária sentada ao pé da cama, debruçada sobre a costura de uma calça rasgada, apontou-lhe o fundo da sala com um movimento do queixo. Outras, mais interessadas, levantaram a cabeça: qualquer coisa que quebrasse a rotina daquelas noites mornas merecia alguma atenção.

— Lily, visita — gritou Katia Budenova, cuja cama estava mais adiante no dormitório, mas que ouvira a pergunta da recém-chegada.

Lily estava dormitando na cama. A interpelação de Katia foi abrindo caminho até o seu cérebro. Lentamente. Uma visita? Em Engels? Às 8 horas da noite?

Ela se ergueu na cama, procurou os chinelos, fez um movimento em direção ao corredor central.

— Valentina! Estou sonhando!

Mas não estava. Valentina Petrochenkova caiu-lhe nos braços, carne bem viva.

— Você está viva!?!

Espanto, incredulidade, felicidade.

— Não, estou morta. Por quê?

As moças se juntaram em torno das duas amigas, que se beijavam, se olhavam, se afastavam uma da outra, voltavam a se abraçar. O circo de sempre entre amigas muito queridas que se reencontram. Larissa Rasanova apareceu. A dupla transformou-se em pirâmide. Só faltava surgir ali a bandeirola do Ippodromo de antes da guerra em Moscou.

Muita bobagem foi dita, elas riram muito, querendo compartilhar a alegria com as outras. Tantas vezes reprimida pela disciplina e o cansaço, a emoção voltava, lava fria novamente em fusão transbordante. Larissa chorava.

— Minha amiga Valentina Petrochenkova — disse finalmente Lily. — Obtivemos juntas o nosso brevê.

Valentina fez sucesso contando à assembléia, presa a cada uma de suas palavras, os oito últimos meses de sua vida. Kiev, os combates ao redor da cidade, a desocupação *in extremis*. Depois, Mariupol e o novo êxodo, indo dar às margens do Volga.

Causou indignação generalizada ao relatar tudo a que seus chefes a haviam submetido para criar obstáculos ao seu desejo de responder ao chamamento de Marina Raskova; e foi aclamada ao não poupar nenhum detalhe a respeito da derradeira afronta: os mandos e desmandos do sexagésimo pára-quedista. Resumindo, a má-fé sem limites de um comandante muito cheio de si, que fazia absoluta questão de impedi-la de cumprir o seu dever, e o zelo administrativo de um adjunto de espírito acanhado, que fora desencavar um regulamento ignorado por todo mundo, haviam privado Valentina do direito de atender mais prontamente ao apelo da pátria em perigo.

Mais prosaicamente, o comandante, um bravo sujeito que perdera um filho nos primeiros dias da guerra, não levara nem três horas para avaliar, ao receber a ordem de transferência de Valentina para Engels, os riscos que correria. "Ela está indo para o inferno", dissera ao adjunto, que tinha um fraco por Valentina. Tendo uma filha da idade da monitora, o co-

ROSA DE STALINGRADO

245

mandante sabia, por experiência própria, que os caprichos de mocinhas têm muitas vezes a duração dos insetos efêmeros. Dando a Valentina tempo para refletir, ele esperava que ela mudasse de opinião. E tratara de agir neste sentido. Quanto ao adjunto, apenas cumprira seu dever — é verdade que desajeitadamente; mas nisto, devemos reconhecer, não se mostrava em nada diferente de qualquer apaixonado.

Lá está Valentina, portanto, a bordo do avião com o sexagésimo pára-quedista que teria de formar, como estabelecia seu contrato.

Era um rapaz de dezoito anos — na época, um a menos que ela. Jovem mas bonitinho. Para ela, o último salto, mas, para ele, o primeiro. Ele subiu no aparelho com a aparente segurança do guerreiro experiente e calejado. Bastou que o avião se movimentasse, e o olhar meio perdido evidenciou que a segurança começava a se esboroar. Com a decolagem, ela se liqüefez com mais rapidez que a ascensão do aparelho. Quando este se estabilizou na altitude de salto, o pára-quedista parecia um feto sentado, tremendo no banco de madeira. Para elevar seu moral, Valentina fingiu estar levando a coisa na brincadeira:

— Vamos, militar, chegou a hora de mergulhar para dar um pé na bunda do Fritz.

À palavra "mergulhar", o bravo soldado fez um considerável movimento de recuo. Quando ela explicou que, ao contrário do que acontecia no treinamento em solo, aqui era preciso saltar do avião com as costas para o vazio, para não se chocar com a cauda do aparelho, e que só então se puxava a argola do pára-quedas... ele a olhou como se estivesse falando com uma demente.

O pânico infundiu-lhe a energia do desespero verbal:

— Estou disposto a enfrentar em terra uma divisão blindada fascista, mas não conte comigo para mergulhar de costas.

Ela resolveu apostar em seu senso de disciplina e ordenou-lhe que saltasse: ele deu risada, com uma cara ruim. Ela disse então que ia empurrá-lo. Ele respondeu que, sendo assim, ele é que haveria de atirá-la para fora. E acrescentou, pérfido: "Com ou sem pára-quedas."

— Eu ia esquecendo de dizer — esclareceu Valentina ao dormitório de Engels, já agora inteiramente reunido ao seu redor e suspenso em suas

246 VALÉRIE BÉNAÏM E JEAN-CLAUDE HALLÉ

palavras — que, durante todo esse tempo, os cretinos da tripulação se divertiam. O piloto e o co-piloto, se escangalhando de rir, nem olhavam mais para a frente, e a pretexto de me estimular, ficavam jogando seus sarcasmos imbecis. Felizmente, nessa região, a colina mais alta não passa de três metros de altura, caso contrário, teríamos dado de fuças numa delas! Em desespero de causa — prosseguiu ela —, pensei que o charme talvez funcionasse se a persuasão e a disciplina não faziam efeito. Com o sorriso mais sedutor, propus então ao meu pára-quedista — e que pára-quedista! — beijá-lo na boca se ele se decidisse a pular. Como recompensa.

"Sim, sim, um beijo!", berravam os dois pilotos.

"Pode enfiar o seu beijo!...", respondeu-me o calhorda.

Fiz sinal ao piloto para que fosse se sentar. Ele, por sua vez, fez sinal para que eu me aproximasse. Ingênua, eu obedeço.

"Veja bem", urrou ele no meu ouvido, para cobrir o barulho dos motores, "você não perdeu nada: com essa turbulência, não teria sido mesmo um grande beijo."

Lancei-lhe então um olhar capaz de persegui-lo à noite até seus últimos dias...

— E depois? — perguntou Larissa, querendo saber tudo.

— Depois, depois — insistiu o coro das estagiárias.

Valentina se fez um pouco de rogada, por puro prazer.

— Muito simples. Ao descer do avião, quando ele já começava a recuperar um pouco de cor, assumi de novo um ar provocante e marquei encontro com ele para aquela mesma noite, num recanto afastado do campo, onde havia um pequeno bosque. E por sinal fiquei me perguntando se não teria ficado envergonhado demais, se iria ao encontro... Que nada! Nem foi preciso dizer duas vezes. No escurinho, ele teve direito ao beijo mas voluptuoso de sua vida. Eu disse a ele: "Está se vendo que é mesmo um homem de verdade! Mas também terá de demonstrá-lo amanhã..." No dia seguinte, ele saltou! E aqui estou eu!

No dormitório, as meninas há muito tempo não riam tanto.

A continuação enveredou pelo terreno da farsa grotesca.

Tendo chegado com atraso muito grande, Valentina não pôde integrar-se ao grupo. Teria de reiniciar sua formação militar desde o início.

ROSA DE STALINGRADO

Para enorme contrariedade dos responsáveis pela turma de quinhentos alunos-pilotos homens convocados no mesmo momento que Petrochenkova, foi necessário mantê-la entre eles. Os rapazes ficaram encantados ("Meu Deus, que gata!"), e o capitão no comando do grupo, nem tanto. "Não é necessário ter feito os cursos da Academia Frouze para saber que uma mulher no meio de várias centenas de machos só poderia mesmo dar em confusão!", resmungava. Confiou o caso ao adjunto do comandante local, que, compartilhando sua opinião, disse que iria falar com Petrochenkova.

Ao recebê-la, explicou que não teria realmente como alojá-la. O centro de instrução feminino logo estaria se mudando da antiga escola, que já fora destinada a uma companhia de homens, e todos os outros alojamentos estavam ocupados.

— Muito bem, se for necessário — respondeu Valentina —, posso ficar no dormitório dos homens.[77]

Exasperado, mas comovido com a obstinação da jovem, o comandante adjunto mandou chamar o responsável pela nova turma, e lhe declarou, na melhor tradição militar:

— Vire-se, não quero mais ouvir falar do seu problema.

Pelo tom adotado por um coronel, um comandante esperto sabe o que deve fazer. Ele mandou instalar na extremidade de um dormitório um cortinado por trás do qual se montou uma cama.

— Imaginem só, meninas, como não me senti na primeira noite, ao atravessar o dormitório inteiro para ir dormir por trás da minha cortina...

— Eu bem que queria estar no seu lugar — disse a grande moldava, adivinhando naquela situação a chance de uma vida inteira.

— A moral da história — declarou, peremptória, Valentina — é que os homens são menos perigosos em grupo do que sozinhos. Eu jamais teria sido capaz de me livrar de um companheiro de quarto único, que ficaria alimentando idéias toda noite que passasse no mesmo compartimento que eu. Lá, no dormitório, havia duzentos sujeitos que certamente só pensavam em se meter na minha cama, mas nenhum deles ousava se mexer.

As qualidades de Valentina, seu considerável número de horas de vôo e sua experiência lhe valeram na verdade uma formação abreviada. Ela passou rapidamente do U-2 ao Yak e, no fim, bateu todos os recordes de notas.

— Se eu fosse homem, certamente teria sido o primeiro da turma! Estava firmemente convencida disto.

— No meio desses homens todos, você continuava se levantando tarde, com sua mania de ficar rolando na cama? — perguntou Lily, denunciando uma fraqueza da amiga.

— Impossível. Eles faziam uma tal algazarra que nem um urso hibernando em pleno inverno conseguiria ficar dormindo!

Capítulo 49

Uma instituição sem precedente

Centro de Instrução Feminino de Engels, 1º de maio de 1942.

No dia 1º de maio, data simbólica, três regimentos femininos de aviação foram oficialmente criados: o 586º Regimento Feminino de Caça e os 587º e 588º Regimentos Femininos de Bombardeio.

O 587º seria equipado com bombardeiros leves P-2, e o 588º, com o U-2. Este ficaria especializado nos vôos noturnos.

Em sua fala, a comandante Marina Raskova enfatizou que a criação das três unidades femininas de aviação não tinha precedente na história mundial... à exceção das amazonas.

Cada aluna recebeu sua ficha. O seguinte quadro foi afixado:

Centro de Instrução Feminino de Engels.
Turma General Alexander Suvarov.
Distribuição dos efetivos.

586º Regimento Feminino de Caça	587º Regimento Feminino de Bombardeio	588º Regimento Feminino de Bombardeio
Olga Yemchekova	Marina Raskova	Yevd. Berchanskaya
Galia Boordina	Antonina Bonderova	Marina Chichnova
Katia Budanova	Katerina Fedotova	Ira Kacherina
Valeria Khomiakova	Galina Junkovskaia	Natalia Meklin
Liliana Litvak	Valia Matuchina	Ducie Nosal
Albina Makariev	Irina Soodova	Katia Pabst
Ielena Zenkursk	Marussia Tjurgan	Larissa Rasanova

Lily achou o quadro muito legal.

Capítulo 50

Os craques da propaganda

Moscou, maio de 1942.

— Se o momento se prestasse ao humor — dizia Stepan a Vassili Karev —, seria mesmo para achar graça.

Ele entregou ao amigo dois documentos alemães com exatamente a mesma data. O primeiro era o relato do correspondente de guerra de um jornal nazista que cobria os combates na Criméia. "Os russos", escrevia o jornalista, "lutam com uma coragem inconsciente. Sua resistência é desesperada: eles não hesitam em se deixar explodir nas galerias subterrâneas de antigas minas ou literalmente esmagar até o último homem." O segundo era um comunicado oficial da Wehrmacht anunciando a captura de 170.000 prisioneiros russos na Criméia.

— Foi um dos meus assessores que os trouxe esta manhã, achando graça — disse ele. — "Meu capitão, segundo os alemães, nossos prisioneiros combatem até o último homem." Lembrei-lhe que certas gracinhas costumavam mandar o autor para a frente no primeiro trem. O que serviu para acalmá-lo!

— O riso talvez seja a última arma que nos resta para elevar o moral da população — resmungou Vassili. — Vocês, craques da propaganda, terão muito trabalho!

Desde o início de maio, Stálin, a *Stavka* e o Estado-Maior Geral viviam, com efeito, momentos negros. O plano de operações soviético decidido em abril havia deturpado, como vimos, a "defesa estratégica ativa" preconizada

ROSA DE STALINGRADO 251

por Chapochnikov e Jukov, adicionando-lhe a organização de operações destinadas a "desgastar o inimigo e barrar suas intenções ofensivas".

Decidira-se em abril que o teatro dessas operações seria a Criméia, Kharkov, o posto avançado de Rjev e Leningrado.

Na Criméia, o general Von Manstein não deixou o general russo Petrov concluir seus preparativos. A 8 de maio de 1942, um formidável bombardeio, do qual participavam as esquadrilhas dos generais von Richthofen e Loehr, cujo VIII Corpo Aéreo era considerado o melhor da Luftwaffe, abateu-se sobre as forças russas reunidas na península de Kertch.

A cidade de Kharkov, que caíra no outono anterior, representava para os alemães, em virtude de sua situação geográfica na fronteira russo-ucraniana, um excepcional ponto de partida para futuras ofensivas do grupo de Exércitos do general Von Bock. Depósitos de material, de armas, munições e combustíveis proliferaram na cidade e suas imediações.

Stálin esperava a ofensiva geral alemã para meados de junho, como revelara o plano alemão que caíra nas mãos dos russos, e que já em abril o Comandante Supremo levara ao conhecimento de seus generais. Ele pretendia fazer-lhe frente sempre que tivesse condições para isto. A retomada de Kharkov, a desorganização das tropas do grupo Von Bock e pelo menos a destruição dos depósitos alemães da cidade faziam parte da estratégia decidida em abril.

A *Stavka* incumbiu então o marechal Timochenko de conduzir a operação. Depois de um tempo de preparação, o antigo ministro da Defesa passou à ofensiva a 12 de maio, lançando uma grande manobra de cerco da cidade pelo norte e o sul. Seu adjunto, o general Koniev, conduzia a ala esquerda (sul) da tenaz.

Apanhados de surpresa, os alemães inicialmente cederam.

Koniev, encorajado por esses primeiros combates vitoriosos, decidiu forçar na direção de Poltava, cidade situada a sudoeste de Kharkov, onde o Partido e os serviços especiais haviam preparado um levante operário. Seu objetivo, a partir de agora, era tomar Kharkov pela retaguarda.

Mas Von Bock pressentiu uma possibilidade de reverter a situação a seu favor. Timochenko e Koniev não haviam detectado — ou haviam subestimado —, no extremo sul de seu dispositivo, uma aglomeração de tanques do I Exército Blindado alemão, comandado pelo general Schwedler e reunido ali para liquidar a bolsa de resistência russa de Lasovaia. Von Bock optou por utilizar essa força de ataque ainda "secreta" para outros fins. Ordenou ao seu XVII Exército, que se opunha à ofensiva de Koniev, que batesse em retirada para favorecer a penetração soviética. Assim foi que os russos "empurraram" cinco divisões alemãs, e a 17 de maio suas vanguardas estavam a menos de quarenta quilômetros de Poltava. Timochenko teria ficado satisfeito com esses resultados — cinco divisões alemãs aparentemente fora de ação —, mas Koniev foi adiante, para explorar sua vantagem. Acontece que era exatamente o que esperava Von Bock!

No dia 18 de maio, ele deu ordem a Schwedler de lançar os seus Panzers. As sete divisões blindadas alemãs furaram o flanco fragilizado de Koniev e acabaram com a retaguarda das forças russas, subindo o Don enquanto a Luftwaffe, juntamente com o VIII Corpo Aéreo de Loehr trazido da Criméia, além das esquadrilhas do general Flusbeil, retalhavam as colunas soviéticas dispersas e muito ocupadas a oeste. A 27 de maio, a convergência, no Don, dos tanques de Schwedler com o IV Exército de Von Paulus fechou o cerco em torno dos três Exércitos soviéticos.

Algumas unidades russas conseguiram escapar à armadilha, mas o balanço foi pesado: 75.000 mortos ou desaparecidos e 300 tanques destruídos, segundo os comunicados oficiais do Kremlin[78]; 240.000 prisioneiros, 1.249 tanques e 539 aviões destruídos, de acordo com o OKH alemão. A verdade, como sempre, estava provavelmente entre os dois.

Capítulo 51

Partida para o combate

Saratov, maio de 1942.

O oficial delegado pelo comando da praça era um comandante. Traços talhados a buril, cabelos negros de azeviche com alguns fios prateados, bastos e curtos. Não era o tipo de homem que dá vontade de destilar charme, pensou Lily. Ela olhou as companheiras: estavam todas mentalmente em posição de sentido.

Falando de um jeito seco, entrecortado, o oficial apontou com a régua que tinha na mão o mapa da cidade de Saratov pendurado na parede. Uma grande foto aérea estava presa com tachinhas à mesma altura.

— Esta vista aérea e este mapa representam a cidade de Saratov e sua aglomeração. Aqui, temos a estação de triagem e a maioria dos prédios ferroviários, ali, a fábrica de aviação, mais adiante, as fábricas de munições. Os alemães agem quase exclusivamente com bombardeios noturnos. Na maioria dos casos, usando aparelhos Henkel He 111. Às vezes também os Dornier Do 17. A missão que lhes cabe: impedi-los de atingir o seu alvo.

Em entendimento com a sua comandante, e levando em conta sua inexperiência ("A indulgência não é sua principal qualidade, meu filho", pensou Lily), decidimos que uma esquadrilha voará à noite, e uma outra, de dia. A terceira ficará de reserva, fornecendo treinamento complementar àquelas que precisarem. Esquadrilhas com efetivos habituais: três seções de quatro aparelhos. E por sinal vocês voarão em formações de quatro. À noite, em caso de alerta, uma primeira patrulha decola. Uma segunda imediatamente se posiciona para rendê-la. Como podem ver no mapa, a cidade e suas cercanias foram divididas em quatro setores. Para evitar o risco de colisão noturna, a cada aparelho de determinada patrulha é atribuído um setor. Sua missão consiste em destruir qualquer avião que penetre nele. Em 90% dos casos, é um inimigo, pois suas camaradas não deverão deixar o espaço aéreo que lhes foi atribuído. Mas, ainda assim, cuidado, para não derrubarem umas às outras. Já aconteceu... Perguntas?

— Quando desfazemos a formação? — perguntou uma jovem.

— Por ordem do controle aéreo. Quando o alerta for suspenso ou, em pleno combate, em caso de incidente, ou ainda quando tiverem esgotado as munições ou o combustível. Mas sempre depois de terem avisado à líder da patrulha. Quero lembrar que, em princípio, a patrulha toda deve voltar, já que uma outra está à espera para decolar. Depois de encher novamente os tanques de combustível, e com os canhões recarregados, todas voltam imediatamente ao alerta de decolagem, para retornar ao combate. Outra pergunta?

— E os contatos por rádio?

— Ruins, como sempre. Vocês ouvirão a voz do supervisor, mas ele não pode dialogar com vocês. Novos aparelhos de rádio, mais aperfeiçoados, estão em processo de aprovação. Logo devem entrar em fabricação, mas nós não somos prioritários. O melhor material vai diretamente para a frente.

Ele consultou o relógio.

— Isto é tudo. Boa sorte!

Um esboço de sorriso, o único da conferência.

Os testes práticos logo chegaram.

Já na noite seguinte, a sirene de alerta ressoou na sala das tripulações. As conversas cessaram imediatamente. As cartas aos pais foram interrompidas.

As moças se precipitaram para a sala de operações, jogando-se nas poltronas. Os mapas, surgindo miraculosamente dos bolsos, foram estendidos sobre os joelhos. Olga Yemchekova, que comandava a esquadrilha, reproduzia as informações que recebia por telefone.

— Vinte teutões se aproximando a 1.800 metros de altitude. Distância estimada do centro da cidade: 30 quilômetros. Direção sudeste.

ROSA DE STALINGRADO

As moças rabiscaram nos mapas, anotando as freqüências de rádio no dorso da mão. Logo estavam correndo em direção aos aviões. Galia Boordina era a nº 2 da chefe de patrulha, Valeria Khomiakova, a nº 3. Furiosa, Lily, nº 2 da segunda patrulha, teria de esperar.

Voando, Galia Boordina consultou seu altímetro: 2.000 metros.

A voz do controlador ressoou sob seu capacete:

— Bombardeiros inimigos mesma velocidade, mesma direção.

Os alemães logo haveriam de surgir em algum ponto abaixo.

"Agora, é uma questão de dois ou três minutos", estimou Galia, acionando o cronômetro preso à coxa.

Verificou a pressão do óleo, a temperatura do motor, retirou a proteção dos canhões, iniciou uma virada para ver melhor abaixo.

Lá!... Uma sombra, depois duas, e logo três. Podia mais adivinhá-las que vê-las realmente. Acionando o leme, corrigiu sua trajetória, buscou um ângulo de ataque de 30°, respirou fundo e se lançou em mergulho a toda velocidade.

A aceleração, angustiante, deu-lhe a impressão de cair literalmente no dorso dos alemães. Por reflexo, ela abriu fogo. A partida dos obuses e balas sacudiu o Yak. O ruído assustador — motores e canhões — causou uma sensação de loucura. Ela passou através dos bombardeiros inimigos, roçando o nariz de um deles. Recuperou-se 400 metros abaixo e voltou a subir na perpendicular.

Não devia ter feito grande mal a ninguém, pois nenhum clarão indicava que um aparelho inimigo tivesse sido atingido. Mas o ataque devia tê-los surpreendido, já que se tinham dispersado. As primeiras explosões ribombaram no solo, iluminando por um breve momento campos ou árvores. Saratov ficava mais longe. Os alemães, portanto, não haviam atacado: simplesmente haviam se livrado de suas bombas.

Galia partiu no seu encalço. Ainda tinha gasolina e munições, mas nada encontrou. Já agora sozinha numa noite negra e num céu vazio, suas coxas eram sacudidas por tremores. Caramba, quantas sensações!

Ela, a bela morena com rosto de criança, apanhou-se praguejando como um homem.

Capítulo 52

O rato de Olga Yemchekova

Saratov, maio de 1942.

Debruçada sobre seu mapa, máscara de oxigênio no rosto, em virtude da altitude — o altímetro indicava 3.000 metros —, a comandante Olga Yemchekova sentiu de repente alguma coisa se mexendo dentro de sua bota direita. A oficial atribuiu inicialmente a sensação a algum reflexo muscular, um início de cãibra ou uma simples ilusão, e movimentou o pé. A sensação aumentou. Idéia absurda: parecia haver alguma coisa em movimento dentro de sua bota. Para tirar as coisas a limpo, a piloto puxou a calça, debruçando-se para tentar ver o que podia estar acontecendo. Foi quando seu coração parou. E ela soltou um grito.

No rádio, Lily ouviu seu grito estridente. Havia na voz a marca de um medo intenso. Surpresa, ela julgou reconhecer sua líder, Olga Yemchekova. Com um movimento lateral, aproximou seu Yak do avião de Olga. Os dois aparelhos voavam agora asa a asa. No interior da cabine do caça vizinho, Lily via claramente os gestos desordenados que agitavam sua chefe de patrulha.

Sua primeira reação foi zunir no céu a 360° em busca de aviões inimigos. Nada! O céu, de um azul pálido, estava vazio.

Lily voltou novamente sua atenção para a cabine de Olga. Os gestos incoerentes da piloto pareciam ainda mais agitados. O Yak chegou mesmo a ser sacudido por uma primeira guinada.

Acionando brutalmente o leme, Lily afastou seu aparelho.

— 25 a 15,[79] o que está acontecendo?

Silêncio no rádio.

— Azul 1 a Líder, responda!

Nada perturbava o chiado dos fones de ouvido.

Com uma sensação de angústia, Litvak constatou que o Yak de Olga, como que apanhado numa turbulência, parecia por sua vez tomado da agitação da piloto.

A cabeça de um rato surgia lentamente da bota de Olga. Não um pequeno camundongo, um desses ratinhos brancos supostamente "gracinha" que, na primeira juventude de Yemchekova, algumas colegas guardavam em casa numa gaiola ou levavam para a escola — não, um enorme rato cinzento, quase obeso, que, tonto com o oxigênio rarefeito da cabine, subia lentamente por sua perna.

Acontece que, se havia uma coisa que Olga detestava, eram justamente os ratos! Por mais longe que mergulhasse nas lembranças de infância, sempre tivera pânico de ratos. Sua mãe valia-se disto às vezes para trazê-la à razão quando se mostrava detestável: "O rato vai te pegar..." Se a ameaça servia para acalmar instantaneamente os caprichos ou acessos de raiva mais violentos, depois de adulta, corajosa, responsável por um regimento de caça, sua fobia não mudara. E aquele encontro frente a frente, na cabine estreita de um monoposto, como um rato a ponto de desmaiar por falta de oxigênio a levava a perder, por alguns segundos, todo controle sobre si mesma...

Preocupada, Lily Litvak voltara a aproximar seu aparelho. De repente, viu abrir-se a janela do avião de Olga e o rosto aterrorizado de sua líder, que, sem sua máscara, tentava duas ou três vezes atirar para fora uma massa cinzenta que ela não conseguiu imediatamente identificar. Na segunda tentativa, ela não acreditou no que estava vendo: seria capaz de jurar que tinha visto um rato!

A guerra pessoal da comandante Yemchekova com um rato no céu de Saratov entrou para a mitologia da aviação soviética.

Capítulo 53

Meu Deus, como é linda a guerra...

Céu de Saratov, primeira vitória do 586º Regimento Feminino de Caça, maio de 1942.

Em Saratov, a competição foi a maior característica das jovens em combate. Meu Deus, como a guerra é linda: quem seria a primeira a abater um avião alemão? A cada missão, Lily esperava que fosse ela. A cada retorno de missão, quando havia voado, fazia questão de esconder sua decepção. E, quando não voava, sentia um prazer vagamente perverso ao ficar sabendo que as companheiras também retornavam de mãos abanando.

No início, ela se absolvia pensando com seus botões que as concorrentes deviam experimentar, em graus diversos, um sentimento equivalente, mas logo viria a se recriminar por "essa falta de patriotismo que punha a vaidade pessoal à frente da salvação da pátria". Mas jamais confidenciou seus sentimentos a quem quer que fosse, nem mesmo às amigas mais íntimas, Valentina Petrochenkova, Wanda Kalinkhova ou, em menor grau, Galia Boordina.

— Atenção, atenção... Bombardeiros inimigos. Direção 163. Altitude: 2.000 metros.

A voz do controlador de vôo estalava nos alto-falantes.

Já passava de meia-noite. As pilotos em alerta rabiscaram as informações em seus mapas para em seguida lançar mão do pára-quedas e correr

ROSA DE STALINGRADO

em direção aos aparelhos. Dois minutos depois, os primeiros Yak já deslizavam nas pistas.

Lily, que não estava de serviço, saiu para acompanhar a decolagem.

A 2.500 metros de altitude, Valeria Khomiakova, uma das principais rivais de Lily na corrida para a primeira vitória, e que voava como nº 2 em sua patrulha, começou a perder a concentração. Até ali, enquanto subia, toda a sua atenção estava focada no esforço para ficar ao alcance do olhar de sua líder na escuridão. A noite estava escura, com a lua encoberta pelas nuvens, e toda a ambição das pilotos se limitava a não perder de vista o aparelho que as antecedia. Agora, cada uma delas tinha de chegar a seu setor.

Valeria estava em posição há apenas dois minutos quando viu uma, logo duas e depois três sombras negras passar sob seus olhos. Alertou o controle, ligou o colimador, liberou a trava de segurança do gatilho de tiro. Em seguida, tendo verificado uma última vez seus instrumentos, altímetro, pitô, pressão do óleo, empurrando o manche, ela investiu num mergulho.

Quase imediatamente, uma enorme massa negra apareceu por uma fração de segundo em seu colimador. Instintivamente, ela apertou o botão de tiro. A partida dos obuses e balas sacudiu o Yak. Ela começava a se acostumar. Mas as balas traçadoras se perderam atrás do alemão, que já desaparecera na noite.

Valeria virou, dando com uma outra sombra, desta vez mais distante. Conseguira recuperar o sangue frio. Respirando profundamente, obrigando-se a repassar na memória o que aprendera no treinamento, ela se aproximou progressivamente do bombardeiro alemão, novamente tensa a não poder mais, no esforço para não perdê-lo de vista. Mas o JU 88, não parecendo consciente do perigo que corria, prosseguiu avançando para seu objetivo.

Valeria o viu aumentar aos poucos em seu colimador. Relaxou. Quando considerou que estava a uma boa distância, abriu fogo.

Viu então nitidamente o impacto dos obuses na carlinga do alemão. E se deu conta de que, contrariando as instruções, não havia atirado com rajadas curtas, mas continuava apertando o botão de tiro.

O motor esquerdo do Junker pegou fogo, mas Valeria, levada pelo ímpeto de seu ataque, ultrapassou o bombardeiro atingido. Em seu impulso, percebeu novas sombras. Voltou a subir, em espiral, passou pelo dorso e atacou de novo. Em vão. O céu estava vazio novamente. Ela pensou que os alemães deviam ter achado que eram atacados por vários caças e se dispersaram. A explosão de bolas de fogo no solo, num perímetro bem amplo, confirmou sua intuição. Aparentemente, alguns alemães haviam preferido soltar suas bombas sem procurar atingir o objetivo. Ela avisou pelo rádio:

— Formação inimiga provavelmente dispersada.

Ouviu então, em meio ao chiado, uma voz que não reconheceu:

— Munição esgotada. Estou voltando.

Não era em absoluto a intenção de Valeria. Acreditando que os alemães já se haviam dirigido para oeste, começando a voltar, ela também virou, por sua vez, e apertou as pálpebras para melhor sondar a escuridão. Ainda tinha um encontro.

De repente, seu rosto se iluminou. Ao longe, bem abaixo, ela percebeu uma luzinha amarela brilhando intermitentemente. Esboçou uma descida, perdendo altitude mas ganhando velocidade. À medida que se aproximava, a luz amarela se transformava em um rosário de chamas mais ou menos fortes, de acordo com o momento. Era o seu bombardeiro ferido.

Ela lançou um olhar de lobo e empurrou com força a manete. A potência do motor, plenamente ativada, conduziu-a à cauda do aparelho. A tripulação alemã percebeu-o no último momento e se afastou, mergulhando numa curva fechada à esquerda, em direção ao solo, e partindo novamente em sentido inverso do trajeto que acabava de percorrer. Valeria, apanhada de surpresa pela escapulida, já os havia ultrapassado consideravelmente. Imediatamente saiu novamente em caçada, enquanto o JU-88 tentava salvar-se fugindo. Valeria ficou pensando que o navegador devia ter sido morto ou ferido, pois não entendia por que o alemão voltava na direção de Saratov. Diminuíra a intensidade das chamas do motor atingido, mas ele continuava ardendo o suficiente para descartar qualquer possibilidade de que o bombardeiro desaparecesse na noite.

Ele já estava muito baixo quando Valeria voltou a ficar a uma distância ideal. Apesar das últimas manobras desesperadas tentadas pelo piloto, ele não tinha mais como escapar à russa. Ela viu uma forma pular do aparelho, depois outra, e puxou o gatilho.

Na terceira rajada, o segundo motor explodiu. O Junker adernou na noite. Segundos depois, as chamas indicavam no solo o fim de sua agonia.

A tensão nervosa da jovem também explodiu. Ela puxou seu manche para recuperar altitude, fechou o rádio e, livre para urrar de alegria, embarcou num duplo *tonneaux* solitário para comemorar a primeira vitória aérea das "Deusas do Céu". Só então anunciou sua vitória ao controle aéreo de Saratov.

Ela teve apenas uma queixa: à noite, os pilotos não eram autorizados a efetuar um *tonneaux* de vitória acima da base. Seu orgulho se ressentiu disto, até que ela aterrissou, pulou do avião e caiu nos braços das companheiras, que a carregaram triunfalmente.

Lily foi uma das primeiras a cumprimentá-la. De volta ao quarto, contudo, enfiou a cabeça no travesseiro para sufocar algumas lágrimas de despeito.

Mas no dia seguinte ela se levantou mais leve: seu conflito interno se aplacava.

Capítulo 54

Ordem 227

Moscou, junho de 1942.

No dia 28 de junho de 1942, protegido por 2.000 aviões, o grupo de exércitos de Von Bock, que já havia iniciado suas ofensivas na linha Kursk-Kharkov, lançou-se na direção do Don. O rio foi alcançado entre 5 e 10 de julho, conforme o lugar, entre as cidades de Voronej e Rossoc, situada mais ao sul. Graças à resistência encarniçada de Vatutin, Voronej não se entregou, mas, ao sul do campo entrincheirado, nada foi capaz de deter os alemães, especialmente na zona em que o grupo de Exércitos de Von Bock, para grande contrariedade de Jukov, concentrara o essencial de seus esforços: as colinas do Oskol.

Essa batalha causou uma dupla surpresa. Dos russos, espantados por ver semelhante massa surgir através do Oskol, cuja defesa haviam negligenciado. E dos alemães, que esperavam maior resistência da parte de um adversário que, em outras circunstâncias, parecia escapar sempre.

Stepan jogou um exemplar do *Völkisher Beobachter*, o órgão oficial do partido nazista, na mesa de Vassili.

— Você aí, grande germanófono, leia!

" ...O russo, que até agora combatia encarniçadamente a cada quilômetro, sacrificando milhares de seus homens em Voronej, recua agora sem dar um só tiro. Nosso avanço só é retardado pelas pontes destruídas e pela aviação. Quando sofrem pressão muito forte de nossa parte, as retaguardas soviéticas escolhem uma posição que lhes permita resistir até a noite, durante a qual desaparecem. Não nos preocupamos com os russos que lutam em retirada nos intervalos — às vezes muito extensos, de até vinte quilômetros — que separam nossas divisões. É preocupante meter-se nessa vasta região sem encontrar qualquer rastro do inimigo..."

Preocupado com o contínuo e diário agravamento da situação, exasperado com os erros do comando local — as falhas na transmissão das ordens ao 5° Exército Blindado haviam ficado atravessadas em sua garganta —, Stálin, apoiando-se no Estado-Maior Geral, no qual Jukov ganhava cada vez mais peso, ordenou medidas de reorganização, ao mesmo tempo em que começava a demitir os chefes em função. O general Gulikov e uma parte de seu Estado-Maior foram dispensados. A frente de Briansk foi dividida em duas. O general de origem polonesa K. Rokossovski, que, um ano antes, ainda estava no *gulag*, por sua proximidade com o marechal Tukhatchevski, executado em 1937, viu-se lotado em Briansk, tendo de cumprir instruções draconianas. O general Nicola Vatutin, como vimos, assumira o comando da recém-criada frente de Voronej.

Mais importante que tudo, Stálin assinou a Ordem n° 227, que passou à história por proclamar a lei de bronze das tropas: *"Ni shagu nazad"* (nem mais um passo atrás).

Foram tomadas medidas rigorosas de combate aos "fomentadores do pânico" e àqueles que "infringiam a disciplina". As "inclinações favoráveis à retirada" deviam ser impiedosamente sancionadas.

A ordem foi reforçada por uma redobrada ação política do Partido.

A onda de Voronej chegou a Moscou, onde caiu o chefe da Direção Política principal do Exército, L. Mehklis.

— Acabo de perder meu segundo chefe em dois meses — exclamou Stepan diante de Vassili, com quem estava almoçando ao receber a notícia.

Mehklis foi substituído por A. Tcherbakov, secretário do comitê central e do comitê do Partido em Moscou. O Partido fortalecia sua mão de ferro sobre o Exército.

A encarniçada violência dos combates em torno de Voronej prenunciava a luta de morte por Stalingrado. A chegada do VI Exército alemão ao Don abria-lhe, com efeito, uma pista livre para Stalingrado, e, com a tomada da cidade, a possibilidade de dividir a URSS em duas, privando-a de suas regiões mais ricas.

No dia 18 de julho de 1942, Stálin e a *Stavka* decidiram em caráter de urgência a criação da "frente de Stalingrado". Essa data ficou na História como o início "oficial" da batalha homônima. Uma das mais sangrentas jamais vistas.

Capítulo 55

"Está descartada a tomada de Voronej pelos nazistas!"

Julho de 1942, relatório do general Alexander Vasilevsky à *Stavka* do Comando Supremo.

"A 2 de julho, no fim do dia, a situação piorou bruscamente na direção de Voronej. Na articulação das frentes de Briansk e do sudoeste, a defesa foi rompida numa profundidade de aproximadamente 80 quilômetros. As reservas disponíveis foram gastas na batalha. Delineiam-se com precisão as ameaças de um avanço do grupamento de choque inimigo até o Don e de tomada de Voronej...

(...) Para impedir que o inimigo atravesse o Don e conter um futuro avanço de suas tropas, recomendo que a *Stavka* do Comando Supremo acione em sua reserva dois Exércitos interarmas, em benefício do comandante da frente, depois de ordenar que sejam mobilizados na margem direita do Don, no setor Zadonsk-Pavlovsk.

Simultaneamente, o 5º Exército Blindado deve ser posto à disposição dessa frente, para contra-atacar com unidades blindadas no flanco e na retaguarda do grupamento germano-fascista que investe contra Voronej.

Um ataque imediato e resoluto do 5º Exército Blindado pode alterar radicalmente a situação em nosso favor..."

Em conseqüência de uma falha de transmissão, o 5º Exército Blindado não recebeu a ordem do comando da frente. O general Alexander

Vasilevsky tomou a iniciativa de ir em seu veículo particular ao encontro de um Estado-Maior avançado da unidade, para acelerar sua mobilização. Antes, porém, transmitiu por telégrafo, ao comandante do Exército e ao comando da frente, a missão de contra-atacar e a ordem de preparar imediatamente esse contra-ataque.

Capítulo 56

Defender Voronej

Base aérea de Saratov, 3 de julho de 1942, 17 horas.

Na ausência de sua chefa, Olga Yemchekova, chamada a Moscou, Vera Ivanova Tikomerova, comissária política do 286º Regimento de Caça, compareceu à reunião convocada com urgência pelo general comandante da Divisão Aérea de Saratov. Eram 17 horas.

Perante uma assembléia de cerca de vinte pessoas, em sua maioria chefes de unidades e membros de Estados-Maiores, o general deu a palavra a seu adjunto, que foi direto ao ponto:

— Não preciso falar-lhes da enorme importância de Voronej. Quero apenas lembrar seu valor estratégico como encruzilhada rodoviária e enlace ferroviário, um ponto de travessia do Don que precisamos absolutamente preservar. Há algumas semanas, a cidade tem sido objeto de sangrentos e encarniçados combates. No dia 28 de junho, um grupamento blindado alemão saído de Kursk desbaratou quatro exércitos soviéticos. O VI Exército alemão de Von Paulus penetrou profundamente as defesas dos nossos 21º e 28º Exércitos. Voronej está seriamente ameaçada.

O envio a Voronej do 6º e do 60º Exércitos, assim como a ação do 5º Exército Blindado, permitiu consolidar a defesa da cidade, sem eliminar totalmente o grande perigo representado por um avanço inimigo sobre o Don... Está descartada a tomada da cidade pelos nazistas. O general Vatutin, que passou a comandar a frente de Voronej, receberá portanto novos reforços. A região militar de Saratov deverá participar da formação de novas tropas de reforço.

É o que decidimos.

Cada uma das unidades representadas na reunião recebeu suas instruções. Os oficiais anotavam, faziam perguntas, manifestavam às vezes suas preocupações. Estas mereciam a atenção do general e de seu Estado-Maior, mas Vera Tikomerova não teve a impressão de que influenciariam muito as decisões tomadas.

Chegou-se então ao 286º de caça.

— No que diz respeito ao seu regimento, comandante — disse o orador, voltando-se para Tikomerova —, deverá pôr à disposição da frente uma esquadrilha de doze aparelhos. Partida dentro de 48 horas. O nome e a posição geográfica da base de destinação lhe serão fornecidos posteriormente.

Capítulo 57

O preço do perigo

Saratov, 5 de julho de 1942.

No fim da manhã, doze Yak-1 decolaram de Saratov em direção à frente de Voronej. Um décimo terceiro, o de Valentina Petrochenkova, sofrendo reparos, iria com sua piloto ao encontro da esquadrilha dois dias depois. Vera Tikomerova fora incumbida do comando do grupo.

Os pilotos de caça empreenderam uma ampla curva e voltaram a passar em formação acima do aeródromo, para saudar o regimento. O grupo era composto de três patrulhas de quatro aparelhos.

Lily Litvak voava ao lado da comandante, na primeira patrulha. Katia Budanova ocupava a mesma posição de nº 2 na patrulha 2.

Em altitude, um bombardeiro P-2 as esperava para conduzi-las à nova base, Orlovo, situada cerca de trinta quilômetros a leste de Voronej. Três aviões de transporte Douglas DC 2 — fornecidos pelos americanos, na ajuda ao esforço de guerra — levavam pessoal e material. A sargento-chefe Ina Pasportkina acompanhava.

SEGUNDA PARTE

———

A MULHER-CORAÇÃO

Capítulo 58

Furiosas e de mãos abanando

Aeródromo militar de campanha de Orlovo, 5 de julho, 16h30.

A guerra não espera.

Mal haviam chegado as moças, Vera Tikomerova foi convocada pelo comandante da base. Valeria Khomiakova a acompanhou. "Um prêmio à primeira vitória aérea do regimento", pensou Lily com uma ponta de inveja, mas logo se recriminando por essas reações infantis.

A conversa foi rápida. Não se podia perceber no oficial um especial entusiasmo por receber mulheres combatentes, mas tampouco havia nada de desagradável. Sua própria secura talvez fosse apenas questão de temperamento ou resultado da tensão decorrente dos acontecimentos. Sua exposição dividiu-se em duas partes: a instalação da esquadrilha e a disponibilização de um bombardeio P-2 para um primeiro reconhecimento do setor.

— Imediatamente? — perguntou Tikomerova, hábil o suficiente para não demonstrar seu espanto.

— Naturalmente — respondeu o oficial, já lhes dando as costas, preocupado com um outro problema a resolver.

17 horas. Primeiro reconhecimento do setor, guiado pelo P-2. Itinerário: Usman-Zemljansk-Semiluki. Um quarto de roda a noroeste de Voronej. Oito aviões participavam.

Lily chegava a torcer o pescoço: pela primeira vez visualizava os combates em solo. Aqui, disparos de Katiuchka — os "Órgãos de Stálin" —, cujas plataformas móveis podiam às vezes ser distinguidas. Mais adiante, explosões de obuses, fumaça de incêndios, ruínas de aldeias destruídas. Podia também acompanhar o avanço extremamente lento, visto do alto, das filas de caminhões, os movimentos dos tanques, às vezes, na retaguarda da frente, o deslocamento de um comboio ferroviário. Só a direção permitia em alguns momentos distinguir o amigo do inimigo. Os alemães se movimentam mais e tendiam a avançar em direção leste. As tropas russas, por sua vez, estavam aferradas a suas bases defensivas, com seus comboios militares deslocando-se paralelamente à frente de combate. O céu estava surpreendentemente vazio.

No dia seguinte, novo reconhecimento de setor, igualmente orientado por um P-2, desta vez por causa das más condições meteorológicas. Várias moças, entre elas "Petrô", perderam de vista o P-2 e tiveram de voltar à terra por seus próprios meios. Lily grudou no bombardeiro como uma demente. Seria muita burrice perder-se e correr o risco de ter de fazer um pouso forçado no campo, pensou.

Novo reconhecimento de setor, bem a oeste, dessa vez no itinerário Zemljansk-Vercit-Turovo-Novovoronej. Recomendação: manter os olhos bem abertos, pois havia aviões alemães Focke-Wulf rondando. Lily estava no ar, Katia Budanova em alerta em terra, em companhia de Katerina Fedotova, vinte anos, casada, um filho. Às 10 horas, decolagem urgente: um avião inimigo fora detectado a 5.000 metros, na vertical do terreno. Agarradas a suas hélices, Katia e Katerina subiram, subiram... sem nada encontrar. De mãos abanando e furiosas, voltaram ao solo. Para não mais decolar naquele dia.

Era a primeira missão de guerra do 586º em Voronej.

Uma importante missão de bombardeio foi marcada no dia seguinte para os P-2 do regimento de bombardeiros que dividia a base de Orlovo com o 586º: vinte e quatro pilotos de caça, doze dos quais pertencentes ao regimento de caça da Guarda, chegados especialmente na noite da véspera de um campo de batalha próximo de Moscou, estavam incumbidos da proteção dos bombardeiros, com a esquadrilha do 586º. Os rapazes tinham o rosto cavado pelo cansaço, mas se mostraram admirados e encantados por encontrar moças.

— Vocês realmente pilotam? — perguntou um deles, com ar sonso.

Um outro, fazendo o gênero paternal, mas que devia ter-se informado previamente, acrescentou:

— Pelo que sei, é a sua primeira missão de combate?

Ielena Zenkursk, como sempre pronta a dar um tapa em qualquer mão muito acariciante ou suspeita de condescendência, redargüiu:

— Eh, Vossa Importância, e nossos dois meses no céu de Saratov, serviram para quê? Diga aí, Petrô! Meros vôos de planador?

Valentina, confortavelmente sentada numa poltrona e em suas duas vitórias em Saratov, topava tudo, menos embarcar nesse tipo de combate. Evitou, assim, uma resposta agressiva, com um ligeiro sorriso e um vago gesto da mão.

— Quantas vitórias, então? — prosseguiu o piloto, que não apreciara muito a invectiva de Ielena.

Katia Budanova sentiu-se inicialmente tentada a pôr as garras de fora para socorrer a companheira, lançando um "Podem ir contar lá fora, nos nossos aviões!", mas lembrou *in extremis* que o rapaz pertencia a um regimento da Guarda e talvez tivesse mais suásticas pintadas na lateral de seu Yak do que em todos os do 586º reunidos. Optou, assim, com bom senso, por um tom conciliador:

— Amanhã?... Não sei... Uma ou duas... E vocês?

Um belo georgiano, muito moreno, olhos verde-esmeralda, que já estava na mira de várias das moças, interveio com voz de baixo.

— Proponho que o primeiro a derrubar um Fritz amanhã, seja homem ou mulher, pague um jantar em Moscou, na primeira folga, ao parceiro de sua escolha presente nesta noite nesta sala.

— Meu Deus, faça que seja ele... e que seja eu — murmurou Katia no ouvido de Lily.

O georgiano não deixou de notar os movimentos e murmúrios. E perguntou, com o olhar de lagoa englobando as duas jovens:

— Combinado?

— Por que não? — respondeu Katia.

— Perfeito! Aos canhões, camaradas...

E, voltando-se novamente para Katia e Lily, acrescentou:

— Mas como é mesmo que se chama?

Só Katia respondeu, embora Lily não pudesse jurar que era especificamente para Katia que olhava o belo georgiano.

— Budanova... Katia.

— Eu me chamo Boris Gubanov, cidadã Budanova. Pois bem, e se já começássemos a comemorar hoje essa primeira vitória de amanhã?

Três garrafas de vodca surgiram como por magia de dentro das jaquetas. E rapidamente passaram desta para melhor.

As moças, em geral, evitavam beber, ou se limitavam a bebericar de leve...

— Esperemos que beijem melhor do que bebem! — não conseguiu eximir-se de observar um desajeitado.

— Donzelo! — sussurrou Ielena Zenkursk, que provavelmente também era virgem.

O comentário provocou generalizada algazarra. E novas doses contribuíram para a reconciliação.

Estava na hora de ir para a cama.

Entre os rapazes, a coisa foi lamentada. Especialmente por ver que Wanda, que costumava fazer sucesso nesse tipo de reunião, preferia se recolher. Mas nessa noite ela parecia distante. Por quê? Porque Stepan Kiritchenko, avisado de que estava sendo enviada para Voronej, prometera vir a seu encontro assim que possível.

— Voronej está de qualquer maneira mais próxima de Moscou que Engels — observara ele. — E também dos alemães. Tome cuidado, meu amor.

Ouvindo essas palavras, ela se derretera. De modo que os outros homens, nessa noite...

Outras moças, em compensação, bem que ficariam por mais tempo, mas a chuva pesada impediu que certos casais se desencaminhassem pelo bosque. Tanto pior para todo mundo, pensou Lily, enfiando o rosto num travesseiro áspero.

Os mecânicos estavam trabalhando desde as 3 horas da manhã. Não parava de chover a cântaros, e a terra se transformara em lama. Às 5 horas, o pessoal técnico foi mobilizado para erguer alguns aparelhos e liberar

ROSA DE STALINGRADO

suas rodas, presas numa espécie de argila dissolvida. Os consumidores de vodca da véspera, já de pé, não se fizeram de rogados na hora de ajudar. As aviadoras também apareceram, algumas bem prejudicadas. Com o passar dos minutos, as condições atmosféricas se degradavam. Chuva forte, visibilidade fraca.

Depois de quatro horas de espera, a missão de bombardeio foi suspensa.

Lily, que considerava qualquer adversidade meteorológica uma agressão pessoal, começou a resmungar. Katia, obcecada com o sedutor georgiano, não disse nada e mergulhou em *Servidão amorosa*, de Gorki. Uma leitura premonitória?

Capítulo 59

Missão na madrugada

Orlovo, 3 horas da manhã.

— 3 horas da manhã, minha tenente.

A suboficial de serviço pousou levemente a mão no ombro de Lily, tirando-a do sono.

Dez minutos depois, ela estava diante de um café-da-manhã frugal servido por um cabo mutilado e ainda meio adormecido, que despertava como que por milagre assim que a via. Lily gostava dele. Ele perdera um braço nos combates de Smolensk, em novembro último, e desde a chegada do 586º a Orlovo elegera a linda piloto como confidente favorita. Logo, viera a confessar-lhe seus temores. Julgava ter encerrado seu capítulo em matéria de guerra, mas também sentia, no braço perdido, a aproximação de tempestades inquietantes. Com a cara mais séria, Lily dissera que não se espantava, pois seu pai afirmava "sentir" as panes de sua locomotiva antes que se manifestassem. "É possível que certos militares pressintam em suas feridas o desencadeamento de combates, muito antes de serem travados", disse ela um dia, rindo. Mas ele, empertigando-se, tomara o gracejo como verdade revelada. Desde então, tinha Lily em alta estima e sob sua proteção: seu chá era sempre mais forte e mais quente que o das outras.

Era o que acontecia mais uma vez naquela manhã: à bebida escaldante que lhe servia com a mão esquerda ele acrescentou uma bandeja onde já se encontravam algumas fatias de pão de centeio e duas fatias de presunto não regulamentares.

— Coma, minha tenente. Nunca se deve ir para o combate de barriga vazia.

Lily sorriu, achando graça daquelas pequenas atenções, sal da vida militar, sobretudo às 3h30 da manhã.

A jovem deixou o refeitório. O céu ainda estava de um negro retinto. Ela ouviu o ronco de um motor na pista. Provavelmente o seu Yak ou o de Valentina Petrochenkova, sendo aquecido pelos mecânicos.

Dirigiu-se então para a Zemlienka, a sala de operações subterrânea onde receberia as últimas instruções sobre sua missão. Lily julgava encontrar lá Valentina, que no entanto, com sua eterna dificuldade de sair da cama, ainda não chegara. Até que finalmente "Petrô" apareceu. Os olhos inchados, mas o olhar vívido.

Ordem do dia: caça livre. Ou seja, interceptar e liquidar os bombardeiros ou caças noturnos nazistas que, por diferentes motivos, haviam ficado para trás em alguma missão noturna e voltavam tardiamente para a base.

A técnica, de acordo com a hora e a meteorologia, variava: vôo em baixa altitude para detectar lá no alto as sombras inimigas, que se tornam visíveis no céu clareado pelo alvorecer. Ou, mais tarde, voar bem alto para distinguir formas que se recortam contra o fundo do solo ou das nuvens. Em suma, um esporte que as duas jovens gostavam de praticar.

As duas pilotos anotaram no dorso da mão as freqüências de rádio e as direções a tomar.

Sentada em seu *cockpit*, Lily acalmou os batimentos cardíacos com a leitura de seus instrumentos de bordo fosforescentes e a observação das chamas azuis pontuadas de vermelho que saíam de seus canos de descarga.

A decolagem se deu aos primeiros clarões do alvorecer. Os dois Yaks se orientaram para a rampa elétrica que balizava a pista em toda a sua extensão e que acabava de ser iluminada para o início da missão.

Rumando para o sul, os dois aparelhos ganharam altitude. À esquerda, em direção leste, o céu começava a clarear. Sob suas asas, vales negros e rastros cinzentos de névoa desenhavam uma paisagem de formas raras e indistintas.

Mil metros a mais de altitude, e o sol surgiu no horizonte. Os dois aviões estavam agora envoltos numa agradável luz dourada, que cegava as pilotos, em contraste com a escuridão de que saíam.

Lily e Valentina começaram a balançar alternadamente as asas para evitar os ângulos mortos e melhor vigiar o espaço escuro que sobrevoavam. Atravessaram a tira prateada do Don na altura de Novoronej.

O céu estava desalentadoramente vazio.

De repente, tudo se precipitou.

— Alô, 25. Controle chamando. Informe sua altitude.

— Alô, Controle. Aqui 25. Altitude G, de Gama.[80]

Lily pensou que alguma coisa devia estar acontecendo, para que o controle de vôo a solicitasse a romper o silêncio obrigatório no rádio.

No mesmo momento, o Yak de Tina emparelhara na sua altura. Lily viu nitidamente um escapamento de óleo se espalhando no pára-brisa do avião.

"Petrô" fez-lhe um sinal com a mão, querendo dizer "incidente técnico", e em seguida girou, empreendendo a descida. Retorno à base. Em princípio, Lily teria de segui-la, mas Texugo se agitou no rádio:

— 25, aqui Controle. Tome a direção 6-0-6.

Lily entendeu que devia haver um avião suspeito no setor e que o controlador tentava identificar os Yaks em sua tela sem margem a dúvida.

Começou então a torcer o pescoço para varrer o céu num movimento de 360°.

— 25, atenção! Alemão atrás, a 5 horas. Altitude 5.000 metros.

Lily imediatamente virou a cabeça na direção indicada. Brilho de sol numa minúscula cruz metálica.

Era o bastante para detectá-lo.

Instantaneamente, seus reflexos entraram em ação.

Ela retirou a proteção do gatilho de seus canhões. Foi tomada de uma grande calma, mas estava jubilando.

Por enquanto, era a perseguida. Mas na verdade, sabia ser a perseguidora.

A cada segundo que passava, ela observava a gradual aproximação do adversário, 1.000 metros acima dela. Lily pôde até identificá-lo: Messerschmitt 109G. Eficaz em altitude, mas não tanto no nível em que ela estava.

ROSA DE STALINGRADO

Como ela não mudara a direção, o boche achou que não tinha sido detectado. Três longos minutos se passaram. Agora ele estava acima de Lily.

Começou a movimentar as asas, ia atacar.

Depois de uma última olhada nos instrumentos, Lily reduziu o passo da hélice.

Fora dada a partida!

O alemão iniciou uma espiral descendente, para tentar se aproximar pela cauda do Yak. 1.000 metros... 800 metros... 600 metros... Não abusava da velocidade, para não correr riscos.

Lily empurrou o manete até o fim e simultaneamente lançou o seu Yak numa curva ascendente. Apanhado de surpresa, o alemão abriu fogo, mas já era tarde.

Lily puxou seu manche, nivelou os ailerons.* O Messerschmitt tentou fazer uma curva ainda mais fechada mas suas asas perderam sustentação, e ele estolou. Esboçou então um início de parafuso.

Confiando na maneabilidade de seu Yak, Litvak já estava posicionada quando o Messerschmitt saiu de seu parafuso. O alemão, vendo o perigo, iniciou uma série de manobras violentas para se afastar. Sem êxito. A russa acumulara velocidade e tinha a vantagem da altitude.

Já agora a distância de tiro, Lily acariciou o gatilho, puxou... Rajadas curtas, precisas, eficazes.

O alemão, percebendo que sua única chance era livrar-se da perseguidora, empurrou seu manche até o fim. O Me-109 mergulhou na vertical, mas Lily, num giro, colocou-se de dorso, seguiu-o num mergulho invertido, aproveitando a trajetória regular do inimigo para começar a se aproximar.

— 25, 25. Atenção, atenção! Quatro inimigos a 12 horas atrás de você. Merda!

Lily virou a cabeça e viu distintamente quatro Focke-Wulfs, barriga azul e dorso prateado, se aproximando. Não era hora de perder tempo.

Ela interrompeu o combate e mergulhou numa virada, o que a reconduziu na direção das defesas antiaéreas de Voronej. Os alemães esboçaram uma manobra para segui-la, mas não insistiram, não propriamente

---

* Aileron: Parte da asa que permite a realização de curvas. (N. do T.)

entusiasmados com a idéia de enfrentar os canhões das baterias antiaére-as agrupados em massa ao redor da cidade.

Lily pousou completamente exausta. Sem dúvida o rebote da decepção. Ela estava convencida de que acabara de ver escapar sua primeira vitória. Deu duas cabeçadas no pára-brisa. Decididamente, fora amaldiçoada.

Capítulo 60

Stálin fulmina

Moscou, 18 de agosto de 1942, Estado-Maior da FAS, departamento de pessoal.

A reunião não começara sob os melhores auspícios. Os participantes passavam uns aos outros uma nota que era lida por cada um com a maior atenção.

"Ao comandante da frente oeste, camarada Jukov.

Ao membro do Conselho Militar da frente Oeste, camarada Bulganin.

17 de agosto de 1942, 22 horas.

De acordo com os relatórios do Estado-Maior da frente Oeste, a 387ª, a 350ª e uma parte da 346ª Divisão de Atiradores do 61º Exército continuam a lutar, apesar de cercadas. Não obstante as seguidas exortações do Quartel-General, elas ainda não foram socorridas. Os alemães nunca abandonam suas unidades cercadas pelas tropas soviéticas e se esforçam por alcançá-las e salvá-las custe o que custar. O comando soviético deve dar mostra de maior companheirismo que o comando nazista em relação às unidades cercadas. Tudo indica, na verdade, que o comando soviético se preocupa menos com suas unidades cercadas que o comando alemão. Isto lança uma mancha de infâmia sobre o comando soviético.

J. Stálin"

— Não me lembro de ter visto alguma vez um documento operacional ditado ou assinado por Stálin no qual ele se preocupasse com a vida de seus concidadãos — disse, num tom neutro, o coronel que presidia a reunião.

Como o sujeito passava, com razão, por corajoso, ninguém mais fez comentário algum. Mas alguns esboços de sorriso indicavam que a opinião era compartilhada. Muitos pensavam, resumindo, que era efetivamente a primeira vez em que se via Stálin manifestar preocupação com a vida de alguém. E, portanto, que alguém devia ter-lhe dito, em algum momento certamente situado entre 21 horas e 22 horas de 17 de agosto, que os alemães nunca abandonavam suas unidades cercadas pelas tropas soviéticas, problema que o Comandante Supremo, em sua grande humanidade, descobria pela primeira vez. Em suma, que não estava clara sua verdadeira motivação. Estaria ele agindo por cinismo — "só me preocupo com as unidades cercadas porque o inimigo o faz" —, por desejo de humilhar os comandantes militares, dando-lhes uma lição e comparando-os, nesse transe difícil, aos generais de um inimigo odiado? Uma última hipótese podia ser contemplada: a decisão de Stálin, ao soarem as 22 horas, de depositar mais uma pedra na construção de sua imagem de chefe impecável, com vistas ao fortalecimento de seu poder no pós-guerra e de seu lugar na História. Seja como for, aos *infames* camaradas Jukov e Bulganin, destinatários privilegiados dessa nota desonrosa, não devia ter passado despercebido todo o seu sabor, pensavam os presentes.

Alguns olhares voltaram-se furtivamente para um capitão, convidado à última hora para a reunião, que acompanhava os representantes da direção política do Exército. Mas ele nem piscou. Cada um ficou na sua.

— Ao trabalho, senhores! — intimou o presidente da sessão.

A primeira questão era a ordem de transferência das duas pilotos femininas, as tenentes Budanova e Litvak, pertencentes ao 586º Regimento Feminino de Caça, baseado em Saratov, para o 73º Regimento de Caça mobilizado há várias semanas na frente de Stalingrado.

Um capitão da direção de pessoal resumiu a questão com notável concisão:

— Todos sabemos que uma batalha decisiva ocorrerá nas próximas semanas em Stalingrado — disse. — E por sinal em grande parte ela já começou, e os acontecimentos não nos favorecem. Acontece que a *Stavka* do Comandante Supremo está decidida a mobilizar todos os meios disponíveis para obter a vitória em Stalingrado. Nesse contexto, a direção de pessoal do

Exército do Ar foi incumbida do recenseamento de todos os pilotos disponíveis, no mais breve prazo. Assim foi que solicitou ao comandante do 586º Regimento de Caça que fornecesse a lista de suas dez melhores pilotos. Submeteu-a, em seguida, à ratificação do comandante do Centro de Instrução de Engels. Os nomes das tenentes Budanova e Litvak foram selecionados nessa lista. Como o 73º Regimento de Caça sofreu consideráveis perdas humanas, seu comandante, o coronel Nikolai Baranov, solicitou urgente reforço de pilotos. Dez dias atrás, contudo, duas pilotos já foram designadas para o 73º. O coronel Baranov recusou-se a recebê-las e as mandou de volta para o ponto de partida no primeiro avião com destino a Engels, considerando que a ausência de uma resposta formal do 18º Exército à sua solicitação equivalia a uma concordância tácita. Isto tem cabimento?

Sorrisos apareceram em alguns rostos.

Depois de molhar os lábios num copo d'água, para clarear a voz — ou para estudar novos efeitos, o que não pode ser excluído, considerando-se o interesse da assistência pelo que dizia —, o relator prosseguiu:

— A argumentação do coronel Baranov, formulada sumariamente por escrito e ampliada numa conversa telefônica com a direção de pessoal, resume-se da seguinte maneira. Em primeiro lugar, não está caracterizada a capacidade operacional dessas oficiais. O coronel aparentemente não dá muita importância aos relatórios de serviço e às anotações das pilotos envolvidas. Em segundo lugar, a presença de mulheres numa unidade masculina é nociva para a disciplina, mobilizando pessoal que seria mais útil em outras funções. Nas primeiras 24 horas que essas duas primeiras pilotos passaram no AMC 34, o coronel Baranov teve de destacar uma sentinela para proteger a casa onde se hospedavam.

Risos mal disfarçados na audiência.

— Para protegê-las de quê? — perguntou alguém, fingindo seriedade.

— O coronel não julgou necessário esclarecer — respondeu o oficial, imperturbável, continuando. — Ele também ressaltou a falta de confiança dos outros pilotos; a menor resistência física; os problemas de higiene; os problemas de indisposição mensal, ligados à condição feminina; e, de maneira geral, a vaidade das mulheres — assim como, em sentido mais amplo, sua total incompetência pessoal em matéria de compreensão, de educação e gestão de mocinhas de vinte anos.

A sala toda já agora se dobrava de rir, obrigando o coronel que presidia a reunião a chamar os participantes à ordem.

— Mandem as moças para Stalingrado e vamos despachar Baranov novamente para Engels — propôs alguém, desencadeando nova algazarra.

— Camaradas, um pouco de compostura — pediu o coronel. — Essa questão coloca um problema muito real, que não se limita ao das duas moças. E temos de tomar uma decisão sobre essa transferência.

A questão talvez fosse mesmo séria, mas a situação em Stalingrado foi considerada ainda mais. O bastante, em todo caso, para que a instituição militar, pelo menos tal como brilhantemente representada nessa reunião, considerasse que já concedera suficiente atenção aos problemas do coronel Baranov e suas pilotos. Se uma opinião pessoal chegou a ser publicamente manifestada em forma de pergunta insidiosa ("O coronel Baranov acaso sabe que estamos em guerra?"), a opinião geral, admiravelmente sintetizada, foi: "Ele que se vire com suas mulheres!"

Foi portanto em perfeito consenso que se tomou a decisão de transferir as tenentes Budanova e Litvak para o 73º Regimento de Caça, baseado no AMC 34, frente de Stalingrado.

Ainda assim, no fim da reunião, o capitão Stepan Kiritchenko, representante da direção política do Exército, pediu para ver os retratos das duas jovens pilotos. Houve alguns sorrisos: ele tinha fama de gostar das mulheres. Suspeitou-se, como sugeriu um participante, que ele quisesse "demorar-se na contemplação das fotos com o simples objetivo de melhor avaliar, com base na beleza ou no encanto das pilotos, o alcance dos problemas que teria de enfrentar o amigo Baranov". O que era uma maneira polida de tirar um sarro com a sua cara.

Mas ele surpreendeu a assembléia ao declarar:

— O *Jornal da Força Aérea Soviética* está para publicar um artigo sobre as mulheres pilotos. Vai informar nossos comandantes sobre sua existência.

O artigo efetivamente foi publicado, três semanas depois.

Capítulo 61

"Qualquer atraso será considerado um crime"

Frente de Stalingrado, 29 de agosto de 1942.

Vassili costumava dizer:

— Venceremos se Hitler fizer mais besteiras que nós.

Subentendido: Stálin.

Stalingrado foi a vitória de uma resistência.

E, antes de mais nada, da resistência de Jukov a Stálin.

A 29 de agosto, o Comandante Supremo enviou seu general a Stalingrado para conduzir a batalha. Sua missão era atacar imediatamente. A *Stavka* planejava uma primeira ofensiva já para 2 de setembro, tendo como ponta de lança o I Exército da guarda comandada pelo general Moskalenko.

Ao chegar, Jukov ouviu de Moskalenko que seria simplesmente impossível um ataque na data marcada: por falta de combustível, as tropas ainda não estavam posicionadas e a munição era insuficiente. Ele solicitou um adiamento de pelo menos vinte e quatro horas. Jukov assumiu a responsabilidade de concedê-lo.

Relatório de Jukov à *Stavka*: "No dia 2 de setembro, o I Exército da guarda não pôde passar à ofensiva, pois suas tropas não tiveram condições de ocupar as posições iniciais nem de levar as munições, o combustível e organizar o combate. Para evitar que as unidades fossem engajadas de forma desorganizada e não sofrer perdas inúteis, decidi, depois de inspeção pessoal no terreno, adiar a ofensiva para o dia 3 de setembro às 5 horas."

Jukov sabia que era um erro, mas, como todos os outros militares de alta patente, sentia na nuca a respiração de um Stálin impaciente.

Telegrama de Joseph Stálin a Jukov. "3 de setembro: a situação de Stalingrado piorou. Os alemães estão a três verstas de Stalingrado. Stalingrado pode ser tomada hoje ou amanhã... Não será permitido qualquer adiamento. Qualquer atraso, nas atuais circunstâncias, será considerado um crime. Mobilize toda a aviação. Na própria Stalingrado a aviação é insuficiente."

Mesmo dia. Conversa telefônica entre Jukov e Stálin:

— Podemos começar a ofensiva amanhã mesmo, mas as tropas serão obrigadas a entrar em combate quase sem munição, que só poderá chegar às posições de artilharia na noite de 4 de setembro. Além disso, antes dessa data não será possível organizar a cooperação entre as unidades e a artilharia, os tanques e a aviação, e, sem essa coordenação, não conseguiremos nada.

— Está pensando que o inimigo vai esperar que vocês se ponham em marcha? — trovejou Stálin. — Ieremenko[81] afirma que o inimigo pode tomar Stalingrado no primeiro ataque se vocês não atacarem imediatamente no norte!

— Não concordo com este ponto de vista. Peço autorização para começar a ofensiva no dia 5 de setembro. Quanto à aviação, darei imediatamente ordem de bombardear o inimigo com todos os seus meios.

— Pois bem, que seja! Mas se o inimigo desencadear uma ofensiva geral contra a cidade, ataque-o imediatamente, sem esperar que as tropas estejam completamente preparadas.

Como acreditava Jukov, não houve uma "ofensiva geral", e inclusive foi registrada pouca movimentação do lado alemão. Ainda nessa mesma noite de 3 para 4 de setembro, às 3 horas da manhã, Stálin contactou Malenkov, que representava o Partido em campo, para obter informações sobre a preparação das tropas, na perspectiva de uma ofensiva. Nada disse a Jukov sobre esse telefonema.

Na madrugada de 5 de setembro, tiveram início a preparação da artilharia, dos morteiros e os ataques da aviação. Como a intensidade do fogo de artilharia fosse insuficiente, mesmo nos eixos de concentração principal das tropas, não se obteve o efeito desejado. Depois das salvas de *Katiucha*, o ataque começou. Jukov acompanhava do posto de comando, o I Exército da guarda. A potência do fogo alemão em resposta ao ataque russo logo confirmou o preparo ineficaz da artilharia soviética e que não havia como esperar um avanço significativo. Mais uma vez, a impaciência e a negação das realidades concretas em campo eram pagas com o sangue do soldado russo.

Duas horas depois, estava tudo decidido: os alemães contra-atacaram com infantaria e tanques. Senhora dos céus, a aviação alemã promovia bombardeio atrás de bombardeio. As tropas soviéticas foram empurradas de volta para suas posições iniciais.

Tarde da noite, o Comandante Supremo telefonou a Jukov:

— Que está acontecendo em Stalingrado?

— O avanço de nossas unidades foi insignificante, e, em vários casos, elas nem conseguiram deixar suas posições iniciais.

Silêncio pesado do outro lado da linha.

— Por quê?

— Porque nossas tropas não tiveram tempo suficiente para preparar a ofensiva, efetuar os reconhecimentos de artilharia necessários e obrigar o inimigo a revelar seu plano de fogo. Por isto é que não conseguimos neutralizá-lo. Quando nossas unidades passaram ao ataque, o inimigo as deteve. Sua aviação teve o controle do céu durante todo o dia, bombardeando continuamente nossas tropas.

— Dê prosseguimento aos ataques. Sua missão principal é aliviar a pressão nazista sobre Stalingrado e atrair para longe da cidade o máximo de forças inimigas.

Assim foi que os combates prosseguiram com violência de 6 a 10 de setembro.

No dia 10 de setembro, depois de nova inspeção do terreno, Jukov chegou à conclusão de que seria impossível romper o dispositivo inimigo com as forças de que dispunha. Era também esta a opinião de todos os generais que o cercavam.

Relatório de Jukov a Stálin. 10 de setembro.

"(...) As tropas alemãs foram sensivelmente reforçadas, com a chegada de novas unidades. Atacá-las com nossos meios atuais seria inútil, e nossas tropas inevitavelmente sofreriam grandes perdas. Precisamos de novas tropas e de tempo para efetuar uma nova articulação de nossa ofensiva. O próximo ataque deve ser mais pesado e executado pelo conjunto das forças de toda a frente..."

Stálin convocou Jukov a Moscou "para expor pessoalmente esses problemas".

A 12 de setembro, Jukov partiu para a capital.

Depois da conversa, Stálin reforçou sua aviação: de toda a URSS, pilotos eram transferidos para Stalingrado.

No fim da tarde do dia 12 de setembro, Lily Litvak pousou na pista do aeródromo militar de campanha (AMC 34), situado dez quilômetros a leste de Stalingrado. Katia Budanova foi a seu encontro no dia seguinte.

Capítulo 62

"Existem muitos pilotos tão cretinos assim?"

**Frente de Stalingrado, aeródromo militar de campanha nº 34,[82]
domingo, 13 de setembro de 1942.**

Não foram necessárias mais de quinze horas para que ocorresse o primeiro incidente ligado à chegada das moças. Lily chegara na véspera às 17 horas. Desde a madrugada, Ina Paspotkina trabalhava no novo caça de Lily, um Yak 9, último modelo, apelidado de "Troika", por causa do número de matrícula.

Por volta das 8h30 da manhã, debruçada sobre o motor, as mãos cheias de graxa, ela efetuava várias regulagens, depois de ter trocado uma peça. O sol acabava de nascer e o capô aberto impedia que os raios iluminassem o interior do motor, o que teria facilitado sua tarefa.

Mas ainda assim ela resolveu o problema do carburador e se ergueu.

Um jovem piloto dirigia-se para ela. Não devia ter muito mais que vinte ou vinte e dois anos. Tudo, em seu aspecto, indicava que não acordara com o pé direito.

— É o nº 3?

A pergunta surpreendeu Ina. Bastava bater com os olhos no número inscrito na carlinga. Será que ele estava querendo descontar nela seu mau humor?, perguntou-se Ina. Fez então questão de primeiro cumprimentar para depois, com um gesto, sem dizer palavra, apontar-lhe a matrícula do aparelho.

— É você que faz a manutenção?

— Sou a sargento-chefe Pasportkina. Sou a mecânica... O aparelho está pronto para voar.

Sem nada dizer, o oficial deu de ombros, e, dando-lhe as costas, caminhou a passos decididos em direção ao *bunker* do comando.

Lily ficou sabendo mais tarde o que acontecera. O tenente Yenov, louco de raiva, correra ao encontro de seu chefe de esquadrilha, o capitão Solomaten, para dizer que não tinha a menor confiança na capacidade de uma mulher mecânica. E que seria necessário, portanto, que o capitão lhe ordenasse formalmente partir em missão no aparelho cuja manutenção era feita por "essa mulher".

Solomaten ouviu-o com um leve sorriso, e em seguida chamou o responsável pelos serviços técnicos da base.

— Amigo Barsov, o tenente Yenov está com problemas em relação ao 3. Poderia verificar, por favor?

Ina viu que o irascível tenente retornava, acompanhado do mecânico-chefe, que dois minutos antes descera de um veículo em frente ao *bunker* do comando.

"O engenheiro-chefe, capitão Barsov, perguntou-me se o aparelho estava pronto para partir em missão", contou Ina, mais tarde, a Lily.

— Está em condições de voar, capitão. Algo de errado com meu trabalho?...

"Fiz a pergunta com todo respeito."

— Pelo que sei, não. Pude observá-la desde ontem. Cheguei mesmo, em sua ausência, a verificar pessoalmente o seu trabalho. E não tenho nenhum reparo a fazer. Mas o tenente Yenov não quer voar nesse avião por ter sido preparado por uma mulher.

— Problema do tenente, e não meu.

Ina não ficou insatisfeita com sua resposta.

— Há quanto tempo você é mecânica? — interveio brutalmente o piloto.

— Dez meses.

— E que acontecerá se o motor parar?

— E por que haveria de parar?...

"Percebi que Viktor Iustinovitch Barsov começava a se impacientar", disse Ina a Lily, dando prosseguimento a seu relato. "Ele parecia muito irritado com a situação. Imagine eu! Tentava manter a calma, mas estava realmente furiosa."

O piloto manteve-se inflexível, não disse mais uma palavra, cumprimentou Barsov secamente e retornou ao *bunker* do comando.

"Bastou que ele desse as costas, e eu esqueci toda a disciplina que havia aprendido. Perguntei ao chefe se existem muitos pilotos tão cretinos assim, e cuspi no chão. O engenheiro-chefe fingiu não ter visto meu gesto nem ouvido o que eu dissera. Mas era difícil saber o que ele pensava realmente. Acalmada minha raiva, fiquei me perguntando o que os chefões haviam decidido sobre a recusa do piloto de voar no Troika..."

Suas dúvidas logo ficariam esclarecidas. Solomaten foi obrigado a prestar contas do incidente ao coronel Baranov, comandante do regimento, que deu de ombros e mandou entregar um outro aparelho ao recalcitrante. Mas o caso não o deixou de muito bom humor, nem, sobretudo, com muito boas disposições em relação às tenentes Litvak e Budanova.

— Yenov é um babaca, mas é um bom piloto. Eu sabia que essas mulheres só me dariam aborrecimentos. Mal chegaram, e já começou!

Ele resmungava em voz alta. Alexei Solomaten, sentado à sua frente, o ouvia com uma atenção meio irônica.

— E você, não me torre o saco com seu sorriso hipócrita — interpelou-o Baranov. — Se estava com segundas intenções em relação a alguma delas, pode esquecer. Vou mandá-las já já de volta ao remetente!

— O Estado-Maior da Força Aérea soviética? — zombou Solomaten.

— Pode achar graça!

— Não estou achando graça. Mas antes que você tenha um ataque de apoplexia ou precise enfrentar Golovanov,[83] vou tentar resolver o seu problema.

— É o "Troika", sargento?

"Como se não soubesse", pensou Ina.

Alexei Solomaten fez a volta no avião, deu um chute num dos pneus:

— Então, parece que você deixa assustados os meus pilotos...

Pediu então à mecânica que o ajudasse a afivelar seu pára-quedas, e subiu na cabine.

— Motor ligado. Vou dar uma volta!

Capítulo 63

"Se começarmos a querer esconder o que temos de feminino..."

Frente de Stalingrado, domingo, 13 de setembro de 1942.

Na mesma manhã, Katia Budanova pousou por sua vez o seu Yak na AMC 34 para juntar-se a Litvak, conforme as ordens recebidas. As duas caíram nos braços uma da outra. Lily sentiu-se inicialmente tentada a demonstrar uma certa frieza. Não por falta de simpatia, mas por cálculo tático. Considerando-se a maneira como eram recebidas as mulheres nesse regimento, provavelmente era melhor dar mostra de uma certa reserva — ou pelo menos não cair nas trocas de beijinhos femininos que as levariam a percorrer o caminho até seu isbá, distante dos alojamentos dos homens, em meio a uma chacota generalizada. Todavia, como explicaria mais tarde a Katia, "se começarmos a querer esconder o que temos de feminino, nossos problemas nunca vão acabar. Droga, nós somos como somos, e eles terão de nos aceitar". O risco era que "eles" — à frente o coronel Baranov — simplesmente não as "aceitassem"!

Ainda assim elas se beijaram, mas logo trocaram os beijos por um franco abraço de colegas de regimento, para homem nenhum, nem mesmo "o russo mais tacanho", como escreveu Lily à mãe, botar defeito.

Enquanto Katia desfazia a mochila, elas trocaram suas impressões.

Os dois discursos não tinham o mesmo tom. À incerteza de Lily quanto à acolhida respondia o entusiasmo de Katia. Ela estava impressionada com o que vira ao chegar: o enorme penacho de fumaça negra acima de

Stalingrado; a dança macabra de uma quantidade inumerável de aviões no céu da cidade; os combates, que pareciam de rara violência.

— Eu distinguia os Stukas mergulhando ininterruptamente nas zonas de combate, em ondas sucessivas, mas impossíveis de ver por causa da fumaça. Eles ressurgiam subindo quase na vertical, projetando-se para fora da nuvem negra como uma bola de aço. Ao mesmo tempo, formações inteiras de Ju-88 largavam suas bombas. E ao redor, combates aéreos a não mais poder! Nunca vi tantos aviões juntos. Como é possível voar em semelhante caos?

— Provavelmente logo ficaremos sabendo — respondeu Lily, filósofa.

— Como foi sua chegada?

— Difícil responder. A única coisa que sei, é que você perdeu por não assistir à cena.

Contou então sua chegada ao *bunker* subterrâneo, a indiferença dos pilotos presentes, estressados e convocados para prestar contas de suas missões, sua busca por um aquecedor, pois estava congelada, a retirada dos óculos e luvas, a parka depositada no encosto de uma cadeira e, cereja final do bolo, a liberação da cabeleira após a retirada do capacete.

— Aí, minha filha, foi um momento grandioso! Os sujeitos petrificados, boquiabertos, de olhos arregalados. Era a aparição da virgem de Nijni-Novgorod. E eu, com a maior simplicidade: "Bom dia, sou a tenente Litvak... Vim para combater com vocês!", ou "Sou o seu novo piloto"... ou qualquer coisa do gênero, já não me lembro muito bem.

— Dez homens só para você, entre eles um chefe de esquadrilha. Que comitê de recepção!

Comediante, ela se levantou, fez uma pirueta com uma graça afetada de dançarina.

— Você também poderia ter dito... vejamos... Um arzinho travesso: adoro essas pequenas cruzes negras nos seus aviões!

E Lily, entrando na brincadeira:

— Ar superior: bom dia, agora este regimento dispõe de um piloto de verdade!

Katia:

— Profissional: alguém aqui conhece o desempenho do Messerschmitt de nariz longo?

Lily:

— Criançola: onde estão esses alemães malvados? Quem quer me proteger?

— Pérfida: será que ainda tem aqui um homem que se lembre como é uma mulher?

— Lésbica: mas aqui não tem mulheres!

— Pretensiosa: tenente Litvak, dez vitórias aéreas.

— Pretensiosa *e* combativa: e pretendo não ficar por aí!

Katia:

— Pretensiosa *e* boa colega: eu sei, não sou nada má, mas esperem só para ver a tenente Budanova!

Lily:

— Sabe o que a tenente Litvak disse à tenente Budanova? Que quando a tenente Litvak entrou no *bunker*, estava tão escuro que ela só conseguiu pensar: "Vou quebrar a cara!" Que rogou interiormente a mais abominável das pragas quando pensou que o aquecedor estava apagado. Que não lançou um único olhar aos homens que ali se encontravam porque achou que estava com os pés tão gelados que logo teriam de ser amputados. E que, naturalmente, nenhum homem jamais se interessaria de novo por ela. A tenente Litvak não se lembra mais se tirou primeiro as botas ou as luvas, se tirou ou deixou de tirar a camisa e a jaqueta, se disse bom dia ou não. A única coisa de que a tenente Litvak se lembra com precisão é que, em dado momento, deu com os olhos mais azuis que jamais viu em sua breve vida! Quanto ao resto, não foi capaz nem de notar que tipo de homem se escondia por trás desse olhar de turquesa.

Bobagens sem importância de duas mocinhas que se reencontram e jogam conversa fora... Conversa até inconveniente, considerando-se o contexto. Mas cabe lembrar, em seu favor, que elas não sabiam que naquele mesmo dia, na cidade-mártir bem próxima dali, acabavam de começar os combates mais inexpiáveis da Segunda Guerra Mundial.

Boris Gubanov, o belo georgiano encontrado em Voronej, fez uma visita às moças. Talvez porque já as conhecesse, era o único a demonstrar-lhes alguma simpatia. Elas, por sua vez, também ficaram felizes por ter pela frente um homem que não se mostrava desagradável. Uma grande

ROSA DE STALINGRADO

cicatriz, recente, atravessava-lhe a bochecha esquerda, conferindo a sua sedução um toque acanalhado que ainda não existia em Voronej. Como acontecera então, Katia sentiu o coração bater um pouco mais depressa.

Perguntou-lhe a respeito.

Ele se esquivou de explicar o motivo da cicatriz, mas contou-lhes suas aventuras dos dois últimos meses, sem se levar muito a sério.

Depois de Voronej, seu regimento fora enviado para o sul do país, para participar da defesa dos campos petrolíferos do Cáucaso, atacados pelas divisões do marechal Von Kleist.

— Os alemães tinham conseguido avançar com rapidez — explicou —, pois nossas tropas foram obrigadas a evacuar a região fortificada de Vorochilovgrado, que esperávamos pudesse resistir, por causa da insurreição de dois regimentos de cossacos e de tropas territoriais locais — em parte chechenas — que massacraram seus comissários políticos. Béria resolveu o problema à sua maneira![84] Quanto a mim, dei com um Focke Wulf que foi mais esperto que eu, e me vi pendurado pelos cabos do meu pára-quedas, em algum ponto acima de Mozdok, não muito longe de Grozny. Consegui me sair sem maiores danos.

Pelo tamanho da cicatriz, observou Katia com seus botões, caberia perguntar a partir de que momento, segundo ele, um "dano" começa a ser maior!

Gubanov fora salvo, na verdade, por um capricho do destino: foi ao se aproximar dos campos petrolíferos russos que as tropas alemãs começaram a ficar sem combustível.[85] Do céu, portanto, ele fora obrigado a atacar caravanas de camelos, pois os inimigos os utilizavam para transportar a gasolina necessária aos seus tanques! Não o fazia de coração leve — provavelmente por um respeito básico pelos animais, especialmente os camelos, herdado dos antepassados —, e por sinal agarrara pelo gasganete um piloto estoniano que lhe perguntou se desenhava silhuetas de camelos na carlinga do avião em sinal de vitória.

Os camelos não guardam rancor, pois foi entre as corcovas de um deles, roubado certa noite, que ele conseguiu alcançar as linhas soviéticas.

Depois disso, mandara pintar uma efígie do *Camarada Camelo*, deitado sobre um punho de homem, atrás do *cockpit* do seu Yak.

Em seguida, fez para elas um breve apanhado da situação militar.

Lançou mão de uma folha de papel em branco e começou a desenhar um mapa sumário num canto da mesa. Traçou então dois riscos em forma de parênteses invertidos.

— À esquerda — disse —, temos a curva do Don. O parêntese da direita representa o leito do Volga. Stalingrado está no centro do parêntese da direita, a cavaleiro sobre as duas margens do rio. Nosso terreno está aqui, a oeste, a cinco minutos de vôo.

O ataque alemão é um garfo de três dentes, sendo os das extremidades ligeiramente concêntricos. Desde julho, os Fritz empurram o garfo na direção de Stalingrado. O dente da esquerda acompanha a margem do Don, ao norte. É a ala esquerda do VI Exército de Von Paulus. Simultaneamente, com a maior parte de seu Exército, ele penetrou bem no centro, no coração da curva do Don, atravessada pelo VI em Kalatch — é o dente central do garfo, o mais grosso. Finalmente, um terceiro Exército alemão vem subindo pela margem sul do Don. É o dente direito do garfo. Essas três forças convergem para Stalingrado, esperando atacar e destruir a cidade. Nossa missão consiste em impedi-las de pôr os pés na margem esquerda do Volga, ou seja, sua margem oriental, para podermos continuar a levar para Stalingrado os homens, as armas e os suprimentos de que precisam nossas tropas para resistir aos alemães.

— Stalingrado é a cidade de Stálin desde que passou a ter o seu nome. Ele fez sua prosperidade, de modo que não a abandonará, qualquer que seja o preço a pagar. O que sem dúvida reserva belos dias pela frente aos alemães... e, simultaneamente, a nós. Sua aglomeração urbana já foi totalmente destruída pela artilharia e a aviação do inimigo — que no momento continua dispondo de superioridade aérea —, mas também por nós mesmos, quando atiramos nos alemães. Nos subúrbios, tudo que era de madeira foi queimado; dentro da cidade, tudo que era de tijolo ou concreto desmoronou. O centro é um amontoado de ruínas, onde se morre para conquistar dois metros de terreno, perdidos novamente no contra-ataque que se segue. Nossa defesa se escora no que resta das três grandes fábricas da região norte da cidade: a *Djerzinski*, que fabricava tanques e carros de combate, a fábrica de canhões *Barricada* e a usina metalúrgica *Outubro Vermelho*. Entre as duas últimas, o monte Mamaiev — uma colina, na realidade situada a uma dezena de quilômetros do Volga — tornou-se objeto dos combates mais encarniçados, pois dele é possível dominar o campo de batalha. Ele é tomado, perdido, retomado. Rapidamente vai-se transformar no maior cemitério do mundo de soldados russos e alemães reunidos. O porto no Volga é vital para nós: nesse ponto, o rio tem mais de dois quilômetros de largura. Entre mortos, moribundos, afogados, refugiados, barcos que afundam, aviões abatidos, é um verdadeiro monumento ao sofrimento humano.

Nossa missão, portanto, é abater o maior número possível de bombardeiros alemães e caças encarregados de protegê-los. Atacar em terra tudo que seja fascista e possa ser destruído: homens, trens, caminhões, depósitos de munições ou combustível, bases da retaguarda, aeródromos utilizados por eles... É exaustivo! Em Stalingrado, se morre, mas não há problemas para dormir.

— Se nos deixarem voar... — resmungou Lily.

Ele deu de ombros. O caso não era da sua alçada, muito embora tivesse lá suas idéias a respeito.

No fim da tarde, naquele mesmo dia, Lily presenciou uma cena que a deixou estupefata. De um *bunker* afastado das pistas, na extremidade lateral do aeródromo, ela viu sair, empurrado por mecânicos e homens de pista, um magnífico Messerschmitt 109. Lançou mão do binóculo: camuflagem impecável, suásticas com a pintura refeita recentemente. No sol poente, ele brilhava como uma jóia. Ela o reconheceu sem dificuldade pelas asas de extremidades arredondadas e o cubo mais volumoso da hélice: era um 109-F, o modelo mais rápido e de mais fácil manejo, leveza que no entanto tinha como preço um armamento que muitos pilotos alemães consideravam insuficiente — o que se ficara sabendo pelos interrogatórios de prisioneiros —, ou seja, um só canhão, atirando através do cubo da hélice, e duas metralhadoras sobre o motor. Os ases da caça alemã, os Günther Lützow, Werner Mölders, Johannes Trauloft, Adolf Galland, se adaptavam perfeitamente, mas os outros reclamavam. Mais de um piloto soviético tivera a vida salva porque, atingido apenas pelas metralhadoras, pudera ainda conduzir seu aparelho de volta à base.

Naquele mesmo momento, Locha Solomaten saía da sala de operações subterrânea, com o pára-quedas debaixo do braço. Lily o viu entrar no velho carro de combate desativado que servia para o transporte dentro da base. O motorista tomou a direção do Messerschmitt, cujo motor já estava sendo ativado por um mecânico. O sol estava baixo no horizonte: a noite cairia em menos de uma hora.

Lily ficaria sabendo à noite que o Messerschmitt tinha uma história.

Três dias antes, em pleno meio-dia, num dia cinzento com teto baixo de nuvens, um caça alemão surgira na extremidade da pista, escoltado a curta distância por dois Yaks do regimento.

O controle identificara os dois aviões russos: eram pilotados pelo tenente Boris Gubanov, um georgiano, chefe da patrulha, e o responsável por sua escolta, o sargento Dimitri Kassin, jovem piloto de vinte anos transferido para o regimento quinze dias antes.

Aterrissagem impecável. Os três aparelhos deslizaram até a área de estacionamento, os dois Yaks seguindo o Messerschmitt a cerca de vinte metros de distância.

A notícia daquela estranha aparição logo se espalhou pelo campo, e os homens chegaram correndo. O coronel Baranov saiu de seu *bunker* de comando e ficou de pé, impassível, no alto dos degraus, certamente o único que não estava correndo no aeródromo militar de campanha. O alemão, que sem demora teve ajuda, de um mecânico ágil como um gato, pulando sobre a asa, para se desvencilhar dos cintos de segurança, saltou desajeitadamente no solo, visivelmente grogue. Desamparado, ficou por perto do seu avião. Baranov pensou que era um garoto, não lhe dando muito mais que vinte anos.

O tenente Gubanov livrou-se de seu pára-quedas, jogando-o a um colega, e foi buscar o alemão. Com um breve sorriso de encorajamento, fez-lhe sinal para que o acompanhasse. Na companhia do segundo piloto russo, dirigiram-se então para o *bunker* de comando, onde fora ao encontro de Baranov o comandante Grigor Dobraje, comissário político do regimento, antigo membro do NKVD convertido à aviação. Talvez um dos "olhos" de Béria na FAS. A cinco passos do comandante, Boris Gubanov deteve-se:

— Tenente Gubanov reportando, meu coronel! Trazemos um Messerschmitt prisioneiro — declarou, no tom mais administrativo que conseguiu.

ROSA DE STALINGRADO

— Estou vendo — respondeu simplesmente Baranov, com ar finório.

O alemão, não sabendo muito bem que atitude assumir, saudou desajeitadamente levando a mão direita ao boné de couro.

— Está me devendo uma ração de vodka — sussurrou o mecânico-chefe Barzov entre os dentes ao adjunto, que, dois segundos antes, apostara com ele que o boche faria a saudação nazista.

— Ele perdeu a pose — grunhiu o adjunto, decepcionado, achando que os alemães eram mais fanáticos.

— Se você caísse prisioneiro dos Fritz, por acaso gritaria "Viva Stálin"? — interveio um piloto que ouvira o diálogo.

— Pode me chamar de covarde!

— Em absoluto. Você é quem escolhe: ou grita "Viva Stálin", e neste caso é um imbecil, pois os nazistas logo lhe mandariam para o pelotão de fuzilamento; ou então não diz nada e, como o Fritz, perde a pose... E então?

— Vai à merda!

— Por isto é que você é mecânico, e não piloto! — zombou o intruso.

— E é também por ser piloto que você tem mais chances de se ver na situação dele do que eu — retorquiu o adjunto, que não ia permitir que um "garoto", por mais piloto que fosse, lhe desse lições desse jeito. — De modo que é bom ir aprendendo direitinho como terá de se comportar!

— Vai à merda! — riu o outro.

Os cinco haviam desaparecido no *bunker* de comando, acompanhados dos chefes de esquadrilha e do oficial encarregado dos serviços técnicos. Também estavam chegando dois policiais militares, chamados pelo comissário político.

Alexei Solomaten, retornando de uma missão, teve tempo apenas para entregar o pára-quedas e o boné ao seu mecânico antes de se integrar à reunião de Estado-Maior que começava. Com uma olhadela, sentiu o clima, sem saber qual era a ordem do dia, mas imaginando que teria alguma relação com a estranha presença do Messerschmitt que vira na área de estacionamento. Havia perguntado ao seu mecânico, que lhe respondera apenas que era esperado com urgência no gabinete do coronel. Roendo-se de curiosidade, ele apressou o passo.

Nikolai Baranov estava sentado à sua mesa. Dobraje ocupara uma cadeira a seu lado. Gubanov estava em frente aos dois, de pé. O prisioneiro estava entre os dois policiais militares. Baranov mandou que todos se sentassem e deu a palavra a seu chefe de patrulha.

— Houve uma grande disputa acima de Kramenskaia.[86] Um verdadeiro circo. Era ziguezague para todo lado, não se sabe quem tirava mais finos... Nem sei quantas vezes escapei de ser acertado! Bem à minha frente, vi um Focke-Wulf atravessar a toda velocidade a traseira da fuselagem de um cara do 42º. Seccionou completamente sua cauda. Os dois aviões caíram em folha seca. O sujeito do 42º conseguiu pular, ao que parece. De qualquer maneira, vi um pára-quedas se balançando em meio aos combates. Aqui entre nós, o cara deve ter ficado com os cabelos brancos, se vendo a qualquer momento preso pelo pano à empenagem de uma máquina a 600km/h... Resumindo, ninguém mais sabia quem estava atirando em quem. Acho que houve quem levasse rajadas que não lhe eram destinadas... Um caos absoluto...

Consciente de se ter exaltado, Gubanov assumiu um tom mais frio:

— Não sei como foi que o sargento Kassin e eu conseguimos nos safar. Pura sorte. Mas nem ele nem eu tínhamos mais munições, nem muito combustível. Voltamos então em direção à base, tentando quase sempre nos abrigar nas nuvens, para não ser vistos por caças alemães. De repente, saindo de uma nuvem, demos com um Messerschmitt 109 voando para leste — o que não é uma direção habitual para um Fritz. Estávamos 800 metros atrás dele, acima, ligeiramente à sua esquerda. Sabendo que estávamos sem munição, voltamos a subir, para colar na superfície inferior de uma nuvem, prontos para desaparecer se lhe desse vontade de nos enfrentar. Mas nada, em sua atitude, indicava que ele desconfiasse, e menos ainda que nos tivesse visto. Ele voava lentamente, e tivemos de reduzir a velocidade para não ultrapassá-lo. O sargento Kassin e eu estávamos muito intrigados com esse comportamento. Tanto mais que precisávamos agora perder altitude para manter a mesma distância e a mesma altura em relação a ele. Era evidente que ele começara a descer.

Já nos aproximávamos do Campo 13, e ele continuava tranqüilamente a perder altitude. Não podíamos permiti-lo. Ele podia estar-se preparando para atacar a base em vôos rasantes. Mas sua atitude não era de desconfiança nem agressividade. Ele voava tranqüilamente, ponto final. O sargento Kassin pediu que eu me aproximasse, para ver afinal qual era a dele. Foi aí que o piloto alemão mostrou que nos havia visto, balançando as asas, como se estivesse saudando, e continuou no seu caminho.

Para dizer a verdade, meu coronel, eu estava muito chateado. Impossível aproximar-me mais, considerando-se nossa impossibilidade de entrar em combate. Ao mesmo tempo, ele continuava se dirigindo para nosso terreno, o que não me agradava nada. Eu disse ao sargento Kassin que íamos acompanhá-lo, mas que precisávamos ficar muito vigilantes, para qualquer eventualidade. Kassin observou que, no ritmo em que iam as coisas, o alemão pousaria antes de nós. Eu respondi que estreitaríamos nossa formação, e que eu ficaria por trás do Me 109, 200 metros acima dele, para melhor controlá-lo. O alemão me viu executar a manobra e simplesmente balançou as asas, como se quisesse mostrar que para ele estava tudo OK. A 5 quilômetros da base, fiquei pensando que talvez tivéssemos feito um prisioneiro. Cheguei a me perguntar se seria uma vitória reconhecida... Resolvi então dar-lhe conhecimento, para que a bateria antiaérea do regimento não abatesse o Fritz.

Relatório concluído, meu coronel!

O coronel Baranov e o *politruk* Dobraje procederam ao interrogatório do prisioneiro.

Ele se chamava Manfred Schoenberg e tinha vinte e um anos. Combatera até então na França e na Bélgica, contra os ingleses. Contabilizava quatro vitórias aéreas. Durante um ataque contra bombardeiros Lancaster da RAF, no céu da Holanda, fora abatido e ferido, sendo mandado para a Alemanha para ser tratado. No fim da convalescença, ganhara uma semana de licença, que passara junto à família.

— Moramos na região de Munique. A poucos quilômetros de nossa casa está a cidadezinha de Dachau. Ali por perto, os nazistas construíram um campo de prisioneiros, mas o utilizam sobretudo para civis, detidos em toda a Europa. Nele também foram aprisionados judeus, mas quase sempre em caráter provisório, pois são em seguida mandados para outros campos, na Polônia, segundo se dizia.

Reinava o silêncio no compartimento.

— Minha mãe é judia — prosseguiu o prisioneiro —, e, como sabem, desde a ascensão de Hitler as perseguições raciais só vêm aumentando.

Minha mãe sempre se sentiu ameaçada. Ela mantinha contato com seus correligionários, alguns dos quais tiveram, para sobreviver, de entrar para a clandestinidade. Através de seus contatos, recebemos informações terríveis sobre o destino reservado aos judeus pelas autoridades nazistas. Diziam que os judeus alemães, mas sobretudo os judeus dos países da Europa central e oriental conquistados pelos alemães, eram enviados para campos especiais e mortos em condições abomináveis. Esses massacres pareciam ser meticulosamente planejados. Os condenados eram levados em trens. Os homens eram separados das mulheres e das crianças, mas todos eram conduzidos a supostas salas de duchas onde eram na verdade mortos com gases. Os corpos eram então queimados em fornos crematórios.

Podia-se ver o estupor estampado nos rostos. Ninguém sabia daquilo. Alguns se sentiram enregelados.

— No início, essas informações não haviam sido levadas a sério pela comunidade judaica de Munique. Eu mesmo me recusei inicialmente a acreditar. Na minha opinião, não passava de propaganda mentirosa disseminada pelos países inimigos ou mesmo no próprio Reich. Mas durante minha licença estive com companheiros judeus do liceu de Munique, que me apresentaram a clandestinos. Pude então ver documentos e sobretudo fotos. O documento que vi continha a expressão administrativa *"solução final"*. Também havia uma encomenda de gás Zyklon B. Fiquei abalado e logo estaria convencido: havia informações, indícios e já agora também provas demais para que continuasse alimentando alguma dúvida. Recusei-me a fechar os olhos.

Foi em Munique que decidi desertar. Não poderia mais ter qualquer ligação com um sistema que cometia semelhantes atrocidades. Eu lutava por uma certa idéia da Alemanha, mas não para matar homens, mulheres e crianças, com gás em nome de teorias absurdas, em campos de extermínio especificamente montados com esta finalidade. Para mim, a guerra estava encerrada: não queria ter mais nada a ver com meus chefes, meus comandantes e esse Führer. Comecei então a preparar detalhadamente minha fuga. Teria de desaparecer num acidente ou morrer em combate, para que minha família não sofresse represálias que certamente seriam impiedosas, sobretudo no caso de minha mãe. Pensava em voltar para minha unidade, baseada na França, num aeródromo da região de Saint-

ROSA DE STALINGRADO

Omer, na Normandia. Quando recebi as ordens, vi que fora lotado na IX *Luftflotte* (frota aérea), mobilizada em Stalingrado.

Cheguei há apenas quatro dias e espreitei a melhor oportunidade: um céu muito coberto e uma missão de combate, condições propícias para desaparecer. Esta manhã, quando acordei, a ordem de operação e a meteorologia me pareciam apresentar a oportunidade favorável. Para facilitar ainda mais as coisas, meu companheiro de missão era um jovem piloto sem grande experiência. Seria fácil para mim, deixá-lo para trás.

Como ninguém interrompesse seu relato, depois de uma pausa, para perceber o efeito de suas palavras, ele prosseguiu:

— Desde que cheguei da Alemanha, não abati um só avião soviético. Sempre voltava das missões com os compartimentos de munições vazios, só que as havia usado com o cuidado de nunca atingir o alvo.

Hoje, atirei-me no combate com verdadeira fúria, mas minhas metralhadoras não chegaram a ser usadas. E aliás, podem verificá-lo facilmente. Em pleno *dogfight*,[87] dei pelo rádio todos os urros necessários para dar a impressão — o que não era difícil — de um combate extremamente feroz. Em terra, os controladores aéreos percebiam perfeitamente. Depois, informei pelo rádio que estava sendo perseguido por russos, e que fora atingido. Cortei então a ligação de rádio, e mergulhei nas nuvens, para desaparecer. Em seguida, tomei direção leste. Permaneci camuflado o tempo que me pareceu necessário para abrir uma grande distância entre a área dos confrontos e meu avião. Até que decidi perder altitude e pousar no primeiro ponto viável, na esperança de não dar com caças soviéticos. E estava com sorte, pois os dois únicos aviões russos que vi não tentaram me abater, para minha grande surpresa, e logo começaram a me escoltar até o seu campo de pouso... Aí está...

Ante uma captura dessa importância e a presença de um Messerschmitt em perfeito estado de funcionamento, as reações variaram. A curiosidade foi geral, todos os pilotos inspecionaram o avião e se posicionaram em frente dos comandos. Mas somente quatro ou cinco pediram formalmente autorização para pilotar o aparelho. O argumento utilizado era que, assim, tomariam conhecimento de seu nível de desempenho e estariam mais capacitados para combatê-lo. O coronel Baranov não deu imediatamente a autorização. O departamento de material da Aeronáutica militar certamente solicitaria um rápido envio do Me-109 para conhecer todos os seus segredos. Não tinha cabimento correr o risco de avariá-lo. De tanto insistir, só o adjunto do comandante e os chefes de esquadrilha foram autorizados a testá-lo — e ainda assim com a condição explícita de que os testes fossem feitos fora dos períodos de missões de guerra e na zona aérea do aeródromo. Locha Solomaten recorrera — o que era raro — a sua amizade com Baranov para ser designado chefe da missão de "testadores". Era o único que podia se afastar do espaço aéreo da base.

Fica, assim, explicado por que, trinta e seis horas após sua chegada, Lily o via dirigir-se alegremente para o Messerschmitt, já com o motor funcionando.

Capítulo 64

Voar num Messerschmitt

Frente de Stalingrado, 15 de setembro de 1942.

Desde a véspera, uma idéia passeava pela mente de Alexei Solomaten. A dureza dos combates que ocorriam na cidade desde a manhã serviu apenas para aumentar sua determinação. Ele a guardara consigo zelosamente, pois, se ela tivesse chegado aos ouvidos de Baranov, amigo ou não, ele o teria deixado mofar preso por pelo menos uma semana. Mas agora, voando para Stalingrado, ele estava exultante, mesmo sabendo que seria trucidado ao retornar. Mas, afinal de contas, a vida também vale pelos riscos que assumimos.

Ele se aproximava da cidade atacada, e todos os seus sentidos de caçador estavam agora em alerta.

Finalmente, viu o que estava procurando. Um bimotor voava ao longe. No "olhômetro", poderia ser um bombardeiro Henkel He 111. A presa ideal. Ele puxou o manete. O Messerschmitt deu um salto à frente. "É realmente um bom aparelho", pensou Solomaten, que, nas últimas quarenta e oito horas, pudera acostumar-se a ele.

Ele se aproximava do bombardeiro inimigo — era efetivamente um Henkel — quando, de repente, seu entusiasmo arrefeceu: o alemão estava coberto por um caça, um Focke-Wulf 190, incumbido de protegê-lo.

Solomaten afastou-se e subiu em direção às nuvens, para ter tempo de pensar.

Mas era um jovem — estava chegando apenas aos vinte e quatro anos —, e nessa idade raramente se pensa por muito tempo. Um plano surgiu no cérebro do piloto russo.

Ele puxou o manche. O Messerschmitt, impulsionado pela hélice, rapidamente ganhou altitude. Em seguida, Solomaten fez o aparelho adernar, para tomar a direção estimada dos dois aviões alemães. Os instrumentos indicaram que ele devia agora seguir uma rota paralela à deles, a uma altitude de cerca de 800 metros acima. Estava na hora de verificar tudo isto, e ele tratou de sair de sua nuvem.

A uma boa distância à sua frente, logo distinguiu os dois aviões alemães. Em questão de dois ou três minutos, eles atravessariam o Volga, deixando a cidade em chamas à direita, ao norte.

Solomaten pensou que teria de tomar cuidado para não avançar muito nas terras ocupadas pelo inimigo.

Alterou o passo de sua hélice e destravou seu armamento. Em seguida, aumentou o giro do motor e mergulhou em direção ao Focke-Wulf de escolta, que não percebeu sua aproximação — ou não desconfiou do Messerschmitt. Solomaten atirou por trás, a muito pouca distância. Atingido em cheio, o alemão mergulhou em direção ao solo e explodiu antes mesmo de se espatifar.

Nesse mesmo movimento, Alexei alcançou de novo o bombardeio, mas em sua velocidade, acabou ultrapassando-o involuntariamente. Instintivamente, balançou as asas, como se o cumprimentasse, e logo se afastou suavemente, sem pressa, para a direita, ao mesmo tempo voltando a ganhar altitude. Empreendeu em seguida uma curva fechada para a esquerda, que o colocou indo em direção aos três quartos do bombardeiro.

O aparelho aumentava de tamanho no colimador do russo. A 800 metros de distância, Solomaten puxou o gatilho de todas as suas armas, corrigindo o tiro à medida que se aproximava do alvo. Sentiu-se um assassino. Um motor do He 111 pegou fogo. Em seguida, o russo viu nitidamente o impacto de seus obuses na interseção da asa com a fuselagem. A janela dianteira do Henkel se espatifou. Uma explosão arrancou a asa do avião, que caiu em folha-seca. O bombardeiro também adernou. Abriram-se apenas dois pára-quedas.

O capitão Alexei Solomaten ficou detido durante quatro dias, sem obrigação de cumprimento da pena. As câmaras de tiro foram retiradas das asas do Messerschmitt e examinadas por uma equipe restrita. Baranov pediu a Dobraje, o comissário político, que não comentasse o incidente.

Mas à noite houve uma festa de arromba.

Lily Litvak, Katia Budanova e Ina Pasportkina foram convidadas. Beberam com moderação, o que não fizeram exatamente todos os pilotos.

— Ele realmente tem belos olhos — disse Katia a Lily, sorrindo para Alexei quando ele propôs um brinde "a todas as mulheres que lutam pela pátria".

— Mas será que roubou o Messerschmitt para nos impressionar? — sugeriu Lily, perplexa, à amiga.

— A vaidade é a doença infantil dos jovens comunistas — zombou Katia.[88]

— A mulher ideal é loura, camaradas, pois, como sabemos, quanto mais escuro o cabelo, mais rebelde a mulher. Ela deve ser uma intelectual, pois o principal órgão sexual, por mais que pensem o contrário, seus brutamontes, não é a vagina, mas o cérebro: um seio acariciado vibra mais intensamente quando o bulbo cervical se inflama, podem perguntar a qualquer cientista...

Um copo na mão, as pernas vacilantes, a língua pesada, Solomaten deitava falação.

— Quero que ela seja de um país de clima ameno e solo fértil — prosseguiu. — Pois só neles a vida é devidamente valorizada, e quem canta a vida ama o amor. Finalmente, tempero dos temperos, suco do pecado, nossa beldade deve ser ortodoxa e praticante — insisto — ou filha de Alá e praticante, para não ofender nossos camaradas muçulmanos. Pois quando uma mulher se entrega, apesar da convicção de que será amaldiçoada por toda a eternidade, na verdade, oficiais, sou eu, Locha,[89] que estou dizendo: não há nada melhor!

— Me belisca — disse Lily a Katia —, só posso estar sonhando. Parece um retardado mental falando.

— Um retardado mental de magníficos olhos azuis, conforme me dizia há não muito tempo — puxa vida, foi ontem mesmo — uma amiga muito querida.

— Ela era daltônica, esta sua amiga, pois eu, o que vejo, são olhos vermelhos, injetados de sangue e álcool. Locha, a coelhinha russa, vejam só!

— Do que está reclamando? Ele fala tão bem! Nem sempre articula com muita clareza, mas, pelo que entendi, você está bem próxima da mulher perfeita: é loura, ama a vida, e portanto, o amor... Devia sentir-se lisonjeada: ele está pintando o seu retrato.

— Devo resumir, camaradas aviadores? — prosseguia o jovem russo.

— Se a irmã de um de vocês for ucraniana, é engolir a cavalo mil verstas para contemplar sua cabeleira de um louro veneziano tão puro que um doge se enforcou depois de vê-la; se nasceu na Criméia numa manhã de primavera, em meio aos vinhedos de Alusta; se deslumbrou com seus conhecimentos, num dia memorável, os novos doutores da Universidade de Moscou ou seus mestres de Novgorod; se comunga com fervor toda manhã no coro da igreja da Deposição da Túnica de Nossa Senhora — que nome mais acertado! — situada entre as muralhas sagradas do Kremlin...

— Tem razão — rangeu Lily —, a ortodoxa praticante ou a muçulmana voluptuosa sou eu. Quase ia esquecendo que Novoslobodskaia, a linda terra do cimento fértil onde nasci, fica bem no coração dos vinhedos da Criméia, como todo mundo sabe. Não posso deixar de te agradecer por fazer de mim a ninfa de um letão de bulbo raquidiano encolhido pelo álcool! Você é a amiga que eu teria preferido entre mil outras...

— ...Que venha apresentá-la a nós aqui mesmo!...

— Katia, não vai me apresentar?

Solomaten se erguera, arrebatado por seu lirismo, o braço direito esticado para o céu, murmurando uma frase totalmente incompreensível. "Por Deus ou por Lênin, profeta de Marx", julgaram ouvir os mais próximos, sem poder dar certeza...

— Que nos seja apresentada! — repetiu o jovem oficial, com uma convicção mais sólida que sua elocução.

E tombou, rígido como um boiardo moldávio.

Lily não se sentia menos abatida:

— Esse rapaz é de dar dó! Que espetáculo deprimente! Eu mesma me acho deprimente por ter suportado tudo isto por tanto tempo! Oh, Mamuchka, se você visse em que se transformou sua filha... Proponho que busquemos no sono o esquecimento desse espetáculo desmoralizante — sugeriu ela às duas amigas, com os olhos voltados para o céu.

Capítulo 65

O relatório de Vassili exalava um certo odor de enxofre

AMC 34, 16 de setembro, 16h30

— Nikolai?... Aqui Vassili Karev.

— O herói de Guernica em pessoa?

— Guernica saúda "o homem que nunca corre".[90] Como vai a vida, camarada coronel?

— Como é possível em Stalingrado! Os alemães atacam duro... A propósito, já que está aí, parabéns pela nova divisa. Agora você é major!

— Por antigüidade, junto com você!

— Eu tenho um tio que criou a aviação russa, o que ajuda! Ao passo que você... Parece que lhe ficamos devendo uma e tanto!

Os dois estavam na realidade disputando para ver quem se mostrava mais coquete. Baranov merecera suas divisas em combate, e Vassili conquistara as suas ao desencavar um antigo relatório que escrevera em 1938, no leito de hospital, depois de ser ferido em Guernica.

Durante sua estada na Espanha, ele conhecera um engenheiro inglês de telecomunicações que combatia nas Brigadas Internacionais.

A base de retaguarda do batalhão inglês não ficava muito longe do campo de pouso de onde operava a esquadrilha de Vassili. Os dois puderam, assim, voltar a se encontrar e desenvolver uma relação de simpatia. Em suas conversas noturnas, regadas a xerez, o inglês confidenciara a Vassili que a empresa na qual trabalhava em Londres utilizava um sistema de radiodetecção dos aviões a distância. No início, as pesquisas estavam voltadas sobretudo para um sistema de radiodestruição a distância, mas elas haviam terminado num impasse. A radiodetecção, em compensação, revelara-se viável: experiências realizadas a partir de fevereiro de 1935 haviam demonstrado que as ondas eletromagnéticas podiam refletir-se nas partes metálicas dos aviões e serem lidas numa tela de raios catódicos.

O War Office[91] imediatamente se deu conta das conseqüências práticas da invenção, apressando os trabalhos. E logo estava em condições de equipar o território britânico, antes mesmo da guerra, como uma rede de detecção "radar" — era o nome do novo sistema — abrangendo desde as Órcades, no norte da Escócia, até a ilha de Wight. Além da vantagem de detectar as intrusões inimigas, o novo sistema permitia ao Fighter Command[92] poupar fisicamente seus pilotos: em vez de manter em vôo patrulhas de alerta, eles podiam esperar em terra a aproximação do inimigo, decolando o mais tardiamente possível. Preservação da condição física dos pilotos, economia de combustível, multiplicação da força operacional do contingente de caça, já agora orientado em vôo — outra novidade, ligada ao desenvolvimento do sistema — por estações terrestres escalonadas a distâncias regulares e ligadas umas às outras por uma rede de comunicação de extraordinária eficiência: só vantagens, em suma. Os controladores aéreos também ficavam agora em permanente ligação com os pilotos no ar, através da radiotelefonia de ondas ultracurtas.

Era este o conteúdo do relatório redigido por Vassili Karev a partir das conversas com o camarada inglês, sendo uma boa parte de caráter prospectivo — levando-se em conta a época em que foi redigido, no segundo trimestre de 1937.

Mas ele indicava claramente em que direção os ingleses orientavam suas pesquisas, com o objetivo de desenvolver rapidamente uma ferramenta operacional. Como os grandes expurgos condenavam ao ostracismo tudo que cheirasse a Espanha, o relatório de Vassili exalava um certo odor de enxofre. E permaneceu numa gaveta da burocracia militar soviética.

Vassili não desanimou e continuou reunindo todas as informações que conseguia sobre o *radar*, fosse através de seus contatos pessoais ou ainda, posteriormente, no contexto de sua missão de informação na 4ª Secretaria do Estado-Maior Geral. Obteve com suas pesquisas um relativo

ROSA DE STALINGRADO

consolo, ao descobrir que a Luftwaffe não parecia mais consciente que a Força Aérea soviética do que estava em jogo. Até que, com o passar do tempo, o alcance do seu texto foi compreendido e se tentou recuperar o tempo perdido. Em troca, para assegurar ao mesmo tempo sua cooperação e sua discrição, ele recebeu uma promoção.

Mas o verdadeiro motivo do telefonema de Karev não era este. Ele queria relatar a Nikolai Baronov a agitação causada pela presença das mulheres, segundo informações que recebera da base. E aproveitar a oportunidade para se informar sobre a segurança de Lily.

Logo de entrada, seu interlocutor não mediu palavras:

— Ouça, para ser franco, estou de saco cheio, e a chegada delas me parece o pior de tudo. Pois aqui é o último lugar do mundo onde deveria haver mulheres, nem que fossem os melhores pilotos do mundo. Não é lugar para elas. Elas não têm nada que fazer nessa batalha horrível. Não tenho nada contra Litvak nem Budanova, pode estar certo disto: elas nem sabem disso, mas eu as acho até simpáticas e umas gracinhas, só que deviam ser mandadas para uma parte da frente de guerra onde possam ser úteis, sem estar condenadas a morrer. A idéia de mobilização de alguns regimentos femininos é até defensável, mas meu Deus, que elas não sejam metidas nessa carnificina. As mulheres não são feitas para esses massacres. E nem estou falando dos problemas naturais que a presença de pilotos mulheres originam num regimento como o meu. Onde alojá-las, a higiene, as reações dos homens... Vou lhe poupar dos detalhes. Outro dia, veio me procurar um dos meus pilotos — e não era dos piores — para me anunciar friamente que não assumiria o comando de um Yak cuja manutenção fosse feita por uma mecânica.

— Muitos outros reagem como ele?

— A direção de pessoal já me havia mandado duas mulheres, um mês atrás. Mandei-as de volta antes mesmo que pudessem desfazer as valises. Ficaram apenas vinte e quatro horas, o que nem deu tempo para que meus homens começassem a ter idéias. Era melhor assim! Para começo de conversa, ali estão todos aqueles sujeitos que não vêem uma mulher há seis meses, e que começam a pensar que, com um pouco de sorte, conseguirão deitar com uma delas. Há os corações sensíveis que acabam se apaixonando e com isto se distraem da obrigação de matar os boches. Temos os que não entendem o que elas estão fazendo aqui e ficam tecendo comentários do tipo "isto aqui não é mais o Exército Vermelho, mas o Exército Rosa". E há também os que querem que elas fiquem na cozinha, os que podem se recusar a entrar em combate com elas, pois não querem uma *baba*[93] na força de combate... Eu já me via metido a metade do tempo com problemas que não têm nada a ver. Quando chegaram as primeiras, telefonei ao Estado-Maior em Moscou e eles me responderam: "Você tem simplesmente de tratá-las como homens!" Só que, diabos, elas não são homens, aí está o problema!

— Não se aborreça! Vejo perfeitamente a sua posição. Além disso, concordo em 90%. Vamos botar as cartas na mesa: Lily Litvak é uma amiga minha. Fui seu instrutor na Osoaviakhim, quando me mandaram dirigir o CSKA de Moscou com a perna moída. Fiz de tudo para dissuadi-la de se alistar, mas ela é cabeçuda como uma mula do Cáucaso. Se posso lhe dar um conselho, portanto, peça a transferência delas para outra unidade, menos exposta, insistindo muito na questão das reações dos homens. Na minha opinião, é o que tem mais possibilidades de fazer com que nossos *apparatchiks* se mexam. De minha parte, vou fazer todo o possível para apoiar sua iniciativa. Vamos tentar tirá-la daí! Mas será contra a vontade dela, eu a conheço bem.

Enquanto isto, olho nela: você sabe muito bem, como eu, que é preciso tempo para que nossa administração se mexa. Ponha-a na equipe de alguém em quem você realmente confie, e não de um bobo qualquer que queira impressioná-la. E, você também sabe muito bem, não precisa que o diga, mas os primeiros combates é que serão os mais perigosos.

— Em suma, a está entregando a mim?

— Exatamente. Vá, e sobretudo se cuide! O Comandante Supremo não vai largar o osso em Stalingrado, ainda que, para vencer, tenha de tragar todo o Exército Vermelho. Você e seu regimento têm meses duros pela frente. Grande abraço...

Capítulo 66

Ela se sentia rejeitada. Pior ainda: humilhada

Terça-feira, 15 de setembro, 7 horas da manhã

Já ao acordar, Lily abordou Katia.

— Não podemos permitir que esta situação se eternize. Será que resolveram nos ignorar? Pois muito bem, vão ficar nos conhecendo. Vamos mostrar-lhes que podemos ser ainda mais tinhosas que eles. Mexa-se, vamos montar guarda em frente ao gabinete do coronel. Ele terá de nos receber.

Aproximando-se a passos largos da área de estacionamento, elas tiveram um momento de esperança. O Troika de Lily e o Yak de Katia estavam estacionados lado a lado, junto com outros caças. Observava-se entre os aparelhos uma distância de cinqüenta metros, para que, em caso de ataque-surpresa, a explosão de um não acarretasse imediatamente a destruição do vizinho. Uma agitação de colméia reinava ao redor dos Yak.

— Parece uma missão coletiva — observou Katia.

— Deve ser a proteção dos bombardeiros Stormovik e P-2 que estão atacando Sovetzkii esta manhã... Ina nos contou ontem à noite — explicou Lily.

— Com alguma sorte, seremos incluídas... Seja como for, nossos aviões já foram.

Katia acabara de notar que um carrinho de munições era levado em direção ao seu Yak, e que um mecânico estava subindo na asa.

— Mas onde é que está Ina? — perguntou Lily. — Eu ficaria mais tranqüila se ela estivesse cuidando de nossos aviões. A presença de um mecânico homem perto do seu não me cheira nada bem.

— Veja só, você está reagindo como um homem.

Elas se aproximavam da sala de operações. Em seu foro íntimo, Lily não compartilhava o otimismo de Katia. Achava que, se fossem participar da missão, já teriam sido convocadas, participado da reunião preparatória, recebido as últimas informações do oficial encarregado... Tudo isto levava tempo, e a atividade que se via nas pistas permitia deduzir que logo os aparelhos levantariam vôo.

Elas se encontravam a aproximadamente vinte metros da entrada do *bunker* quando saiu dele um grupo de homens. O coronel Baranov vinha à frente. Como seus pilotos, trazia na mão documentos e mapas. Com o saco de seu pára-quedas jogado no ombro, ele era acompanhado por um outro piloto. Os dois davam prosseguimento a uma animada discussão que, visivelmente, começara na sala de operações.

Solomaten surgiu em meio a um grupo de pilotos. Olhares voltaram-se para as duas. Alguém disse uma frase que elas não ouviram. Um gracejo, certamente, pois se seguiram vários risos. Nem Baranov nem Solomaten haviam olhado em direção às duas.

A distância, elas acompanharam o grupo até os aviões. Sentiam-se ignoradas. Pior ainda: rejeitadas, humilhadas.

Com a expressão fechada, elas viram os homens tomar lugar nos caças, inclusive em seus próprios aparelhos, ajustar os pára-quedas, levar o capacete à cabeça, posicionar os óculos no rosto.

Viram as hélices começarem a girar, os motores darem a partida numa barulheira que lhes pareceu insuportável, os Yak começarem a se mover e a se alinhar, aos pares, na cabeceira da pista...

Com os lábios comprimidos, mordendo o interior das bochechas até sangrar, para não demonstrar sua decepção, elas assistiram à decolagem. Depois, sem dizer palavra, voltaram ao seu isbá.

A crise de lágrimas se abateu sobre Lily com a mesma violência da que a havia atirado na cama em Engels. Há muito tempo ela não chorava assim! Estava se vendo aos soluços, dias depois da chegada ao centro de instrução. Mas daquela vez ela mal saía de baixo das saias da mãe; agora, era uma combatente experiente, na frente de guerra há vários meses.

Ela estava absolutamente furiosa consigo mesma: que soldado não estava se saindo! Mas ao mesmo tempo era uma avalanche de sentimentos. Exasperação: 48 horas presente em seu novo regimento sem ser recebida por nenhum comandante. A impressão de estar sendo desprezada: aquele outro imbecil, com suas "comboieiras"; o tarado, que não queria embarcar num avião preparado por uma mulher; sua vaidade de mulher, com todos aqueles olhares que cruzavam o seu sem nunca parecer vê-la, ou então, quando a olhavam... preferia nem falar. A angústia: aquela monstruosa nuvem de fumaça negra que esmagava o horizonte acima de uma cidade que fora tão viva, e que nem dava mais para imaginar. O esgotamento, os olhos dos pilotos devorados pelo cansaço, os movimentos meio maquinais do pessoal de terra, trabalhando de 4 horas da manhã à meia-noite, e que ela pudera ver, fossem mulheres velhas ou homens em andrajos, caírem ao pé de uma árvore para roubar aos chefes de equipe alguns minutos de um sono embrutecido. A frustração de sequer encontrar algum reconforto numa carta de um ente querido: com suas sucessivas transferências, Saratov, Voronej, agora Stalingrado, o correio do Exército parecia ter perdido seu rastro. Frustração também por não voar há meses, não ter essa espécie de segunda vida. Raiva, indignação, revolta: invadindo-a em ondas sucessivas ou concomitantes, todos esses sentimentos a assoberbavam. Lágrimas pesadas, inesgotáveis, inconsoláveis, que deixavam Kátia perplexa e sem saber o que fazer, preocupada e atônita ante o inesperado desmoronamento da amiga...

Mas a torrente acabou por secar. Esboçou-se um vago sorriso.

— Que é que eu vou fazer com esses olhos vermelhos?

— Vá mostrá-los ao coronel, quem sabe não poderão comovê-lo!

— Se ele estiver de lua virada, minha carreira militar acaba na hora.

— Procure então dormir: diante de um oficial, mais valem olhos inchados que vermelhos.

— É a sabedoria que fala através de você, minha querida — disse Lily, afastando o travesseiro molhado e substituindo-o por sua mochila dobrada em quatro. Em seguida, dando as costas à amiga, seguiu o seu conselho.

Antes de adormecer, teve tempo de jurar para si mesma: "E você, minha filha, vai levar muito tempo para chorar de novo desse jeito!"

Capítulo 67

"Não adianta discutir, tentar me fazer mudar de opinião"

Mesmo dia, 17 horas, AMC 34, *bunker* do comando.

O coronel Nikolai Baranov, trinta e quatro anos, 1,83m, 85 quilos, nariz quebrado de boxeador, tinha um temperamento condizente com o físico: não era propriamente um meigo. Baseado em Grodno, no extremo oriental da Bielo-Rússia, desde o fim de 1940, Baranov, então capitão, estava em alerta na noite de 21 para 22 de junho de 1941, aguardando para qualquer momento, na cantina de sua unidade, a troca dos pilotos de guarda, prevista para 4 horas da manhã. Seu Illyuchin I-153, um biplano idoso, já com cerca de vinte anos, estava estacionado a quarenta metros da cantina, e o mecânico acabava de botar o motor para funcionar, para mantê-lo na boa temperatura. Estava cortando o contato quando soou a sirene de alarme.

Baranov pôde apenas acabar sua xícara de chá — queimando a língua — e se dirigir a passos largos para o avião. Era uma decisão tomada há muito tempo: nunca correr, nem mesmo nas circunstâncias mais trágicas. Adolescente, ele nunca esquecera a anedota contada por seu tio Boris Baranov, um dos pioneiros da aviação soviética, que a ouvira de uma testemunha: em novembro de 1923, durante a tentativa de golpe em Munique,[94] no momento em que a polícia bávara atirava nos manifestantes, Hitler se jogara de barriga no chão e desaparecera, se arrastando. Fora necessário procurá-lo por toda parte. E por sinal ninguém jamais veio a saber onde se escondera. Enquanto isto, Ludendorff, indiferente às balas

ROSA DE STALINGRADO

que zuniam ao redor, continuava caminhando em frente, perante os atiradores. O tio acrescentava, às gargalhadas, ter ouvido da mesma fonte, perfeitamente digna de crédito, que nas três horas que antecederam a fuzilaria Hitler mudara seis vezes de chapéu — experimentando todos os modelos, do feltro bávaro com pluma ao capacete de aço —, para não ser reconhecido por eventuais assassinos que imaginava no seu encalço.

O jovem Nikolai não esquecera a lição das anedotas: guardava seus chapéus durante muito tempo, a ponto de perderem a forma de tanto uso, e nunca corria, qualquer que fosse o perigo — o que lhe valeu um certo prestígio junto aos camaradas mais prudentes.

A 22 de junho de 1941, apesar de seus trinta e cinco segundos nos quarenta metros, Nikolai Baranov conseguira decolar menos de um minuto antes da chegada dos caças e bombardeiros nazistas que haviam destruído quase totalmente seu regimento em terra, com tapetes de bombas e ataques repetidos de canhão e metralhadora. Com uma temeridade inconsciente, Baranov atirou-se na batalha. Era simplesmente um milagre que tivesse saído com vida.

Em dezesseis meses de guerra, ele perdera praticamente todos os camaradas pilotos e, conseqüência direta, ganhara divisas. Três meses antes, no fim de maio, o Estado-Maior da FAS o havia tirado das galerias subterrâneas de Sebastopol, onde os russos protegiam sua aviação entre os combates, conferindo-lhe uma divisa a mais — a segunda em um ano — e confiando-lhe o comando do 73º Regimento de Caça, que fora praticamente apagado do mapa durante os combates de Kharkov, em maio.

Depois de três semanas de relativa recuperação, o 73º fora mandado para a frente de Stalingrado.

No comando de um regimento com escassez de efetivos e carente de pessoal capacitado para a navegação, Nikolai Baranov tinha agora de receber duas mulheres. Dava para entender seu mau humor.

Mas nem por isto ele deixava de levar em conta o histórico dos pilotos que lhe eram enviados. Os documentos que tinha diante dos olhos davam conta dos atos de guerra dos regimentos femininos: o 586º Regimento de Caça na defesa aérea das fábricas e encruzilhadas de comunicação de Saratov, o 588º de Bombardeiros Noturnos em Kuban, durante os combates do verão.

Quanto ao 587º Regimento de Bombardeiros de Dia, anunciava-se a chegada iminente de seus P-2 a Stalingrado, para uma base situada cerca de cinqüenta quilômetros ao norte do campo do 63º. Com alguma sorte, ele travaria conhecimento com sua comandante, a prestigiada Marina Raskova. Pelo que sabia, contudo, seria o batismo de fogo para as moças de Raskova. Em sua opinião, teria sido melhor para elas que essa primeira experiência ocorresse em qualquer lugar, menos em Stalingrado.[95]

Baranov olhava as duas jovens sentadas à sua frente. Seus documentos informavam que tinham vinte anos e alguns meses. Katia Budanova usava os cabelos muito curtos, e da primeira vez em que a vira, de longe, Baranov a havia tomado por um rapazinho. De perto, desta vez, seu rosto traduzia uma certa vulnerabilidade. Realmente lhe estavam mandando crianças, pensou. Mas o fato é que o histórico assinalava nela um temperamento perfeitamente seguro de si. Ela era "corajosa e dotada de notável sangue-frio". Baranov tomou nota.

Litvak parecia mais madura, mais mulher. Quer dizer então que era a protegida de Vassili Karev! Ele tinha fama de bom gosto em matéria de mulheres. O que parecia confirmar-se. Magníficos olhos, puxados em direção às têmporas, à egípcia, que não baixavam quando confrontados. Bela boca, belas mãos, embora as unhas tivessem sido afetadas — mesmo se percebendo que eram tratadas. E as formas, também, mesmo não sendo valorizadas pela jaqueta e o boldrié. Os homens iam começar a sonhar... "Grande habilidade no tiro ar-ar", dizia seu histórico. "Pode ser a melhor da turma", anotara à margem uma mão anônima... Marina Raskova?, perguntou-se Baranov.

O comandante do regimento foi subitamente tomado de um enorme desânimo. Tinha diante de si duas mocinhas na primavera da vida, no auge da beleza. Elas não pareciam dar-se conta de que estavam querendo marcar um encontro com a morte. As estatísticas do Estado-Maior da FAS traduziam uma verdade aterradora: naquela altura da guerra, a expectativa de vida de um piloto soviético era de trinta e cinco horas de vôo. Em média! O que significava que, para cada piloto que vivesse além disso, um outro nunca chegava a tanto. Trinta e cinco horas de vôo, no ritmo atual das missões, significavam entre cinco dias e um mês... tudo depen-

ROSA DE STALINGRADO

dia da meteorologia! Logo chegaria o inverno, o terrível inverno russo. Os vôos certamente seriam menos numerosos. Mas se aquelas duas sobrevivessem às cinco semanas seguintes, suas chances — e por sinal as de todo mundo — de chegar ao próximo verão seriam quase nulas.

Será que poderia dizer-lhes isto? Não, claro que não!

O desânimo que se apoderara dele vinha do peso da fatalidade e de sua recusa de formular essa tragédia anunciada.

Transferindo-as para outra unidade, ele certamente haveria de magoá-las, e muito. Elas o odiariam. Mas no fim das contas era melhor que condená-las à morte.

Era preciso decidir.

Ele endureceu deliberadamente o olhar e a voz.

— Camaradas, não precisam falar de sua decepção. Como vocês, sou aviador, patriota e amo o meu país. Sei que desejam lutar, expulsar os alemães, proteger os que lhes são caros... (Deixou passar dois ou três segundos, sem tirar os olhos delas...) Não duvido de sua capacidade como pilotos nem de sua coragem pessoal. Mas minha decisão foi tomada. Não poderão ficar no regimento. O pedido de transferência já foi feito. (Nisto, estava mentindo.) Não adianta discutir, portanto, tentar me convencer do contrário...

Sua voz então finalmente se abrandou:

— Podem ir, meninas... E comecem a arrumar suas coisas. Um dia, espero, haverão de me agradecer.

Nikolai Baranov subestimara a lentidão da administração militar, que por sinal tinha outras coisas com que se preocupar, especialmente em Stalingrado. Durante uma boa semana, o Estado-Maior do 16º Exército Aéreo se fez de morto. O pedido de transferência de Budanova e Litvak ficou parado, com outros documentos, numa caixa de correio do departamento de pessoal.

Enquanto isto, Lily e Katia morriam de tédio, com o coração apertado toda vez que um grupo partia em missão. Elas haviam tomado conhecimento das diretivas recentes do Estado-Maior Geral a respeito de novas técnicas de combate: as patrulhas de caça livre, vôos em formação de oito aparelhos se articulando em patrulhas de dois, em busca de oportunidades de combate. Sua missão era abater prioritariamente os bombardeiros e aviões de transporte alemães.

Lily e Katia consideravam que era o esporte para o qual haviam nascido, e tanto maior era, assim, sua frustração. Ficava patente em seus rostos.

"Elas vão infernizar a vida do Exército inteiro", grunhiu Baranov, ao ser informado do estado de espírito de suas "protegidas".

O passar dos dias levava Lily a pensar que sua transferência provavelmente não seria tão fácil quanto desejava o coronel Baranov. Sentiu que talvez ainda tivesse um trunfo. Mas estava convencida de que teria de jogá-lo sozinha.

Avisou então a Katia que daria um jeito de ser recebida sozinha por Nikolai Baranov, e que "ia dizer-lhe umas verdades". Katia engoliu a pílula tanto mais facilmente por se sentir tão furiosa quanto a amiga, capaz de atacar um Messerschmitt de frente, mas não certamente um coronel do Exército soviético. Deixou então que ela seguisse adiante, observando com interesse enquanto ela prendia uma rosa silvestre ao seu barrete.

Lily ficou controlando todas as vezes que o chefe do regimento voltava de missão, a partir das 3 horas da tarde. Por volta das 5 horas, em sua última saída, ele finalmente trouxe seu aparelho, razoavelmente danificado: havia sido atingido pela frente. O mecânico disse a Lily que "o coronel tivera sorte de poder voltar, pois seu motor perdera força o tempo todo". Mostrou-lhe então o pára-brisa aspergido de óleo e os furos causados em várias partes pelos obuses.

Lily ponderou que Baranov devia estar em "estado de vulnerabilidade" e que era o momento indicado para forçar a barra. Bateu e foi entrando.

Ele parecia mais bem-humorado do que previra a jovem piloto. Estava gracejando com um outro oficial, e os dois iam esvaziando um copo de vodca, ao mesmo tempo em que observavam a jovem entrando no gabinete. Ela se desculpou com graça.

O rosto do coronel ainda estava sujo de óleo, e ele tirava o coldre da pistola para depositá-lo na mesa.

— Litvak... que ainda quer de mim?

ROSA DE STALINGRADO

O outro oficial julgou que devia sair. Cumprimentou e retirou-se. Baranov afundou em sua cadeira, acendeu um cigarro e contemplou a jovem com ar curioso. Parecia fascinado com o adorno na cabeça da interlocutora.

— Quero voar — disse ela, depositando o boné com rosa na mesa do superior. — Katia Budanova e eu viemos para lutar. Estamos aqui há quase uma semana e certamente já poderíamos ter abatido um avião alemão, ela ou eu.

— Não parece ter qualquer dúvida.

— E por que haveríamos de ter? Disseram que os alemães são muito mais numerosos que nós. É um desperdício nos deixar aqui paradas.

— Mas Litvak, você sabe perfeitamente que nem sequer tenho aviões suficientes para botar no ar todos os meus homens. Fui obrigado a ceder o seu a um de meus pilotos. Esta conversa não tem sentido. Já lhe disse que minha decisão está tomada.

— O senhor disse inclusive que já pedira nossa volta ao nosso regimento. Mas tenho certeza de que ainda não recebeu resposta, caso contrário, já teríamos partido. Enquanto não chega a decisão do Estado-Maior, deixe-nos voar, meu coronel!... — implorou ela.

"Ela tem mesmo muito peito", pensou Baranov, com um sorriso interior que tratou de não deixar transparecer.

Lily decidiu então mudar de tom. Passando da súplica ao angelismo, resolveu arriscar tudo.

— Com toda franqueza, meu coronel, o que eu quero — perdão, o que nós queremos — é voar com o senhor. Vou ficar aqui até receber sua autorização — ou ser mandada embora pelo Estado-Maior.

— Receio que acabe se cansando... — disse ele, sorrindo.

— Talvez... Talvez não... o Estado-Maior também pode traí-lo e nos deixar aqui! De qualquer maneira, que risco o senhor correria?

— O de perdê-la, tenente. O que seria uma pena.

Já agora estavam entrando num terreno familiar a Lily.

— Não sei como devo encarar sua observação. Prefiro considerá-la como um cumprimento. E por sinal me disseram que o senhor não é muito pródigo nesse terreno. Quanto ao risco, contudo, resolvi assumi-lo ao me engajar, ao optar pela aviação de caça, ao subir pela primeira vez num Yak. É o meu destino, só eu sou responsável por ele.

Nikolai Baranov não o demonstrou, mas pela primeira vez sentia uma certa admiração por aquela mulher.

Quando Lily se retirou, ele urrou para o ajudante de ordens:

— Nada ainda sobre a transferência de Litvak e Budanova?

— Nada ainda, meu coronel — respondeu o suboficial, encolhendo a cabeça entre os ombros.

Capítulo 68

Uma sentinela diante do isbá

AMC 34, sábado, 19 de setembro de 1942.

O tempo estava ruim. Chuva, céu encoberto. Desde o meio-dia, os aviões haviam parado de voar. Os pilotos se encaminhavam para a aldeia próxima, para beber algo e jogar cartas. Uma tranqüilidade esquecida há muito tempo. As moças haviam permanecido em sua cabana de lenha debaixo das árvores, a meio caminho entre o campo e o povoado. No início da tarde, viram passar, escoltados por cavaleiros russos armados, colaboradores e traidores vestindo *feldgrau*.

— Sua sorte logo será decidida — disse-lhes um cavaleiro ao qual se dirigiram.

No *bunker* do comando, Baranov e Solomaten conversavam sobre os últimos desdobramentos da guerra. Solomaten retornava do hospital de campanha de Kamyzin, ao norte de Stalingrado, subindo pelo Volga, para onde havia levado, de U-2, um mecânico doente. A descrição que fez do hospital deixou seu superior preocupado.

— Se nosso mecânico voltar curado, ficará deprimido — prognosticou Solomaten, cáustico. — Eu mesmo, que só passei lá meia hora, quase me atirei no Volga ao retornar.

Conseguiu arrancar um sorriso vago do superior.

Este retornava de uma reunião do Estado-Maior do general Rudenko, um dos dois comandantes da aviação em Stalingrado. Fizera-se um balanço dos combates do início da semana. Qualquer referência ao "fracasso" da ofensiva fora cuidadosamente evitada, mas as baixas, especialmente em pilotos, haviam sido pesadas, com a presença quase permanente da Luftwaffe no céu, e, em terra, uma ofensiva que não conduzira a qualquer resultado concreto. O futuro parecia negro.

O toque menos sombrio vinha do interrogatório de um oficial alemão feito prisioneiro. O quadro que ele pintava do estado das tropas nazistas era ainda mais sombrio. "As unidades do nosso corpo de Exército sofreram pesadas baixas ao rechaçar os ataques furiosos do inimigo, vindos do Norte",[96] relatara ele. "As divisões que se encontravam nesse setor não têm mais forças. Em cada companhia, restam apenas, em geral, trinta a quarenta homens." Aparentemente, se a situação era difícil para os russos, não o era menos para os alemães.

— A meteorologia prevê melhora do tempo no fim do dia — disse então Solomaten ao amigo. — E se deixássemos as moças voar? Elas ficariam ocupadas, seu moral melhoraria e pelo menos ficaríamos sabendo se são realmente boas nisso.

— Pode então cuidar disso, se quiser. Tenho outros problemas.

— Seu entusiasmo é contagiante.

— Traga-as de volta inteiras, é só o que peço — rematou ele, em tom mais ameno.

A sentinela postada diante do isbá das moças "para protegê-las", no dizer de Baranov, era o prisioneiro polonês Jan Brückner. Ele aproveitava para dar uma varrida diante da porta. Cumprimentou Alexei meio sem jeito.

— Jan, que está fazendo aí?

— Estou montando guarda, meu capitão.

— Com a minha vassoura?

— Assim eu posso ao mesmo tempo cuidar da limpeza. Com um fuzil, não poderia.

— Brückner, pare de curtir com a minha cara!

Bateu então à porta com certo cuidado. Alguns segundos de espera, e uma voz gritou:

— Entre!

"Dois rublos contra um", pensou o oficial com seus botões, "como é a voz de Litvak."

ROSA DE STALINGRADO

— Bom dia, camaradas.

As duas moças se levantaram de um pulo, tomaram posição de senti-do. Interiormente, Solomaten se regozijava com a cena. A hierarquia mi-litar às vezes tinha coisas boas.

— Mandaram um guarda para vocês?

— É a única pessoa amável que encontramos até agora nesta base. Nova alfinetada.

— Além do tenente Gubanov, quero crer — retorquiu Solomaten.

"As notícias correm rápido", pensou Lily.

Katia veio em seu socorro:

— Além do tenente Gubanov, é verdade.

Lily achava que a conversa não começava nada bem. Tratou então de voltar para um tema mais neutro.

— Esse homem diante da porta? Quem é? Um guarda? Um ordenança?

— A sua "sentinela"? Brückner é um polonês de origem alemã, ou um alemão de origem polonesa, não sabemos muito bem. Nem estou muito certo de que ele mesmo o saiba. Foi feito prisioneiro em Stalingrado. O comandante de regimento que o capturou mandou-o para nosso coro-nel com um aviso pendurado no pescoço: "Excelente cozinheiro. Fala quatro línguas. Você terá mais utilidade para ele do que eu aqui! Um abraço." Jan Brückner é o faz-tudo do coronel Baranov. E realmente é um excelente mestre-cuca. Pelo que imagino, certamente vai mimá-las.

Percorrendo a sala com o olhar, Solomaten prosseguiu:

— Descansar. É uma visita de cortesia.

— De cortesia? Olhe só a surpresa no meu rosto, capitão — lançou Lily em tom cortante.

Katia deu-lhe moralmente uma cotovelada nas costelas.

— Simpático da sua parte...

— Se o tempo melhorar, tenho a missão de levar uma de vocês para voar. A outra terá de esperar até amanhã.

— Que amável da sua parte, capitão — continuou a ironizar Lily. — Vão levar uma mocinha para dar um passeio?

O tom de provocação da amiga deixou Katia, que já estava de mau humor, muito irritada: ela não se sentia muito bem, e seu humor se ressentia. Além disso, o momento não ajudava: ela não estava em sua melhor forma para mostrar seu talento no comando de um Yak.

— Quem se oferece?

Lily interrogou Katia com o olhar.

— Tenho certeza de que a tenente Litvak saberá apreciar devidamente a honra. De minha parte, se não vir inconveniente, capitão, prefiro esperar e ver em que estado ela será trazida de volta para aceitar sua proposta.

Katia estava satisfeita e orgulhosa com sua resposta: conseguira com elegância um prazo de 24 horas, que, esperava, lhe permitiria enfrentar o teste em melhores condições no dia seguinte.

— Muito bem, tenente Litvak. Se não houver contra-ordem, compareça à sala de operações às 16h30.

— Veremos se o céu concorda, capitão.

"Que diabos quis ela dizer?", pensou o oficial ao fechar a porta atrás de si.

— Que foi que você quis dizer exatamente? — perguntou Katia a Lily.

— Cada um interpreta como quiser. Eu sei o que quis dizer.

— Você tem sorte mesmo — resmungou Katia, perplexa.

Capítulo 69

Um vôo a dois

Mesmo dia, 16h40.

— Me empresta o Troika?

— Nem pensar, capitão... Exceto se tiver uma boa razão.

— Pois tenho mil! Para começar, seria a prova de que, ao contrário de certos colegas, tenho confiança num avião mantido e utilizado por mulheres.

— Esta pode ser considerada... aceitável. E as 999 outras?

— A título de agradecimento: defendi a sua causa junto ao coronel.

— É mesmo verdade, ou não passa de uma grande piada? O coronel provavelmente não lhe deu escolha... Talvez eu devesse agradecer diretamente a ele.

Alexei Solomaten deteve-se e, com as mãos nas cadeiras, lançou um olhar malicioso para Lily.

— Você realmente não deixa passar nada! Bem que poderia... não sei... me ter concedido o benefício da dúvida, por exemplo.

— Capitão, até o momento venho experimentando mais dúvidas que benefícios no AMC 34. Tente entender minha prudência. Vamos, *senhor*, só mais uma boa razão, e poderá voar no Troika.

— Sou seu superior hierárquico e o requisito.

— Pronto, era o que faltava! Dez mil anos atrás, o senhor teria batido no peito com os punhos, me daria uma pancada no ombro e rugiria: "Tacape para mim! Não tocar!" Não mudou realmente nada. Basta arranhar um pouco a superfície, e logo encontramos de novo o brutamontes cita.[97]

Solomaten, com seus botões: "Precisando ser domada, mas engraçada." Em voz alta:

— Pois pode ficar com seu avião! Vou pedir a Baranov que a mantenha no 34. A senhora é uma pessoa tão difícil que sua simples presença em Stalingrado, quando chegar ao conhecimento dos alemães, bastará para fazê-los bater em retirada.

Lily não encontrou nenhuma resposta brilhante. Calou-se. Difícil, mas não idiota.

— O teto está um pouco mais alto. Basta me seguir. Se me perder de vista, não se preocupe comigo. Volte ao campo de pouso.

"Perdê-lo? Não quer mais nada, não?"

Lily estendeu a mão a Ina Pasportkina para que a ajudasse a subir na asa do avião.

— Ele queria me tirar o Troika — disse, inclinando-se, numa confidência à mecânica.

— Não acredito numa palavra. Ele simplesmente a enganou.

— Está brincando.

Trepado na asa do avião do chefe, o mecânico de Solomaten berrava, com as mãos em concha ao redor da boca:

— Camaradas, o capitão mandou dizer que têm a noite inteira para discutir.

— Não me venha com suas histórias — prosseguiu Ina, *mezzo voce*. — Antes de você nascer eu já mentia para toda a família! Já a conheço melhor que sua mãe: está tentando se tranqüilizar. Ficou impressionada com ele. Por acaso está com medo de não se mostrar à altura?

— Inochka, não tenho medo dos alemães, não será um comedor de *kacha*[98] de vinte e três anos que vai me impressionar. Põe esse motor para funcionar, vamos mostrar ao camarada o que os moscovitas têm nas entranhas.

Virar à direita.
Ela obedeceu: virar à direita...
Inversão para a esquerda.
Lily adernou sem problemas.

Mergulho.

Ela empurrou o manche. A velocidade aumentava, aumentava. E a terra vinha ao seu encontro.

O Yak de Solomaten pareceu dar um salto e elevar-se até a vertical. Lily puxou o manche, até o fim. Sentiu-se então esmagada no assento, mas o Troika também disparou em direção ao céu, puxado pela hélice e pelo aparelho que o antecedia.

A jovem ficou excitada. Tinha a impressão de estar em Engels, mas agora estava em território de combate. Nada mais a impressionava.

Tonneaux em série: ela se divertia.

De repente, surpresas em cascata: Solomaten virou-se, mudou de direção, voltou novamente. O tranco foi maior dessa vez!

"Concentrada, minha filha, mais concentração ainda!" Ela inclinou-se para a frente.

Velocidade: reduzir ao máximo. "Locha" fazia uma curva extraordinariamente fechada.

Lily se agarrava ao avião à sua frente: ia dar certo... Um véu negro diante dos olhos... Merda, não ia dar certo...

Não, o bravo Troika mais uma vez cumprira seu dever: o Yak do oficial continuava à frente.

Subida em espiral, a todo gás.

Acrobacias para todo lado...

Ela estava em bicas...

Mas Solomaten continuava à frente.

Vôo nivelado.

Ufa!...

Vinte minutos, pelo seu relógio.

— Voltamos — disse a voz do capitão no rádio.

Lily tinha a sensação de que há mil anos não lhe dirigiam a palavra. Ou talvez há três segundos.

Ina ajudou-a a se desvencilhar do pára-quedas. Solomaten já saltara de seu avião. Aproximou-se dela. Caminhava de cabeça baixa, aparentemente pensando em outras coisas. Chegando ao seu encontro, ergueu a cabeça:

— Foi muito bem, tenente Litvak. Realmente muito bem.

E prosseguiu em seu caminho, dirigindo-se para o gabinete de Nikolai Baranov.

Ela nunca o vira com ar tão sério.

Capítulo 70

Os dois caças colidiram em cheio

Céu de Stalingrado, domingo, 20 de setembro.

Desde o início da manhã, Lily e Katia ouviam o ruído contínuo dos tiros de artilharia, trazido pelo vento oeste. Ondas impressionantes de Stormoviks e P-2 passavam sobre suas cabeças. A batalha comia solta no "caldeirão" de Stalingrado.

O 73° estava em estado de alerta. Desde o alvorecer, os primeiros Yak haviam decolado para acompanhar e proteger os bombardeiros de assalto que atacavam as concentrações inimigas em terra.

Logo Lily e Katia partiram em patrulha. O comandante do regimento finalmente lhes dera sinal verde.

8h30 da manhã. Solomaten acabava de voltar de uma missão. Rápida reunião para o relatório dos pilotos na sala de operações. Na parede, o painel metálico onde seriam afixadas as pequenas silhuetas de ferro fundido correspondendo a cada um dos aparelhos do regimento, com sua matrícula.

Um ordenança de plantão aproximou-se dele. Trazia uma lista em uma das mãos e, na outra, os pedaços de ferro fundido representando os aviões que participariam da próxima missão.

Quatro figurinhas metálicas foram afixadas uma após a outra. Lily viu que entre elas estava a do "Troika". Ela levantaria vôo como parceira de Solomaten.

Finalmente partiria para sua primeira missão de guerra.

As previsões da meteorologia eram boas. Com a lenta ascensão do sol no horizonte, as últimas nuvens desfizeram-se no céu. Vantagem: uma visibilidade excepcional. Desvantagem: nenhum esconderijo na imensidão azul.

9 horas. A decolagem era iminente. Ina poliu o pára-brisa do Troika até ficar com uma transparência de cristal. Para trabalhar, sentara-se na cabine. A beleza do momento deu-lhe vontade de assumir o comando.

Os quatro pilotos saíram do *bunker*. Voariam em dois grupos de dois. Missão de caça livre no setor de Ivanovka-Plocovitoie, a sudoeste de Stalingrado. Lily caminhava ao lado de Solomaten. Era o seu nº 2. Boris Gubanov conduziria a outra patrulha. Ina notou que Lily estava pálida e parecia ansiosa. Ouvia Solomaten mas nada dizia. Até o sorriso que dirigiu a Ina pareceu tenso à mecânica. Ela também notou que, dirigindo-se à parceira, o capitão abolira a secura habitual de seu tom no início das missões.

— Não se preocupe — disse ele a Lily. — Limite-se a me seguir, e não se preocupe com mais nada. Verá que tudo vai correr bem.

Instalada no assento de pilotagem, Lily repassou a lista de verificações: lemes, freqüências de rádio, máscara de oxigênio...

Partida no motor. Verificação das pressões. Ela passou em revista os instrumentos de bordo.

Um foguete verde subiu no céu: estava autorizada a decolagem.

Alexei Solomaten ergueu o braço, depois o abaixou, dando o sinal da partida. Os motores rugiram, os aviões ganharam velocidade... O céu. Lily deu uma olhadela para trás: a outra patrulha já deslizava na pista. Logo os quatro aparelhos estariam voando asa a asa.

Stalingrado, mergulhada em chamas e na fumaça, desfilava à direita, 2.000 metros abaixo deles...

Na base, Katia esperava sua vez. Ela também voaria hoje, na equipe do próprio comandante do regimento. Que já estava em sua segunda missão no dia.

No momento em que Baranov e seu companheiro, o tenente Yenov — o mesmo que se recusara, uma semana antes, a subir no Yak de Lily —, anunciavam estar-se aproximando do campo, dois Messerschmitt surgiram em vôo rasante da extremidade das pistas e abriram fogo. As balas das metralhadoras atingiram o solo em velocidade fenomenal, desenhando uma trajetória retilínea que deu a Katia a impressão de que se dirigiam diretamente para ela. A jovem mergulhou na terra, fazendo-se o menor possível. Foi o Yak situado atrás dela, a cerca de trinta metros, que recebeu toda a rajada. Apesar dos sacos de areia que protegiam o compartimento onde estava estacionado, um reservatório foi atingido e imediatamente explodiu. Morte de uma valorosa máquina.

O estrépito das peças de defesa antiaérea do regimento ensurdeceu Katia. Por uma fração de segundo, no entanto, um apito cobriu todo aquele barulho. Uma enorme placa metálica em chamas, arrancada ao Yak pela explosão, foi pelos ares, seccionando a base do tronco de uma pequena bétula com uma precisão de lâmina de navalha. A árvore caiu lentamente sobre Katia. Estranhamente, recoberta pelas folhas, ela se sentiu protegida.

Depois, observando a placa que queimava a relva, ela ficou pensando que estava se saindo bem! Involuntariamente, com o choque nervoso, uma de suas pernas começou a tremer. Ela não pôde deixar de pensar que daria um péssimo soldado de infantaria.

Os dois aviões alemães concluíram a volta que os preparava para uma segunda passagem. Do céu, no entanto, caíram duas sombras cinzentas. Katia reconheceu: eram dois Yaks. Provavelmente Baranov e Yenov. Ela afastou as folhas para se sentar e observar a continuação. Reparou, satisfeita, que sua perna não tremia mais.

Os quatro aparelhos lutavam em ataque frontal, voando um em direção ao outro a 500 quilômetros por hora. Ela havia lido nos manuais — e, timidamente, o havia experimentado no treinamento: nesses ataques frontais, aquele que cede primeiro está morto; a velocidade desenvolvida pelo que tem nervos mais fortes confere-lhe uma vantagem determinante no restante do combate.

O espetáculo daqueles quatro aviões avançando aos pares uns sobre os outros era aterrorizante. A uns 100 metros, talvez, o adversário de Baranov foi o primeiro a ceder...

Dos dois outros, contudo, nenhum quis ceder. A 1.000 quilômetros por hora,[99] os dois aviões, o alemão e o russo, colidiram em cheio, a 300 metros de Katia, já agora de pé e petrificada no lugar onde se encontrava. O rosto de Yenov — que não tivera muitas oportunidades de ver, é bem verdade — apagou-se completamente de sua memória. Nunca mais ela seria capaz de reconstituir seus traços.

Baranov, que acertara as contas com seu alemão antes mesmo que Katia se recuperasse do choque causado pela tragédia que acabava de se desenrolar diante de seus olhos, pousou seu Yak brutalmente, sinal do estado de nervos em que devia encontrar-se... Entrou às pressas num veículo e acorreu ao local do acidente.

Katia ficou pensando que não era hoje, ainda, que poderia voar.

Mas, para dizer a verdade, não tinha a menor vontade.

Nesse mesmo instante, a 40 quilômetros dali, Lily era engolfada numa onda da qual sequer imaginava como sair. Estava de patrulha não longe de Stalingrado quando Solomaten lhe disse brutalmente pelo rádio: "Siga-me!" E seu Yak adernara num mergulho. Empurrando o manche até o fim à esquerda, Lily o seguiu, com o motor a toda. Ela estava atrás dele, tão perto que tinha a sensação de que logo se chocariam. Mas se reduzisse sua velocidade ainda que minimamente, haveria de perdê-lo. Sua mão ficou então paralisada no manete. Ela só pensava numa coisa: "Segui-lo sempre. Eu tenho de segui-lo."

Nos instantes que se seguiram, ela teve a sensação de estar testando praticamente todos os volteios aéreos possíveis e imagináveis. Agarrou-se, cerrou os dentes, tomou coragem: nem pensar em fugir da raia hoje.

Até que, de repente, parou tudo... Seu altímetro indicava que perdera metade da altitude. Voltando a cabeça para a direita, ela constatou que a outra patrulha juntara-se a eles.

Quando pousaram na base, esta já tratava das feridas do drama que acabava de se desenrolar. Lily viu do céu a grande mancha negra em que se espalhavam os restos dos dois aparelhos colididos, percebendo-se apenas seus destroços, num diâmetro de 200 metros. O que foi possível recuperar dos corpos dos dois pilotos cabia numa única bandeira. Dois túmulos foram cavados, mais por uma questão de princípio do que por necessidade. E o rápido serviço fúnebre oferecido pelo capelão ortodoxo do regimento no fim do dia foi a única homenagem aos dois jovens volatilizados na última manifestação de uma coragem absurda.

ROSA DE STALINGRADO

Mas, como a vida continuava, a reunião para fazer o balanço da missão matinal de que participara Lily foi das mais rápidas.

Espantada, a jovem piloto ouviu o relato de um combate do qual nada entendia: um Messerschmitt atacado de dois ângulos, e que encerrava sua carreira como tocha acesa no céu de Stalingrado. Para sua mais completa estupefação, veio a interpelação de Alexei Solomaten:

— Então, tenente Litvak, a quem devemos dar crédito por esse Messerschmitt? Ao tenente Gubanov ou a nós mesmos?

— Qual Messerschmitt? — balbuciou Lily.

Os três pilotos sorriram.

Lily Litvak não se dera conta de que acabava de participar de seu primeiro combate aéreo.

Capítulo 71

"Cuidado, atrás de você! Afaste-se rápido!"

Céu de Stalingrado, início de outubro de 1942.

Com o pára-quedas nas costas, Lily entrou na sala de operações. Na placa metálica estavam afixadas as figurinhas de ferro fundido relativas ao dispositivo da primeira missão do dia: caça livre. Ela voltava a ser o nº 2 de Solomaten. Seu coração começou a bater um pouco mais depressa. O da guerreira, não o da mulher. Ela era sensível ao virtuosismo do piloto, apreciava a autoridade do chefe, mas o chefe preferia as morenas. No fundo, o problema era dele. Quanto a ela, estava ali para fazer a guerra, para aprender. Sendo assim, com ele ou com outro... Um pouco de má-fé?

— Stalingrado! Debaixo das tuas asas.

Solomaten voava 200 metros à frente de Lily e os dois passavam sobre a cidade, em direção oeste. Na sala de operações, ele a convocara para uma conversa a dois, para reiterar o *modus operandi* do dia, que seria repetido com freqüência: era uma das técnicas de ataque em caça livre.

Tomava-se posição a oeste da cidade, acima dos territórios ocupados pelos alemães, e se ficava esperando. Os bombardeiros com a suástica — e os caças que lhes davam cobertura — operavam quase sempre da mesma maneira: direção leste para chegar a Stalingrado e bombardear. Eram em geral violentamente assediados pela pesada bateria antiaérea instalada na margem esquerda do Volga, controlada pelos soviéticos.

A artilharia era a arma russa por excelência, tradição que remonta praticamente à invenção da pólvora. Sua defesa antiaérea era eficaz, e as for-

ROSA DE STALINGRADO

339

mações alemãs não gostavam muito de se demorar no setor. Em bloco ou em formações dispersadas, elas imediatamente rumavam para oeste, uma vez largadas suas bombas...

Era nesse momento que os caças soviéticos as esperavam.

Locha seguia o plano ao pé da letra. Entrou profundamente em território inimigo com Lily. Agora, em grande altitude, dissimulando-se nas nuvens, eles seguiam o itinerário habitual dos bombardeiros alemães que se dirigem para Stalingrado. Era apenas uma questão de encontrá-los.

Lá estavam eles! Lily os havia visto. À esquerda, bem abaixo deles.

— Troika a 10: bombardeiros a 10 horas.

— Viu também os Messerschmitt que os acompanham?

— Afirmativo... Contei três.

— OK. Ficar de olhos abertos.

Dez minutos de passeio acompanhado, brincando de esconde-esconde com as nuvens para não ser detectados. Os bombardeiros cumpriram sua missão: depois de enfrentar a fuzilaria da artilharia antiaérea soviética, largaram suas bombas no monte Mamaiev e na usina metalúrgica Outubro Vermelho, retomando a formação mais ou menos dispersada no caminho de volta.

— Lá vamos nós... — anunciou a voz de Locha nos fones de ouvido, aquela sua "voz de trabalho", como diziam seus pilotos, tão calma que ao mesmo tempo tranqüilizava e exasperava Lily. Será que o sujeito era capaz de sentir alguma emoção?

— ...Siga-me!

Eles mergulharam no grupo de bombardeiros. Lily deu-se conta, de passagem, de que não tinha a menor idéia de onde poderiam encontrar-se os Messerschmitt que davam cobertura. "Não pelas costas", esperou.

Ela seguia seu líder. Ele enquadrou calmamente um primeiro bombardeiro que tentava desesperadamente escapar. Fascinada, ela viu os obuses de Solomaten explodirem num motor, que logo se incendiou. Eles se aproximavam tanto que Lily teve de dar uma guinada para não ficar atrás do Henkel. E perdeu Locha de vista. Onde se metera ele? Com uma manobra, ela se aproximou dos bombardeiros alemães.

— Troika... Atrás de você! Afaste-se rápido!...

Voz de urgência. Voz menos calma que de hábito.

Ela se desviou, olhando pelo retrovisor. Um Messerschmitt alinhou-se atrás dela, em fim de mergulho.

Ela fez uma curva fechada.

O Messerschmitt continuava lá.

Meio-tonneaux. Ela viu serem dados os tiros contra suas asas, mas não sentiu nenhum impacto. Errou! Tornou ainda mais bruscas suas manobras, sacudindo o Troika como ele nunca fora antes.

Mais uma vez o retrovisor: o Messerschmitt de repente transformado em bola de fogo. Um avião de estrela vermelha devia ter passado por ali... Solomaten, estava convencida.

Ela relaxou, encontrou-o mais adiante, mais acima, à sua espera.

Retomou então posição de combate atrás dele. O céu estava vazio.

Quase. Um retardatário que retornava às pressas para suas linhas e não parecia coberto por um caça.

Os dois Yak mergulharam, deslizando para baixo do Henkel, no ângulo morto em que suas metralhadoras não podiam entrar em ação.

— Você ataca — ordenou Solomaten pelos fones de ouvido.

Ela estremeceu. Chegara o seu dia. Não conseguia acalmar sua exaltação e já agora estava tão próxima do bombardeiro que ele não poderia lhe escapar. Manteve o dedo no gatilho durante dez longos segundos. Dirigiu seu tiro para o motor da esquerda, depois para o da direita, não obstante a manobra desesperada do alemão para tentar escapar. Ele esboçou um mergulho. Foi seguido pelos dois Yak. E explodiu num campo de pouso.

Lily tremia de felicidade, mas se controlou. Talvez não fosse um combate como ela havia sonhado: frente a frente sozinhos, perseguidor e perseguido, o mais hábil, o de mais sorte... Mas, em pleno céu, para grande espanto de Alexei Solomaten, Liliana Litvak concedeu-se seu primeiro *tonneau* de vitória.

Com os olhos marejados, dedicou-o ao pai.

No isbá, Lily exultava. Chegava até a dançar. Olhou-se, então, no espelho carcomido: achou-se bela — o que não era assim tão freqüente.

Finalmente conseguira sua primeira vitória.

E até que esse Solomaten não era assim tão mau.

Nem seria preciso insistir muito para que o considerasse mesmo formidável.

E Alexei, por sua vez:

— Mas que foi que me deu de lhe entregar esse bombardeiro? Teria contabilizado mais uma vitória esta manhã. Há dias, realmente, em que fazemos cada besteira! Mas é verdade que os novatos também precisam aprender... Vamos, Locha, nada de lamúrias: fizeste tua boa ação do dia.

Por baixo do vidro da cabine, Ina pintava cuidadosamente uma pequena suástica, simbolizando a primeira vitória de Lily, quando foi surpreendida por esta concluindo sua obra-prima.

— Que horror! Está deformando o Troika! Ina, seja boazinha, apague isto! Em compensação, pode me desenhar uma bela rosa branca no cone da hélice. Exatamente igual àquela que pintou no U-2 de Dobkin...

O U-2 de Dobkin pareceu tão distante às duas.

Capítulo 72

Katia lançava olhares compridos para o georgiano

AMC 34, segunda quinzena de outubro.

O tempo estava tão ruim que até os U-2 do regimento haviam ficado em seus compartimentos, camuflados no bosque. Deitado na cama, Solomaten deixava as idéias vagarem. Ele gostava de ficar sozinho. Podia, assim, sonhar acordado. Não era propriamente a idéia que tinha de um oficial de aviação muito maduro, mas podia conviver com isso. Nesse momento, para sua grande contrariedade, seus pensamentos estavam focalizados na tenente Litvak, o que, francamente, não era lá muito indicado.

No fundo, pensava Locha, seu primeiro sentimento em relação a Lily era da esfera da curiosidade interessada. "75% de curiosidade, 25% de interesse." Não dava propriamente para mandar braçadas de rosas vermelhas.

Por um motivo simples: Litvak não era seu tipo, nem de longe.

Suas preferências eram bem conhecidas: uma bela georgiana langorosa, cabelos negros e olhos verdes, cintura fina e pernas intermináveis. E que, se possível, o olhasse com adoração... Quem havia proclamado oficialmente seus cânones de beleza, numa noite de bebedeira? Não seria prova suficiente? A contradição entre a mulher ideal por ele próprio definida — loura — e sua georgiana, morena, não lhe chamou a atenção. Há homens que convivem tranqüilamente com suas próprias contradições.

Por outro lado, ele reconhecia que Lily tinha uma bela boca e que era até bem jeitosa.

Como se vê, a moscovita afinal de contas podia ser considerada 50% seu tipo.

ROSA DE STALINGRADO

Esclarecido tudo isto, ele tinha de reconhecer que aquele "Bom dia! Sou a tenente Litvak, seu novo piloto", acompanhado de um sorriso deslumbrante com um toque de ironia — um sorriso para ficar gravado na memória — tivera o seu impacto! Uma entrada em cena digna de uma atriz no apogeu de sua arte.

Acontece que era exatamente este o seu tipo de mulher.

Por sinal ele tentava lembrar-se com precisão da primeira imagem dela que guardava na mente. Ficava tentando imaginar se era sua silhueta, um gesto, os olhos cinzentos, um olhar ou aquele leve sorriso perturbador de que lançava mão às vezes.

Amaldiçoou a própria memória: queria ter preservado, conservado, salvado aquele momento. Sentiu saudade de seus doze anos, quando redigia zelosamente toda noite um diário ingênuo mas detalhado. Acabou optando pela coexistência, absurda, naquele primeiro dia, no *bunker*, de uma cabeleira loura com uma patente de tenente em um uniforme de aviador.

Sim, tudo bem pesado, era isso que havia ficado de mais forte, mais claro, mais marcante, mais instantâneo: aquela surpresa. A emoção viera mais tarde.

Depois, ele fora tocado... Oh! Não imediatamente. Nos dois ou três primeiros dias, quando ela vagava como uma alma penada, com sua amiga, ele achava aquela situação meio ridícula, e as duas mocinhas, bem ingênuas, com sua obstinação beirando a falta de senso. Claro que elas já haviam combatido e que as missões noturnas, contra bombardeiros alemães no céu de Saratov, não deviam ser passeios prazerosos. Mas o fato é que, a algumas centenas de quilômetros da frente propriamente dita, a tensão e o risco não deixavam de ser menores.

Em Voronej, elas certamente haviam galgado um patamar mais árduo. Boris Gubanov, que as havia encontrado lá, dissera-lhe que no início ele e seus companheiros do regimento de guarda não as haviam levado muito a sério. Para resumir, muitos pilotos estavam preocupados sobretudo em achar uma oportunidade de empurrá-las para um canto no bosque. Algumas, ao que parece, não haviam dito não. Mas em matéria de mulheres não se podia acreditar em Boris: como elas nunca lhe recusavam nada, ele achava que com os outros era a mesma coisa. Ora, como todo mundo sabe, as mulheres muitas vezes dizem sim, e, no último momento, freqüentemente dizem não. Por isto — era, pelo menos, sua opinião — é que tantos homens gostavam de contar vantagem: quando todo mundo acha que elas disseram sim e, no último momento, elas recusam, fica-se com cara de palhaço. É então que os homens começam a contar histórias... para não se sentir desmoralizados. Agora mesmo, vendo-se essa Katia jogar olhares compridos para o georgiano, ninguém poderia apostar que, na hora H.... Bom, problema delas!

Mas talvez também fosse esse o problema de Niko. Aquelas moças de que nem queria ouvir falar, acabara por tomá-las sob sua proteção. Na base do "papai e suas filhas", claro, mas, com seus trinta e três anos, caíalhe como uma luva. A quem julgava estar enganando — à parte ele próprio, naturalmente? Especialmente a pequena Budanova, com seu jeito de gata dengosa ou menino, conforme o dia...

Litvak, no entanto, era bem outra coisa.

Alexei ficou pensando também que nunca esqueceria o primeiro vôo de Lily. Ela se mostrara impressionante. Ele não pudera deixar de pensar que, se fosse alemão, naquele dia provavelmente teria morrido! Até Gubanov, que não dispensara seu sorriso "brancura de neves eternas" para cumprimentá-la depois da aterrissagem, esquecera que no primeiro dia o havia deixado na mão depois de alguns segundos, por mais piloto de caça da Guarda que fosse. Não esquecia a cara de Baranov quando entrou em seu gabinete para dizer-lhe, sem rodeios:

— Niko, faça como quiser, mas posso lhe dizer, falando sério, que o que Litvak fez hoje, poucos pilotos do regimento seriam capazes de fazer. Como, em minha opinião, a direção de pessoal não vai permitir uma segunda vez o golpe da transferência para Engels, mais vale estar preparado para mantê-las aqui, chatinhas ou não. Vamos tratá-las bem. Verá que só teremos motivos de nos felicitar.

— Você realmente se deixou seduzir — zombara Baranov.

— Pela piloto, sim... pela mulher, prefiro guardar minha opinião.

O que Solomaten nunca confessaria é que, a partir daquele dia, tivera um só objetivo: proteger Lily a cada dia, para que ganhasse o mínimo de experiência para sobreviver a suas primeiras semanas de combates. São as semanas mais terríveis, mais impiedosas e quase sempre mais fatais para os jovens pilotos recém-saídos das escolas, embora já não fosse exatamente este o caso de Lily Litvak. A partir daquele dia, portanto, ele dera um jeito de quase sempre voar com ela. Para deixá-la sozinha o menos possível. Com ou sem razão, ele achava que ninguém desempenharia esta tarefa melhor que ele.

Ouviu-se o uivo comprido de uma sirene.

— Alerta!

Alexei saltou da cama, apanhou o pára-quedas e correu para a zona de decolagem.

Instantaneamente, todo pensamento parasita desapareceu de sua mente.

A guerra o esperava.

Capítulo 73

"Esta noite, não jantaremos com Plutão"

Ataque às bases aéreas alemãs de Morozovosk e Tatsinkaia, meados de outubro de 1942.

Solomaten preparara o terreno para a primeira vitória de Lily.

Katia Budanova fez por merecer a sua.

O Estado-Maior do 18º Exército Aéreo soviético planejara um ataque pesado de bombardeiros Stormovik e P-2 contra as duas principais bases da Luftwaffe que davam "cobertura" a Stalingrado, Morozovosk e Tatsinkaia.

Baranov recebera o comando de um grupo de proteção dos bombardeiros, ao qual se haviam somado seis Yak de um regimento da Guarda, para acompanhar os seis aparelhos que o 73º por sua vez também mobilizava na operação. Katia voava como nº 2 de Boris Gubanov, comandante de uma das duas patrulhas do 73º. O encontro com os bombardeiros a serem acompanhados devia ocorrer sobre Krasnoslobosk, a leste de Stalingrado, às 7h30 da manhã. Os russos teriam de atacar simultaneamente de quatro direções. Aproximadamente quinhentos aparelhos participavam da manobra.

7h15. Os motores foram ligados, uns após os outros. Minutos depois, os controladores aéreos anunciaram que os bombardeiros estavam adiantados e davam voltas acima de Krasno.

Se o Estado-Maior do 18º E.A.[100] contava com o efeito-surpresa, estava perdido.

Mal haviam passado Stalingrado, o controle aéreo anunciou a presença de boches por toda parte.

— Trinta acima de Sovetski.

— Vinte acima de Kalatch.

— Alemães acima de Blinaia Perekovka.

"A Luftwaffe inteira está voando", pensou Katia.

— Fritz a 14 horas — advertiu a voz tranqüila de Baranov.

Katia virou a cabeça. E então os viu: cerca de vinte Focke-Wulf, quinhentos ou seiscentos metros acima dos bombardeiros que voavam à direita. Os alemães se alinharam em fila indiana e começaram a mergulhar. Katia liberou o mecanismo de segurança dos tiros e aguardou as ordens.

Com a mesma voz calma, Baranov ordenou o ataque.

— Atenção, boches atrás! — urrou uma voz histérica.

Em um segundo, o mundo mudou. Despercebido até ali, um grupo de Focke-Wulf, surgindo das nuvens, apareceu-lhes pelas costas e imediatamente abriu fogo. Um Yak da Guarda explodiu. Balas traçadoras zuniram por Katia, cruzes negras resvalavam nela. Pânico generalizado: todo mundo se escafedeu. Adeus à impecável formação de combate! Cada um tratava de salvar a própria pele. Katia, por sua vez, não tinha mais tempo de sentir medo. Cruzou a menos de dez metros com a asa arrancada de um alemão, que caía em folha-seca. O que foi um reconforto para sua alma.

Ela perdeu Gubanov de vista e ficou achando que não tinha a menor chance de reencontrá-lo. Dez vezes chegou a pensar que seria abalroada ou abalroaria alguém. De repente, um Focke-Wulf atirou contra ela por trás, mas errou. Embalado pela própria velocidade, passou por ela.

Foi a sorte de Katia e o azar dele.

A jovem conseguiu seguir sua trajetória, e o alemão não pôde se livrar. Em menos de um minuto, com o motor cravejado de obuses, ele mergulhou em direção ao solo, deixando para trás um horrível penacho de fumaça negra. Um penacho de luto, pois ele não tinha pára-quedas.

Com o combustível acabando, Katia tomou o caminho de volta.

Acima do "34", ela não resistiu a fazer o *tonneau* da vitória.

Baranov daria urros. Exceto se, com alguma sorte, ainda não tivesse voltado.

O duplo sentido dessa idéia a fez estremecer.

Baranov voltou. Gubanov também.

— Quer dizer então que fui abandonado? — disse-lhe ele, rindo. — Duro batismo de fogo em Stalingrado, tenente! Esta noite, não jantaremos com Plutão.[101]

"Que foi que ele quis dizer com isto?", perguntou-se Katia.

Capítulo 74

Um "boche" em condicional

Céu de Stalingrado, tarde do mesmo dia.

O líder de Lily, tenente Oleg Simonov, foi o primeiro a detectar o avião alemão. Era um FW-189, um bimotor de reconhecimento, percorrendo a frente de combate a cerca de 3.000 metros de altitude. Os dois russos subiram sem ter sido vistos e se prepararam para um ataque cruzado. Mas o Focke-Wulf por sua vez também os descobriu e se voltou para suas linhas, o que favorecia o líder da patrulha russa, do qual se aproximava. Simonov lançou-se no combate. Durante o ataque, contudo, suas armas travaram, deixando Lily sozinha às voltas com o alemão. Um ataque clássico em fila, com o detalhe de que um dos parceiros, no caso, ficou inoperante.

Meticulosamente, Lily aproximou-se, enquadrou o inimigo em seu colimador e atirou várias vezes. Chegou a atingi-lo, mas aparentemente sem fazer muitos estragos. De qualquer maneira, não conseguiu impedir sua fuga.

Os três aparelhos já agora haviam penetrado cerca de vinte quilômetros nas linhas alemãs, em baixíssima altitude. E por sinal os dois aviões russos foram alvo de tiros de armas automáticas provenientes de terra. Uma nuvem negra começou de repente a escapar do motor esquerdo do FW, cuja hélice formou uma cruz.

Lily preparava-se para acabar com ele quando suas metralhadoras estalaram no vazio: os compartimentos de munição do Troika haviam sido esvaziados. Valendo-se dessa inesperada liberdade condicional, o alemão tentou pousar. Enfurecidos, os dois pilotos russos interromperam o combate e retornaram à base.

Lily encheu de novo o tanque de gasolina, recarregou suas munições e obteve autorização para decolar com uma patrulha que se preparava para levantar vôo em caça livre.

Os três aparelhos saíram em busca de rastros do avião inimigo.

Foram encontrá-lo, queimado, num campo, não longe do lugar onde Lily o vira pela última vez. Ainda subia uma fumaça da carcaça calcinada.

Uma segunda rosa floresceu na hélice do Troika.

Um grande dia para as moças! À noite, foram oficialmente consagradas "caçadoras" ao influxo da vodca. E os oficiantes eram os homens.

— Não precisamos de vocês para nos tornar caçadoras — eriçou-se Katia com virulência.

— Não sabia que o álcool a deixava assim — brincou Lily, já meio tocada.

Dois boches! Ela tinha lá seus motivos para se orgulhar!

Viu então que, a seu redor, todos os homens erguiam o copo.

— Dois boches — repetiram eles, de uma só voz.

Caramba, ela falara em voz alta.

Não pôde evitar o brinde. De uma só talagada, como exigia a assembléia.

Na manhã seguinte, não se lembrava de nada. Katia tampouco.

Capítulo 75

"Você vai comigo para o inferno!"

Frente de Stalingrado, início de novembro de 1942.

Jukov estava a ponto de ganhar a guerra de persuasão que diariamente empreendia contra Stálin. Defrontado com os fatos — o Exército Vermelho não se mostrava capaz, no momento, de sustentar uma batalha decisiva contra os alemães em Stalingrado —, o Comandante Supremo concedeu o prazo de quarenta e cinco dias solicitado pelos comandantes militares. Isso adiara a grande ofensiva contra os hitleristas, que no início do mês de novembro ainda não haviam conseguido tomar Stalingrado.

Esse atraso, naturalmente, em nada agradava à impaciência de Stálin, sempre preocupado com a possibilidade de uma forte estocada alemã que arrebatasse a cidade, mas ele aprendeu a esperar. Na verdade, ele tinha os números diante dos olhos: embora a URSS se aproximasse da paridade, longe estava da superioridade. No início de novembro de 1942, como demonstrara Jukov, a Alemanha perfilava em toda a frente oriental 266 divisões, reunindo 6,2 milhões de homens. Eles eram apoiados por milhares de canhões e morteiros, 6.600 tanques e canhões de assalto, 3.500 aviões de combate e até mesmo 194 navios de guerra. E a URSS lhe opunha 6,1 milhões de homens, 7.250 peças de morteiro, 6.014 tanques e canhões automotores, 3.100 aviões de combate. Ao redor de Stalingrado, a relação de forças era praticamente a mesma.[102]

A cada dia que passava, Jukov e Vasilevsky, os verdadeiros nº 1 e nº 2 do Exército Vermelho — muito embora não fossem marechais — reforçavam seu dispositivo. De 1º a 19 de novembro, 160.000 homens, 430

352 VALÉRIE BÉNAÏM E JEAN-CLAUDE HALLÉ

tanques, 600 canhões, 14.000 veículos e até 10.000 cavalos chegaram e tomaram posição ao redor de Stalingrado.

O trabalho de persuasão e formação militar efetuado por Jukov junto a Stálin podia ser constatado nos relatórios e mensagens trocados pelos dois. Stálin cedeu: a data 5 de novembro, fixada originalmente, foi abandonada.

A 11 de novembro, Konstantinov — codinome de Jukov — transmitia por *Baudot* a Vassiliev — o de Stálin — um relato circunstanciado: "Tropas aguardadas ainda não chegaram... O abastecimento funciona mal, assim como o fornecimento de munições. Há poucos obuses nas tropas com vistas ao *Uran*", codinome da grande ofensiva. Conclusão: "A operação não estará pronta para a data marcada. Dei ordens para que estivesse pronta para 15 de novembro." E acrescentava: "É necessário enviar imediatamente 100 toneladas de descongelante a Ieremenko,[103] caso contrário será impossível levar adiante as unidades mecanizadas."

A entrega de 100 toneladas de descongelante provavelmente não requeria uma intervenção do chefe de Estado, mas, aos olhos de Jukov, oferecia uma dupla vantagem: a constante instrução de Stálin quanto às realidades estratégicas e táticas, mesmo as mais triviais; e a certeza de que Ieremenko efetivamente receberia o famoso descongelante.

A vitória da paciência — e, portanto, da sabedoria — foi consagrada a 15 de novembro de 1942, quando Stálin enviou a Jukov o seguinte telegrama:

"Ao camarada Konstantinov,

Pessoal.

Deixo a seu critério o estabelecimento do dia da migração de Fedorov e Ivanov. (Ler: a ofensiva dos dois principais generais de Stalingrado.) Espero que me preste contas a respeito quando vier a Moscou. Se considerar que um deles deve se adiantar ou atrasar em um dia ou dois, tem plenos poderes para tomar esta decisão conforme julgar necessário.

Vassiliev. 13h10, 15/11/42."

A 19 de novembro de 1942, portanto, foi desfechada a operação "Uran". Todas as forças russas mobilizadas se atiraram na grande ofensi-

ROSA DE STALINGRADO

va de cerco do VI Exército alemão, que atacava Stalingrado. Para os alemães, a violência do ataque e o tamanho dos recursos mobilizados representaram uma total surpresa.

No 73° Regimento de Caça, as missões se sucediam sem interrupção do alvorecer ao crepúsculo. Os combates aéreos estiveram entre os mais encarniçados da batalha de Stalingrado. Lily Litvak obteve sua terceira e logo sua quarta vitória — seu primeiro caça alemão abatido —, mas o regimento perdeu três pilotos.

Lily, de sua parte, perdeu um amigo.

O piloto georgiano Boris Gubanov e seu companheiro de equipe acompanhavam Alexei e Lily num ataque a bombardeiros alemães.

De repente, os obuses de um Focke Wulf surgido do nada atingiram em cheio o Yak de Gubanov. O motor engasgou, emitindo uma nuvem de fumaça.

As chamas atingiram a cabine e logo o calor deformava o vidro, a tal ponto que o piloto, aprisionado, não pôde saltar de pára-quedas. Os amigos ouviram os gritos do rapaz. Como ele continuasse, em seu desespero, a pressionar o botão de transmissão do rádio, eles o ouviram falar consigo mesmo e entenderam o que decidira fazer.

Assim foi que o viram mudar de direção, dirigir-se para um Junker e berrar:

— Você vai comigo para o inferno!

O Yak atingiu o bombardeiro alemão em cheio, entrando por sua fuselagem. Os dois aviões caíram, como entrelaçados, e explodiram em vôo.[104]

Solomaten ficou profundamente abalado com a morte de Gubanov. Isolou-se por um bom tempo, e mais tarde confidenciaria a Lily:

— Perder um amigo em combate é sempre muito duro. Mas ouvir os gritos de Boris quando estava sendo queimado vivo é algo que nunca esquecerei.

Ao receber a notícia, Katia foi se fechar na dacha e proibiu que Lily entrasse:

— Por favor, deixe-me sozinha.

Lily não insistiu. Ina acabava de dizer-lhe, em caráter confidencial:

— Lily, era você que ele amava.[105]

Ela sentiu culpa por não ter correspondido em maior grau à amizade do sedutor georgiano.

Locha, decididamente, começava a pesar muito em sua vida.

Capítulo 76

Levar seu homem para casa vivo

Céu de Stalingrado, 19 a 24 de novembro de 1942.

"Desde o amanhecer, os russos desencadearam um furacão de fogo no flanco esquerdo da 5ª Divisão. Nunca vi uma barragem de artilharia tão violenta..."

Naquele 19 de novembro de 1942, muito cedo, a voz do oficial romeno ressoava com incrível clareza através dos chiados do rádio. A mensagem mandada da linha de frente destinava-se a seu Estado-Maior, baseado mais atrás.

" ...A terra treme sob o canhonada, os vidros se estilhaçam... Os tanques inimigos surgiram na cota 163 e controlam a estrada que leva a Raspopinskaia... Atenção, estou sendo informado agora de que atravessam a toda velocidade nossas posições e irrompem na aldeia. Tanques pesados de 52 toneladas... em velocidade máxima... Sua blindagem é extremamente resistente, nossos obuses não conseguem perfurá-la..."

A mensagem foi interrompida.

A grande contra-ofensiva russa começara. No dia 13 de setembro, Stálin convocara Jukov e Vasilevsky. E os recebeu de péssimo humor, indignado:

— Dezenas, centenas de milhares de soviéticos dão a vida lutando contra o fascismo, e Churchill barganha por causa de duas dezenas de Hurricanes[106]! Mas esses Hurricanes são uma porcaria. Nossos aviadores não gostam desse aparelho...

Já agora em tom absolutamente calmo, ele prosseguiu, aproximando-se do mapa que os dois generais haviam depositado na mesa:

— Que temos aqui?

— São as linhas gerais de um plano de contra-ofensiva na região de Stalingrado.

A sessão de trabalho durou mais de uma hora. Foi concluída por Stálin:

— Isto que aqui examinamos, entre nós três, ninguém deve ficar sabendo.

Esse plano, a operação "Uran", é que começava, nessa quinta-feira, 19 de novembro, a triturar o VI Exército do general Von Paulus.

Dois dias antes, na terça-feira, 17, Stálin convocara Jukov a Moscou para incumbi-lo de uma nova missão: desatar o cerco alemão ao redor de Moscou, liquidar o posto avançado de Rjev.

Alexei fora o primeiro dentre todos os pilotos a depositar grande confiança em Lily como companheira de equipe. Essa relação "profissional" foi sendo progressivamente forjada, mas veio a ser selada realmente em dois momentos precisos.

Ela nasceu no dia da primeira vitória aérea de Lily.

Antes que ela abatesse seu bombardeiro, o céu era um verdadeiro caos: naquela manhã, havia combates por todo lado. Os alemães desfrutavam de grande supremacia aérea. Um Messerschmitt surgira por trás dela. Ela fora alertada por um urro: "Troika! Atrás de você!" Não era a voz de Solomaten, mas a do falecido Gubanov. O Me-109, no fim de uma viragem, preparava-se para assumir posição de tiro em seu rastro, e ela se desviara brutalmente. Por um lapso de tempo que lhe pareceu muito longo, contudo, ela não conseguira livrar-se dele. Já começava a se sentir tomada pelo cansaço quando de repente, em seu retrovisor, explodira uma enorme bola laranja: o Messerschmitt se desintegrara. Ela não entendeu por que, mas estava convencida de que Solomaten viera salvá-la. Foi invadida então por um enorme sentimento de gratidão. Dois meses depois, ainda o experimentava com incrível intensidade. E a partir desse momento, talvez inconscientemente, começou a vê-lo de outra maneira.

A segunda vez ocorrera duas horas antes.

Na noite de 23 de novembro, a vanguarda do 26º Corpo Blindado soviético, comandada pelo tenente-coronel Filipov, assumiu o controle de uma ponte sobre o Don, depois de uma incursão em profundidade de rara audácia no território controlado pelos alemães e seus aliados romenos. O soldado alemão que montava guarda, sem desconfiar de nada, aguardava tranqüilamente ser substituído, contemplando o correr do rio. No lugar da troca da guarda, o que ele viu chegar foram os primeiros tanques de Filipov. Confundindo seu desejo com a realidade, os soldados alemães, em vez de alinhar seus canhões em bateria, pensaram que se tratava de uma das unidades de instrução de seu próprio Exército, utilizando tanques capturados aos russos. Infelizmente para eles, aqueles russos não podiam ser mais autênticos, e foi o que lhes fizeram sentir, a golpes de baioneta no ventre — pelo barulho — e de metralhadoras.

O corpo-a-corpo não durou muito, e a ponte caiu nas mãos dos russos. Um pouco mais avançada a noite, um destacamento de tanques, sob as ordens de um quase homônimo, o tenente-coronel Filipenko, juntou-se aos vitoriosos da ponte. Uma noite que começara tão bem não poderia acabar daquela maneira: os dois decidiram investir contra a cidadezinha de Kalatch, outra passagem sobre o Don, mas de calibre bem diferente. Conduzidos pelos dois intrépidos chefes, os tanques russos se encaminharam então para Kalatch. Os combates foram particularmente violentos, a resistência alemã, encarniçada, mas a chegada do reforço de outros blindados do 26º Corpo pôs fim aos confrontos — por falta de combatentes alemães, liquidados um a um.[107]

Na manhã do dia 24, a Luftwaffe mobilizou contra os tanques russos um novo tipo de avião, que há pouco tempo surgia no céu de Stalingrado: o Henschel 129, conhecido como "Matador de Tanques". Para proteger a ação — praticamente experimental, pois a Geschwader 4[108] enfrentara com ele um sangrento contratempo no Cáucaso, durante o verão —, a Luftwaffe mobilizara todo o seu 8º Corpo Aéreo. Foi pelo menos esta a impressão de Lily ante os combates que se seguiram.

Da batalha, no entanto, Lily não pôde ver grande coisa.
Naquela mesma noite, ela contaria a Katia:
— Só consegui ver a cauda de Solomaten.
— Como?
Sem se dar conta do sarcasmo na interrupção da amiga, Lily repetiu:

— Só pude ver a cauda do Yak de Solomaten! Em momento algum me afastei mais que 100 metros. Vou me candidatar à medalha de "Melhor Parceira de Vôo da FAS". Os alemães podiam passar à esquerda, à direita, acima, abaixo, dar cambalhotas, que eu não me mexia. Se algum deles tinha esperança de se insinuar entre Locha e eu, ainda deve estar esperando. Voltei à base com os globos oculares absolutamente esgotados por terem feito quinhentas vezes o mesmo movimento: cauda do Yak/olhar periférico... cauda do Yak/olhar periférico... em ritmo de limpador de pára-brisas durante uma tempestade. Depois de pousar, meus olhos continuaram: cauda do Yak/olhar periférico... durante umas duas horas e meia.

Mesmo gracejando, Lily não conseguia esconder seu orgulho: durante os combates, Alexei, "tranqüilo com a retaguarda" — fora ele que o dissera a Lily —, conseguiu abater dois Henschel 129. E imediatamente passou a ser chamado de "matador de aviões matadores de tanques". A partir desse dia, depositou confiança ilimitada em Lily como parceira.

Aos poucos se instalou entre os dois jovens uma relação provavelmente sem precedente na história do mundo. Ele a protegia com uma obstinação sem esmorecimento em suas primeiras saídas como piloto de caça no céu impiedoso de Stalingrado. E lhe foi ensinando, dia após dia, seu ofício e todos os seus segredos. Em outras palavras, a melhor maneira de sobreviver. Com isto, fez dela uma temível combatente e logo também uma heroína de seu país. Ela, por sua vez, empreendia na batalha sua guerra particular: "Levar seu homem vivo para casa a qualquer preço."

Capítulo 77

Litvak e Budanova, dois excelentes temas de artigos

AMC 34, 5 de dezembro de 1942.

O comandante Dobraje interceptou Nikolai Baranov ao voltar de uma missão.

— Moscou tentou falar com você. A direção política do Exército. Um certo capitão Kiritchenko... Pediu que telefonasse para ele.

— Capitão Kiritchenko. Aqui fala Baranov.

— Obrigado por chamar, meu coronel... Parece que há entre seus pilotos uma tenente Litvak de quem já estão falando aqui.

— Efetivamente.

— Lily Litvak?

— Liliana Litvak.

— Desculpe-me, meu coronel. Dizem que ela já contabiliza várias vitórias aéreas.

— É verdade... Cinco ou seis. Posso verificar.

— Nós achamos, meu coronel, que a tenente Litvak, que é uma mulher...

— Sua perspicácia é digna de nota, capitão.

"Não comece a me azucrinar", pensou Stepan Kiritchenko, mudando de tom:

— Meu coronel, os serviços de informação do Exército consideram que as tenentes Litvak e Budanova são excelentes temas de artigos, inclusive para os diários de circulação nacional do Partido. Esses artigos serão publicados durante as festas de Natal e Ano-Novo. Logo estaremos enviando um jornalista e um fotógrafo. Temos certeza de que serão bem recebidos e terão todo o apoio necessário para cumprir sua missão. Alguma pergunta, meu coronel?

— Não. Pode mandar seus esbirros.

— Chegarão depois de amanhã.

— Por que tanta demora? Até logo, capitão.

— Falou com Moscou? — perguntou Dobraje, que nesse momento entrava no gabinete de Baranov.

— Não, era Goebbels do outro lado da linha! Sim, falei com Moscou. O Agit-Prop[109] está excitado com Litvak.

— E não é só ele.

— Muito engraçado. Mas é só ele que está mandando um jornalista e um fotógrafo. Você fica incumbido de recebê-los, poderá assim lembrar-se de sua antiga profissão. Quanto a mim, nem quero vê-los.

"Essa história está cheirando a Karev!", farejou Baranov quando, já bem avançada a noite, deitado na cama antes de adormecer, tentava varrer da mente os casos do dia e do dia seguinte. Litvak no *Pravda*... No fundo, não era nada mau para a imagem do regimento! Era necessário atrair a atenção nas altas esferas como fosse possível! Tocaria no assunto com Dobraje no dia seguinte.

— Dobraje, quero um balanço da situação de Litvak, por favor. O jornalista e o fotógrafo chegam amanhã...

Forneceu nomes, horários, enumerou as medidas a serem tomadas para receber os dois emissários de Moscou.

— Perfeito.

— Que acha?

— Muito simples. Exatamente o que disseram. Utilizar Litvak como modelo nacional. O que já estão fazendo com Zaitzev, o atirador de elite do 64º Exército, cujo retrato já pode ser visto em todo lugar.

— Entendo. Algum risco para ela e para o regimento?

ROSA DE STALINGRADO 361

— Para o regimento, nenhum. Só a zombaria dos colegas, na base de "papais de menininhas", "babás de heroínas" e outros gracejos pesados de militar. Para ela? Não sei. Que a coisa lhe suba à cabeça, que perca a concentração durante as missões e algum caça fritz se aproveite. Se estou bem informado, ela tem um protetor em Moscou, um sujeito da 4ª Secretaria do Estado-Maior Geral. O marechal Chapochnikov gosta dela, segundo dizem. E como o Combatente Supremo gosta de Chapochnikov — menos que Jukov, no momento —, nosso homem tem poder.

— E também um interesse pessoal por ela?

— Não sei, mas podem surgir problemas. Primeira possibilidade: o "protetor" fica sabendo de Solomaten. Poderá então querer tirar Lily do 73º, para que ela não caia em tentação com o novo admirador. E ainda que não fique sabendo, pode querer tirá-la para preservar sua vida. A manobra pode ser hábil. Em primeiro lugar, transformando Litvak num ícone do tipo "mulher heróica, senso do dever, heroína exemplar, tesouro nacional", absolutamente intocável. Em segundo: se quiser ir mais fundo, após sua décima vitória aérea — sobretudo se ela for a primeira mulher piloto a alcançá-la —, ele dá uma sacudida no seu marechal e os dois oferecem uma imponente medalha a Litvak, transformando-a em Herói da União Soviética. Terceira e última etapa: ela é tirada da frente de guerra para ser exibida e apresentada como exemplo a todas as mulheres da URSS. Em suma, é bom para Litvak e bom para o regimento.

— Vocês, políticos, são realmente muito estranhos. Os reis do pôquer.

— Nada disso, meu caro coronel: simples jogadores de xadrez. Como você... e, digamos, Joseph Stálin... A propósito, você sabia que Kiritchenko, o sujeito de Moscou que telefonou, é considerado o melhor amigo do protetor de Litvak? Pois ele é um protegido de Vorochilov. O que demonstra que é possível pertencer a dois campos que se odeiam e se entender perfeitamente. Em Moscou, isso às vezes funciona.

Capítulo 78

"Achtung... Litvak!"

AMC 34, dezembro de 1942.

Acompanhado por um jornalista em uniforme de capitão, Nikolai Baranov abriu a porta do *bunker* de Lily e a apresentou:

— Temos muito orgulho de Lily. É com ela que precisa conversar.

— A coisa não começou nada bem — contaria Ina Pasportkina pouco depois. — Lily estava se penteando, e Katia lhe pusera rolinhos de papel no cabelo. Ela não tinha a menor idéia do que dizer ou fazer numa entrevista e ainda guardava, das lições de Vassili, uma certa desconfiança em relação a qualquer coisa escrita, sobretudo quando lhe fosse atribuída. Incomodada, ela voltou-se e tentou pôr o capacete de aviadora sobre os rolinhos. Mas o volume do cabelo não o permitiu. Dando as costas ao repórter, ela apanhou uma echarpe de seda azul em sua bolsa e a passou em volta da cabeça e do queixo. O repórter olhou para ela. Apesar do arranjo pouco sedutor na cabeça, era evidente que ele estava impressionado. Comentou então: "É incrível. Uma jovem bonita como você... piloto de caça..." O que era realmente a última das coisas a ser dita. Lily teve a sensação de que era tratada com condescendência e ficou ofendida. Mas teve, com isto, a oportunidade que secretamente esperava: escapar à entrevista. Ela sumiu do *bunker* por alguns momentos e voltou puxando-me pela manga. Eu acabava de concluir o trabalho no motor de um Yak e mal tivera tempo de limpar o rosto e as mãos. Lily disse então ao repórter:

ROSA DE STALINGRADO

"Apresento-lhe Ina Pasportnikova. Ela é muito mais interessante que eu e sabe tudo sobre todo mundo." Feito o que, botou o casaco e as luvas e deixou o *bunker*.

O fotógrafo tirou algumas fotos, às quais Lily não pôde furtar-se. Mas se mostrou mais cordata — os rolinhos haviam sido retirados — e, segundo as testemunhas, estava realmente encantadora. O repórter se foi perfeitamente satisfeito, e dias depois um longo artigo sobre essa piloto de caça era publicado num dos grandes diários de circulação nacional.

Instantaneamente, Lily Litvak transformou-se numa celebridade, o que não lhe dizia absolutamente nada.

Ina e Katia, em compensação, nunca tiveram coragem de dizer-lhe que elas é que haviam fornecido a maioria das informações ao jornalista.

A população soviética não foi única a tomar conhecimento de suas proezas. Os alemães encontraram referências a ela em diferentes jornais circulando nas ruínas das cidades ou aldeias abandonadas pelos russos em retirada. A história das rosinhas brancas pintadas no cone de sua hélice correu todas as bases nazistas. E, também nelas, a alcunha de "Rosa de Stalingrado" ganhou uma fama carregada de simbolismo. A de uma mulher piloto que precisava ser abatida.

Capítulo 79

O siberiano

Frente de Stalingrado, dezembro de 1942.

Um novo piloto chegou para substituir Boris Gubanov: o capitão Igor Korneitchuk, irmão de um renomado poeta. Com seus cabelos castanho-escuros, espessos, rebeldes, combinados à grande cicatriz que lhe marcava a bochecha esquerda, não lhe faltava charme. Sobre as origens da cicatriz, o recém-chegado não se abria. "Não é nada, bobagem!", esquivava-se, quando lhe faziam a pergunta. Os olhos amarelados e puxados em direção às têmporas, o nariz arqueado, mas sobretudo seu olhar frio, direto, agudo, um olhar de "falcão do Ural", no dizer de Alexei, não estimulavam propriamente os interlocutores a insistir.

Ele apresentou a Baranov sua folha de serviço. Vinte e quatro horas depois, chegava a sua avaliação, enviada pelo Estado-Maior da divisão. Coisa de peso: trinta e uma vitórias aéreas, sendo que as dezoito últimas conquistadas nos quatro últimos meses. Com uma particularidade: doze delas haviam sido obtidas contra aviões de caça alemães. "Mero acaso", dizia ele, dando de ombros. Mas não enganava ninguém: suas missões eram efetuadas como ave de rapina, investindo com avidez contra os Messerschmitt ou os Focke-Wulf inimigos. "Caçador dos caçadores": foi o apelido que logo lhe deram os mecânicos.

Ao histórico era anexada uma nota com a indicação "Confidencial", sem cópia, proveniente da direção política do Exército, destinada exclusivamente ao *politruk* do regimento, o comandante Dobraje... Na verdade, ao ex-*politruk*: no dia 9 de outubro de 1942, o comitê de Estado para a Defesa, em sua política de fortalecimento da autoridade do comando, decidira acabar com os comissários políticos. Como eles haviam passado pelo duro aprendizado da guerra, o Estado-Maior não queria dispensar sua competência: duzentos deles foram nomeados para o comando de regimentos, e seiscentos outros, de batalhões. Continuou a haver, no entanto, "deputados comissários para Questões Políticas". Nas unidades, assim, eles ainda eram chamados de *politruks*. No 73º Regimento de Caça, o comandante Dobraje foi nomeado adjunto do coronel Nikolai Baranov.

O conteúdo dos documentos não foi divulgado por Dobraje, mas no Exército sempre se acaba sabendo das coisas. Sem que se soubesse o motivo, alguém um belo dia acabou convocando Igor Korneitchuk, "o siberiano". Um apelido que ficou.

Desde o primeiro contato, o sujeito despertou em Lily sentimentos conflitantes. Para começar, parecia mais velho que a maioria dos oficiais da unidade: deu-lhe "quase quarenta anos", mas Ina zombou dela: "Quando se tem vinte e dois anos, todos os homens de mais de trinta parecem ter quarenta." Além disso, e meio a contragosto, percebeu o próprio interesse por seu andar ligeiramente irregular, sua postura, ou antes "seu jeito desengonçado", que lhe dava mais ares de aventureiro que de oficial da aviação. Gostava também de sua estatura alta, mas ao mesmo tempo ficava sensibilizada com a falta de jeito com que tratava de enfiar a carcaça grande na cabine estreita do Yak 9. Por outro lado, seus freqüentes períodos de mutismo prolongado, aquele jeito de parecer estar sempre zombando de tudo e de todos e sua ironia não raro cáustica a irritavam. Finalmente, e acima de tudo, sua desenvoltura diante dos dogmas do Exército e do comunismo, que em outros tempos logo o teriam mandado para Vorkuta ou Kolyma,[110] deixavam-na decididamente desconfortável.

— Ele realmente me tira do sério com suas palhaçadas — confidenciou certa noite a Katia. — Um belo dia, vai se ver diante de um pelotão de fuzilamento do NKVD, acompanhado, de quebra, para agradar ao camarada Você Sabe Quem,[111] de alguns outros que tiverem rido alto demais de suas finas gracinhas...

— Todo mundo sabe que não há *izvestia* no *Pravda* (Verdade) nem *pravda* nas *Izvestia* (Notícias).

— Caramba!...

E concluiu, peremptória:

— Deve ser freqüentado com moderação!

— Mas não é pouco o que se pode aprender com esse piloto — retorquiu Lily.

Foi ele que a abordou, certa noite.

— Você gosta muito dessas rosas no nariz da hélice?

Ele entrara no assunto à queima-roupa.

— Sim. Muito. Por quê?

— Porque chama a atenção para o seu avião!

— E daí?

— Se os russos sabem, os alemães também sabem.

— Os russos sabem... caramba, mas é aqui no regimento.

— Não falo daqui! Fora daqui.

— Onde?

— Nas outras unidades.

— Fico muito honrada!

— Não é honra nenhuma. Estou apenas informando. Aquele Yak de nariz branco é Lily Litvak.

— Para começo de conversa, nem sempre é Lily Litvak. Outros pilotos também utilizam o Troika!

— Mas o nariz branco, além de uma certa maneira de voar, é Litvak.

Ele refletiu por alguns segundos:

— Na última segunda-feira, ao meio-dia, no céu de Ierchovka, era você! Anteontem, na vertical de Abganerovo, não era você.

Sem nada mais dizer, ele deu as costas e se dirigiu para o *bunker*.

Abalada, Lily ficou ali alguns minutos, com cara de preocupação.

Capítulo 80

O Inferno

Frente de Stalingrado, AMC 34, noite de Ano-Novo.

No dia 31 de dezembro, por volta de 10 horas da manhã, Alexei avisou a Lily que teriam de cumprir juntos uma missão noturna. Ela quis saber mais, mas ele se esquivou. Ela insistiu.

— Estamos esperando confirmação do Estado-Maior. De qualquer maneira, é uma missão confidencial. Nós dois ficaremos sabendo mais à noite, em tempo hábil!

Como ele não parecia disposto a se estender sobre o tema, parecendo perfeitamente categórico, ela se deu por satisfeita, mas farejando alguma coisa não muito ortodoxa.

Ao cair a noite, todo o regimento começou a se preparar para a passagem do ano. As cozinhas haviam preparado com desvelo o que já estava separado há um mês, especialmente sardinhas em lata *Made in USA*. Um Tupolev TU-2, um modelo de avião que só então começava a ser usado, pousara naquela mesma manhã na pista para uma breve escala. Todo o pessoal da base se precipitara para espiar a curiosidade. O que não facilitou propriamente a saída discreta dos passageiros clandestinos: três porquinhos rosados e rechonchudos que, nas palavras do soldado que ajudou a desembarcá-los, "não tinham sofrido as restrições alimentares impostas aos porcos de duas patas". Os que puderam vê-los adivinharam, não sem razão, que "os camaradas porcos não passariam daquela noite".

A sala de operações transformou-se em quartel-general das libações. Um pinheiro franzino fora trazido de um bosque próximo. Em seus galhos, repousava um fio de prata. Um mecânico levara quarenta e oito horas para "tecê-lo", utilizando o papel laminado dos maços de cigarro recolhidos obstinadamente desde o início do mês de dezembro.

Já nas primeiras garrafas de vodca veio a lembrança das antigas festas, que no entanto pareciam remeter a uma época tão antiga que espantava o ressurgimento com tanta precisão de detalhes ínfimos que se diriam para sempre apagados da memória.

Como o intendente do regimento recebera ordens de ser generoso com o álcool, mas seguro no tabaco, mais difícil de encontrar, as lembranças do passado se transformaram em cânticos russos nostálgicos, entoados em coro sob a batuta do diretor do coral do regimento ou de militares mais ou menos bêbados.

Por volta das 23 horas, Alexei fez sinal a Lily: estava na hora de se preparar. Os dois deixaram o *bunker* pisando firme: haviam tomado cuidado com o que bebiam.

Caminhando em direção aos aviões, Alexei tomou a mão de Lily. Ela sentiu uma comoção profunda. Mas o romantismo em que se viu engolfada foi brutalmente cortado por uma tirada de Locha:

— Somos mesmo dois estranhos pilotos de guerra. Se Hitler nos visse, certamente ficaria morrendo de medo.

Ela teve vontade de bater nele, apertou-lhe muito forte a mão.

A noite era profunda, glacial e bela. O teto estava alto, o termômetro, muito baixo. Menos 35°, com certeza, estimou Locha. Debaixo dos dois Yak, os mecânicos queimavam gasolina em grandes gamelas rasas, para impedir que o óleo congelasse nos motores.

Às 23h45, um foguete verde autorizou os dois aparelhos a decolar. "Se o campo for bombardeado nos próximos cinco minutos", pensou Locha, "serei mandado ao conselho de guerra e fuzilado."

— Esse foguete, absolutamente proibido pelas regras de segurança, é para você, tenente Litvak — disse ele.

Rumaram inicialmente em direção sul, até que Alexei voltou-se para a direita, rumo a oeste. Stalingrado devia estar à frente deles, mas Lily não via nada. A frente estava calma naquela noite. "Trégua de Ano-Novo", pensou ela, "paz aos homens de boa vontade... Maneira de dizer!" Locha determinara o desligamento dos rádios, mas, estranhamente, Lily não sentia qualquer tensão naquela missão. Sentia-se bem, e começava a se convencer de que Solomaten — num acesso de romantismo báltico — decidira dar-lhe um magnífico presente: entrar o ano na paz infinita de um céu vazio a 3.000 metros de altitude. Ela foi profundamente envolvida por uma onda de ternura. Felizmente o silêncio do rádio impedia que Locha caísse na tentação daquela terrível pilhéria masculina que estragaria tudo. Seus olhos ficaram cheios de lágrimas de gratidão, seu coração bateu mais depressa. Ela se sentia bem e começava a se convencer de que a vida inteira lhes pertencia...

Aquele maravilhoso passeio sob a lua — sem muita lua, teve de reconhecer — fizera parar o tempo. Ela consultou o relógio: quase meia-noite. E teve um gesto de mulher apaixonada: aproximou-se de Locha. Sem exagerar, é claro: estavam voando a quatrocentos quilômetros por hora e a 2.000 metros de altitude, o que não podia deixar de ser levado em conta, nem mesmo no mais arrebatador elã de ternura amorosa.

Ainda assim, posicionou-se à mesma altura que ele. Apesar do escuro da noite, podia vê-lo nitidamente em sua cabine. Ele era realmente lindo... Deus, como o amava! E pensar que sequer era seu amante. Todas aquelas suas resoluções: não se envolver; nunca se apaixonar; sufocar os próprios sentimentos... Mas como é que pudera transformar esses grandes princípios em seu evangelho de vida há um ano! Estava simplesmente louca! Ao contrário, é preciso aproveitar plenamente a vida, cada minuto que passava, ainda que estivessem contados, sobretudo estando contados... Decidiu controlar-se: estava, afinal, em missão de guerra. Se um caça noturno alemão aparecesse por trás dela naquele momento, teria sido mandada para o paraíso dos aviadores sem mesmo se dar conta. O camarada São Piotr talvez lhe perguntasse simplesmente o motivo daquele sorriso beatífico que trazia nos lábios.

O avião de Locha estava a apenas uns trinta metros do seu. E ela viu nitidamente quando ele largou o leme e pôs as duas mãos contra o vidro, encolhendo cada um dos dedos, um após o outro. Maquinalmente, ela contou... oito, sete, seis... restava apenas uma mão... quatro... três... dois... um... zero... zero... zero...

370 VALÉRIE BÉNAÏM E JEAN-CLAUDE HALLÉ

De repente, era como se fosse uma cascata de fogos de artifício...

Diante deles, quase debaixo deles, Stalingrado resplandecia. Centenas de projetores da defesa antiaérea se acendiam de uma só vez, enfeixando a cidade-mártir numa perfeita gaiola luminosa. Milhares de canhões carregados de obuses traçadores ou luminosos atiravam ininterruptamente. Linhas de tiro das metralhadoras de balas traçadoras se cruzavam, se entrecortavam. Foguetes luminosos balançavam lentamente em queda, contidos por pára-quedas.

Um espetáculo grandioso... Uma representação moderna do *Inferno* de Dante, pensou Lily. Lera alguns trechos do livro presenteado por Vassili, a quem dirigiu um pensamento, com a sensação, ao mesmo tempo, de estar cometendo uma pequena infidelidade — oh! bem pequena — com Alexei.

Em seu avião, ele estava literalmente fascinado com o que via. Segundos antes da meia-noite, acionara as câmeras especiais trazidas naquela mesma manhã pelo Tupolev, com instruções estritas dos serviços de informação do Exército para que fossem instaladas num Yak 9, o que permitiria filmar a "colossal iluminação, destinada a anunciar ao mundo inteiro a iminente e brilhante vitória das tropas soviéticas em Stalingrado e a queda dos bárbaros fascistas".

Solomaten nem dera tempo para que Baranov designasse alguém para a missão: apresentara-se imediatamente como voluntário, "com Lily como parceira de vôo".

Ao redor da cidade sitiada, pensou naquele momento, todas as equipes soviéticas de propaganda estavam em ação. O próprio Stálin, ao que parece, tivera a idéia dessa encenação. Os serviços secretos estudavam a melhor maneira de fazer chegar uma bobina da montagem "ao chanceler do Reich de mil anos" — disse Stálin.

O problema não era tanto encaminhar a bobina aos alemães, mas certificar-se de que chegaria efetivamente às mãos de Hitler. O Alto-Comando do partido nazista e da Wehrmacht certamente tudo faria para impedi-lo. Ao ser advertido do problema, Stálin ficou pensativo e, ao que parece, deixou cair um olhar pesado sobre os colaboradores.

— Feliz ano-novo, meu amor — disse Locha, com uma voz neutra, conferindo a sua declaração um tom de mensagem codificada.

Lily não entendeu se estava brincando ou falava sério. Respondeu então, no mesmo tom:

— Linda viagem de lua-de-mel. Repito: linda viagem de lua-de-mel. Responda.

— Temos de voltar: o porco não espera. Repito: o porco não espera...

"O porco não espera" transformou-se num de seus lemas favoritos, para espanto de certas pessoas, que ficavam perplexas. E com efeito, ele não esperou. Naquela noite, Katia foi convidada a dormir em outro lugar, onde bem quisesse — e optou pela velha poltrona da sala de comando de Niko Baranov.

Ao alvorecer da manhã seguinte, na primeira missão de ambos, Lily observou que decididamente ele era incapaz de fazer as coisas como os outros: noite de núpcias depois da viagem de lua-de-mel, só mesmo um sujeito de Kaluga[112] para ter semelhante idéia.

Capítulo 81

"Um herói não pode morrer por erro de navegação."

Frente de Stalingrado, posto de comando do 587º Regimento Feminino de Bombardeio, janeiro de 1943.

6 de janeiro de 1943 foi um dia de luto para o 587º Regimento, que acabava de perder sua comandante.

Na manhã de 8 de janeiro de 1943, Ina Pasportkina foi informada por Baranov da morte de Marina Raskova. Ele a autorizou a telefonar ao posto de comando do regimento feminino para obter mais informações.

A base do regimento ficava cerca de trinta quilômetros ao norte de sua própria pista. Ela obteve linha com grande facilidade. Prometeram que logo a chamariam de volta.

À tarde, ela foi chamada por sua grande amiga Marussia Tjurgan, a giganta cazaque.

— Não, Marina Raskova não morreu em Stalingrado. Dias antes, ela fora mandada para a região de Kuban, perto da Criméia, para uma operação especial. Eu pilotava um dos dois outros aviões que a acompanhavam.

Nossa volta estava prevista para 6 de janeiro. Deveríamos chegar a Stalingrado à tarde. Nosso vôo quase foi cancelado: tínhamos sido avisadas de que na chegada o tempo estaria completamente fechado e estaria nevando. Depois, o tempo melhorou e nós decolamos... Não sei onde ocorrera a melhora, mas durante o vôo as condições meteorológicas pioraram terrivelmente. Nós pilotávamos sem qualquer visibilidade, em plena tempestade. Todo mundo estava tenso. Para quebrar um pouco a tensão, perguntei a Marina se aquilo lhe lembrava seu recorde, na Sibéria. Ela respondeu que, considerando-se meu peso, eu seria a primeira a saltar no vazio para poupar o aparelho. Todo mundo riu, até eu.

Na condição de líder, era Marina que nos guiava. Erro de navegação? Má avaliação da altitude? O fato é que voávamos mais baixo do que ela estimava. Seu avião chocou-se contra o cume de uma colina. Estávamos um pouco acima dela. Eu só vi a colina na última hora. Houve dois minutos de hesitação, mas uma derradeira manobra me permitiu evitar o choque frontal. O outro P-2 ficou preso nos pinheiros. A neve amorteceu o choque e as duas tripulações saíram sem ferimentos graves. Quando encontramos Marina, constatamos que ela fora ejetada e tivera morte instantânea. Nós tivemos sorte... Muita sorte!

No 587º Regimento de Bombardeiro, as moças, esperando ver sua comandante a cada vez que se abria a porta do *bunker*, sofreram um sério golpe. Mas não só no 587º. Para todas as voluntárias da Academia Juvkovski e de Engels, Marina era a heroína do começo de tudo, aquela que lhes dera vontade de pilotar. Ela fora a bandeira desfraldada para elas quando o país as convocara.

— O formidável, com ela — confidenciava a cazaque a Ina —, é que as honrarias e homenagens nunca lhe subiram à cabeça. Ela tinha tendência a ficar embaraçada com a veneração de que a cercávamos. Diga a Lily que Marina nos contou certa noite que gostava muito dela. Dizia que ela era provavelmente "a mais profissional de todas nós". Citava-a como exemplo, afirmando que esse grande profissionalismo era a melhor garantia de que nada lhe aconteceria, certamente não por causa de algum erro estúpido. O triste é que ela morreu por causa de um erro estúpido, um erro de navegação!

Ina relatou a conversa a Lily, abalada pela morte de Marina, mas que nem por um segundo se entregou a qualquer emoção por demais visível. Ina ficou achando que a guerra realmente endurecera a amiga.

— Confidência por confidência — comentou Lily —, Raskova me disse no último dia em Engels que nós, pilotos, estávamos entrando numa aventura extremamente perigosa. Mas que uma jovem como você, com sua inteligência, suas qualidades, seus diplomas, seria preciosa para o país depois da guerra. Em suma, que não deveria ser levada a assumir riscos demais. Pediu-me também que mantivesse em segredo essa confidência.

— Os caminhos do Senhor, e dos chefes, são insondáveis — disse a mecânica, em tom sentencioso.

A imprensa divulgou a morte de Marina Raskova sem se estender muito. Nas altas esferas, alguém comentara: "Um Herói da União Soviética não pode morrer por erro de navegação."

Capítulo 82

Desaparecidos

Céu de Stalingrado, mesmo dia.

Nessa mesma época um outro drama sacudiu o 73º Regimento de Caça. O subcomandante Grigor Dobraje e o capitão Igor Korneitchuk foram declarados desaparecidos na noite.

Eles participavam de uma missão especial. O regimento devia despejar nas forças alemãs cercadas pilhas de panfletos previamente entregues por aviões especiais a alguns dos sessenta aeródromos militares de campanha construídos pelos soviéticos nas cercanias de Stalingrado.

O conteúdo dos panfletos estava impresso em bom alemão. Todos os U-2 das diferentes unidades, "essas máquinas de costura que ficam ronronando sobre nossas cabeças, só para nos perturbar", como diziam os alemães, haviam sido mobilizados para o passeio noturno.

Tratava-se de uma proposta de capitulação honrosa do Alto-Comando Soviético às tropas inimigas cercadas. O documento dirigia-se ao general Von Paulus, recém-promovido a marechal, e a todos os soldados que combatiam em Stalingrado. Era assinado pelo representante do quartel-general do Alto-Comando do Exército Vermelho, general de divisão Voronov, que comandava toda a artilharia da frente de Stalingrado, e o general de Exército Rokossovski, sob cujas ordens estava a maior parte das forças soviéticas que cercavam a cidade.

376 VALÉRIE BÉNAÏM E JEAN-CLAUDE HALLÉ

Todo o Estado-Maior e os pilotos do regimento de Baranov haviam lido o documento com a maior atenção.

A proposta de capitulação começava por breve avaliação da situação, objetiva e pertinente. Insistia-se particularmente na situação catastrófica do abastecimento, na fome que as tropas estavam passando, no frio e nas doenças, na falta de roupas de inverno e nas más condições sanitárias. Dizia-se que as forças alemãs não tinham mais reais possibilidades de romper o cerco, que continuar a resistir em situação tão desesperadora não teria mais sentido. Em conseqüência, o Alto-Comando do Exército Vermelho propunha toda uma série de condições de capitulação, para evitar derramamento inútil de sangue.

As exigências eram principalmente pôr fim à resistência e entregar à autoridade soviética a totalidade dos efetivos: homens, armas e equipamentos do Exército alemão. Aos soldados que capitulassem, eram prometidos integridade física, segurança, alimentação normal imediata e atendimento médico.

O prazo para a resposta à oferta de capitulação ficava estabelecido para 9 de janeiro de 1943, às 10 horas, hora de Moscou. A resposta escrita devia ser entregue num ponto da posição-chave do norte, descrito com precisão, por um enviado sob proteção da bandeira branca.

Em sua conclusão, o documento dirigia-se ao general comandante do Exército vencido, advertindo que em caso de recusa da proposta as tropas do Exército Vermelho e sua aviação seriam obrigadas a aniquilar a praça assediada. Recairia então sobre ele, general Von Paulus, toda a responsabilidade.

De meia-noite às 4 horas da manhã, os U-2 se alternaram no lançamento dos panfletos em toda a zona cercada. A Flak alemã manifestou-se apenas *pro forma*, e sem muita convicção, ao se dar conta de que as "máquinas de costura" bombardeavam as posições só com papel.

Mas dois U-2 não retornaram: os de Dobraje e do siberiano.

Por um motivo simples: o siberiano deliberadamente atingira na noite o avião do antigo *politruk*.

Acabava de ser acertada uma velha conta anterior à guerra.

O siberiano reapareceu três dias depois, mais magro mas em boa forma, trazido pelo veículo de ligação de um regimento da frente. Fora aba-

ROSA DE STALINGRADO

tido pela Flak, afirmava. Conseguira saltar de pára-quedas e escapar por pouco às patrulhas alemãs, beneficiando-se da escuridão da noite. Escondia-se durante o dia e se deslocava assim que escurecia, a lhe dar crédito. Conseguira sobreviver penetrando à noite num *bunker* alemão e matando a facadas seus três ocupantes.

Ele não contou que, para se assegurar de que seria bem recebido pelas primeiras linhas soviéticas, para as quais se dirigia com prudência a cada noite, cortara a cabeça do oficial alemão morto no *bunker*, juntara cuidadosamente seus documentos militares, embrulhara a cabeça e metera tudo em sua mochila. Aquele pacote, pensava, seria o melhor cartão de visita para penetrar as linhas russas, onde estava certo de ser bem recebido. Mas não podia deixar-se apanhar pelos alemães, caso contrário sua mochila seria transformada em passaporte garantido para o inferno, antecedido de uma dolorosa travessia do Estige.

Mas ele era homem para esse tipo de desafio. E conseguiu. A cabeça e os documentos do oficial alemão valeram-lhe uma infinidade de brindes no posto de comando do regimento onde foi recebido e uma monumental ressaca na manhã seguinte. Ele dormiu o dia inteiro.

— ...E aqui estou, meu coronel!

Ele foi submetido a interrogatório...

— E o avião do comandante Dobraje?

— O comandante não voltou?...

Não, ele não vira nada! O siberiano, cabe aqui notar, sabia como ninguém assumir ares de inocência.

Baranov, contudo, farejava algo estranho. Mas, como tinha mais o que fazer, e além do mais não tinha a menor vontade de que o NKVD viesse fuxicar em seu aeródromo, ficou na sua. Assim, como previra Igor Korneitchuk, o caso foi arquivado.

A partir desse dia, Baranov com freqüência destacava o siberiano para as missões mais perigosas. Mas Igor enfrentava com um sorriso o olhar de Nikolai: o risco não lhe desagradava nada.

Lily ficou perplexa com o clima que passou a reinar entre os dois. E se abriu a respeito com Solomaten, que se fez de desentendido com sua piloto favorita.

No dia 1º de fevereiro de 1943, a guarnição alemã cercada em Stalingrado — ou pelo menos o que dela restava — capitulou.

O marechal Von Paulus[113] entrou para a História pela porta dos fundos, como primeiro marechal alemão de todos os tempos a ter sido feito prisioneiro pelo inimigo.

O general Vasilevsky fez na presença de Stálin o balanço das perdas alemãs durante a batalha:

— 1,5 milhão de homens, cerca de 3.500 tanques e canhões de assalto, 12.000 peças de artilharia e morteiros, aproximadamente 3.000 aviões e grande quantidade de outros equipamentos...[114]

Jukov frisou as conseqüências desse quadro:

— Essas perdas em homens e equipamentos repercutirão dramaticamente na situação estratégica geral do Reich. Ficam assim abalados os próprios alicerces de toda a máquina de guerra da Alemanha hitlerista.

De acordo com ele, a guerra seria vencida, não restava a menor dúvida. Mas ainda levaria muito tempo.

TERCEIRA PARTE

—

A MULHER MATADORA

Capítulo 83

"Stalingrado vai limpar Stálin de todos os crimes do regime"

Moscou, 1º de fevereiro de 1943.

Vassili Karev e seu chefe, o comandante Ramudin, caminhavam ao longo das muralhas do Kremlin sem pressa, apesar do frio glacial. Acabavam de visitar o marechal Chapochnikov em sua dacha do Bosque de Prata, na qual observava por ordens médicas uma breve convalescença, depois de uma forte gripe, que deixava transparecer a lenta deterioração de seus pulmões. Vinham em busca de instruções, mas, como sempre, eram as conversas "depois do trabalho", em torno de uma taça de vinho ou de um copo de vodca, os melhores momentos de seus encontros.

No mês de outubro passado, o marechal recebera das mãos de Stálin sua segunda "Ordem de Lênin", por ocasião de seu sexagésimo aniversário. Dadas suas incertas condições de saúde,[115] ele fora obrigado a ceder o posto de chefe do Estado-Maior Geral a Vasilevsky, mas Stálin o havia mantido como comissário adjunto[116] para a Defesa, sendo o comissário o próprio Stálin. Também se falava dele como próximo diretor da Academia Militar Vorochilov, o que não deixava de ser curioso, considerando-se suas péssimas relações com Vorochilov. Com razão, por sinal, ele não podia impedir-se de ver aí a mão de Stálin. O prestígio de que gozava, se prestígio havia — e Stálin sabia jogar utilitariamente com a atribuição de prestígio —, era um empecilho menor para sua liberdade de expressão do que a prudência e o respeito pelas regras do jogo impostas pelo Supremo Comando.

A Ramudin, colaborador muito próximo, não desagradava fazer-se exegeta do pensamento de seu mestre. Essas conversas sempre seduziam Vassili, embora desconfiasse um pouco do virtuosismo verbal de Ramudin, que gostava muito de ouvir a própria voz. Os dois haviam pedido ao motorista que os deixasse a algumas centenas de metros do Kremlin, para esticar as pernas... e conversar mais à vontade.

— Stalingrado vai limpar Stálin de todos os crimes do regime — dizia Ramudin com convicção. — Vão esquecer os surtos de fome, os expurgos, o despreparo para a guerra, a cegueira de nossa diplomacia internacional. Esta vitória vai conferir-lhe uma nova legitimidade no país e fora das fronteiras. Ele vai encarnar a resistência ao inimigo, será o rosto do sacrifício vitorioso. Desfrutará de um apoio político e de um consenso social sem precedentes em sua carreira política.

— E isto mudará o quê? — perguntou Vassili.

— Muitas coisas. Pois o Stálin de depois da vitória será exatamente o do período 1935-1941. Mas pior ainda, por dois motivos. O primeiro é que sua condição de vitorioso sobre Hitler derrubará todas as barreiras, eliminará todos os freios que ainda podiam limitar seu poder. O segundo é que ninguém melhora ao envelhecer. Joseph Vissiaronovitch tem sessenta e três anos. Seus traços de caráter se agravarão, seus métodos não haverão de mudar. Nosso país, e talvez o mundo, passarão por momentos terríveis. O único limite para seus excessos será a massa de sofrimento suportada por nosso povo, que provavelmente não poderia suportá-la outra vez... Como aconteceu com a França de 1940, que nunca se recuperou da sangria de 1914-18 — o que Chapochnikov, entre parênteses, subestimara.

Vassili pensou que se Ramudin tivesse razão — e permitissem os céus que não —, seria difícil ter esse tipo de conversa depois da guerra.

Capítulo 84

Uma segunda fechadura na porta

AMC 34, 4 de fevereiro de 1943.

Ina entrou feito um furacão no isbá das moças.

— É uma epidemia! Estão mandando outro decepador de cabeças.

Lily saltou da cama, Katia interrompeu a carta que escrevia. Desde a queda de Stalingrado, elas tinham a sensação de estar de férias. "Talvez eu peça para ser desmobilizada", brincara Katia.

— Vai chegar amanhã um deputado do departamento de Questões Políticas. No duro mesmo, é, com outro nome, o *politruk* que substitui Dobraje. Parece que ficou conhecido na FAS inteira como "decepador de cabeças".

— Siberiano, acorda! Está chegando um concorrente — berrou Katia.

— Por que o apelido? — perguntou Lily, mais prosaica.

— Tem a ver com uma operação que teria conduzido ao se juntar aos *partisans*, na Bielo-Rússia, depois que seu avião foi derrubado. Ele é capitão, chama-se Kola Kamyhkov. Deve chegar amanhã ou depois de amanhã.

— Tem a ver... — interrompeu-a Lily, com expressão de nojo. — Ina, você devia parar de se meter com os mecânicos, já está falando como eles. Quero lembrar-lhe que é uma engenheira.

— Meninas, alguém aqui já cortou cabeças? — perguntou Katia, sonhadora. — Fico imaginando qual seria a sensação...

— Basta propor o tema num próximo curso de educação política — sugeriu Lily. — Afinal, é da competência de Kola Machintruc. Quem melhor que ele para falar do assunto?

384 VALÉRIE BÉNAÏM E JEAN-CLAUDE HALLÉ

— Igor — propôs Ina.

— Não vamos agora botá-los para competir nessa matéria — protestou Lily. — Ponha dois galos para brigar, e verá o estado em que fica o quintal, como dizem lá em casa.

— Em sua fazenda de Novosloboskaia, em Moscou? — perguntou Katia, pérfida. — Mas no fundo, em sua grande sabedoria camponesa, você não deixa de ter razão. Ina, será que poderia pôr uma segunda fechadura na porta? De preferência, das bem fortes. E talvez também na janela. Temos de reconhecer que essa base atrai tipos muito estranhos.

Dois dias depois, após o hasteamento da bandeira, o coronel Baranov apresentou o capitão Kola Kamyhkov ao pessoal, reunido diante do *bunker* do comando. Assim que deu com os olhos no oficial, Lily inclinou-se para Katia e murmurou entre os dentes:

— Caramba, eu o conheço. É o meu *politruk* do bombardeio de Moscou, o que era chamado de Ogro por Vassili.

— Era só o que faltava — disse Katia sem mover os lábios —, um ogro decepador de cabeças. Peço imediatamente minha transferência.

Baranov fez as apresentações.

— Tenente Liliana Litvak. Oito vitórias aéreas.

— Nós nos conhecemos. Estivemos nos mesmos abrigos em Moscou.

— O senhor me reconheceu, meu capitão? Meus cumprimentos, pois o fato é que naquele dia havia passado minha maquilagem de poeira.

— E sobretudo, pelo que me lembro, dera mostra de grande modéstia. Guardei na memória um "Eu piloto" que soava como um desafio, mas que não levei muito a sério, devo confessar. Dou-me conta de que estava errado. Mas isto eu já sei há muito tempo: pude ler sobre suas façanhas nos jornais.

— Também ouvi falar das suas.

Kola Kamyhkov deu uma grande gargalhada:

— Ah, não!... Você não, não aqui!

Katia se dobrava de tanto rir:

— Ina, você perdeu a cena mais espetacular da batalha de Stalingrado... "Meu capitão, que prazer revê-lo!" "O prazer é todo meu, minha cara,

ROSA DE STALINGRADO

mas não perdi uma só de suas apresentações pelos jornais..." "É mesmo?
Logo se vê que quer me lisonjear. Mas não disse ainda o que achou da
minha maquilagem..." "Perfeita, claro! Puxando um pouco para cor de
poeira, talvez... Mas eu a teria reconhecido até no fim do mundo." "Não
me faça rir, capitão. Continua decepando cabeças?" "Nem mais uma
palavra, minha cara tenente, está insultando minha modéstia..." Além
do mais, só vendo a cara do Baranov! Um mongolóide! Os olhos esbu-
galhados, tentando entender uma palavra que fosse do que se dizia, levando
o olhar de um para outro: um verdadeiro pesadelo, do qual ele esperava
desesperadamente acordar. Minha amiga, parecia o palco do Bolshoi, trans-
plantado para Plucgrado na hora do entreato, com direito aos uniformes.

Um travesseiro atravessou o isbá.

Capítulo 85

O boche com a rosa

AMC 34, 10 de fevereiro de 1943.

— É um desafio — exclamou Lily.
— Ele está apaixonado — murmurou Locha.

"Mas que imbecil é este?", perguntou-se Nikolai Baranov. Estava pensando: "Não pode ser verdade, só posso estar sonhando: em pleno meiodia, saindo de uma batalha que deixou quase um milhão de mortos, com um tempo para não botar nenhum U-2[117] no ar, entre duas tempestades de neve, um Messerschmitt fascista surgido do nada vem dar um passeio por cima da minha base — sem que minha bateria antiaérea atirasse um só obus, entre parênteses — e, na segunda passagem, de vidro levantado, atira uma rosa diante do meu *bunker*, como se estivesse sobre a sebe do meu jardim! Não estou sonhando, é um pesadelo! Não dá outra: só pode ser mais uma da Litvak!..." Mas se corrigiu: "É mais uma *por causa* da Litvak. Pois vou contar a história toda à direção do pessoal! Veremos se eu não estava com a razão de lhes 'pegar no pé com minhas historinhas!'."

Pensando bem, ele chegou à conclusão de que era melhor fechar a boca, se não quisesse passar o resto da carreira ouvindo falar do Messerschmitt com a rosa — quase um título de ópera. Sem esquecer que a anedota correria os ministérios e poderia chegar até Stálin: quando os brindes se sucediam, o Paizinho dos Povos era sabidamente amigo dessas parlapatices.

Furioso, ele berrou:

— Solomaten, trate de acertar as contas com esse cretino!

ROSA DE STALINGRADO

O capitão só estava esperando a ordem, praticamente dando plantão diante do *bunker*. Apanhou o pára-quedas às pressas, deu um ultimato ao mecânico para chegar na frente ao único Yak em alerta, saltou sobre a asa...

O pessoal da base apreciava o espetáculo.

— O sujeito é um suicida — dizia um, perplexo. — Isso existe.

— Está brincando — respondeu-lhe o vizinho, um mecânico grandalhão, esfregando o olho para se livrar de um cisco e não perder um segundo que fosse da cena. — O ariano estava farto de ler e ouvir o tempo todo "Litvak daqui... e a rosa de Stalingrado dali", e então fundiu a cuca[118] e resolveu apanhá-la de jeito, a queridinha do papai Stálin!

— Em absoluto, é um alemão apaixonado por ela. Recortou sua foto no *Pravda,* colou-a no altímetro e vem declarar sua paixão. É o vôo nupcial do mocho do Pripet.

— Bancar o galo para seduzir um rabo cuja família foi provavelmente dizimada pela metade por seus próprios camaradas... esse Fritz deve estar com as idéias fritando debaixo do capacete.

— Pois eu o entendo muito bem — disse outro.

— Não é você por acaso que fica andando por aí com uma foto dela no bolso?

— Ele diz que é seu amuleto! — arriscou um terceiro, pouco caridoso.

— Se Solomaten ficar sabendo, mande-o desta para melhor.

Um jovem artilheiro, de volta ao regimento depois de se recuperar de uma ferida, e com uma cara nada boa, propôs com voz cansada uma outra explicação:

— Talvez ele seja como nós, esteja farto dessa guerra, desses massacres, de voar para matar ou ser morto...

— Um sujeito de têmpera, ora essa — ironizou um simplório.

— ..Sendo assim, morrer por morrer, talvez tenha preferido se acabar no ar em estado de graça. Morrer — ou, aliás, não morrer — pelos olhos de uma bela loura não é nada mau. Na Idade Média, os boiardos disputavam os torneios com a echarpe da amada no braço. A rosa é a echarpe de Lily!

Todo mundo ficou se olhando, como se ele ainda não tivesse voltado ao normal.

— Você não devia passar tanto tempo sentado na culatra do seu canhão — aconselhou o mecânico grandalhão. — Queimar a bunda acaba confundindo o cérebro.

Aquela que era objeto do debate ficara pálida: com o coração pequenininho, as idéias confusas ante a descoberta de um Locha tão diferente do combatente calmo que conhecia — mas, no fundo, secretamente lisonjeada com essa súbita e fulgurante manifestação de ciúme do "seu homem" —, Lily se refugiara na sala de operações para ficar sozinha e nada ver do combate.

— A rainha do torneio se safou — comentou uma voz zombeteira que a havia surpreendido fugindo.

— Solomaten, dois a um, em menos de três minutos — respondeu imediatamente uma voz forte.

E com efeito foram necessários apenas dois minutos para que Locha oferecesse a sua beldade, no meio da pista, o braseiro de um sacrifício humano digno dos reis citas.

Capítulo 86

Planar até as linhas

Região de Rostov-sobre-o-Don, aeródromo militar de campanha nº 7, fim de fevereiro de 1943.

O Henkel estava condenado. Coberta por Locha, Lily se insinuara por trás dele e calibrava suas curtas rajadas. Julgava ter matado em sua primeira passagem o atirador cuja arma, uma metralhadora MG. 15 de 7,9 milímetros, pendia do lado de fora do aparelho, sacudida pelo vento.

Aproximou-se ainda mais para mirar o motor da asa direita, mas a turbulência da esteira a fez sair do ângulo morto. Foi quando a metralhadora lateral do Henkel abriu fogo. A rajada atingiu o motor do Yak, que imediatamente parou. Uma bala atingiu Lily na perna.

Como seu Yak apontasse o nariz para baixo, ela avisou Locha, que chegou até sua altura. Ela não lhe disse que estava ferida, apesar da dor, que ficava cada vez mais forte.

— Quer pular? — perguntou ele.

Ela sentiu uma ponta de preocupação em sua voz, mas afinal talvez não passasse de imaginação sua. Ele calcava seu vôo no dela, cerca de trinta metros a sua direita. Um minuto antes, havia girado ao seu redor para inspecionar o aparelho, já que fora atingido.

— Acho melhor não. Lá embaixo, são os alemães, não?

— É o que eu temo. Mas nossas linhas não estão muito longe, provavelmente você poderá planar até lá.

Mas ambos tinham suficiente experiência para imaginar, ao mesmo tempo, o trágico dilema com que se defrontavam. Ou bem Lily saltava agora de pára-quedas para salvar a vida, mas com o risco de ser morta ou acabar a guerra num *Oflag*[119] na Alemanha, ou então tentava alcançar as linhas russas em vôo planado, mas, com toda probabilidade, não teria mais, na chegada, altitude suficiente para permitir que o pára-quedas se abrisse. Teria então de correr o risco de uma aterrissagem acidentada, com o trem recolhido, de barriga.

Lily não quis pensar muito. E aliás sua decisão fora tomada: não cairia nas mãos dos alemães.

— Pratiquei planador no Ippodromo. Alguma coisa deve ter ficado — brincou, sem convicção de estar realmente transmitindo na voz a gaiatice que fingia.

— O problema é manter um ângulo de planeio suficientemente acentuado para assegurar uma velocidade que lhe permita planar com segurança, mas não tão acentuado para que você possa alcançar as linhas amigas... Mas estou tranqüilo, vamos resolver este problema.

— Do jeito que fala, parece que está sentado aqui atrás.

— Mas é exatamente isto, tenente — e ele quase dissera "minha querida" —, e vamos sair desta.

Sua voz refletia seu habitual sangue-frio, contribuindo para reforçar a calma de Lily. Ela ficou pensando que agüentaria o tranco, embora tivesse às vezes acessos de fraqueza, sem saber se devia atribuí-los a uma angústia latente ou aos primeiros efeitos do ferimento. "Estou com sorte", repetia, várias vezes, para ganhar coragem.

— Tudo bem? — perguntou a voz tranqüila de Locha.

"Como eu o amo", pensou ela. "Tudo bem, talvez não seja o melhor momento!"

Ela consultou o altímetro: menos de 1.000 metros de altitude. Sua preocupação aumentou. Teve vontade de dizer-lhe que estava ferida.

Ela sentia o sangue derramar-se por dentro da bota. Preocupada, precisava ser reconfortada, e talvez também sentisse uma vontade indigna de despertar pena... Odiou por um segundo a menininha que voltava a nascer nela. Mas se recompôs, calou sobre o ferimento: nada faria que pudesse preocupá-lo ainda mais. "Muito embora, um brutamontes desses, até conseguir enternecê-lo..." Ela era toda ternura. Além disso, preci-

ROSA DE STALINGRADO

sava que ele estivesse no pleno domínio da situação, a seu lado, para conduzi-los de volta para casa.

Eles já estavam voando a apenas duzentos metros de altitude quando viram os primeiros sinais indicando a aproximação da linha de frente: *bunkers* enterrados, postos de tiro protegidos por sacos de areia, linhas de arame farpado.

— Cá estamos, camarada! (A voz de Locha no rádio era alegre.) Você é um soldadinho muito corajoso.

Um minuto depois, Lily viu um comboio de caminhões russos. Finalmente estava em casa.

— Por trás da floresta, dois quilômetros adiante, a 13 horas, vejo descampados. Te agradam?

Lily esticou a cabeça na direção indicada. Distinguiu um espaço plano, recoberto de neve. Esperou que fosse densa, para amortecer o choque e reduzir o risco de incêndio.

— É o aeródromo central de Moscou — ironizou.

— Puxe ligeiramente para a direita e não se preocupe.

Ele quase acrescentou: "É uma aterrissagem como outra qualquer." O que era ao mesmo tempo verdadeiro e completamente falso. Inútil ficar explicando. Ela já era uma menina crescida... Não tão seguro disso, aliás.

Ela olhava em sua direção. Ele lhe mandou um beijo, e, com o polegar, fez sinal para que fosse em frente.

Um suor glacial gelava as costas de Lily.

Como é que alguém pode, sem se matar, diminuir suficientemente a velocidade de um avião sem motor, quase impossível de controlar, que vai tocar o solo 50 quilômetros por hora — no mínimo — a mais que numa aterrissagem normal?

Como resistir fisicamente a essa súbita diminuição de velocidade que, no espaço de um segundo e de 50 metros, vai trazê-la de 200 quilômetros por hora à total imobilidade?

Como proteger a perna ferida?

Ela apertou as correias para ficar ainda mais presa ao encosto pelos ombros e pela cintura. Baixou o assento para proteger a cabeça, caso o avião desse uma cambalhota. Deslizou para trás a vidraça do cockpit, não se esquecendo de passar a tranca.

Com o pára-quedas desatado, o tubo de oxigênio desconectado, ela desligou a conexão de rádio, depois de um último "Até já" para Locha. Parou de respirar, viu a neve desfilar a toda velocidade debaixo de suas asas, puxou o manche progressivamente, e mais, e mais... Até que, brutalmente, o manche se soltou.

Uma barulheira terrível de chapas de ferro rasgadas, de pás de hélice quebradas, de terra, neve e pedras voando e se espatifando no pára-brisas dilacerou seus tímpanos.

Uma dor insuportável nos ombros, machucados pelas correias do macacão, a fez soltar um grito.

E o silêncio, de repente, fez-se absoluto.

Mas não durou. Alexei passou por cima dela, em velocidade reduzida. Ela sabia que ele devia estar debruçado. Agitou a mão. Um sinal de vida.

Ela tirou o macacão, conseguiu sair com dificuldade da cabine, com dores no corpo todo. No pescoço, nos ombros, na altura da cintura. A dor da perna voltou, infinitamente mais forte que antes.

Ela foi vacilando até um caminho próximo, agitou os dois braços quando Solomaten passou acima dela.

Sua calça e a bota direita, vermelhas de sangue, deixaram-na assustada. Ela sentou-se à beira do caminho, tirou a echarpe e a rasgou para fazer um garrote e uma atadura.

Locha, com o motor à toda, voltou para a base.

À beira do caminho, Lily desmaiou.

Os hospitais de campanha ficavam em geral a dois ou três quilômetros da linha de fogo. Como apêndice de um Exército, de uma divisão ou de um regimento, estavam ligados ao movimento da unidade de que dependiam. Não era raro que tivessem de se deslocar vários quilômetros num dia. Com freqüência, também, os feridos necessitando de tratamento precisavam percorrer distâncias de trinta a cinqüenta quilômetros a pé, calçando *valenkis*, sob temperaturas que podiam chegar a –40°. E muitos nunca chegavam ao destino. A outra maneira de fazer o percurso era pedindo carona aos caminhões.

ROSA DE STALINGRADO   393

Pequeno hospital de campanha de 50 leitos, o E.G. 939[120] fora montado para feridos graves e muito graves. Sua instalação não apresentara qualquer dificuldade, pois todas as casas da aldeia por ele ocupadas estavam vazias. O diretor do hospital tivera apenas de escolher. Vários cirurgiões operavam, assistidos por uma dezena de enfermeiras e enfermeiros.

Ao ser trazida por um caminhão militar, Lily não teve de esperar muito para ser atendida. Uma tenente em uniforme de aviador não podia deixar de chamar atenção de uma equipe médica que nem por isso deixava de estar sobrecarregada. A bala em sua perna foi extraída sem dificuldade. O cirurgião entregou-lhe um pedaço de metal deformado, parte da bala que ficara em sua perna.

— No futuro, isso talvez lembre de evitar esse tipo de problema.

O pós-operatório preocupava o cirurgião que a havia operado: Lily perdera muito sangue. O que lhe causava preocupação era a queda brutal de temperatura registrada desde a véspera: naquele início de março, ela acabava de cair para –40°, e o hospital de evacuação praticamente não dispunha mais de equipamentos de aquecimento. Todos os estoques de lenha haviam sido queimados, o carvão se esgotara, as estufas de faiança estavam frias e os serviços da retaguarda da frente do Don não haviam enviado nada.

— A lenha para aquecimento não consta da lista de produtos necessários — explicou o médico-chefe a Lily, pálida e enregelada.

Batendo os dentes, ela não estava propriamente em condições de avaliar se ele gracejava ou falava sério. Foi ele que moveu mundos e fundos para conseguir falar pelo rádio com o 73°: não queria deixá-la por muito tempo naquele frigorífico.

Violentos combates eram travados na região. Entre a sala de operações e o quarto onde havia sido instalada, com outros feridos, a jovem viu cenas de verdadeiro horror, e, embora sempre se tivesse considerado invulnerável, sentiu-se mal várias vezes. Havia homens queimados com lança-chamas, verdadeiros pacotes de carne inchada e disforme, já sem qualquer rosto humano. Outro tivera o queixo arrancado por uma explosão de obus, e o trapo que servia para obturar a chaga não impedia de ver a traquéia, de onde sua respiração escapava em bolhas. Uma rajada de metralhadora arrancara o ombro e o braço de um terceiro ferido, socorrido com um curativo improvisado que mal continha o sangue.

O hospital tentava desesperadamente acolher quatro vezes mais feridos que o previsto, a maioria em estado grave. Alguns haviam sido transportados para as salas do *Sielsoviet*,[121] situado nas proximidades. Ficavam deitados no chão, e os mais sortudos podiam contar com um pouco de palha para isolá-los do piso gelado.

O diretor do hospital usava um uniforme de major-médico que não o impedia de parecer completamente superado pelos acontecimentos. Lily o imaginava mais à vontade numa dacha acolhedora de cidadezinha de província ou num consultório acanhado de uma rua de Moscou, cuidando de gripes, e não administrando um inferno gelado de pernas amputadas, corpos calcinados e peitos abertos.

Ele a instalou num quarto aquecido apenas com calor humano. Encontrando nela uma ouvinte atenta — apesar do cansaço, era tão forte a impressão de que seu ferimento não passava de um arranhão, comparado aos sofrimentos de todos aqueles rapazes, que ela se sentia disposta a tudo, inclusive ouvi-lo —, ele a inteirava da situação que vivia.

— A equipe de médicos e enfermeiras que dirijo é absolutamente impecável e digna de elogios, tanto no que diz respeito ao trabalho profissional quanto por suas qualidades humanas. Todos eles trabalham 20 horas por dia, descansam algumas horas vestidos mesmo e recomeçam diariamente. Seu esgotamento é total. Ainda assim, embora façamos tudo para acolher os feridos, como lutar contra o frio?

Com efeito. As vidraças das janelas, opacas por causa do gelo no interior e da neve do lado de fora, deixavam as salas numa semi-obscuridade triste e modorrenta. O ar era curiosamente dividido em duas camadas, perfeitamente distintas: diáfano embaixo, transformava-se, a um metro do chão, numa névoa gelada e densa. Não se ouvia nenhuma respiração. Era como se os doentes não ousassem soprar, com medo de expulsar o pouco de calor por eles mesmos emitido.

Os feridos graves e gravíssimos, operados ou a ponto de sê-lo, eram deitados lado a lado no piso nu, vestidos mesmo, sem colchão, lençol ou qualquer coberta, sem uma esteira de palha sequer, numa construção sem aquecimento, a uma temperatura externa de −30°. O mais insuportável era o silêncio. Nem uma só palavra, nem um murmúrio, nenhum gemido ou queixa. O estado de resignação e prostração dos soldados era tal que sequer lhes ocorria a idéia de queixar-se ou protestar.

Apesar do frio, apesar do fedor persistente, Lily, sem forças, dormiu como uma pedra.

Ao despertar, Alexei estava à sua cabeceira.

Faltavam analgésicos — e havia quem estivesse muito mais necessitado que ela —, a perna estava dolorida, mas sua mão na de Locha valia cem vezes mais que qualquer tratamento. Ele se mostrava terno, atencioso, querendo a cada momento cobri-la de beijos, apesar do mal-estar que sentiam ante o olhar dos companheiros de sofrimento de Lily. Muito embora um deles, um oficial sapador com o crânio escalpelado por um golpe de pá que também lhe arrancara uma das orelhas — na luta corpo-a-corpo, ele utilizara a ferramenta quando suas munições acabaram —, tivesse exclamado, no momento em que Locha entregava a Lily os presentes que lhe trouxera:

— Não se preocupe comigo, parece que eu estou no cinema vendo um filme de amor americano!

Diante disto, ele hesitara no momento de entregar o exemplar dos *Poemas de amor* de Simonov, com a dedicatória "A Lily, meu amor". Já não se sentira tão constrangido ao oferecer-lhe sua pequena adaga pessoal, com sua bainha de couro, em cujo cabo mandara gravar o duplo *LL* das iniciais da amada.

Uma ambulância do regimento havia chegado. Dando apoio a Lily no momento de conduzi-la, ele lhe disse ao pé do ouvido que, ao ser informado por Baranov, depois do telefonema do cirurgião, de que ela fora operada, ele quase desmaiou.

Capítulo 87

A volta da filha pródiga

Novoslobodskaia, bairro do norte de Moscou, fim de fevereiro de 1943.

Uma heroína nacional não deixa de ter o direito de voltar para casa e reencontrar um pouco de conforto e sobretudo o amor materno.

Assim foi que Lily voltou à sua casa na Rua Novoslobodskaia, em Moscou.

Seu irmãozinho, Yuri, que nada perdia das aventuras de Liliana, tratara, naturalmente, de avisar a todo mundo no bairro.

"Minha irmã vai voltar para casa! Minha irmã vai voltar para casa!", bradava para quem quisesse ouvir.

Cabe lembrar que *a Rosa de Stalingrado* era ansiosamente esperada não só pela família mas também pelos moscovitas e especialmente os moradores de seu prédio que a haviam visto crescer. Cada um deles tinha seu comentário a fazer, orgulhoso de "conhecer muito bem" a heroína do povo e convencido de que, há muito tempo, bem antes da guerra, já sabia que havia naquela camarada uma futura mulher excepcional.

Mais que nunca, a *opravdom*, a zeladora do imóvel, que se gabava de ser amiga dos Litvak, não ficava para trás. E por sinal não havia previsto para Anna Vasilneva o destino trágico mas não menos heróico de seu marido? Pomposa, ela concluía: "Decididamente, essa família tem mesmo o senso do dever e do sacrifício para com a Pátria-Mãe! Eles têm a honra no sangue!"

Os tempos eram duros, mas apesar disso todo mundo trouxera alguma coisinha para Anna Vasilneva. Este um pouco de café, aquele outro um pouco de farinha, sempre com a preocupação de acrescentar: "É para Liliana, não esqueça de dizer que é da minha parte. Ela merece." Um sinal de gratidão com a jovem, que mostrava àqueles boches imundos que os russos tinham honra e coragem, mas também, em muitos casos, na esperança de que a jovem heroína, agora, aos olhos deles, próxima dos poderosos, não esquecesse dos amigos depois de acabada a guerra e soubesse por sua vez dar mostra de gratidão.

Anna Vasilneva não estava, pelo menos aparentemente, tão eufórica quanto seus compatriotas. Naturalmente, sentia uma felicidade indizível por rever a filhinha querida, mal podia esperar a hora de abraçar muito forte sua adorada Lily e ouvir seu bebê murmurar "Mamuchka, senti sua falta!", mas temia vê-la mudada, esgotada, magra. Tinha medo de não reconhecê-la, de não saber o que dizer-lhe e sobretudo, pior que tudo, de vê-la partir novamente. Já perdera o marido, e sua filha, por mais heroína do povo que fosse, não passava afinal de uma menina de vinte e um anos que acabava de escapar por milagre da morte. Não suportava a idéia de que ela pudesse querer voltar para a frente de guerra, sob os urras da multidão, estimulada pelo próprio Paizinho do Povo. Lily a havia poupado em suas cartas do que acontecia realmente na frente, mas ela não era surda nem tola. Sabia, ou pelo menos imaginava, do horror, do sangue, da morte. E não era lá que sua menina, sua linda menininha, devia estar. Não era o seu lugar.

Enquanto Yuri colecionava orgulhosamente tudo que era publicado sobre a irmã tão admirada, ela tremia em silêncio à leitura dos combates da filha, imaginando-a sozinha, lá em cima, nas nuvens, perante àqueles Fritz incapazes de ver que tinham diante deles uma simples criança!

— Mamuchka, sou eu! — disse Lily toda sorridente à porta.

Tudo que Anna Vasilneva acaso tivesse imaginado não era nada em comparação com o choque visual que acabava de sofrer. Sim, ali estava realmente sua filha, diante dela, viva.

Mas onde ficara sua pequena Lily? Diante dela, uma mulher de rosto abatido — oh, mas ainda bela! —, mas tão diferente, tão longe da infância. É bem verdade que continuava com aquele arzinho teimoso que conhecia tão bem, mas onde estavam as bochechas rosadas, as maçãs que o pai gostava de beliscar, achando graça? Onde estavam seus olhos desafiadores e zombeteiros, que sempre os faziam ceder, a ela e ao marido, quando Lily tentava arrancar-lhes alguma autorização para sair?

Anna Vasilneva tratou de se recompor, não podia deixar passar aquela felicidade de reencontrá-la nem ficar pensando no passado.

Sem dizer palavra, contendo as lágrimas, ela tomou a filha nos braços e a cobriu de beijos.

Lily, que jurara a si mesma não fraquejar, voltou imediatamente a ser a menininha que recalcara no fundo de si mesma, pois não tinha lugar num Yak. E se entregou, quase cambaleando, deixando-se ninar por alguns instantes pela doce voz da mãe, que cantava em seu ouvido sua canção favorita, evocando lembranças de um passado que já parecia estranho apesar de nem tão distante assim!

Yuri já completara doze anos, Lily tomou-o nos braços, fazendo-o rodopiar, enquanto ele ria às gargalhadas.

— Estou voando! Eu sou piloto! Sabe, Lily, um dia também serei como você, piloto de caça!

Uma nuvem passou pelos olhos de Anna Vasilneva: "Até lá, meu filho, espero que a guerra tenha acabado", pensou, "não poderia ser de outra maneira. Eu não seria capaz de agüentar."

Yuri, enquanto isto, já arrastava a irmã para seu quarto. Foi lá que ela deparou, ao mesmo tempo divertida e fascinada, com a coleção de artigos que o *Pravda* e o *Izvestia* lhe haviam dedicado. Até então, não havia pensado realmente em sua "popularidade".

— Eu tenho todos, Lily, todos! Olhe só, é um artigo sobre você no *Jornal da Força Aérea Soviética*. Estão colados neste fichário. Todos os colegas me invejam. Eu me orgulho de você! Te amo!

E ele ria, beijava-a. Sozinho com a mãe desde a morte do pai e a partida da irmã mais velha, ele sentira muita falta de Lily. Nunca largava aquela coleção de recortes. Era como se, graças a eles, ela ainda estivesse a seu lado nas noites em que ficava triste, nas noites em que seu papai lhe fazia tanta falta, nas noites em que sabia que mamãe chorava em silêncio.

— Minha irmã, minha Lily, você é invencível! Está escrito no jornal!

Naquela noite, tendo Yuri adormecido sem trocar de roupa, colado na irmã no sofá da sala, Lily ouvia a mãe falar do dia-a-dia.

ROSA DE STALINGRADO

— Aqui as coisas têm sido muito duras, realmente, querida. Não temos mais com que nos aquecer, não temos mais nada para comer. Ontem mesmo, veja só, quando eu estava na fila do armazém, duas mulheres começaram a brigar por causa de um pedaço de pão. E é assim todos os dias. As crianças roubam batatas dos vizinhos, os cupons são raros. Claro que existe o mercado negro, mas qualquer litro de leite, qualquer grama de farinha ou de trigo está a um preço exorbitante... Como você viu, foi a camarada *opravdom* que trouxe chicória para você. Coisa que eu não via provavelmente desde a morte do papai.

— Eu não quero, mamãe. Guarde-a com cuidado, poderá comê-la com Yuri...

Assim foi que os dias transcorreram tranqüilamente para Lily, marcados pelas visitas diárias de amigos e parentes que vinham ver aquela que chegara à primeira página do *Pravda*.

E a cada vez recomeçava sempre a ladainha de queixas: "Ah, Liliana, se você soubesse como as coisas são difíceis aqui!" Sim, ela sabia, era o que todo mundo não se cansava de dizer. Os tempos são muito duros? Ora essa... menos que na frente de guerra, pode ter certeza! Ela tinha vontade de gritar: "Me deixem em paz com seus probleminhas, a guerra me espera, a verdadeira guerra!" Mas se continha, sorria, concordava, e sobretudo se mostrava de uma imensa ternura com a mãe, sem querer contrariá-la, fazendo de tudo para vê-la sorrir. E não se cansava de ver tanta felicidade em seu pequeno Yuri.

Desde a chegada da filha, Anna Vasilneva se segurava como podia para não fazer a pergunta que não lhe saía da cabeça. Mas acabou tomando coragem, certo dia, ao cair da noite:

— Você vai voltar?

— Sim, Mamuchka... sim.

— Tem mesmo de voltar? Vassili Karev poderia fazer algo para que ficasse, não?

— Sim, talvez. Mas não vou pedir-lhe.

— Você quer voltar?

— Sim, mamãe.

— Mas por quê?

Porque é lá o meu lugar, porque é lá que sirvo ao meu país.

"Porque é lá que está o homem que amo", tinha vontade de acrescentar, "porque aqui as pessoas são medíocres e lutam por um pedaço de pão, enquanto os pilotos lutam por um ideal, pela Pátria, e lá, quando se chora, é exclusivamente pela lembrança de um dos nossos, morto por vocês." Mas tudo isto, ela não quis dizer a sua mãe.

Como explicar-lhe, como fazê-la entender sem magoá-la? Como contar-lhe que um mundo inteiro as separava, entre a miséria daqui e a da frente? Como dizer-lhe, também, a excitação no comando de um Yak, o suor escorrendo pelas têmporas, pelas costas, diante do inimigo, e o sentimento de missão cumprida na volta, numa mistura de medo e exaltação? Como confessar à mãe que, paradoxalmente, só lá é que tinha a sensação de estar vivendo?

Anna Vasilneva amava perdidamente a filha. Mas era a primeira e última vez em que lhe fazia a pergunta. Ela conhecia Lily. Embora tivesse mudado muito, continuava a mesma num ponto: quando decidia alguma coisa, nunca mudava de opinião.

Lily voltaria, portanto, para a frente de guerra. Anna Vasilneva não entendia: aos vinte anos, uma moça é despreocupada, gosta da primavera, dos passeios com as amigas, dos flertes com os rapazes, gosta de seduzir. Por que sua filha queria voltar ao encontro de homens, de soldados, em guerra? Por que queria ir novamente ao encontro de aviões que levam à morte, ao medo, ao suor e ao sangue? Apesar do amor recíproco, mais uma vez não havia entendimento entre as duas.

Naquela noite, Lily tinha vontade de escrever a Locha:

Meu Amor,

É terrível, estou em Moscou, com a minha família. Devia estar feliz, e no entanto tudo me parece estranho. Você nem pode imaginar como me faz falta.

Meu irmão me festeja muito. Eu me derreto, mais sei que vou ter de deixá-lo, com o coração partido. Nem tenho coragem de olhar nos olhos da minha mãe, pois sei que tudo isto a faz sofrer. Naturalmente, ela tenta me esconder, mas suas tentativas de sorrir não me enganam. Sei que cada fibra do seu ser está impregnada do sofrimento por me ver partir novamente.

Mas nada poderá manter-me longe de você, da sua pele, dos seus lá-
bios quentes. Toda noite sonho com seu abraço, com suas mãos me enla-
çando, me apertando, percorrendo a minha carne, vibrante de desejo.

Preciso sentir seu corpo vivendo e vibrando sobre o meu, adivinhar sua res-
piração curta nos meus cabelos.

Não, decididamente, nada me fará ficar aqui em Moscou.

Tua Lily.

Antes de voltar para Rostov, Lily, que, fisicamente, graças aos vizinhos, estava muito melhor, ficou sabendo que haveria uma representação no Bolshoi.

Conversara a respeito com Vassili, pelo telefone, naquela mesma manhã. Ele estava fora de Moscou: a *Stavka* preparava os planos da ofensiva do verão de 1943 e mobilizava especialistas em campo. O teatro estava com lotação esgotada, mas quando alguém se chama Vassili Karev e intercede em nome da *Rosa de Stalingrado*, logo surgem lugares. Embora estivesse longe da capital, Vassili fez o que era preciso ser feito, telefonou a Lily, disse-lhe que se fizesse bela e lhe desejou um bom espetáculo... "mesmo sem ele".

Anna Vasilneva, que, como toda boa russa, sabia operar maravilhas com três pedaços de pano, confeccionou um vestido sóbrio, mas que caía maravilhosamente em Lily, perfeitamente feliz por retomar contato com uma certa vaidade.

Acompanhada da mãe, Lily não acreditava no que estava vendo. Era como se o tempo tivesse parado bem antes da guerra: o teatro estava sublime, os homens, belos, e as mulheres competiam em matéria de elegância. Ela também notou que havia poucos militares e que muitos olhares convergiam para ela.

"Eu não estou sonhando", ficava repetindo para si mesma. Às vezes, quando as duas passavam, as belas moscovitas e os homens voltavam-se e murmuravam: "É ela, é a *Rosa de Stalingrado*." A novidade espalhou-se como um rastro de pólvora. Ao mesmo tempo tímida e orgulhosa, Lily instintivamente ergueu o queixo. "Para você, mamãe", pensou.

Sua mãe zombava carinhosamente:

— Em outros tempos, poderia parecer que era uma debutante fazendo sua entrada na sociedade!

— Cale-se — retorquiu Lily —, estou saboreando.

O restante da noite foi como um sonho. Às vezes ela cruzava um olhar a escrutá-la na penumbra do teatro. Lily voltava a ter seus dezenove anos.

Em dado momento, pensou em Locha. Que estaria fazendo então, enquanto ela admirava aquele espetáculo? Mas não quis estragar seu prazer. Não, pelo menos, naquela noite.

Por muito tempo ela guardou na memória aquela noite excepcional, os comentários enquanto passava, as belas toaletes, aquele ambiente feérico, levando aos olhos de sua mamãe um brilho há muito apagado. Sua mãe finalmente sorria, o que lhe deu prazer.

Naquela noite, Lily dormiu muito mal. Dilacerada, apesar de tudo, entre o desejo de ficar perto dos seus — Yuri, tão divertido, tão querido, tão orgulhoso, ainda não um homem, seu irmãozinho que ela sempre protegera, e sua mãe tão doce, tão frágil, tão só, sua mãe, que finalmente pudera ver sorrir pela primeira vez desde o início da guerra, depois daquela noite no Bolshoi — e o desejo de reencontrar Alexei, sua pele, seu cheiro, seu sorriso esplendoroso depois de uma missão. Alexei, de quem tinha de cuidar no céu, que precisava dela para voltar são e salvo para a base, e com quem certamente se casaria no fim dessa guerra cretina.

Às 5 horas, ela despertou suando. O irmãozinho viera a seu encontro em sua cama. Como sempre que podia, estava dormindo colado nela. Ela foi beber um copo d'água na cozinha, a mãe já havia levantado...

Com lágrimas nos olhos, Lily tomou-a nos braços:

— Te amo, Mamuchka.

— Eu sei — respondeu Anna Vasilneva.

Às 7 horas, Lily beijava o irmão, saltitando pela casa.

— Seja forte, irmãzona! Continue matando os boches!

Ao mesmo tempo triste e orgulhoso, ele não sabia como poderia suportar a partida da irmã mais velha sem recorrer a uma alegria saltitante que não ocultava realmente seus sentimentos ambivalentes.

Lily abraçou demoradamente a mãe, que a olhou uma última vez, para em seguida murmurar um inaudível:

— Seja prudente...

Capítulo 88

Estar sozinho

Rostov-sobre-o-Don, início de março de 1943.

Foi com prazer que Lily retornou ao aeródromo de Rostov, que deixara dezenove dias antes — período que lhe parecera bastante longo.

O controle dos guardas do NKVD parecia mais rigoroso que de hábito. Ela teve de esperar numa fila. Quando já começava a perder um pouco a paciência, reconheceu, ao longe, uma silhueta familiar...

Em todas as forças aéreas do mundo, costuma-se dizer que a especialidade de um aviador pode ser deduzida pelo seu jeitão. O piloto de caça é lépido, flexível, dono de um olhar. Um piloto de bombardeiro cultiva a calma, a solidez, a serenidade e o cachimbo. Fisicamente mais maciço, avança lentamente, os pés bem plantados no chão, as pernas não raro afastadas. Tendo lido tudo isto em algum lugar, Lily comentou com Vassili. Ele riu de se escangalhar.

— E não são apenas os aviadores. O marechal francês Murat, cunhado de Napoleão, dizia que se lhe apresentassem cinqüenta cavaleiros nus, ele seria capaz de dizer, sem se enganar uma só vez, quem era caçador a cavalo, hussardo ou couraceiro. E por sinal eu teria de perguntar a um colega da cavalaria se, hoje, o jeitão de um piloto de blindado de reconhecimento é diferente do de um condutor de tanque pesado.

A silhueta vista ao longe por Lily era, naturalmente, de Locha. Ela ficou feliz de constatar que ele pudera dar uma fugida para vir a seu encontro. Mas ela teve uma impressão estranha. Ele não tinha o passo lépido, e a cabeça, baixa, não ostentava o "olhar" do piloto de caça. Mesmo a distância, pareceu a Lily que a atitude de seu amante traía antes cansaço e preocupação que prazer por revê-la. Ela esperava que ele se mostrasse louco de impaciência, empurrando com os ombros os militares no caminho, afastando as barreiras do aeródromo para alcançá-la mais depressa... Imaginava-o acenando-lhe com ênfase a distância — e, por que não delirar um pouco?, lançando-lhe beijos. Nada disso. Uma perfeita mesmice. O mar de Azov em dia de canícula.

Ele levou algum tempo para achá-la, esboçou um vago sorriso, um gesto ambíguo da mão, e esperou que o serviço de segurança a liberasse. "Mas que amante!", pensou Lily, hesitando entre as lágrimas, um "Ele não me ama" e a necessidade de dar a volta por cima para descobrir o que estava acontecendo exatamente. Numa espécie de reflexo de autopreservação, ela ainda assim caiu nos seus braços e o beijou ardorosamente.

Alexei tratou de moderar esse ardor com ternura, tomou-a — firmemente — pelo braço e a afastou dali.

— Desculpe, meu amor, mas tenho de lhe dar uma notícia terrível...

Lily sentiu fraquejarem as pernas.

— Niko foi morto!

Ela quase soltou um ufa de alívio — e jamais se perdoaria esta reação. Semanas depois, especialmente à noite, ainda lhe acontecia de despertar, sentar-se na cama e esperar que passasse o nojo que sentia de si mesma. Essa reação visceral de mulher apaixonada parecia-lhe uma monstruosidade, o máximo do egoísmo, prova de uma imaturidade insuportável e repugnante. E que ela assim resumia com seus botões: "Não sou uma pessoa boa." Quantas vezes não pensou em se abrir a respeito com Locha, sem no entanto chegar a fazê-lo. Um pecado grave demais, até mesmo para ser admitido perante um confessor, se o tivesse. Era ridículo, mas era verdade. E sobretudo era Lily: assim era ela.

Nikolai Baranov tivera de enfrentar dois Focke-Wulf. Seu companheiro de equipe, também atingido, não pudera defendê-lo. Com o motor em chamas, o avião do comandante do 73º Regimento de Caça chocara-se com o solo numa margem do Don.

Solomaten pediu então a Lily que o deixasse naquela noite: precisava ficar sozinho.

ROSA DE STALINGRADO

Lily encontrou em seu quarto no acampamento uma carta de Katia que, não a tendo alcançado em Moscou, fora reexpedida. "O correio do Exército está melhorando", pensou ela.

Katia demorara a receber a notícia de seu ferimento, tendo aproveitado alguns dias de licença quando a amiga pousou de barriga. Dava-lhe então notícias da base, começando pelas más: "Chegou um novo oficial, o comandante Martinuk. Assumiu a função de adjunto, e os veteranos fazem cara feia. E Baranov não está nada satisfeito com a acolhida que o regimento reservou ao novato... O que não podia deixar de se refletir no clima geral..." Ela prosseguia, então, com a boa: "Estão começando a falar de você como chefe de esquadrilha... Uma divisa a mais no horizonte, minha filha... mas só quando estiver recuperada da perna ... e tiver passado no teste como chefe." "O que não será para amanhã", pensou Lily.

"Tua amiga Katia.

PS. Estou mandando junto uma carta de Katia Pabst. Não deixe de ler: você vai achar graça."

Katia Pabst era navegadora no 588º, que se transformara no 46º Regimento da Guarda. O tom da carta traduzia o grau de excitação da autora.

"Minha velha", escrevia Katia, "ocorreu uma extraordinária aventura com Ira Kacherina, de que você certamente se lembra: ela costumava espalhar o pânico no treino de tiro em Engels, sempre que botava a mão numa arma...

Um contra-ataque alemão nos obrigou a evacuar com urgência nosso aeródromo, para recuar para uma base menos exposta, em direção leste. Retirada organizada, sem pressa, para variar. Todos os aviões decolam, exceto um, que estava em pane, e no qual trabalhava Sonia Azerkova. Sonia comunicou a Berchanskaya que pretendia deixá-lo em condições de funcionamento em pouco tempo. Ira, que é navegadora, mas que, como você se lembra, era boa piloto, se oferece para ficar com Sonia. Desde a época de Engels, elas são muito amigas. Elas vão trazer o U-2.

Infelizmente, a pane era mais complexa do que se previa, e os alemães já estavam lá antes que o avião pudesse levantar vôo. Ira e Sonia não tinham escolha: abriram as torneiras de combustível e inundaram o aparelho com toda a gasolina que puderam encontrar. Em seguida, Ira atirou uma bala no motor, e o avião pegou fogo... E elas não tiveram dúvida: em passo acelerado, trataram de rumar na direção da floresta mais próxima.

Vou lhe poupar os detalhes da fuga, daria para escrever um livro! Elas foram obrigadas a caminhar pela floresta paralelamente à estrada principal. Alemães eram o que não faltava. A certa altura, as duas levaram um susto de primeira: cinco caminhões pararam na altura onde se encontravam. Uma companhia inteira desce e começa a penetrar na floresta. Elas mal tiveram tempo de mergulhar nos espinheiros. Os Fritz deviam estar há um bocado de tempo na estrada: elas nunca viram tantos homens mijarem tão demoradamente. Detalhe: o tempo que levaram é que também lhes deve ter parecido longo. Ira afirma que contou pelo menos dez sexos masculinos voltados para ela, urinando em sua direção. Alguém perguntou se era excitante. Ela respondeu: "Como bois mijando!" Erotismo de moças do campo. Sonia contou que o medo que realmente sentiam era de cair na gargalhada. De nervoso, é claro.

Elas conseguiram atravessar a estrada, à noite, entre duas passagens de tanques. Haviam localizado no mapa uma aldeia, e a encontraram. Nela, só havia mulheres e crianças. Nem um só homem, nem mesmo idoso. Uma patrulha alemã chegara e voltara a partir. Ira e Sonia trocaram então seus uniformes por roupas de camponesas. Sonia está convencida de que não eram lavadas desde o início da guerra. Elas deram seus últimos tabletes de chocolate às crianças, que as tomaram e engoliram sem dizer palavra. Via-se logo que não havia mais pais ali para botá-los na linha. Vai ser preciso tomar de novo as rédeas nas mãos, depois da guerra.

E lá se foram elas embora de novo — com a sensação de que os aldeões não iam ficar com saudades.

Havia alemães demais por ali, ágeis no gatilho e prontos para montar pelotões de fuzilamento. Fazia muito frio. Ira e Sonia estavam fartas. Disfarçadas como estavam, pensavam, poderiam agora ir para onde quisessem. Elas se obrigavam a caminhar como as camponesas, com os pés afastados. Para dar um toque de veracidade, levavam até lenha debaixo do braço.

ROSA DE STALINGRADO

Quando já pensavam que as linhas amigas não deviam estar longe, deram de cara, numa curva, com dois soldados alemães. De cara é maneira de dizer, pois um dos dois boches remexia no motor de uma moto, aparentemente em pane, e o outro estava sentado na parte dianteira do *sidecar* da moto. Ao *sidecar* estava presa uma metralhadora. Parece que, inicialmente, foi tudo que elas viram — deformação profissional, suponho...

Ira e Sonia nada podem fazer senão continuar caminhando. Simplesmente, abaixam ainda mais a cabeça, o que deixa contrariado o alemão do *sidecar*, desejoso de ver as carinhas bonitas que ali se escondem. Ele se levanta. O próprio Fritz de luxo, equipado dos pés à cabeça: uniforme de camuflagem, óculos no capacete, metralhadora atravessada no peito. O outro, agachado, limitou-se a lançar uma olhadela às passantes, voltando a mergulhar o nariz no motor. Sonia pôde notar apenas que era louro.

Quando estão para passar por eles, o sujeito de capacete lhes barra o caminho e detém Ira, metendo-lhe violentamente a mão no peito.

Segura-lhe então o queixo, para obrigá-la a erguer a cabeça. Você conhece a Ira: não podia ter gostado muito. Ele lhe tira o lenço que ela havia passado na cabeça e se dirige, zombando, ao companheiro. Este se endireita e por sua vez se aproxima também. Ira deixa cair a lenha. Sonia, um pouco lenta, demora para se dar conta do que estão querendo: se divertir um bocado! Mas ela deixou seu estado de inocência ao ver o soldado alemão tomar Ira pelo braço e arrastá-la para um vão na sebe à beira da estrada. Ira puxa o braço, indicando ao alemão que preferia entrar sozinha no fosso. O boche, já levando a mão à braguilha, passa à frente. Ira aproveita para enfiar a mão direita em seu bolso.

De repente, grita para Sonia: 'Teu revólver, teu revólver!' Ela própria sacou seu TT 7,62 de ordenança. O alemão que já se via no sétimo céu, atravessando o fosso, volta-se, vendo-a preparar a arma. E fica boquiaberto. Mas não por muito tempo: antes que tivesse tempo de dizer alguma coisa, estava com duas balas no corpo. Maneira de dizer, pois a primeira entrou-lhe pelo olho, e a segunda, em pleno peito.

Sonia mais ouviu do que chegou propriamente a ver a cena: não conseguia sacar o revólver, preso em seu bolso. O 'seu' alemão, apanhado de surpresa, estava com as mãos embaralhadas na correia da metralhadora, pendurada no pescoço. Aqui entre nós, dois soldados de infantaria patéticos, Sonia e ele.

Foi Ira que lhe disparou duas balas no estômago. Sonia, como boa armênia que chega depois da batalha, acabou com ele com uma bala na cabeça...

Minha velha, você passa seis meses dormindo ao lado de uma amiga num dormitório, e um belo dia descobre que era uma matadora!"

Lily ficou pensando como era bom reencontrar Katia.

Capítulo 89

Um rosto branco como a neve

Rostov-sobre-o-Don, 11 de abril de 1943.

Um dia de paz. Numa guerra, há dias em que, em dado momento, em determinado lugar, a loucura dos homens pára por algum tempo. Pode durar uma semana, um dia, três horas, uma hora...

Naquele lindo dia de abril, a base passava por uma dessas calmarias. Nenhuma missão de combate, apenas algumas de reconhecimento pela manhã. Simples vôos de treinamento à tarde.

Lily, Katia e Ina estavam deitadas na relva, desfrutando do sol. Conversavam, brincavam, riam às gargalhadas. Ina pensou que, naquele momento, sua amiga Lily era a própria imagem da felicidade. Nada mais da palidez de sua convalescença, das olheiras fundas, das rugas de cansaço puxando os olhos e a boca para baixo. Há muito ela perdera as bochechas de suas primeiras semanas em Engels, e agora era já um rosto de mulher que apresentava aquela jovem há poucos meses entrada em seus vinte e um anos.

Lily apoiou-se no cotovelo para observar a decolagem de dois Yak. O da frente era pilotado por Locha, e o de trás, por um recém-chegado que pusera os pés no regimento quatro dias antes. Este último, um pouco mais jovem que Locha, ainda não tinha muito lastro de guerra, mas tampouco era um desses novatos que a FAS lhes enviava ainda fresquinhos das academias e cuja expectativa de vida chegava a apenas alguns dias, tão desarmados pareciam nos combates: nenhuma experiência, uma formação por demais apressada, que só podia ser transcendida com talento e sobretudo sorte... Aliás o mesmo fenômeno se verificava na Luftwaffe. As fábricas alemãs nunca produziram tantos aviões quanto nesse ano de 1943. Mas se as linhas de montagem das fábricas subterrâneas da Baviera e do Ruhr continuavam fabricando os aparelhos necessários às *Luftflotte*, os pilotos capazes de lhes assumir o comando tornavam-se nitidamente mais raros.

Ao balé aéreo que se desenrolava acima de suas cabeças não faltava um certo encanto.

Sem se dar conta, as três jovens assistiam com uma atenção diferente. Ina ouvia sobretudo o ruído dos motores, tentando detectar qualquer imperfeição em seu canto. Katia acompanhava o simulacro de combate em seu conjunto, e observando os adversários em suas manobras, à sua maneira também aprendia. Lily, por sua vez, acompanhava antes de mais nada o aparelho de Solomaten.

— Sempre aprendo alguma coisa vendo Locha voar — disse, sonhadora, Katia.

— Prova de que o amor não cega necessariamente! — alfinetou a outra, irônica.

Em dado momento, o recém-chegado se viu em má posição, e as duas jovens trataram de encorajá-lo em voz alta.

— Pensam que estão no estádio? — zombou Ina. — Para quem estão gritando? Para o novato, para que trate de se safar? Ou para "Solô", para que acabe com ele?

Não teve resposta: de repente, a tensão aumentara.

Os exercícios de combate aéreo geralmente começam em altitude e acabam em vôos rasantes. Quantas vezes elas mesmas, em combate, não haviam deixado para trás um adversário ameaçador, livrando-se dele com um mergulho a toda ou uma fuga em ziguezague perto do solo, desviando dos obstáculos naturais, árvores, campanários, construções, às vezes florestas, linhas elétricas... quando ainda existiam.

Em altitude baixa, Alexei obrigava o adversário a fazer curvas cada vez mais fechadas. Os dois Yak evoluíam perto do solo, a uma velocidade crítica, próxima do estol. O objetivo de Alexei era obrigar o novato a desistir do combate. Por uma questão de nervos, ele cedeu, acelerou novamente e saiu da espiral. Em combate, a manobra acaba em morte em 50% dos casos, pois o adversário imediatamente se posiciona na trilha do avião que interrompeu o combate. E foi o que fez Solomaten, esboçando a curva que o posicionaria por trás do inimigo.

Naquele momento, contudo, todo mundo percebeu que seu avião não tinha velocidade suficiente para se sair bem na manobra.

Lily ficou petrificada, acompanhando a glissada que levou a asa de Solomaten a tocar o chão, antes que o motor recuperasse potência suficiente para puxar o aparelho para cima.

Com a empenagem danificada, o Yak espatifou-se no solo.

Uma ambulância percorria o terreno em direção ao ponto de impacto. Lily e Ina haviam pulado no estribo e se agarravam para não cair toda vez que o veículo passava por uma depressão.

"O rosto de Lily estava branco como a neve", contaria depois Ina. "Ela não chorava e não conseguia dizer coisa alguma. Pousei o braço em seu ombro e disse que, como não havia fumaça nem chamas, Alexei talvez estivesse salvo. Ela não respondia. Sabia tanto quanto eu que ninguém escapa de acidentes desse tipo."

Não houve explosão, mas o impacto projetara o motor para dentro da fuselagem. A cabine estava esmagada.

Lily enfiou o rosto nos braços quando os homens finalmente conseguiram retirar o corpo de Alexei.

"Era estranho", relatou Ina, "seu rosto estava quase intacto, com os cabelos loiros e os traços regulares. Não parecia que sentira medo. Mas a parte inferior do corpo fora comprimida e reduzida a um terço do tamanho. Quando os socorristas o envolveram na seda de seu pára-quedas, e antes que o levassem, Lily ajoelhou-se perto dele. Descobriu o rosto de seu amante de vinte e três anos e beijou-lhe a testa. A terrível angústia de que fora tomada no momento do drama não deixara seu rosto, mas naquele momento ela não chorou. Presa à cintura, ainda trazia a pequena adaga com gravação no cabo que lhe fora presenteada por Alexei. Retirou-a e a colocou dentro do pára-quedas."

Depois Lily Litvak voltou a cobrir com o fino tecido cinzento o belo rosto do homem que amava.

Foi nesse belo dia de paz que chegou ao fim a guerra do capitão Alexei Solomaten.

No dia seguinte à sua morte, Lily pediu a um mecânico que pintasse uma grande rosa branca debaixo da cabine do seu Yak.

Há exatamente oito meses ela pousara em Stalingrado e cruzara pela primeira vez o olhar azul de Alexei.

Capítulo 90

A Rosa alvo

AMC 7, 15 de abril de 1943.

Três dias se haviam passado. Certa manhã, Ina abordou Lily, que inspecionava com ela o Troika, seriamente avariado na véspera. O conserto levaria o dia inteiro. Nas missões da tarde, Lily voaria num outro Yak.

— Você não pode deixar essa enorme rosa no Troika. Não faz o menor sentido.

— Por quê?

— Está me achando com cara de idiota? Você sabe perfeitamente.

— Não estou entendendo...

— Pois vou explicar bem explicadinho! Essa rosa enorme é o mesmo que anunciar em todos os campos de pouso da Luftwaffe que está botando sua própria cabeça a prêmio. O equivalente desses cartazes que a gente vê nos westerns americanos: "WANTED! Lily Litvak, conhecida como a Rosa de Stalingrado. Morta ou viva — de preferência morta. Recompensa: uma Cruz de Ferro.[122] " É o que você está querendo?

Depois da morte de Alexei Solomaten, Lily voltou aos combates com uma energia desesperada e implacável que deixou preocupados seus amigos. Intrigado, o coronel Martinuk, que sucedera a Nikolai Baranov, convocara Katia, questionando-a sobre esse comportamento.

— Todos nós odiamos os alemães — respondeu-lhe a jovem —, mas na intensidade desse ódio ninguém se compara a Lily.

— É a primeira vez que a vê assim?

— Ela sempre pareceu ter contas pessoais a acertar com os alemães. Vem desde a época da morte de seu pai, abatido no início da guerra. Ela nunca fez corpo mole na hora de entrar em combate, mas agora vai mais longe, com maior freqüência. E aliás está esgotada. Toda noite, cai na cama e dorme como uma pedra.

Ina Pasportkina, também interrogada, confirmou:

— Ela dá a impressão de que não quer ficar livre um só minuto para pensar na morte do capitão Solomaten. E por sinal sempre voa levando uma foto dele, tirada no último outono. Estão os dois sentados na asa do Troika.

— Ela conversa às vezes sobre o capitão?

— Nem uma só palavra! Nunca.

Sempre que podia, Lily passou a voar com Igor Korneitchuk. Os dois pareciam sentir uma espécie de cumplicidade latente. O que não o impedia de desaprovar radicalmente a rosa desenhada, nem de dizê-lo com todas as letras.

— Você está desafiando os deuses! — disse-lhe, sorrindo. — A qualidade que eles preferem nos simples mortais é a modéstia.

— Se for o meu destino ir ao encontro deles... — respondera Lily, com um gesto fatalista.

Certa noite, como ele fora vê-la em seu *bunker*, ela se abriu com ele:

— Quando tanta gente morre à nossa volta, quando aqueles que a gente mais ama se vão, a gente sabe que a nossa vez chegará. E a minha, portanto, vai chegar, mais cedo ou mais tarde. Até lá, quero simplesmente levar comigo o máximo de boches. É só! Assim sendo, Igor, com ou sem rosa no meu avião, não muda grande coisa. É apenas uma maneira elegante de dizer adeus.

— Mas quanto mais se puder adiar, melhor. No mínimo porque assim poderá mandar mais Fritz *ad patres*.

Surpreendido pelo tom desesperado da jovem, foi tudo que ele conseguiu responder. Provavelmente porque sabia, no fundo, que ela tinha razão.

Essa filosofia não era compartilhada por Katia Budanova. Em meio a todos os dramas — e a morte de Boris Gubanov fora, para ela, um drama secreto —, ela preservava não só o instinto de vida como até uma certa alegria de viver, por mais paradoxal que a expressão pareça numa época tão trágica. Em Engels, ela costumava ser chamada de "a Cantora", pois muitas vezes era surpreendida cantarolando.

À sua maneira, ela também cuidava de Lily. Foi através de Katia que Lily ficou sabendo que Valentina Grijubova passara a reabastecer à noite com munições, alimentos e medicamentos, a bordo de seu U-2, os *partisans* que atuavam por trás das linhas alemãs. No inverno, quando a neve era alta demais para pousar, ela chegava a largar homens sem pára-quedas do seu U-2. A camada espessa amortecia o choque.

Foi também por Katia que ela soube que, recentemente, Antonina Buderova, que queria ser veterinária, dera guarida em seu *bunker*, numa noite glacial daquele inverno, a um lobinho perdido que adormecera tranqüilamente ao pé de sua estufa, história que finalmente esboçara um autêntico sorriso no rosto de Lily. O primeiro em muito tempo.

— Acho que Lily e Katia se apóiam mutuamente — dissera Ina ao coronel Martinuk, quando ele lhe perguntou. — Quando uma delas fica particularmente deprimida, a outra está junto para ajudar. Sem Katia, em minha opinião, Lily não teria sobrevivido à morte de Alexei Solomaten.

Katia esperava que essas notícias e anedotas contribuíssem para afastar um pouco de sua amiga aquelas sombras negras, fazendo-a recuperar a alegria de viver. Mas, por prudência, quando ficava sabendo da morte de uma camarada, preferia não lhe falar a respeito.

Capítulo 91

Deixe Moscou espernear!

AMC 7, abril-maio de 1943.

Lily gostava de voar com o siberiano. Era uma bela tarde da primavera que começava. Os dois patrulhavam acima dos territórios nas mãos do inimigo. O controlador em terra avisou que cinco aviões alemães seguiam uma rota paralela a deles, cerca de dez quilômetros ao norte. Igor informou que a mensagem fora recebida:

— Aqui 12... Vamos dar uma olhada nesses pássaros.

Os dois Yak mudaram de direção. Dois minutos depois, ganharam altitude e manobraram para ficar com o sol por trás.

Logo detectaram os alemães. Cinco caças. Eram Focke-Wulfs em formação em V.

"Vimos... Vamos voltar", pensou Lily.

— Troika, atacar! Me dê cobertura.

"Ele enlouqueceu", pensou Lily num átimo, mas adernando para seguir em sua trilha.

Aproveitando o efeito-surpresa, o siberiano se atirou sobre o último aparelho da formação alemã, atacando à queima-roupa. O piloto morreu sem sequer perceber o que estava acontecendo.

Sem se preocupar em averiguar o resultado de seu ataque, o siberiano enquadrou um segundo Focke-Wulf em seu colimador e apertou o gatilho. Um penacho de fumaça escapou do motor atingido. Nesse exato momento, o primeiro Focke-Wulf explodia.

ROSA DE STALINGRADO

Os três outros aparelhos alemães se haviam afastado. Os controladores em terra ouviram-nos gritar: "Litvak!" Logo trataram de retomar a formação de combate. "Com certeza são veteranos", avaliou Lily, pois ressurgiam em ataque frontal. Uma curva fechada sobre a asa: o siberiano os enfrentava.

Lily sentia-se de volta ao tempo de seus combates com Locha. A chefe de esquadrilha imediatamente recuperou seus reflexos de parceria. Aproximou-se ainda mais do aparelho de Igor.

Tudo aconteceu muito rapidamente. Os três alemães e os dois Yak avançavam uns para os outros, frente a frente. "Vamos virar pó", pensou Lily, instintivamente encolhendo a cabeça nos ombros. "Em um décimo de segundo, eu mergulho!" Mas ela estava se subestimando. O siberiano não alterou sua trajetória em um milímetro sequer: a distância de tiro, simplesmente abriu fogo.

Os aviões passaram a menos de três metros, sacudidos por turbulências. O motor de um dos alemães estava em chamas. Abriu-se um pára-quedas.

Os dois alemães sobreviventes não cederam, retomando a luta. O combate, encarniçado, durou alguns minutos. Lily não se afastava nunca da cauda do Yak do siberiano. Nem os alemães nem eles encontraram qualquer brecha.

O compartimento de munição do piloto russo foi o primeiro a se esvaziar. A gasolina baixava nos tanques. Os alemães não deviam estar em melhor situação, pois durante alguns minutos os aparelhos giraram em volta uns dos outros, observando-se, sem se aproximar muito.

— Cães que continuam puxando a trela mas sabem que já perderam muita força na luta — gracejou Igor pelo rádio.

Lily, cansada, ficou imaginando se ele se referia a eles mesmos ou aos alemães.

— Você realmente justifica sua fama como parceira, tenente Litvak — acrescentou ele, rindo.

— Devo lembrar-lhe que sou chefe de esquadrilha, capitão — respondeu ela, no mesmo tom.

À noite, o siberiano deu um pulo no *bunker* de Litvak. Sentou-se numa cadeira e esticou as longas pernas.

— Foi um belo combate — disse.

— Coisa de loucos furiosos. Sobretudo você! E os alemães também. No fundo, eu era a única piloto com um pingo de bom senso, esta tarde, naquele pedaço de céu. Da próxima vez que enlouquecer dessa maneira, me esqueça! Escolha um dia em que estiver voando com outra pessoa!

— Por quê? Não se divertiu?

— Eu não me diverti, apenas o segui. Sem pensar em mais nada. O seu ataque era suicida!

— Em absoluto. Surpresa... Abatemos dois, os outros fogem.

— Pois bem, esses daí não me parecem ter fugido... Estou enganada?

Lily sorria.

Ele, nem tanto.

— Vou lhe dar a minha opinião: esses daí viram a sua rosa. Pensaram: "Litvak! É hoje ou nunca!" Puro e simples desejo de virar herói... E voltaram ao combate!

— Você está em guerra com os alemães ou com as minhas rosas?

Nesse mesmo momento, o telefone tocava no gabinete do comandante do regimento. Ele estava em animada conversa com Kamykhov, o *politruk*.

— Coronel Martinuk. Ramudin, da 4ª Secretaria, *Informações Militares*, no telefone... Mais uma vez a questão da rosa da tenente Litvak! Temos uma série de informações convergentes: os alemães querem a pele de Litvak... E ouvi dizer que ela continua voando por aí com sua rosa no avião. Deus do céu, quanto tempo isto ainda vai durar? Essa moça é uma heroína nacional, desperta interesse nas altas esferas, e você a manda para a carnificina com um distintivo!

— Litvak se recusa a apagar a rosa!

— Mas é você o comandante, porra! Quem é que manda aqui?

— Não me formei para treinar mulas na aviação russa. Ousei mencionar uma vez o problema apresentado pela rosa de Litvak em conversa com um jornalista. Pois ele tomou seu partido. Dizia que era um ícone e que a rosa fazia parte do quadro geral.

— Basta me mandar esse jornalista!

Em Moscou, Vassili Karev cumprimentou Ramudin:

— O senhor foi perfeito, patrão!

No AMC 7, Kola Kamykhov disse a seu coronel:

ROSA DE STALINGRADO

— Quem está com a razão é o jornalista. Sem a rosa, Litvak não é nada. Seu símbolo é maior que ela, contribui para o mito Litvak junto à população.

— E eu, que é que vou decidir, nisso tudo?

— Deixe estar. O destino individual já não importa. Os heróis lendários morrem jovens. Litvak não é Alexandre, o Grande, mas daqui para a frente servirá tanto à pátria morrendo em combate quanto matando alguns boches a mais, que por sinal já estão condenados mesmo. Deixe que o destino siga seu curso e deixe Moscou espernear.

No *bunker* de Lily, Igor assumira um tom grave, como se falasse para si mesmo.

— Combate-se melhor quando não se liga para a morte...

Ninguém melhor que a amante de um Locha morto podia entender o que lhe dizia o siberiano. Também ela não ligava para a morte, e combatia muito bem. Muito embora, no fundo, ficasse pensando que o amor é mais assassino que o ódio: em seis meses de combates ao lado de Locha, ela abatera nove aviões alemães. Nos dois últimos meses, movida apenas pelo ódio, pudera somar apenas dois novos troféus de caça.

— Dobraje? — perguntou-lhe ela, movida por súbita intuição.

— Não, Dobraje não foi nada. Meu irmão morreu em campo. Não fizera nada, apenas uma piada de mau gosto. Durante meses, dia após dia, às escondidas, foi preparando com cada pedaço de pano ou barbante que encontrava a corda com que se enforcaria. Prendeu-a ao pé do banco fixo, deitou-se no chão e enrolou a corda no pescoço até sufocar. Levou uns dez minutos para morrer. Dobraje, que na época estava no NKVD, estava por ali. Seu papel não ficou claro. Pois o acertei na noite dos panfletos, no céu de Stalingrado. Ele pagou. E só.

— Então, por que morrer?

— Porque estou condenado à morte.

— Você?

— Sim, o destino é um segredo de Estado.

Lily calou-se, por medo de interromper a confidência.

— Bem no início da invasão, Stálin ainda tentou entrar em acordo com Hitler, uma espécie de armistício. O avanço alemão era fulminante.

O monstro achava que era preciso entender-se a um menor custo com o outro monstro. Foram esboçados alguns contatos através da embaixada da Bulgária. Eu era muito amigo do adido militar búlgaro. Ele me contou...

— E então?

— Então, aí está, sou o homem que sabe. Por enquanto, Stálin tem mais o que fazer, mas ele nunca esquece nada. Uma vez alcançada a vitória, tratará de apagar meticulosamente todos os traços de sua passageira covardia. Não pode haver um marechal Pétain na Grande União Soviética vitoriosa. Já estou morto.

Mudando de tom e de atitude, ele se endireitou e disse, com uma risada:

— Melhor morrer se divertindo do que com uma bala na nuca, no melhor dos casos na Lubianka. *Viva la Muerte.*

— Cuidado —, disse Lily, sorrindo e pousando a mão em seu braço —, é o slogan dos fascistas espanhóis. Se alguém ouvir, você poderá ter problemas.

Eles trocaram um rápido beijo de camaradas e ele desapareceu na noite.

Capítulo 92

"Pilotado por sua querida Ducie, o pequeno bombardeiro mergulhara no inferno da Flak..."

AMC 7, meados de maio de 1943.

Em meados de maio, Lily abriu o *Jornal das Forças Armadas* e leu a notícia da morte de Ducie Nosal, uma de suas melhores amigas da época de Engels. O relato de sua morte trágica, a 22 de abril, no céu de Novorossik, porto do mar Negro, na região de Kuban, deixou-a abalada.

Sob o título "Um duplo ato de heroísmo", escrevia o jornalista:
" (...) Pilotado por Ducie Nosal, uma das melhores pilotos do 63º Regimento da Guarda, um ás com 354 missões de guerra, o bombardeiro noturno U-2 mergulhara no inferno da Flak que defendia as instalações portuárias ocupadas pelos bárbaros fascistas. Desprezando o perigo, e apesar da escuridão, a piloto atingiu seu objetivo e lançou suas bombas. O U-2 voltou a subir e se preparava para retornar à base, para uma nova missão, quando foi localizado por um holofote inimigo e imediatamente se viu apanhado num feixe de outros holofotes que convergiam para ele, e que não mais o largaram. Segundos depois, apareceu um caça noturno nazista. Não obstante a habilidade da piloto, o pequeno bombardeiro foi atingido pelos obuses dos canhões do caça. Imediatamente o avião adernou e mergulhou de nariz, escapando assim aos projetores.
A navegadora do U-2, tenente Ira Kacherina, uma temível combatente que, dois meses antes, matara com tiros de pistola dois brutamontes

nazistas, cumprimentou pelo interfone a piloto, pela qualidade de sua manobra, mas não obteve resposta, e o avião continuava mergulhando em direção ao solo.

O U-2, originalmente um aparelho de treinamento, é dotado de um sistema de duplo comando. A navegadora achou que Ducie desmaiara. Membro da Juventude Comunista, ela própria aprendera a pilotar num aeroclube antes da guerra, e tratou de puxar o manche para endireitar o aparelho. Era preciso agir com rapidez: o altímetro indicava apenas 300 metros. Ela teve de empregar toda sua força, pois o manche oferecia resistência. Conseguiu ainda assim reerguer o aparelho a uma altura de 150 metros. Dirigiu-se novamente à piloto, mas a camarada Nosal continuava sem responder.

Excelente navegadora, Ira Kacherina rapidamente avaliou a situação e constatou que precisava fazer uma volta de 90° para tomar novamente o rumo da base. Tentou manobrar o leme. Estava completamente imobilizado. Foi então que ela entendeu que o peso da piloto inconsciente é que devia estar bloqueando os comandos.

A única solução era tentar afastá-la.

Esperando que nenhum caça fascista estivesse nas imediações, ela se levantou para tentar alcançar a cabine do piloto.

O pequeno e maravilhoso U-2 parecia voar por conta própria, mantendo a trajetória reta.

O vento ameaçava arrancar os óculos e o capacete da intrépida aviadora. Tateando, apesar de todas as dificuldades daquela ginástica noturna em pleno céu, ela conseguiu alcançar a cabeça da piloto. Horror: o capacete apresentava um grande buraco, e os dedos entorpecidos de frio de Ira Kacherina entraram pela massa ensangüentada do cérebro da piloto assassinada pelas balas nazistas.

Horrorizada, mas sem perder o sangue-frio, a navegadora pôde constatar, pelo pálido brilho dos instrumentos de bordo que ainda funcionavam, que seu diagnóstico estava certo. O corpo e as pernas inertes da piloto morta bloqueavam o manche e os pedais do leme.

Com a mão esquerda, ela agarrou a gola da jaqueta da camarada e tentou deslocar o corpo. Mas só a cabeça caiu para o lado, e nada mais se mexeu.

ROSA DE STALINGRADO

Ira Kacherina não tinha mais escolha: ficou completamente de pé e, agarrando com as duas mãos a parte superior da jaqueta, puxou com todas as forças que lhe restavam. Ducie Nosal finalmente se deslocou.

Ira pôde então sentar-se de novo e manobrar os comandos. Mas logo constatou que, a cada movimento do aparelho, a cada turbulência, o corpo da piloto morta tendia a voltar à posição original.

E foi debruçada para a frente, com o tronco retorcido, segurando com a mão esquerda a gola da jaqueta da amiga, para mantê-la numa posição que permitisse sua própria pilotagem, que a heróica navegadora conseguiu retornar à base. 'Tinha cãimbras por todo o corpo, e a dor estava no limite do suportável', explicou, depois de pousar seu pequeno U-2.

O fato de que tenha conseguido aterrissar à noite em tais condições, salvando o aparelho, é um verdadeiro milagre.

Quando fez o relato de sua missão e seus superiores perguntaram por que não tentara, com uma curva fechada sobre a asa ou mesmo um *tonneau*, livrar-se do corpo da piloto morta, ela respondeu: 'Não teria cabimento. Me orgulho de não ter tido esta idéia'."

O jornal acrescentava que, por este excepcional ato de bravura, a tenente Ira Kacherina fora condecorada com a Ordem da Bandeira Vermelha. A capitão Ducie Nosal, por sua vez, fora elevada à categoria de Herói da União Soviética em caráter póstumo.

Capítulo 93

O anjo da morte

AMC 7, fim de maio de 1943.

Lily estava voando sozinha, o que era raro. E não voava no Troika, o que também o era.

Ela foi a primeira a ver o avião alemão. Eram aproximadamente 3 horas da tarde, o sol ia alto no céu. Ela se meteu pelas nuvens para se aproximar, posicionou-se de costas para o sol para atacar sem ser vista, e então mergulhou... O combate durou bem uns quinze minutos. E foi feroz. Os dois aparelhos foram atingidos.

Até que, de repente, Lily passou para a retaguarda e seguiu na trilha do Messerschmitt, que tentou em vão livrar-se dela. A velocidade dos dois aparelhos aumentou: 650... 700... 750... km/hora.

Alinhada na cauda do Messerschmitt, que não conseguia mais desvencilhar-se, ela apertou o gatilho.

Seus obuses atingiram o posto de pilotagem. Lily viu os impactos. Uma nuvem de glicol saiu pelos tubos de escapamento, e logo uma trilha negra se misturava a um mar de vapor.

As chamas debaixo da fuselagem aumentaram, envolvendo o aparelho. A cabine abriu-se com dificuldade. O Me 109 empinou-se e a força centrífuga ajudou o piloto a se desvencilhar. Ele saltou.

O Messerschmitt, sacudido por explosões sucessivas, desagregou-se em seu último mergulho em direção à terra.

A patrulha incumbida de resgatar o piloto alemão o trouxe três horas depois. Ele foi menos maltratado que outros prisioneiros. Alguma coisa nele impressionava os soldados encarregados de conduzi-lo.

ROSA DE STALINGRADO

Sem nenhuma especial consideração, mas sem brutalidade, ele foi introduzido na sala de reuniões onde Kola Kamyhkov organizara uma sessão de trabalho político. Desde o início do ano, o Partido Comunista dava especial atenção à elevação do nível de sua ação política no Exército. Mais uma vez, milhares de comunistas haviam sido incluídos nas fileiras de combatentes, nas quais tinham a missão de "elevar o espírito combativo dos valorosos soldados do Exército soviético". Em 1943, já se contavam nas Forças Armadas 2.700.000 membros do Partido e um número equivalente de combatentes membros do Komsomol.

Os jovens pilotos russos que cercavam o *politruk* só tinham olhos para o prisioneiro. Era um homem de estatura alta, especialmente para um piloto. Kola deu-lhe uns quarenta anos. Magro, muito empertigado, com a cabeleira basta mas já começando a ficar grisalha, e cortada rente, as rugas da testa e seu nariz forte e convexo incontestavelmente conferiam personalidade a seu rosto. O olhar de um azul lavado que dirigia às coisas, o ostensivo desprezo que mostrava por sua nova condição de prisioneiro traíam o guerreiro profissional e o fatalismo inerente a esta condição. A impressionante coleção de condecorações que trazia no peito reforçava ainda mais essa imagem. Kola ficou pensando que ele devia ter participado de todos os combates da Luftwaffe desde 1939 — e talvez até mesmo na Espanha, antes disso.

Vários pilotos engrolavam algumas palavras de alemão. Um deles fez as vezes de intérprete. Interrogado sobre seu número de vitórias em combate aéreo, o prisioneiro soltou distraidamente:

— Muitas.

O tom com que pronunciou esta simples palavra teria sido suficiente para que Kola Kamyhkov o mandasse imediatamente para o pelotão de fuzilamento.

Mas o coronel Martinuk entrou neste momento na sala, fez saber ao prisioneiro que comandava o regimento e mandou que declinasse sua identidade.

— Weber... major — respondeu ele, recusando-se a dizer mais. Mas não deixou de mencionar a Convenção de Genebra sobre o tratamento de prisioneiros.

O siberiano, que por sua vez acabava de entrar no *bunker*, não pôde se eximir de dar risada ao ouvir isto, atraindo um olhar de desprezo do oficial alemão. Em resposta, Igor limitou-se a interpelar Martinuk:

— Meu coronel, o senhor poderia perguntar-lhe se gostaria de conhecer o piloto que o derrubou.

E acrescentou, falando bem depressa para não ser compreendido pelo alemão, caso conhecesse algumas palavras de russo:

— Verá que com isto vai perder essa empáfia. Mande chamar também Brückner, o cozinheiro polonês, para não perdermos uma só palavra do que será dito.

Questionado a respeito, o alemão limitou-se a comentar:

— Com certeza um excelente piloto!

Martinuk considerou que o comentário equivalia a um sim. Mandou buscar então Lily e o cozinheiro intérprete. O dia chegava ao fim, e a jovem acabara de lavar os cabelos, de tal maneira que naquele momento, de cabeça molhada e sem uniforme, não apresentava o aspecto marcial que caberia esperar de uma chefe de esquadrilha da FAS.

— Apresento-lhe a oficial que o abateu — disse Martinuk quando ela entrou, espantada com aquela inopinada convocação.

Maquinalmente, diante de Lily, o piloto alemão levantou-se e, mundano como se sabe ser na Alemanha, dobrou-se ao meio, com o peito para a frente. Com um esboço de sorriso, declarou:

— Provavelmente humor russo... Mas será realmente o momento adequado?

Tudo em sua atitude indicava claramente que ele não estava entendendo o sentido da cena que lhe era oferecida pelos russos, nem a presença daquela jovem, que por sinal parecia considerar interessante. Terá pensado que se tratava da companheira de um piloto, de uma enfermeira do regimento, talvez de uma comissária política? Pois não lhe haviam dito, em sua base, que essas funções eram às vezes desempenhadas por mulheres, que por sinal não eram das menos fanáticas?

— A tenente Litvak é o piloto que o abateu — mandou Martinuk, secamente, que o intérprete repetisse.

ROSA DE STALINGRADO

— Uma mulher? Não acredito! Se estão querendo me humilhar, perdem seu tempo. Não acho a menor graça.

Lily também não achava graça nenhuma.

Instantaneamente, transformou-se numa tigresa. Com o rosto fechado, num tom cortante, ela perguntou-lhe:

— Não foi informado, talvez, de que existem mulheres pilotos na aviação soviética?

O alemão ficou calado. Naturalmente, ele o sabia. Os serviços militares de informação haviam organizado palestras. O intérprete do regimento traduzira jornais e boletins soviéticos caídos em mãos dos alemães. Neles, havia às vezes menção dessas combatentes do ar. Mas daí a encontrar uma delas... Daí a ser abatido por uma dessas "feiticeiras do céu", como eram chamadas pela imprensa, pela propaganda, era um passo que todo o seu ser se recusava a admitir.

Aquele silêncio cheio de desprezo aumentou ainda mais a raiva de Lily.[123]

Foi então que, com frieza e precisão, ela começou a detalhar as diferentes etapas do combate, falando devagar e dirigindo ao intérprete um olhar atento, como se quisesse conferir a exatidão da tradução. Insistiu em detalhes que só o alemão e ela própria podiam conhecer. E, a cada frase, via o adversário não propriamente abater-se ou cair em si, pois era por demais orgulhoso, mas perder inconscientemente no rosto toda aquela empáfia. Seu olhar não enfrentava o dos interlocutores, mas se tornara fixo, aferrando-se a um ponto preciso na parede e se recusando a deixá-lo. Lily repassava impiedosamente as circunstâncias da vitória: as últimas rajadas, a tentativa de um *immelmann* impedida pelos obuses de 20 milímetros que atingiram o Messerschmitt na base das asas, o esboço de mergulho, as primeiras chamas, o início de parafuso... As dificuldades do sujeito, preso num caixão que ia sendo tomado pelas chamas, para abrir a janela do cockpit. A derradeira cabragem do avião, permitindo que o piloto fosse ejetado de sua mortal armadilha... A corola do pára-quedas descendo... A volta completa que o Yak de Lily dera ao redor da flor de seda deslizando suavemente em direção à terra... Ela não lhe poupou nenhum detalhe.

— Queira ou não, Herr Coronel, foi uma mulher russa que o abateu. Não pode mais bancar o orgulhoso. Pois bem, tampouco eu me sinto orgulhosa. Simplesmente tive a satisfação de livrar o céu do meu país de um ser nocivo que não tinha nada que estar fazendo lá. É o destino que reservamos a cada um de vocês, até o último.

Ela repetiu "até o último", tentando mais uma vez capturar o olhar do oficial prisioneiro, que não lhe deu esta satisfação.

Que estaria pensando naquele momento o major Manfred Weber, veterano da Luftwaffe, cruz de ferro com louros? Teria acaso, se fosse crente, a sensação de ter encontrado o anjo da morte, e de que, de certa maneira, tivera sorte, pois ainda estava vivo?

O relato desse confronto entre a russa e o craque da aviação de caça alemã percorreu os regimentos e chegou a Moscou.

Nas semanas que se seguiram, Lily foi atingida três vezes. Em duas delas, saltou de pára-quedas; na terceira, conseguiu pousar o Troika de barriga. Estariam os alemães enfurecidos contra ela? Falta de sorte? Ela não pôde eximir-se de pensar no caso. E seu humor ficou algo sombrio.

Capítulo 94

Um funeral em pleno céu

Frente da Ucrânia, junho de 1943.

O correio acabava de ser distribuído. Havia uma carta para Lily: Ria Bulayeva anunciava seu casamento, a ser celebrado na semana seguinte. No verão anterior, ela conhecera Ievgueni, piloto de caça no 183º Regimento que era titular de mais de trinta vitórias e já perdera a conta de suas condecorações. Tinha trinta e cinco anos e era comandante.

Uma regra informal da aviação desaconselhava firmemente os casamentos entre militares na frente de guerra. Ria nunca a questionara. Havia inclusive dissuadido Albina Makariev de se casar com um oficial submarino que conhecera durante uma licença passada em sua Murmansk natal. Mas Ria mudara de opinião.

Lily procurou a data informada na carta de Bulayeva: ela estava casada há mais de dois meses. Ficou feliz. Lembrou-se da "bolha de proteção que sua segurança formava ao seu redor", imagem empregada por Marina Chichneva. Ria, pelo menos, sobreviveria.

Lily Litvak se enganava. Na data em que recebeu a carta, Ria Bulayeva também já estava morta.

Pouco depois do casamento, com efeito, ela foi ferida na perna ao atacar um bombardeiro alemão. Pelo rádio, avisou que estava voltando e informou sobre o ferimento, acrescentando que perdia muito sangue. Com isto, já estava em adiantado estado de debilitação ao se aproximar da pista de pouso. Muito segura na pilotagem, ela errou na primeira tentativa e teve de acelerar. Seu avião chocou-se com o solo cinco quilômetros adiante. Sem explodir, quicou várias vezes, capotou, deslizou e acabou parando.

Passados alguns minutos, chegaram camponeses. Uma jovem saltou sobre uma das asas e se ajoelhou, inclinando-se para ver através do vidro da cabine invertida, e soltou um grito. Diante dela estava a piloto, com o corpo pendurado de cabeça para baixo, preso ao assento pelos cintos de segurança. Mechas de cabelos loiros pendiam para fora do capacete de couro, como uma planta de caule descendente extravasa do pote e desliza para a base do vaso. O rosto estava lívido: Ria Bulayeva perdera todo o sangue.

Lotado num aeródromo de campanha vizinho, Ievgueni soube da morte de sua mulher por uma mensagem de rádio.

O enterro da tenente Bulayeva foi marcado para o dia seguinte ao alvorecer, para não interferir no desenrolar das missões de combate. De acordo com o costume, os restos mortais de Ria foram envolvidos na seda de um pára-quedas. Nele, seus camaradas depositaram seu capacete ensangüentado, seus óculos de vôo e sua aliança. Todas as jovens do regimento se alinharam impecavelmente por trás do caixão construído com quatro pranchas de madeira, sumariamente pregadas umas às outras, e recoberto com a bandeira do regimento. O túmulo fora cavado perto do riacho que passava ao lado do aeródromo.

O Sol nascia quando um Yak 9 sobrevoou o local. Durante toda a cerimônia, ele deu voltas em baixa altitude. Quando ela terminou, ele pousou. Ievgueni, o marido de Ria, desceu do aparelho. Aproximando-se do túmulo, com os olhos vermelhos, ele tomou o lugar de uma amiga de sua mulher para carregar o caixão. Lágrimas correram por seu rosto quando as pás de terra começaram a ocultar o caixão. Ele disse "Ria, Ria", e se dirigiu para seu avião. Duas semanas depois, foi morto em combate.

Lily, sem nada saber da morte da amiga, ficou, assim, com a lembrança de sua felicidade. Mas ao terminar a leitura da carta de Ria foi tomada de tremores, correu a se isolar em seu isbá e foi incapaz de voar naquele dia.

No dia seguinte, ao partir em nova missão, Ivan Borisenko, jovem piloto que acabava de ser transferido para o regimento, achou que ela estava com uma cara de além-túmulo. Trazia a expressão que o ódio aos alemães podia assumir em seu rosto. Nesses dias, nada lembrava a "sexta jovem mais bela" da base de Engels. Não, o que se via em seus traços marcados era o reflexo de sua devastação interior.

Capítulo 95

Operação Cidadela

Nijni-Tagino, 17 de julho de 1943.

Desde a primavera de 1943, alemães e soviéticos preparavam os grandes confrontos das campanhas de verão. A operação *Cidadela* planejada pelos alemães destinava-se a devolver-lhes a iniciativa depois da derrocada em Stalingrado. Mas há três meses os soviéticos também se preparavam para o mesmo combate.

A 5 de julho, teve início "a maior batalha de tanques da História", no posto avançado de Kursk.

Stepan Kiritchenko, militar até o fundo d'alma, não poderia deixar de assisti-la como testemunha privilegiada, e levou a Kursk uma delegação de jornalistas soviéticos e estrangeiros, para "cobrir" os combates.

A 17 de julho, tirou o dia para ir ao encontro de um de seus colegas de turma, um capitão de cavalaria que comandava uma companhia de tanques e que o convidou a passar "um dia de tanquista", sem ocultar-lhe os riscos que necessariamente correria. Era um bom tema de reportagem, e um militar não poderia recusar-se a correr riscos. Stepan embarcou num dos T-34 da companhia. Calculou que de trinta a quarenta blindados soviéticos estavam envolvidos no ataque do qual participaria.

No início, tudo correu bem. O grupamento blindado russo atravessou as linhas alemãs perto de Nijni-Tagino, neutralizando sem piedade os tanques e canhões de assalto que tentaram opor-se à investida. Depois os tanques soviéticos se reagruparam num desnível para alinhar-se novamente em formação e reiniciar o avanço.

ROSA DE STALINGRADO

Stepan levantara o respiradouro de sua torrinha para tomar um pouco de ar fresco quando viu, numa das saliências que dominavam a ondulação do terreno onde se haviam abrigado os T-34, a silhueta ameaçadora de um enorme tanque Tigre alemão. O monstro de aço, equipado com o temível canhão de 88 mm que cuspia obuses de níquel e manganês capazes de perfurar qualquer blindagem, não estava sozinho. A história registrou que o major Sauvant, que comandava esse destacamento de quinze Tigres, não esperou a chegada da infantaria de apoio que lhe era prometida. Investiu, localizou os T-34 soviéticos e ordenou a dez de seus tanques que contornassem o barranco e atacassem o grupamento inimigo pela retaguarda. Já nos primeiros tiros de obus, ele próprio se lançou na batalha.

De sua posição elevada, os alemães atiraram na massa reunida dos inimigos e se entregaram a um verdadeiro massacre. Em menos de quinze minutos, trinta e dois tanques russos ardiam. Nem um único escapou.

O capitão Kiritchenko foi dado como desaparecido.

Capítulo 96

A palhaçada de Stálin

1º de agosto de 1943, posto avançado de Rjev, frente de Kalinin.

No dia 1º de agosto de 1943, Stálin iniciou sua segunda visita a uma das frentes da guerra. Vassili lamentou que Stepan não estivesse mais ali. Juntos, eles teriam saboreado melhor aquele momento. Sarcástico, Ramudin comentara com Vassili:

— É de olho na História que Stálin aparece na frente de guerra. Caso contrário, poderia dispensá-lo muito bem. E por sinal não foi outra coisa que fez até agora.

Com efeito, Stálin não concordara com aquela visita por gosto, tendo-se sentido compelido pelos "relatos de combatente" de Malenkov e Béria, que haviam passado recentemente por seu "batismo de fogo" — o que, secretamente, fizera sorrir os *comandantes*. Béria, em particular, ferira o amor próprio de Stálin ao se estender sobre suas "impressões pessoais", entre elas a "total incapacidade" de certos generais, considerados, além do mais, "suspeitos". É bem verdade que ele estava sempre enxergando suspeitos por toda parte. Era, nele, uma deformação e uma doença profissional.

O trem nada tinha de um cortejo presidencial. A locomotiva era velha, os vagões estavam em mau estado, e o do Comandante Supremo não ficava muito a dever aos outros, pelo menos externamente. Alguns dos vagões de mercadorias, inclusive, transportavam lenha.

— Não foi para exibir a modéstia do primeiro dos comunistas que se montou essa palhaçada — explicou Ramudin —, mas por motivos de segu-

ROSA DE STALINGRADO

rança. Questão de segurança *e* paranóia. Questão de segurança: o temor de que os alemães fossem informados da viagem. Paranóia: que o fossem por um espião infiltrado no Kremlin. Um comboio mais ou menos oficial teria mais chances de atrair um ataque planejado da aviação alemã ou a atenção de uma simples patrulha de Focke-Wulf ciscando por ali do que um anônimo trem de mercadorias com vagões vetustos. Stálin deu sua aprovação. Os fotógrafos de imprensa seriam mantidos a distância do comboio...

Em Gjask, a oeste de Moscou, Stálin foi recebido pelo general Sokolovski e o membro do Conselho Militar Nikolai Aleksandrovitch Bulganin.[124] Eles posaram para os fotógrafos em meio aos mapas e a uma platéia de oficiais.

No dia seguinte, Stálin estava perto de Rjev, na frente de Kalinin.

Os combates inextricáveis que se haviam produzido ali durante mais de dezoito meses tinham valido à cidade o apelido de "Verdun da Segunda Guerra Mundial", antes que o título fosse postulado por Stalingrado. Mesmo depois do contra-ataque vitorioso de Jukov, que liberou Moscou do torniquete alemão, a ponta de lança de Rjev continuou voltada contra o coração da capital durante quinze meses.

Quando Stálin ali chegou, no entanto, a 2 de agosto, os alemães já haviam evacuado a cidade desde 2 de março. E por sinal a operação iniciada à noite fora um modelo do gênero. Como a derrota em Stalingrado eliminara qualquer esperança de retomada da ofensiva contra Moscou, a Wehrmacht, tratando de poupar forças, decidira que o "trampolim" de Rjev já não oferecia interesse estratégico. Toda a operação de recuo foi um modelo de organização "à alemã". O material pesado foi retirado primeiro, no início da noite, seguindo-se os trens divisionários e regimentais. Na noite seguinte, finalmente, foram-se as unidades combatentes. Tudo sem dar um só tiro. Nem um só homem foi perdido, nem um único canhão ficou para trás, nenhuma posição precisou ser abandonada às pressas. "O pequeno globo do generaloberst Model", assim batizado em virtude de sua forma, fora esvaziado de seu conteúdo de uma maneira que passaria a ser citada como exemplo nas escolas de guerra.

Exatamente cinco meses depois, Stálin não corria grandes riscos, portanto, ao comparecer à frente de guerra nesse lugar glorioso.

— Mais ou menos como um viajante francês que tivesse visitado o ossuário de Douaumont[125] na década de 1930 — comentou sarcasticamente Ramudin.

A única vítima dessa valorosa operação de guerra foi uma velha camponesa, convidada a se escafeder de sua própria casa, com bagagens e tudo, durante quarenta e oito horas: ela fora requisitada por Béria, para hospedar o Comandante Supremo.[126] A história não registra se ela teve a sensação de estar sendo ocupada pela segunda vez.

Seja como for, Stálin não se eximiu de informar pessoalmente aos Aliados que visitara a frente de guerra. Enviou a Roosevelt e Churchill as seguintes cartas:

"8 de agosto de 1943.

Senhor Presidente,

Só agora, de volta da frente de guerra, posso responder a sua última mensagem, de 16 de julho. Estou certo de que o senhor tem conhecimento de nossa situação militar e compreende o atraso na minha resposta. Preciso comparecer com mais freqüência, pessoalmente, aos diversos setores da frente, subordinando tudo mais aos interesses da frente."

"9 de agosto de 1943.

Senhor Primeiro-ministro,

Acabo de retornar da frente de guerra, tomando conhecimento da mensagem do governo britânico de 7 de agosto. Embora tenhamos alcançado alguns sucessos nos últimos tempos, uma excepcional tensão das forças e uma especial vigilância perante as novas ações incríveis do adversário são exigidas neste momento, precisamente, da parte das tropas e do comando soviéticos. Por este motivo é que preciso intensificar minhas visitas às tropas neste ou naquele setor de nossa frente."

Vassili considerou que a mensagem de resposta, assinada conjuntamente por Roosevelt e Churchill com data de 19 de agosto de 1943, era uma pura obra-prima de humor diplomático:

"Compreendemos perfeitamente as sólidas razões que o obrigam a estar mais perto das frentes de guerra, onde sua presença pessoal tanto contribuiu para as vitórias."

E por sinal julgou enxergar aí mais o toque de Churchill que o de Roosevelt.

Capítulo 97

O sobressalto

1º de agosto de 1943, frente da Ucrânia.

No mesmo dia em que Stálin percorria o campo úmido de Rjev, uma missão reunia consideráveis forças soviéticas em diferentes aeródromos de campanha da bacia do Don. Dela participava a esquadrilha comandada por Lily. Ela recebeu ordens de instalar seu acampamento, na véspera, num terreno situado perto da cidadezinha de Krasny Luch. A transferência da esquadrilha foi efetuada no dia 31 de julho, e Lily, convocada para a reunião de preparação da operação, foi ao encontro de seus homens num veículo de ligação no fim do dia. Como chefe de esquadrilha, ficou alojada numa velha casa poupada pela guerra, construída não longe do centro do povoado.

Às 10 horas da noite, sem sono, ela saiu para esticar um pouco as pernas. Caminhou até a praça central. Era uma esplêndida noite de verão. Reinava o silêncio na pracinha, quebrado apenas pelo ruído de uma fonte. Lily aproximou-se e aspergiu o rosto, tomando cuidado para não molhar o curativo que protegia um leve ferimento na mão direita. Uma bala a havia atingido superficialmente em combate. Sentou-se então à beira da fonte e levou os olhos ao céu. Foi tomada por uma grande calma. Sentia-se bem, como não acontecia há muito tempo.

O buraco sombrio em que fora mergulhada pela morte de Locha parecia menos opressivo. Era como se suas paredes começassem a se afastar. Há alguns dias, já, ela tomara inclusive a decisão de apagar a rosa branca pintada na carlinga do Troika. Mas ainda não tivera tempo de mandar fazê-lo. O Troika, que fora consertado, teria agora de se habituar novamente ao anonimato. Ela não pilotaria mais o Yak com a rosa.

Ela tinha vinte e dois anos, sua mãe e seu irmão a esperavam, precisava viver. Tomada por uma espécie de exaltação, ela logo teve a sensação de estar entrando lentamente numa massa de algodão escuro e macio. A imensa abóbada negra constelada de estrelas que brilhava acima pouco a pouco a absorvia. Era mágico.

Por esses momentos de autêntica felicidade, ela prometeu a si mesma que o nome de Krasny Luch ficaria gravado em sua memória.

Mal havia nascido o dia, e Lily já estava a bordo de seu avião. Ela gostava de sair na frente. Uma auxiliar feminina subiu na asa. Lily pediu-lhe que viesse redigir uma carta a sua mãe, pois a mão direita enfaixada a impedia de escrever. A auxiliar notou o pequeno buquê de flores do campo preso ao painel de bordo, tendo ouvido dizer que, na estação quente, Lily o trocava a cada missão.

"Querida Mamãe", ditou Lily.

"Estou partindo em missão. É muito cedo. O sol ainda não nasceu. Como vê, a vida de combates continua me absorvendo completamente. Parece que não sei mais pensar em outra coisa. Mais que nunca, desejo ardentemente expulsar os alemães do nosso país, para que possamos novamente levar uma vida normal.

É sempre difícil encontrar um momento para escrever, mas consegui reservar esses dois minutos. Não estranhe o fato de não reconhecer minha caligrafia: fui levemente ferida na mão e sou obrigada a ditar a carta. Mas fique tranqüila, o ferimento não é grave.

Estou viva e com boa saúde.

Sinto falta de todos vocês.

Um beijo carinhoso.

Lily."

Minutos depois, ela decolava à frente de sua esquadrilha, tendo como parceiro de equipe o tenente Ivan Borisenko...

Capítulo 98

O desaparecimento

Carta do tenente Ivan Borisenko à capitão Vera Tikomerova, 586º Regimento Feminino de Caça.

"Lily não vira os Messerschmitt 109 que davam cobertura aos bombardeiros alemães que estávamos atacando. Quando se deu conta, dois deles já mergulhavam em sua direção. Virou-se simplesmente para enfrentá-los. O resto do combate desenrolou-se nas nuvens... Havia tantos aviões alemães que lutávamos para defender a pele! Em dado momento, numa abertura, reconheci o Yak de Lily, com sua rosa branca. Pareceu-me que um fio de fumaça escapava de seu motor, mas não seria capaz de jurar. O que sei é que ela era perseguida por vários caças alemães. Dava para perceber que não iam deixá-la em paz."

Lily Litvak não voltou à base.
Foi dada como desaparecida naquele 1º de agosto de 1943.
Contabilizava doze vitórias aéreas.
Em seu regimento, muitos homens choraram.

Ao tomarem conhecimento do desaparecimento de Lily, muitos oficiais aviadores, mais próximos dela ou nem tanto, ficaram impressionados com a coincidência com o momento da visita de Stálin à frente de guerra, celebrada por todos os jornais, o rádio e as reportagens cinematográficas. Houve os que viram aí um forte símbolo do prosseguimento da luta e do espírito de sacrifício, necessários à salvação da Pátria. Outros,

VALÉRIE BÉNAÏM E JEAN-CLAUDE HALLÉ

ao contrário, ficaram achando que a farsa da visita do "Chefe" à frente era um insulto aos combatentes vivos e sobretudo aos mortos, especialmente Lily Litvak.

No dia 5 de agosto de 1943, à noite, Moscou saudou com vários tiros de canhão a coragem e o sacrifício das tropas soviéticas que voltavam a ocupar Orel e Belogorod. A batalha de Kursk, o terceiro confronto decisivo da Segunda Guerra Mundial, depois de Moscou (Inverno de 41-42) e Stalingrado (Inverno de 42-43), fora vencida.

Foi a primeira salva de artilharia disparada durante a Grande Guerra patriótica para homenagear o destemor das tropas soviéticas.

Durante esses cinco dias, foram em vão todas as buscas empreendidas para encontrar os destroços do aparelho de Lily.

Nunca seriam encontrados nem o corpo nem o avião da tenente Liliana Litvak.

Capítulo 99

O reino da desconfiança

Rostov-sobre-o-Don, AMC, 7 de agosto de 1943.

Entre os papéis deixados por Lily, foram encontrados dois textos.
O primeiro era de Heinrich Heine.

"O cristianismo aplacou um pouco o ardor belicoso dos alemães, sem conseguir destruí-lo, e se um dia a cruz, esse talismã que doma as paixões, vier a quebrar-se, a selvageria dos velhos guerreiros desembestará de novo, o extravagante furor destruidor cantado pelos bardos nórdicos... Então as velhas divindades de pedra sairão de suas ruínas, esfregarão os olhos para expulsar a poeira milenar e Thor, com seu gigantesco martelo, finalmente se erguerá e porá abaixo as catedrais góticas. Não sorriam, recomendo que tomem cuidado com os kantianos, fichteanos e adeptos da filosofia da natureza, não achem graça do sonhador à espera de que rebente no mundo dos fenômenos a revolução que já se verificou no mundo das idéias. A idéia antecede a ação como o relâmpago antecede o trovão. O trovão alemão não é muito ágil, como bom alemão ele demora a chegar com seu ribombo. Mas ele virá, e quando finalmente o ouvirem roncar como nunca roncou na história do mundo, é bom saber: o trovão alemão finalmente terá alcançado seu objetivo. Ante seu estrondo, as águias, no ar, cairão mortas, e os leões, nos desertos mais longínquos da África, de rabo entre as pernas, irão recolher-se em suas cavernas reais. Será representada então uma peça em alemão diante da qual a revolução francesa ficará parecendo um inocente idílio."

Kola Kamyhkov, que reunia os pertences de Lily, ficou surpreso ao encontrar à margem do texto uma anotação de Alexei: "Profético".

"Não imaginava que Solomaten cultivasse essas leituras", pensou.

Ele não percebeu que um envelope amassado caía no chão, com a carta que continha.

Vassili escrevera:

"Minha jovem,

Para montar guarda na imensa planície russa, você chegará mais alto que os maiores czares e seus mais corajosos guerreiros. Vai descobrir o infinito e as vertigens que o acompanham. Nós, em terra, contamos com você e invejamos sua sorte. Mas ficaremos tão minúsculos que você nem nos enxergará mais. Não esqueça de nós. A você confiamos nossa terra, nossa vida, pedindo que cuide ferozmente da sua própria. Bem sabe como ela nos é — me é — preciosa.

Esteja certa, sem jamais duvidar, jamais, de que a amo mais, melhor, não importando o que pense, mas de forma diferente de todos os seus amantes passados, presente — no singular? — e futuros, sem exageros!, reunidos.

Vassilli.
12 de outubro de 1941."

Após a partida do *politruk*, Jan Brückner, o prisioneiro polonês, foi incumbido de limpar a sala de Lily. Apanhou com cuidado o envelope caído no chão e leu:

"Tenente Liliana Litvak,
Correio do Exército."

Ficou pensativo por alguns segundos e alisou cuidadosamente o envelope na coxa, dobrou-o e o meteu no bolso do casaco.

Também ele tinha agora sua lembrança de Lily.

Tinha certeza de que lhe traria sorte.

Epílogo

Vassili acompanhava lentamente a fila dos habitantes, convidados e curiosos que se dirigiam para o centro de Krasny Luch e o monumento cujo topo percebia vagamente, duzentos metros à sua frente.

Retardou o passo, como se tentasse adiar o momento de se defrontar com o monumento. Havia para isto vários motivos, e ele destacou o mais insignificante: os artistas oficiais dos grandes anos stalinistas que ajudavam a celebrar a vitória na "grande guerra patriótica" não brilhavam nem por sua leveza nem por suas habilidades sugestivas.

As autoridades estavam em posição de sentido. Havia muitos militares, e com isto os dignitários civis se julgavam na obrigação de rivalizar, em matéria de atitude marcial, com as jaquetas cáquis consteladas de condecorações. Os convidados importantes, instalados numa tribuna, ficaram imóveis até o fim da execução do hino nacional. Vassili viu Olga Yemchekova, primeira mulher soviética a pilotar um avião a jato, e identificou outros rostos: Larissa Rasanova e seu marido aviador, Ina Pasportkina, que ganhara alguns quilos, Tamara, a bela Tamara, aviadora frustrada, mas já agora atriz reputada. Sua beleza era tão radiosa que teria sido uma pena que se perdesse na guerra...

Um elegante comandante subia à tribuna.

"Vejam só, pediram a esse aí que desse sua contribuição!"

Vassili não gostava muito dele. Era Ivan Borisenko, o companheiro de vôo de Lily no dia de sua morte.

— ...Nós gostávamos tanto dessa loira linda — concluiu Borisenko. — Nela tudo era belo, a piloto e a mulher.

Chegando ao fim, o depoimento foi saudado por uma chuva de aplausos.

"Somos tão bem treinados que nenhum país no mundo poderia competir conosco em matéria de aplausos", pensou Vassili. "Talvez os chineses, um dia, quando tiverem passado de um bilhão de habitantes e o Partido lhes tiver ensinado direitinho. Têm um dirigente promissor..."

O pano que encobria o monumento caiu, debaixo de novos vivas, mais breves: os objetos eram menos celebrados que os homens, com exceção das estátuas de Stálin.

As preocupações artísticas de Vassili não deixavam de ter fundamento: mesmo se aproximando do monumento por trás, como fez, ele logo se deu conta de que o escultor seguira ao pé da letra as ordens dos autores da encomenda. No estilo heroína proletária, fora inclusive mais longe: o simbolismo esmagador das pesadas flechas de mármore não traduzia bem a graça do avião, mas ilustrava à perfeição o conceito do mais pesado que o ar. O hiper-realismo revolucionário do capacete de vôo rapidamente o conduziu vinte anos atrás, quando, jovem cadete na escola de pilotos de Kuibychev, ele pusera o seu pela primeira vez diante de um espelho: apesar da excitação, ele guardara um último lampejo de lucidez, perguntando-se por breve momento quem odiava mais o Belo: o Exército ou a Revolução.

Deu lentamente a volta ao monumento, descobrindo aos poucos o rosto. Teve de reconhecer então que, se o escultor pecava, e muito, no jogo das alegorias, já demonstrava mais talento na reprodução da verdade de um rosto. Pudera trabalhar apenas com documentos e fotos, mas seu trabalho não era ruim. Sua memória não se revoltou quando duas imagens se superpuseram, a que trouxera sempre consigo e a que acabava de descobrir. Claro que nenhum artista chegou realmente a resolver o problema da reprodução da vivacidade de um olhar em órbitas vazias; claro também que a severidade da máscara, imposta pelo gênero, ignorava totalmente aquilo que constituía o maior de seus encantos: um sorriso inimitável. Mas, quanto ao resto...

Sem sabê-lo, ele compartilhava a opinião de Ina Pasportkina. À pergunta de um jornalista da imprensa local, a amiga de Lily não disse outra coisa:

"A estátua do Memorial erguido em homenagem a Lily lhe confere um ar muito deprimido e muito sério. Não é a lembrança que guardo dela. Quando fecho os olhos, volto a ver a jovem loura, sentada no comando, cheia de vida, os olhos brilhantes e um sorriso nos lábios. Ela não podia morrer."

Para acrescentar, sorrindo:

"E, aliás, será que morreu?"

Lembranças

Trechos do álbum do Centro de Instrução de Pessoal Feminino da Força Aérea Soviética (CIPF-FAS) (outubro de 1941-maio de 1942).

O "Álbum" fora preparado pelas próprias alunas, depois dos seis meses de instrução. Constava de cinqüenta páginas de trinta centímetros de largura por vinte de altura. Cada página continha vinte e quatro retratos de estagiárias, fotos de qualidade medíocre, pois haviam sido tiradas em plena guerra, com material fotográfico já antigo encontrado ali mesmo por alunas.

Sob cada retrato havia um nome e, mais abaixo, uma frase **curta**, geralmente um comentário maldoso, escolhido pelas alunas para supostamente definir a companheira ou um de seus principais traços de caráter, mas certamente correspondendo à imagem — ou a uma imagem — que cada uma daquelas jovens deixara para as colegas do centro de treinamento depois de seis meses de vida em comum, ou seja, de outubro de 1941 a maio de 1942.

Os retratos eram apresentados em ordem alfabética.

Para facilitar a leitura, são aqui reproduzidos por ordem de aparecimento no livro.

Lily Litvak
Nem a mais bela nem a melhor, mas a mais bela das melhores pilotos.
Piloto de caça com doze vitórias. 586º Regimento Feminino de Caça, depois 73º Regimento de Caça, na frente de Stalingrado e depois na frente da Ucrânia. Herói da União Soviética.

Valentina Petrochenkova
Companheira e amiga de todas as horas de Lily Litvak no aeroclube CSKA de Moscou, "Tina", ou "Petrô", era instrutora de vôo profissional já antes da guerra. Piloto de caça no 586º Regimento Feminino de Caça.
Bom humor permanente e muito humor.

Larissa Rasanova
Proibida de brincar com bonecas durante a guerra.
A melhor amiga de Lily no CSKA alista-se com ela em outubro de 1941. Seus destinos se separaram quando Larissa é transferida como piloto para o 588º Regimento de Bombardeiro noturno, transformado em 53º Regimento da Guarda depois das proezas de suas aviadoras na região de Kuban (Cáucaso).

Marina Raskova
A glória... a passos largos.
Uma das glórias da aviação soviética desde antes da guerra. Titular, por algum tempo, do recorde mundial de vôo de longa distância. Condecorada por Stálin. Grande patriota, é responsável pela criação dos três regimentos de aviação femininos da Segunda Guerra Mundial. Um ícone da URSS.

Galia Boordina
Nunca confiar na inocência das crianças.
Apesar de seu falso ar de menina, uma das melhores pilotos de caça do 586º Regimento.

Ina Pasportkina
Camarada Bisbilhoteira. Sabe tudo. Não diz tudo.
Engenheira aeronáutica, piloto experiente, é selecionada no Centro de Instrução de Engels... como mecânica. Transferida com Litvak e Budanova para o 73º Regimento de Caça em Stalingrado. Confidente e arrimo das duas jovens. Seu depoimento sobre elas é insubstituível.

Yevdoka Berchanskaya
Guerra e mãe.
Piloto profissional antes da guerra. Comandante do 588º Regimento de Bombardeiro noturno, transformado em 53º Regimento da Guarda. Heroína de excepcionais qualidades profissionais e humanas.

Ria Bulayeva
Madura, ...demais? Segura, ...demais?
Piloto de extraordinário talento. Companheira e rival de Lily Litvak. 586º Regimento Feminino de Caça.

Ducie Nosal
Intelectual, mas sem frescuras.
Piloto intrépida, a fundadora do "Clube das Belas do Ar" em Engels, logo se tornou uma das melhores amigas de Lily Litvak. 588º Regimento de Bombardeiro noturno, transformado em 53º Regimento da Guarda. Herói da União Soviética.

Albina Makariev
Santa Albina.
Uma dedicação sem limites aos feridos. Uma matadora no ar. 586º Regimento Feminino de Caça.

Valeria Khomiakova
Tiro rápido, tiro certeiro, e tirando uma folga.
Uma das grandes rivais de Lily Litvak na classificação das melhores pilotos de caça. Obtém a primeira vitória aérea de um piloto feminino durante a Grande Guerra patriótica. Alérgica às fainas. 586º Regimento Feminino de Caça.

Tamara Medjerkova
Beldade rebelde.
Carreira curta na aviação. Atriz consagrada depois da guerra.

Wanda Kalinkhova
Sem se descabelar...
A indolente Wanda é talvez a mais bela das combatentes formadas no Centro de Instrução de Engels. Stepan Kiritchenko não resistiria a seus encantos.

Katia Budanova
Desconfie dos meninos e dos passarinhos. Canta em terra e gorjeia no ar.
A amiga com ar de menino, a irmã de Lily Litvak no inferno de Stalingrado.

Ielena Zenkursk
De bom grado, troca gentileza por aspereza.
Bela, divertida e briguenta, na vida como no céu. 586º Regimento Feminino de Caça.

Marussia Turjgan
Riqueza e força da natureza.
A gigante cazaque pilota seus aviões como seus antepassados montavam seus cavalos: com a rédea curta. Dedicação total a Marina Raskova, acompanhando-a ao 587º Regimento Feminino de Bombardeio, que seria mobilizado em Stalingrado. A grande companheira de Ina Pasportkina.

Olga Yemchekova
Morte aos fascistas e aos ratos.
Comandante adjunta do 586º Regimento Feminino de Caça. Piloto excepcional. Primeira mulher soviética a pilotar um avião a jato depois da guerra.

Natalia Meklin
Cantando na lama.
Extremamente sedutora, Natalia foi tema de muitos artigos na imprensa soviética durante a guerra. Somava a música a seus talentos. Muito estimada pelas outras moças. 588º Regimento de Bombardeiro noturno, transformado em 53º Regimento da Guarda.

Ira Kacherina
A pior atiradora do oeste, do leste, em suma, do mundo inteiro.
Navegadora das mais experientes, tão corajosa fisicamente quanto desajeitada no uso das armas, salvo exceção. Um de seus atos de heroísmo no 587º Regimento Feminino de Bombardeio noturno valeu-lhe a condecoração da Ordem do Dragão Vermelho.

Notas

1. *Night Witches*, de Bruce Myles, Presidio Press, 1981. *Les sorcières de la nuit*, Albin Michel, 1993.
2. Para facilitar o reconhecimento dos diferentes personagens femininos que cruzaram o caminho de Lily Litvak, ver a "Galeria" no fim do livro, p. 445.
3. Equivalente soviético ao ministro da Defesa.
4. Molotov é comissário do povo para as Relações Exteriores, Malenkov, n° 2 do Partido Comunista da União Soviética (PCUS), Lavrenti Béria, comissário do povo para Assuntos do Interior (NKVD). Por extensão, esta sigla seria habitualmente empregada como designação dos serviços de segurança, de polícia política e polícia secreta.
5. Esse documento ficaria na história com o nome de Diretiva n° 1.
6. Aparelho de transmissão inventado pelo engenheiro francês Baudot e chamado familiarmente por seu nome nos Exércitos que o utilizaram.
7. A noite de 21 para 22 de junho.
8. O general Pavlov, comandante da Região Militar do Oeste. Fuzilado por ordem de Stálin no início de julho de 1941, ele foi o primeiro grande bode expiatório militar.
9. Minsk, capital da Bielo-Rússia, fica a 350 quilômetros da fronteira ocidental da URSS.
10. Rua de um bairro do norte de Moscou, onde vive a família Litvak.
11. Designação familiar dos sacerdotes ortodoxos.
12. Rebatizada de Kuybichev, nome de um dos dirigentes bolcheviques, entre 1935 e 1990.
13. Marechal G. Jukov, *Mémoires*, tomo 1, *Des années de jeunesse à la bataille de Moscou*, 1896-1942, Fayard.

452 VALÉRIE BÉNAÏM E JEAN CLAUDE HALLÉ

14. Viatcheslav Mikhailovitch Skriabin, conhecido como Molotov (1890-1986). Comissário do Povo para as Relações Exteriores de 1939 a 1949 e de 1953 a 1957. Um dos mais próximos colaboradores de Stálin.

15. "Podemos imaginar que, com o passar dos minutos, Stálin entendeu inconscientemente o que estava acontecendo: algo terrível e trágico para o destino do povo e também para o seu, naturalmente, o destino do homem que estava à frente daquele Estado gigantesco. Mas nem mesmo ele, tendo conhecimento de que forças militares colossais acabavam de atravessar a fronteira, podia imaginar o quanto seria catastrófico o início da guerra." Dimitri Volkogonov, *Staline, Triomphe et tragédie*, Flammarion.

16. "Em seu foro íntimo, Stálin percebia que fora afrontosamente enganado. Pela primeira vez em muitos anos, sentia desorientação e incerteza. O 'Chefe' estava habituado a ver os acontecimentos se desenrolarem de acordo com sua vontade. Não queria que seus dóceis companheiros vissem suas fraquezas. Todos esperavam dele orientações e instruções."

17. Posto de comando.

18. Boris Mikhailovitch Chapochnikov, então com sessenta anos, foi três vezes chefe do Estado-Maior do Exército Vermelho (1928-1931, 1937-1940, julho de 1941-maio de 1942). Morto, oficialmente, de tuberculose, em março de 1945. Seu papel ainda hoje é muito subestimado no Ocidente. Intelecto poderoso, notável teórico da guerra mas também homem de campo, foi considerável sua influência sobre os grandes comandantes militares soviéticos da Segunda Guerra Mundial. Um dos raros colaboradores que Stálin, depositando nele grande confiança, nunca chamava pelo prenome. Muito presente neste livro.

19. Stálin gostava de um linguajar cheio de imagens, do que dá testemunho, entre outros exemplos, a famosa invectiva contra a mulher de Lênin: "Não é porque ela caga na mesma latrina que Vladimir Ilitch [Lênin] que pode ser considerada uma teórica do marxismo-leninismo!"

20. *Opravdom*: zeladora de imóveis na União Soviética.

21. A BBC.

22. *Raikom*: célula do Partido no bairro.

23. A anedota do cachorro do Sr. Von Walter é rigorosamente autêntica.

24. A súbita ausência de bêbados nas ruas de Moscou nos primeiros dias da guerra é um fenômeno que chamou a atenção de muitas pessoas.

25. Atenção! Atenção!

26. Ver também, mais adiante, a análise desse texto por Stepan Kiritchenko.

27. Lvov fica ao sul da fronteira russo-polonesa e "cobre" a rota para Kiev, capital da Ucrânia.

28. Designação familiar — e pejorativa — dos ucranianos na Rússia.

ROSA DE STALINGRADO

29. Stepan Kiritchenko é ucraniano por parte de pai e moscovita pelo lado da mãe.
30. Marca dos automóveis produzidos na Fábrica de Automóveis de Gorki (G.A.Z.).
31. Serviço de informações do Exército Vermelho.
32. A data oficial de nascimento de Stálin é 21 de dezembro de 1879. De acordo com certos documentos, especialmente a certidão de batismo, ele teria nascido um ano antes, a 21 de dezembro de 1878. Cabe lembrar que Adolf Hitler nasceu a 20 de abril de 1889.
33. Alusão à "Noite dos Punhais", 30 de junho de 1934, quando Hitler, por motivos políticos, mandou as SS de Himmler assassinar o Estado-Maior e centenas de membros de sua primeira milícia, a SA (Sturmabateilung) de Röhm.
34. Joseph Stálin nasceu em Gori, na Geórgia.
35. Rebatizada de Stalingrado em 1925 e de Volgogrado em 1961, depois da desestalinização.
36. Narkom: comissário do povo (ministro).
37. Já no dia seguinte à agressão nazista, 23 de junho de 1941, Moscou começa a reorganizar seu dispositivo de guerra. É o ressurgimento da *Stavka do Alto-Comando*, supremo órgão de Estado encarregado da "direção direta da luta armada e da atividade das retaguardas do país". Numa primeira etapa, a presidência é confiada ao marechal Timochenko, comissário do povo para a Defesa. Seus integrantes são o general Jukov, chefe do Estado-Maior Geral, Stálin, presidente do Conselho dos Comissários do Povo, Molotov, seu primeiro adjunto, os marechais Vorochilov e Budienny e o almirante Kutznetzov, comissário do povo para a Marinha de Guerra. Paralelamente, cria-se junto à *Stavka* um "instituto de conselheiros permanentes" civis e militares, entre os quais Jdanov, Mikoyan e, do lado militar, os marechais Chapochnikov e Kulik, os generais Vatutin, Voronov e Voznenski e o chefe da direção política do Exército, Mekhliss. O Estado-Maior Geral é o órgão de trabalho da *Stavka*. Só a 10 de julho de 1941 Stálin assume a sua presidência. Etimologicamente, a palavra *Stavka* designa, em russo antigo, a tenda que abrigava o comandante-em-chefe nas operações militares. A primeira *Stavka* foi criada durante a guerra de 1914-18, tendo à sua frente o czar Nicolau II, constitucionalmente o chefe dos Exércitos.
38. O general Jukov foi nomeado chefe do Estado-Maior Geral a 1º de fevereiro de 1941. Sucedia ao marechal Chapochnikov. Seria substituído em julho de 1941 por Chapochnikov.
39. Nessas horas, "um pensamento não deixava de importunar o 'Chefe': como é que podia ter confiado em Hitler? Como é que este pudera enganá-lo a

esse ponto? E o próprio Molotov não era inocente em tudo isso! Devia-se então concluir que eram exatas as inúmeras informações fornecidas pelos serviços de espionagem e as que chegavam através de outros canais, falando do ataque preparado pela Alemanha e sua data concreta? Quer dizer então que, se ele tivesse dado dias antes a ordem de pôr as tropas em alerta de combate, muitas coisas teriam sido diferentes? Stálin não conseguia se livrar da impressão de que naquele momento, em seu gabinete, seus companheiros talvez o estivessem criticando em pensamento por seus erros de cálculo. Chegou a pensar que passariam a duvidar de sua perspicácia. Era insuportável! A idéia de que alguém (e não só aqui no Kremlin) pudesse duvidar de sua sabedoria, de sua sagacidade, de sua infalibilidade era intolerável..." Dimitri Volkogonov, *Staline, triomphe et tragédie, op. cit.*

40. Conhecida como Diretiva nº 3.
41. Principal ideólogo do Partido Comunista da URSS.
42. OKW: Comando Supremo da Wehrmacht. OKH: Comando Supremo do Exército de terra alemão.
43. Era a tese de Stálin, que até o último momento estava convencido de que a guerra não estouraria antes de maio de 1942, data em que a URSS estaria pronta para um confronto com a Alemanha hitlerista.
44. Esquadrilha da aviação alemã engajada ao lado dos nacionalistas de Franco durante a Guerra Civil espanhola (1936-1939). Esta temível formação era composta por um grupamento de bombardeio, um grupamento de caça, uma esquadrilha reforçada de reconhecimento e três regimentos de defesa antiaérea — totalizando 3.000 homens; conhecida como "os bombeiros de Franco".
45. Botas de feltro.
46. Organização paramilitar de jovens, que os formava em diferentes disciplinas, entre elas a pilotagem.
47. Alexandre Suvorov (1729-1800), general russo. Venceu várias vezes os turcos e reprimiu a insurreição polonesa de 1794. Mikhail Kutuzov (1745-1813), marechal russo. Um dos derrotados em Austerlitz (1804), mas vitorioso sobre Napoleão na campanha da Rússia (1812).
48. Estado-Maior Geral.
49. Mikoyan cita um exemplo dos mais reveladores: "Malenkov, Vorochilov, Béria, Voznessenski e eu tínhamos decidido propor a Stálin que criasse um comitê de Estado para a Defesa, concentrando todo o poder do país em suas mãos, e que seria presidido por ele. Tomamos a decisão de procurá-lo. Ele estava em sua dacha. É verdade que Molotov nos havia prevenido. Stálin, dizia ele, estava tão 'prostrado' que não se interessava por nada e perdera toda iniciativa. Foi quando Voznessenski, indignado com tudo que ouvira,

ROSA DE STALINGRADO

exclamou: 'Viacheslav, vá na frente, nós te seguiremos.' Ele queria dizer com isto que, se Stálin continuasse a se comportar daquela maneira, Molotov devia nos dirigir, e nós o seguiríamos. Estávamos convencidos de que podíamos organizar a defesa e lutar. De nossa parte, não estávamos deprimidos. Chegamos à dacha de Stálin. Ele estava na pequena sala de jantar, sentado numa poltrona. Olhou-nos e perguntou: 'Por que estão aqui?' Estava com um ar estranho, e sua pergunta não o era menos. Pois na verdade, ele é que nos devia ter convocado. Falando em nosso nome, Molotov declarou que era necessário concentrar o poder para resolver todas as questões com rapidez, botar o país novamente de pé. Um organismo dessa natureza devia ser dirigido por Stálin. Ele nos olhou com ar espantado, e não fez qualquer objeção. 'Muito bem', limitou-se a dizer." Mikoyan, *Mémoires*. Podemos acrescentar que Jukov, em suas *Memórias*, é a única testemunha a limitar o alcance da "depressão" de Stálin ao primeiro dia de guerra. "Joseph Stálin era um homem voluntarioso, que não recuava diante de nada. Uma única vez o vi muito abatido. Foi na madrugada do dia 22 de junho de 1941: sua certeza da possibilidade de evitar a guerra acabava de ser destruída."

50. Neste momento, Karev está pensando nas duas explosões de Stálin, na véspera. "No dia 29 de junho, Stálin, que às vezes perdia o autocontrole, passando de repente da apatia à excitação nervosa, apareceu duas vezes inesperadamente no Comissariado do Povo para a Defesa. Sem medir palavras, acusou os comandantes militares de todos os erros. Com a expressão abatida, pálido, os olhos vermelhos e olheiras causadas pela falta de sono, ele finalmente entendera o alcance do perigo que se abatia sobre o país. Se não fizesse algo excepcional, se não fossem mobilizadas todas as forças, os alemães poderiam chegar a Moscou em algumas semanas." (*Staline, triomphe et tragédie, op. cit.*)

51. Os alemães só lograriam seu vitorioso avanço no sul a partir do início de julho.

52. Na verdade, o Comitê de Estado para a Defesa foi criado no mesmo dia, 30 de junho.

53. Os combates na Ucrânia conheciam na época uma rara violência.

54. Organismo nacional dos sindicatos.

55. Abreviação de Força Aérea Soviética.

56. São datas do antigo calendário gregoriano, com diferença de 10 dias em relação ao calendário juliano, que só seria adotado pela Rússia a partir de 1917.

57. Ao ter início o primeiro conflito mundial, em 1914, a aviação czarista contava cerca de 250 aparelhos.

58. Yagoda, um dos antecessores de Béria à frente dos serviços de segurança.

59. Mais precisamente, Karev retornou à seção "Alemanha, Itália e Espanha" da 4ª Secretaria.
60. Primeira bailarina do Teatro Bolshoi, célebre no fim da década de 1930.
61. Primeiro nome dos serviços de segurança bolcheviques, depois da revolução de 1917.
62. Ditado militar, que tem equivalente em todos os Exércitos do mundo.
63. Fazenda estatal, diferente do *kolkhoze*, que é uma instalação agrícola coletiva administrada pelos próprios membros.
64. Juventude comunista de nove a doze anos.
65. Texto autêntico.
66. Renomado restaurante de Moscou.
67. Adolf Hitler.
68. As cidades de Engels e Saratov são separadas apenas pelo rio.
69. Comissariado do Povo para a Indústria.
70. Caça, em russo.
71. Croquis em que aparecem todas as peças de uma máquina.
72. Stálin, em russo, significa "homem de aço".
73. Na direção de Rjev e Viazma, e, mais adiante, na de Solensk.
74. Em suas *Memórias*, Jukov escreve: "O marechal Chapochnikov, que, pelo que sei, tampouco era partidário de ofensivas parciais, infelizmente se calou dessa vez." Um "infelizmente" que diz tudo.
75. Foi o próprio Stálin que ditou o texto do decreto.
76. Surpreendente ressurreição militar e política: Stálin, que, na verdade, nunca economizou sua confiança e sua amizade quando se tratava do velho companheiro de luta, nomearia Vorochilov chefe do Movimento *Partisan* em setembro de 1942, e em 1953 ele seria nomeado chefe de Estado pelos sucessores do ditador.
77. Depoimento de Valentina Petrochenkova: "Esse comandante era um militar de alta patente, mas não hesitei em enfrentá-lo. Ficava o tempo todo no seu gabinete. Fui eu mesma, em desespero de causa, que lhe propus ficar dormindo com os homens. Mas o fato é que a idéia me deixava doente..." (*Ibid.*)
78. Moscou sustentaria pouco depois que, nesse ritmo, "o atraso imposto à ofensiva alemã não saiu muito caro" — o que poderia ser verdade se os dados divulgados não fossem antes do terreno da propaganda que da realidade.
79. Em vôo, os pilotos soviéticos se chamam pelo número de matrícula de seus aviões.
80. Código de comunicação em que as letras indicam os níveis de altitude. O alfabeto grego era usado com freqüência.
81. Comandante-em-chefe das tropas de Stalingrado.

ROSA DE STALINGRADO

82. Para facilitar a leitura, usaremos daqui em diante — como os militares — a abreviação "AMC 34" ou "Base 34", e até, algumas vezes, "Campo 34" ou mesmo "Terreno 34". (N. do A.)
83. O general Golovanov comandava a força aérea soviética em Stalingrado.
84. A disciplina foi restabelecida de forma draconiana. As tropas do NKGB — novo nome do NKVD — conduziram as unidades amotinadas a Astrakhan, onde 15.000 oficiais subalternos e soldados (um de cada três) teriam sido fuzilados.
85. Latente em setembro, a crise tornou-se aguda em outubro de 1942.
86. Cidadezinha situada à beira do Don, a noroeste de Stalingrado, no centro da região de onde foi lançada, em novembro, a manobra soviética de cerco do VI Exército alemão de Von Paulus.
87. Combate de cães: combate aéreo entre caças. Expressão usada sobretudo na frente ocidental, na Inglaterra e na França.
88. Katia plagia o título de uma obra de Lênin: *O socialismo, doença infantil do comunismo.*
89. Locha: diminutivo de Alexei.
90. Ver adiante.
91. Ministério da Guerra britânico.
92. Comando de caça.
93. Moça, mulher. Termo familiar.
94. A 9 de novembro de 1923, manipulados pelo general Ludendorff, antigo chefe do Estado-Maior do marechal Hindenburg, Adolf Hitler e seus partidários fizeram uma primeira tentativa de tomar o poder.
95. No que estava enganado.
96. Na verdade, da margem esquerda do Don, na parte norte da sua curva.
97. Povo da Antigüidade que já antes da era cristã ocupava as margens do mar Negro.
98. Mingau de sorgo que era a base da alimentação durante a guerra.
99. Velocidade somada dos dois aparelhos em rota de colisão.
100. Abreviatura de Exército Aéreo.
101. Deus do Inferno na mitologia grega. Citação da última fala atribuída a Leônidas, rei de Esparta, na véspera da batalha das Termópilas: "Esta noite, cearemos com Plutão."
102. Esses dados são controvertidos. Jukov parece subestimar o potencial humano e material com que contará. Desde o fim do verão, os soviéticos reequilibraram espetacularmente a balança. "Desde meados de setembro", escreve um especialista militar russo, "nosso potencial humano é uma vez e meia superior ao do inimigo. Nossos tanques são duas vezes mais numerosos. Nossa artilharia tem três vezes mais canhões pesados de autotração.

458 VALÉRIE BÉNAÏM E JEAN-CLAUDE HALLÉ

Graças às munições fornecidas pelas fábricas do Ural e pelos Aliados, na região de Stalingrado, nossa potência de fogo é cinco vezes mais forte que a dos alemães. Eles atacam em vez de nos deixar atacar, para nos desgastar." Mas esta estimativa parece exagerada.

Ainda segundo o mesmo especialista, em meados de setembro, os alemães só têm garantida realmente a superioridade aérea. A chegada de Litvak e Budanova a Stalingrado inscreve-se na tentativa russa de reconquistar a superioridade também no terreno aéreo. Cf. *La Défaite allemande à l'Est, op. cit.*

103. O comandante russo da frente de Stalingrado.

104. Os soviéticos não inventaram os *kamikazes*, mas não resta dúvida de que o método de abalroamento foi amplamente utilizado em certas fases da guerra. As muitas condecorações concedidas aos pilotos que assim conseguiram destruir aviões inimigos indicavam que ninguém pensava em desestimular a tática do último recurso.

105. Depoimento de Ina Pasportkina: "Era inevitável que uma jovem atraente como Lily tivesse outros admiradores entre os jovens pilotos do regimento. Eu logo notara que Boris Gubanov — que zombara amigavelmente de Lily depois de sua primeira missão — estava apaixonado por ela. E não me enganara. Ele era tenente, logo, mais jovem que Solomaten, mas não era este o motivo pelo qual se proibira de expressar seus sentimentos por Lily. Todo mundo, e para começar ele mesmo — talvez ainda antes que os principais interessados — percebera que Lily estava apaixonada pelo homem com o qual voava. Mas o fato é que Gubanov, o georgiano de cabelos negros e pele morena, amava Lily secretamente. Lily estava consciente disto, e se, por um lado, nada fazia para estimulá-lo, eu tinha a sensação de que os sentimentos do rapaz tampouco lhe desagradavam. Solomaten já não gostava tanto, mas, no fundo, não o considerava um rival. Apesar do interesse comum por Lily, eles se entendiam bem." *Les sorcières de la nuit, op. cit.*

106. Avião de caça de fabricação britânica, superado pelos caças alemães já no início da guerra.

107. Por este efeito, o título de "Herói da União Soviética" foi concedido aos tenentes-coronéis Filipov e Filipenko. Os membros do destacamento foram incluídos na Ordem da União Soviética, recebendo as respectivas medalhas.

108. Equivalente alemão de regimento aéreo.

109. Abreviatura de Agitação/Propaganda, como eram popularmente conhecidos os serviços de informação.

110. Campos do gulag; etimologicamente: administração dos campos.

111. Béria.

ROSA DE STALINGRADO

112. Cidade natal de Alexei Solomaten.
113. O *von* era falso.
114. O total das perdas humanas e materiais da batalha de Stalingrado é colossal. Considera-se que a resistência encarniçada e heróica dos russos acarretou perdas ainda maiores do lado soviético que do alemão. É provável, assim, que o total de mortos nesses seis meses de batalha (agosto de 1942-janeiro de 1943) se aproxime de quatro milhões. Nesse total estão incluídos os prisioneiros alemães, que só em poucos casos voltaram a seu país.
115. O marechal Chapochnikov morreu de tuberculose em março de 1945.
116. Vice-ministro.
117. Só para lembrar: o U-2 é um velho biplano sólido, versátil e de fácil manuseio. Era o aparelho de treinamento das moças em Engels.
118. "Surtou", "entrou em parafuso", em bom português moderno.
119. Campo de prisioneiros para oficiais.
120. E. G.: hospital de evacuação.
121. Conselho da aldeia.
122. Alta condecoração do Exército alemão.
123. "Os outros nunca tinham visto Lily naquele estado. Seus olhos brilhavam. Ela mostrava as garras. Pela primeira vez seu instinto combativo se manifestava com tanta força. O alemão cometera o erro de deixar claro seu desprezo ao mesmo tempo pela piloto e pela mulher." (*Depoimento de Ina Pasportkina*)
124. O "Infame" do ano anterior. Futuro presidente do Conselho da URSS, de 1955 a 1958.
125. O forte de Douaumont foi um dos principais focos da batalha de Verdun em 1916. O ossuário contém os restos mortais de 300.000 soldados franceses mortos nos combates.
126. Essa casa, que se destaca por sua cornija ameada, ostenta atualmente uma placa comemorativa dos feitos guerreiros de Joseph Stálin.

Agradecimentos

À Senhora Pouyade, esposa do general Pouyade, comandante do Regimento Normandia-Niémen das Forças Francesas Livres, mobilizado na frente oriental, que foi uma das primeiras a tomar conhecimento da idéia deste livro, o encorajou e nos deu acesso aos arquivos do general.

Aos bibliotecários e colaboradores das bibliotecas do Comando da Doutrina e do Ensino Militar Superior (CDES e CESA), por sua competência e disponibilidade.

Com toda nossa gratidão.

Este livro foi composto na tipologia Stone Serif, em
corpo 10/15, e impresso em papel off-white 80g/m²
no Sistema Cameron da Divisão Gráfica
da Distribuidora Record.